U0083218

中國學術思想 研究輯刊

十九編

林慶彰 主編

第16冊

孝弟慈通貫孔孟聖學
——羅近溪哲學之建構

謝居憲 著

花木蘭文化出版社

國家圖書館出版品預行編目資料

孝弟慈通貫孔孟聖學——羅近溪哲學之建構／謝居憲 著 -- 初
版 -- 新北市：花木蘭文化出版社，2014〔民 103〕
目 2+322 面：19×26 公分
（中國學術思想研究輯刊 十九編：第 16 冊）
ISBN 978-986-322-935-3（精裝）
1.（明）羅汝芳 2.學術思想 3.明代哲學
030.8 　　　　　　　　　　　　　　　　103014779

ISBN-978-986-322-935-3

9 789863 229353

中國學術思想研究輯刊
十九編　第十六冊　　　　　　ISBN：978-986-322-935-3

孝弟慈通貫孔孟聖學
——羅近溪哲學之建構

作　　　者　謝居憲
主　　　編　林慶彰
總　編　輯　杜潔祥
副總編輯　楊嘉樂
編　　　輯　許郁翎
出　　　版　花木蘭文化出版社
社　　　長　高小娟
聯絡地址　235 新北市中和區中安街七二號十三樓
　　　　　　電話：02-2923-1455／傳真：02-2923-1452
網　　　址　http://www.huamulan.tw 信箱 hml810518@gmail.com
印　　　刷　普羅文化出版廣告事業
封面設計　劉開工作室
初　　　版　2014 年 9 月
定　　　價　十九編 25 冊（精裝）新台幣 42,000 元　　　　版權所有‧請勿翻印

孝弟慈通貫孔孟聖學
——羅近溪哲學之建構

謝居憲　著

作者簡介

謝居憲，台灣省桃園縣人，中央大學哲學博士。經歷中華大學通識中心、玄奘大學通識中心，以及元智大學中語系等兼任助理教授。現任中華民國陸軍軍官學校通識教育中心助理教授。主要研究興趣為宋明儒學、道德哲學、先秦儒學及家庭哲學研究。目前共發表二十餘篇相關的論文。

提　要

　　本文是我博士論文《羅近溪哲學思想研究》之修改版。本文要旨，從近溪原典中確定其自己的詮釋系統，進而建構其哲學思想宗旨，以及工夫論，最後以其思想宗旨孝弟慈通貫孔孟聖學。

　　第一章主要綜合了當代研究近溪學的成果與限制，並提出相應的研究方法。

　　第二章進一步探討近溪回歸孔孟，以孔子「仁者人也，親親為大」與孟子「形色天性」重新釐清孔孟「仁」與「人」的辯證關係，修正陽明心學與朱子理學，強調「求仁」必先「求人」，「求人」必先「知孝知弟知良知」。

　　第三章從家庭教育與求學過程的啟蒙、學術環境的影響、哲學義理的向度、家學與道學傳人之見證四個面向完整地建構近溪的學問思想宗旨。一來釐清學術界分歧的說法，同時也掌握了近溪學的核心思想。

　　第四、五章有系統條理地建構其工夫論，主要有格物、致知兩大工夫，似乎有調和陽明學與朱子學之味道。首先概要地建立其工夫基本綱維，再則分析古今一大關鍵格物工夫。以「覺悟良知」為先，而「明眼真師之指點」與「觀先聖之嘉言善行」是「覺悟」不可或缺的工夫。第五章進一步討論如何直養順推良知。工夫有「復以自知」、「破光景」、「一切放下」三個層次。

　　第六章綜合各章，強調近溪學術宗旨孝弟慈如何落實於工夫論，如何一以貫之縱貫內聖橫通外王。

推薦文一：盡性至命必本於孝弟

楊祖漢

（中央大學中文系教授兼文學院院長）

　　儒家學問的本質可以用程伊川所說的「盡性至命必本於孝弟；窮神知化由通於禮樂」兩句話來規定。即是說儒家的理論固然有極高明的形上學的奧義，但乃是以倫常日用的生活實踐為根據的。倫常日用中所表現出來的意義，是雖平常而又是極高明的。整個宋明理學都在表達此一意義。而在眾多的理學家中，羅近溪將此一意思表達得最為貼切，故讀羅近溪書，最能喚醒我們發現原來蘊藏在父子兄弟的倫常生活中，至為神妙的意義。也可以讓我們知道聖人的神化境界，人人都可以在孝弟的實踐中體認到，此即所謂「道不遠人」「孝弟也者，其為仁之本與！」「君子之道，造端乎夫婦」之義。居憲有志於家庭倫理之重建，希望天下人都能有正常的家庭生活，又通過正常的家庭生活體現無限的人生價值。由於有這種心願，他對羅近溪的著作有非常親切而相應的了解。而居憲的家庭和樂，父子、兄弟、夫婦間的感情非常濃郁，例如他為了研究高深學問，毅然辭去中學的教職攻讀博士，他的父兄、妻子都毫無異議，無條件地全力支持，在現在年輕人難以找到適合工作的現實社會，這是非常少見的。居憲對親情的感受，也與近溪相同，這就可以理解為什麼他能夠深入近溪的文獻，清楚表達出近溪的心意之故。他這本論文，除了上述的相應於近溪的思想義理外，還有以下幾點發明：

　　（一）建立近溪完整的工夫論：近溪學之所以為近來學者注意，實與牟宗三先生對近溪的讚揚有關。而牟先生以破光景、無工夫的工夫為近溪特色，對學術界有一定程度的影響。由於牟先生所講的近溪的工夫是屬於第二序

的，故學者們往往認爲近溪沒有第一序的基本工夫，或是以陽明學的工夫論爲其預設。居憲回到近溪的文本，重新檢視，發現近溪有其自己的一套詮釋學，姑勿論近溪對經典的詮釋是否合於原意，但其說法是很道理的。近溪的「心事」、「口氣」說，便是正確理解近溪學最重要的線索。依此研究方法，居憲發現近溪的工夫論，如其弟子所言，是極爲「細密緊切」的。基本上，近溪的工夫，是從「有爲」到「無爲」的一個過程。這當中，近溪從義理的角度調和了陸王心學與程朱理學。

（二）充分證成近溪的學問宗旨在孝弟慈：居憲在我的研究基礎上，從四個面相來充分證成此說。

（三）以孝弟慈通貫孔孟聖學：近溪對宋明諸儒多有不滿，這些不滿，並非無的放矢。他以先秦孔孟儒學爲據，批評宋明諸儒。近溪認爲孔孟哲學，極其高明，亦極爲平實，從倫常日用的孝弟慈便可以縱貫天人，又橫通而開出外王事業。他嘗試以簡易、切身的孝弟慈來實現孔子的大同理想。

（四）釐清當代學者對近溪學的誤解。

總言之，我認爲居憲這本論文，對近溪學多所發明，是近來較有創見，及內容詳細的近溪學論著。

推薦文二：當代儒學研究的新成果

陳榮灼

（加拿大 Brock 大學哲學系教授）

　　當年亞洲四小龍經濟起飛之時，便有人提出——這由於四者均是屬於儒家的文化圈所致。換言之，儒學所起之作用，可以跟韋伯以基督新教倫理作爲資本主義興起的後援相提並論。無疑，這種論調早已成爲明日黃花，不過，卻意外地爲今天在東亞地區所出現的儒學研究發展帶來動力。除了新加坡所設立曇花一現的「東亞儒學研究中心」之外，十年來在韓國特別是「成均館大學」不但有「儒教文化研究所」之成立，且以中韓雙語出版《儒教文化研究》學刊。相應地，在臺灣中央大學也創辦「儒學研究中心」，並有《當代儒學研究》的出版。近年來更在國科會的哲學門宋明儒人才培育計畫的支持下，已逐漸孕養出青年一代的儒學研究人才，而謝居憲博士本書之出版即爲此方面的最新一項成果。

　　實際上，對比於其他地區，臺灣享有一項優先的地位，因爲，這是儒學研究方面唯一經過唐君毅、牟宗三之成果洗禮的地方。這兩位當代新儒家的代表人物，其地位好比當代物理學中的愛因斯坦與海森堡；所以，臺灣儒學的研究成果，如同建基於相對論與量子力學的物理學，具有前衛性之水平，這特別可見諸本書所取得之成果。

　　傳統以來，儘管羅近溪與王龍溪向以「王學雙溪」並稱，然其個人的儒學思想卻一直都只活在龍溪的陰影之下，即使岡田武彥的《王陽明與明末儒學》一書對之所作的勾劃亦未能免於例外。但從本書出發，卻可以清楚地見出羅近溪本人思想之特質所在。茲欲藉以下兩點申論來突顯謝博士此項工作

之涵義。

首先，從學術的觀點而言，羅近溪儒學思想的特殊貢獻，乃至於其與龍溪者有所分別之處，可透過將之與沙特的倫理學作比較，並進一步探討，沙特後有兩項倫理學著作計畫。在早期他孜孜于成就一套「真實個體的倫理學」（Ethics of Authenticity），而後期則欲發展一套所謂緊扣馬克思主義而來的「社會倫理學」。儘管沙特終其一生未能竟其功，但是，從羅近溪的「赤子之心」出發，卻可為沙特提供其早期所需要的真正道德主體。眾所周知，作為陽明的弟子，近溪是從「知愛知敬」說「良知」，這可有助于消弭沙特以「他人為地獄」所產生之不良後果；另一方面，透過近溪所提出之「致良知則家齊國治而天下平」的方案，可以為沙特晚期嚮往的社會倫理學所不曾夢想到的種種不同「有機之團體」提供鮮明的實例。這樣一來，羅近溪儒學通過其與沙特之「存在倫理學」的相似性，便可以跟緊緊追隨陽明的龍溪所發展出與「德國唯心論」相類似的立場劃清界線。

其次，從時代的觀點而言，近年來中國大陸由於經濟高度成長，遂有所謂「大國崛起」的論點高唱入雲，可是從實際的表現以觀，這是否意謂：只是歐美國家所擔心的一股新的野蠻力量之興起？這特別於最近香港人所言的「蝗蟲之禍」可見一斑。當然這也正是當年十年文革的慘痛後遺症。從歷史上來看，這種現象不禁使人回想起黑格爾當年之論點：正是由於有來自羅馬基督教的洗禮，日耳曼這些北方蠻子才可以脫胎換骨地進入文明世界。如果，他山之石真的可以攻錯的話，那麼今天的中國人實不必捨近圖遠，而可直接回到《明儒學案》這一思想的寶藏，真正發揮當年黃宗羲所苦心孤詣地保存的中國文化潛力。值此關鍵時刻，臺灣海峽此岸的學界又豈能妄自菲薄而置身道外！

目次

第一章　緒　論

第一節　研究動機及問題提出

　　羅近溪（名汝芳，字惟德，1515～1588）與王龍溪（名畿，字汝中，1498～1583）世稱「二溪」。所謂：龍溪筆勝舌，近溪舌勝筆。龍溪是晚明陽明學發展的核心人物。比當時其他王門任何人較能精熟於陽明之思路，是陽明良知教底調適而上遂者。〔註1〕相較於陽明所提出的「四有」說，其所提出的「四無」說是眞正的究竟圓教，可以說將良知學推到前所未有的高度。〔註2〕而當時陽明四傳弟子羅近溪亦是陽明後學當中極爲傑出而特異的人物。牟宗三先生就認爲陽明之後，能調適上遂而完成王學之風格者是龍溪與近溪二者。而兩者的差異，在於前者較爲高曠超潔，而後者則更爲清新俊逸，通透圓熟。〔註3〕二溪哲學可說是心學的登峰造極。然而，在唐君毅與牟宗三二位先生未闡

〔註1〕 「調適而上遂」語出莊子天下篇，謂調和而上達於天道。牟先生藉此以説明二溪將陽明良知教上推到至精圓熟的境地。

〔註2〕 「四有」即陽明「四句教」，用來概括其學説的基本主張的，特別針對《大學》講「格物、致知、誠意、正心」等工夫而提出。「四有」內容爲「無善無惡心之體，有善有惡意之動，知善知惡是良知，爲善去惡是格物」。陽明大弟子王龍溪認爲四有只是權法而不究竟。故而提出「四無」。即「心是無善無惡之心，意是無善無惡之意，知是無善無惡之知，物是無善無惡之物。蓋無心之心則藏密，無意之意則應圓，無知之知則體寂，無物之物則用神。」詳細的論辯，請參閱牟宗三《圓善論》（臺北：臺灣學生書局，1985年），頁316。

〔註3〕 牟宗三《從陸象山到劉蕺山》（臺北：臺灣學生書局，2000年），頁288。

揚近溪學之前，研究近溪哲學的並不多。何以會是如此呢？古清美先生認為是因為「近溪的學問不易了解，更不易掌握；因而素來也被當作王學而近禪、玄虛而無實地工夫可言之學，故研究者鮮。〔註4〕」古先生提出近溪學問「不易了解，更不易掌握」、「近禪」、「玄虛」、「無實地工夫」等問題亦非空穴來風，全憑無據。〔註5〕但是，以上真的是近溪學問的特質嗎？而這些問題是造成近溪學鮮為研究的因素嗎？我想是有待商榷與研究的。

　　在唐、牟二位先生之前，的確研究近溪的學者是比較少的，暫且不論是否與其學問特質有關。不過，在唐、牟二位先生的影響之下，這近十年來，研究近溪的學者有增加之趨勢，主要還是以大陸與台灣的碩博士論文，以及單篇論文為主，至於正式出版的專書，若不含學位論文與近溪《語錄》、《文集》在內的話，則只有吳震先生的《羅汝芳評傳》。對此研究稀少之情況，筆者認為甚為可惜與遺憾。何以如此說呢？我想可以從兩個部分來看。首先，可以就當時的學者及其弟子對近溪的評價來看：趙志皋謂「尼父篁篁一脈，千百年來辟而不通者，真至先生而衍其派矣。」（609條）〔註6〕、王龍溪謂「羅近溪，今之程伯子也。接人渾是一團和氣。」（610條）嘉定張建昌恒，曰「蓋接孔氏之傳，翼顏、曾、思、孟之統，而大有功於來學者也。」（615條）耿定向曰：「惟學惟誨，集聖大成，志紹孔業，誰可興論？惟公智及，世鮮其倫。」（619條）楊復所曰「老師，活孔子也」（頁30）、「自孔子以來，未有吾師者也。」（623條）南城萬煜氏曰：「我師之學直接孔氏，以求仁為宗，以天地萬物為體，以孝弟慈為實功，以古先聖神為格則，……，至於發明《大學》之格物，《中庸》之天命，《論語》之時習，《孟子》之性善，皆本諸乾坤生生之

〔註4〕 古清美《明代理學論文集》，（臺北：大安出版社，1990年），頁111。

〔註5〕 古清美〈羅近溪悟道之義涵及其工夫〉、〈羅近溪「打破光景」一之疏釋及其與佛教思想之交涉〉二文，收入氏著《慧菴論學集》（臺北：大安出版社，2004）。許敬庵批評其學「大而無統，博而未純」，參李慶龍彙集《羅近溪先生語錄彙集》（首爾：新星出版，2006年），287條。日本陽明學家岡田武彥批評近溪尊奉心之自然，無視工夫。見氏著，吳光等譯《王陽明與明末儒學》（上海：上海古籍出版社，2000），頁11～12。王龍溪亦認為近溪之學有來自於禪宗，非儒家的工夫。參王龍谿先生全集，卷四，〈留都會紀〉與，卷十，〈答馮緯川〉。黃宗羲亦認為近溪學之「渾淪順適、不落義理、不落想像」，乃得之於佛法之一切現成、得祖師禪之精。參黃宗羲《明儒學案》，卷三十四，泰州學案三。

〔註6〕 《羅近溪先生語錄彙集》，609條。後文凡引用此書，皆只直接列出條目或頁碼，不再註明書目。

易，此尤千古未發之蘊，自我師始通貫之以天下萬世。〔註7〕」近溪曾孫羅萬化曰：「孔門學脈，易簡的確，奈塵埋數千年？至陽明先生，始悟良知，而未證以孝弟，以故世儒見耿耿小明，而把抓以爲知體，去道亦遠矣。先子性本天縱，造復資深，將此學脈全盤捧出。」（頁72）觀此，不僅弟子與後代子孫們對近溪的評價很高之外，即便是對其講因果報應與接人混混有所不滿的龍溪亦給予極高的肯定。〔註8〕這在宋明理學史當中可說是不可多得的儒者。其次，就當代學者對其的評價來看：唐君毅先生給予極高的評價，肯定近溪「直下以仁智合一，語意乃復歸圓足。〔註9〕」牟宗三先生晚年曾經提出，王陽明講「致良知」的工夫，還不是最高境界的工夫，最高境界的工夫是有「工夫而無工夫相」。牟先生認爲龍溪的「四無說」可以說是陽明學之調適上遂，但是由於他只講即本體就是工夫，所以還有工夫相。要到泰州學派的羅近溪才講「工夫而無工夫相」，即無工夫的工夫（弔詭的工夫、絕大的工夫）。〔註10〕而良知教的「超越的證悟」，亦是龍溪所不能及者。〔註11〕且致良知中披露感應之幾而透涵蓋原則與實現原則，近溪亦是第一人。〔註12〕所以牟先生認爲儒學的發展到近溪可謂是最「圓熟」的。〔註13〕而楊儒賓先生認爲陽明後學當中「傳播良知學最有力的是羅近溪。〔註14〕」當然，當時對於近溪學也不無批評者，如焦竑批評其「純以孝弟慈立教，只爲二乘說法。」（513 條）許

〔註7〕　方祖猷等編校整理《羅汝芳集》（南京：鳳凰出版社，2007），〈羅近溪師事狀〉，頁852。

〔註8〕　《王龍谿先生全集》，11 卷。

〔註9〕　唐君毅《中國哲學原論──原教篇》（臺北：臺灣學生書局，2004 年全集校訂版），頁442。

〔註10〕　牟宗三〈康德第三批判演講錄（10）〉，《鵝湖月刊》第 312 期（2001.6），頁6。

〔註11〕　牟先生曾提出形上的證悟與超越的證悟兩個專有術語。所謂的證悟，即表示不只是在言語上、知解上、格套上之純粹說明或解悟而已，而已然在工夫中（存在的踐履感受中）真實見到。「形上的」證悟，是強調彰顯心體之絕對至善性；而「超越的」證悟，強調的是超越而駕臨乎經驗的善惡念之上，對治而轉化之。前者著重在說明良知本身，而後者著重在說明致良知。龍溪之四無說專言形上的證悟，常不能扣緊超越的證悟而言之，牟先生認爲是龍溪最令人起疑處，亦是其不如近溪之處。參牟宗三《宋明儒學的問題與發展》（臺北：聯經出版社，2003），頁267～293。

〔註12〕　牟宗三《王陽明致良知教》（臺北：中央文物供應社，1980 年），頁110。

〔註13〕　牟宗三《心體與性體（二）》（臺北：正中書局，2002），頁123。

〔註14〕　楊儒賓〈理學家與悟──從冥契主義的觀點探討〉，收入劉述先《中國文化思潮與外來文化》（臺北：中央研究院中國文哲研究所，2002 年），頁167～222。

敬庵批評其學「大而無統，博而未純」（287 條）、「涉佛老，接人亦太泛」〔註
15〕。周海門認爲「近溪之語乃上根方能領略，中下根人湊泊不易。〔註 16〕」
沈懋學謂其「一體爲名，不分眞僞。〔註 17〕」劉蕺山亦有所指涉近溪學「參
之以情識，而一是皆良」之病。〔註 18〕黃宗羲批其「眞得祖師禪之精者。〔註
19〕」楊時喬嚴厲批評道「汝芳假聖賢仁義心性之言，倡爲見性成佛之教，謂
吾學直捷，不假修爲。於是以傳注爲支離，以經書爲糟粕，以躬行實踐爲迂
腐，以綱紀法度爲桎梏。逾閑蕩檢，反道亂德，莫此爲甚。〔註 20〕」而當代
亦多有對其批評者。另外，亦有人指出，弟子與後代子孫對近溪的評價如此
之高，恐怕有奉承諂媚之嫌疑。〔註 21〕

　　觀上所評，學界對近溪哲學思想的理解是有分歧的，因此連帶著近溪的
地位一直沒有定論，似乎成了個「公案」。筆者認爲近溪學並非「大而無統，
博而未純」，而是如楊復所所說的，簡直就是孔子生命之再現，就是「活孔子」
再世。對於孔門學脈是有所直承與顯發的；其工夫境界亦如當代儒學家唐、
牟二位先生所言，已達到儒學的最高境地。然而近溪學卻一直未得到學術界
的重視，眞可謂塵埋四百年矣！所幸唐、牟二位先生獨具慧眼，洞察近溪學
的思想意義與價值，方使塵埋已久的近溪學得以重見天日。是以，近溪之學
豈可再被忽略，近溪學之奧旨豈能不被研究與闡發呢？

　　在唐、牟二位先生的研究之後，近溪學之研究有增加的趨勢，此乃可喜
之事。然而，雖然近溪學有重新被提出研究之現象，但是這些研究是否皆得
近溪之旨要則有待商榷。筆者觀察目前研究的現象有如下幾點問題：1、化約
近溪學即爲泰州學：即未能全面的對近溪學本身做研究，而把近溪學化約爲
心齋學，或心齋學理解下的泰州學派，於是將近溪學與泰州學派等同看待，

〔註 15〕程玉瑛《晚明被遺忘的思想家》（臺北：廣文書局，1995 年），頁 137～138。
〔註 16〕周海門《東越證學錄》，卷一，〈南都會語〉（臺北：明人文集叢刊，2001 年）。
〔註 17〕沈懋學〈寄羅近溪先生〉，收入《湯顯祖年譜》，轉引自程玉瑛《晚明被遺忘
　　　　的思想家》，頁 119。
〔註 18〕吳光主編《劉宗周全集》，第二冊，頁 278。
〔註 19〕黃宗羲《明儒學案》，卷三十四，泰州學案三。
〔註 20〕楊時喬最不喜王守仁之學，辟之甚力，尤惡羅汝芳。見《明史》卷 224〈楊時
　　　　喬傳〉。
〔註 21〕鄧潛谷對於近溪《語錄》中門人的批點或批語甚表不滿，認爲諛諛滿紙。見
　　　　氏著〈奉羅近溪先生書〉第四書，《潛學編》，卷十一，（四庫全書存目叢書，
　　　　第 130 冊，2001 年），頁 668～669。

認爲近溪學所宗的孝弟慈參入功利性的內容。亦有認爲近溪對「自然」的追求和擴張世俗性價値皆減蝕了道德性，此一理解甚有問題。或許就是犯了接著要說的「籠統概括」的謬誤。2、描述性的籠統概括〔註22〕：即對於近溪的文獻未能通盤理解與掌握，便以此未經理解或錯誤的觀念來理解近溪學。3、思想豐富性之減損：約可分爲兩種類型。其一，對於近溪的文獻未能充分、完整地閱讀，以某一部份文獻去對近溪思想作出立論，而造成「取樣偏頗的謬誤」。就如近溪弟子楊復所所言，未有能「睹其全而闡其奧」者。其一，乃受限於客觀文獻不足之故，所以只能根據部分的文獻來立論。此二者之弊，輕則化約其思想的豐富性與精彩性，重則誤判其思想特色。4、缺乏哲學性的探討：雖然對於近溪的文獻一做了全面的爬梳與整理，相對於前三者而言是較爲客觀的研究，但是由於缺乏義理的內在邏輯性與論證的嚴謹性，故不能充分、精準的掌握到近溪思想。就以上四種研究態度或方式而言，有些研究對於近溪是曲解的；有些是描述性的籠統概括，不得要領；有一些是減少了近溪思想的豐富性與精彩性；有一些是得其學之血肉但未得其眞髓。所以吾人認爲近溪的思想有重新研究與檢視的必要性，當還其本來眞正面目。而以上研究之缺失都是必須避除的，此乃本論文研究的動機之二。

　　就一位學者的思想形成而言，不免與其師承，以及學術環境或問題意識有所關連。所以爲了更確實的掌握近溪的哲學思想，或許可以如此的來提問：近溪的思想與其成長背景是否有關？其學是否有所師承？而且是否對其師學有所繼承與開展？其次，我們可以進一步問，近溪學是否有其學術宗旨？是否有其想解決的問題？對此問題其又如何解決？若是綜合上面明末諸儒、近溪弟子與其後代子嗣，以及唐、牟對其評價做進一步的提問，則或許可以如此追問：近溪對於陽明學與心齋學的繼承與發展在哪裡？其學術的宗旨爲何？是「不學不慮」的良知良能，或是依《大學》、《孟子》而說的「孝弟慈」，還是「易理」與「神理」，抑或是「破光景」呢？再則，其思想的發生義，是否出於對陽明學的不滿？或是對於陽明後學之弊而發呢？若是，則在何種意義之下可以說近溪不滿意於王學呢？的確，許多學者認爲其思想更多是回歸

〔註22〕林月惠先生批評岡田武彥「籠統式」地將陽明後學分爲三類，然而又無法眞正地說明陽明後學諸思想家的差異。見氏著《良知學的轉折——聶雙江與羅念菴思想之研究》（臺北：國立台灣大學出版中心，2005年），頁647。在此借用此概念說明學者在引用他人之概念之際，未經批判的思考之後而盲目引用之者。

孔孟，與孔孟血脈似乎是相貫的。然則其爲何要回歸孔子求仁之旨呢？其是否有進一步發展孔子之仁學呢？另外，對於其「無工夫的工夫」，究竟是最高境界的工夫還是根本無工夫呢？若是指最高境界的工夫，則其又是如何完成的呢？是否會有「情識而肆」的問題產生呢？若是指不需要工夫、道德培蘊，何以古今學者對其又如此推崇呢？另外，儒學並非只重視成德之教。內聖開外王一直是儒家所關心之終極目的，也是當代新儒家必須面對的挑戰。近溪學若是真已達儒學之最「圓熟」的境地，則其是否可以解決從內聖開外王的問題？其「仁智合一」之圓足的思想形態是否可以穩當地建立儒家形上學？

以上的提問，對於近溪學本身來說，皆是極爲重要與關鍵的問題；對於儒學本身，或是儒學發展上而言，亦是亟待被解決的問題。上述的問題有一些已被提出，但是未被處理；而有一些是根本未被探究過的。筆者乃欲借此研究近溪哲學思想的機會，嘗試對以上的問題做更詳細的研究與討論，並嘗試發掘近溪學之「嫡旨」〔註23〕，不僅希望學者由此進入近溪哲學之堂奧，並可澄清某些對近溪的誤解，以及釐清學術界對近溪哲學極端不同的看法等問題。筆者認爲近溪雖然承繼泰州學派而來，可以說是陽明學或心齋學，此是不錯的。但是近溪學亦有其獨立性，此從近溪《語錄》中對陽明的批評可知。而近溪主要關心的問題，是孔子窮其一生所提倡之「仁」並沒有真正被認識與彰顯。理學家往往偏重於執持一個超越的道體，或偏好於描畫一形上的化境，而疏漏在日用倫常中落實而爲「人」學。仁必須透過個體之人的體現，方能彰顯仁的存在性，離開人，也無所謂的仁；同樣的人之所以爲人，人之尊貴，亦是因爲仁之內在於身，離開仁，人不成其爲人。「仁」與「人」是互相規定、互顯的，不可能獨立存有。故在近溪《語錄》當中至少有四十幾處強調「仁者人也」是聖門宗旨，是求仁之要。然而「此人字不透，決難語仁，故爲仁由己，即人而仁矣。」（34 條）、「仁者人也，親親爲大」。近溪認爲「仁」要個體的「人」身上體現出來才是真正的「仁者」，而最容易意識此仁、信任此仁、最自然體現此仁的行爲，便是「孝弟慈」。如近溪所言：「聖如孔子，又對同得更加親切，看見赤子出胎最初啼叫一聲，想其叫時只是愛戀母親懷抱，卻指著這個愛根而名爲仁，推充這個愛根以來做人，合而言之曰：仁者人也，親親爲大。」（80 條）所以，近溪是以孔子的宗旨爲宗旨，即是以求仁爲旨，而求仁以「親親爲大」，意即以「孝弟慈」爲首要工夫，並通

〔註23〕近溪認爲「道自有真脈，學原有嫡旨也。」見 541 條。

往大人之學。是以，「孝弟慈」在近溪哲學中扮演重要的地位。吾人認爲「孝弟慈」是近溪之學術嫡旨。這個說法可以從近溪的家學、師學，與近溪的哲學思想中得以證成。同時亦可以在嗣其家學的羅懷智，以及得其衣鉢的楊復所之相關文獻得以爲佐證。而當代學者當中，楊師祖漢先生是首先明確地提出孝弟慈是近溪的思想宗旨者，並以孝弟慈「縱貫」天人之學，以孝弟慈「橫開」外王事功。〔註24〕楊師此說其實是合於楊復所對近溪之理解，復所言：「天命生生不已者，爲孝弟慈通其骨髓，直而豎之，便成上下古今，橫而互之，便作家國天下。」（頁 62）

　　若以上所言爲是，則後陽明學的問題恐不單只剩下「破光景」的問題而已，此中還牽涉到近溪對陽明學修正的問題。例如，他以「知孝知弟」來規定良知，取代陽明以「知是知非」來規定良知，並提出以「生」代「心」，以「大人之身」代「大人之心」的說法。如此展現出近溪著重具體實落而又親切的特色。另外，近溪不僅對陽明致良知中「致」的解釋有意見，對於單提個「致良知」，而使後學工夫難以下手，亦有所批評。故近溪學當該有其獨立性，而不能簡單的化約爲陽明學或心齋學，或只放在二氏系統下來研究。此可在其對於四書五經中創造性的詮釋中可窺知一斑。其詮釋的方式大體上是將《大學》的義理扣連著《論語》、《孟子》、《中庸》、《易傳》、《孝經》爲詮釋，將極高明的道，以最平常自然的方式展現出來。例如以《大學》的「孝弟慈」來詮解孔子的仁；以《大學》的「赤子之心」來讚嘆孟子的「性善」說；將「至善」詮釋爲聖賢的規矩，並以此爲教之所先。如此解至善似乎有他律道德的嫌疑，亦似乎有汲取朱子所重的漸修的意涵，但近溪學與朱子學又確有所不同。如是，則近溪並不是沒有工夫，其似乎有修正陽明心學的工夫，進而達到無工夫的工夫，而其工夫中又含有朱子學的好處。是以，近溪此「極高明而道中庸」的特色，既重視超越的「仁體」，同時又強調仁如何落實在人之現實生活當中，尤其提倡以《大學》之言孝弟慈爲踐仁之本。而關於其工夫論，層次分明。以覺「性地爲先」，本末先後一貫，頓漸互參爲用。若果如是，豈可說近溪學不講工夫？筆者認爲近溪的工夫論調和了陸王心學

〔註24〕楊祖漢〈羅近溪思想的當代詮釋〉，《鵝湖學誌》，第三十七期，（東方人文學術研究基金會，2006.12），頁 145～175。與〈羅近溪的道德形上學及對孟子思想的詮釋〉，《理解、詮釋與儒家傳統：中國觀點》（臺北：中央研究院文哲所，2010 年），頁 65～98。

與程朱理學的特色，尊德性而道問學，下學而上達，既保持了「仁體」的超越性，又內在地在具體的生命中呈現。是故近溪學可以建立一套道德的形上學，亦可證儒家形上學。並非謂只要落入形上學，以天命天道做爲道德的基礎，便是玄虛而不穩。〔註25〕甚至應該如此說，此由實踐所建立的形上學，不僅是必要的，也是中國文化正確的發展方向。另外，其工夫論亦有一特色，即易簡、親切、可信而順適、穩當。此特色得之於孔子「聖之時」之觀點。近溪對「時」有其極爲重要的闡發，此從近溪以「時之一脈」規定孔孟一脈，可見一斑。而此「時」的哲學，尤其顯發於其「克己復禮」之本質工夫。

　　至今，近溪學的研究的確還不多。誠如程玉瑛先生所說的：近溪是明末被遺忘的思想家。馮友蘭先生與勞思光先生之哲學史便遺忘了他。何以近溪會被遺忘呢？筆者認爲有以下三種可能性。首先，近溪屬於泰州學派，而許多學者直接把近溪哲學等同於泰州學派創始人王心齋之哲學思想。泰州學派乃王心齋（王艮，字止汝，號心齋，1483～1541）所創。學者往往認爲近溪既爲心齋再傳，必然不出於心齋思想範圍，如是近溪學便爲心齋學所掩蓋，亦即以心齋爲泰州學派代表。但事實上心齋之學並不能概括泰州一派的所有思想。〔註26〕其次，相對於陽明學而言，泰州學派本身的思想與行爲有些怪誕。如心齋的行爲舉止很誇張：穿古式衣著、自製車輛，使得「人情大異」、「驚動廊廟」。陽明便曾經對其所行所言大感不悅，以三天不見作爲裁抑。所以，王心齋本身在學術界便是被質疑的人物，其講學論道之作風，與其他王門學者有異，甚至有人認爲是假王學。〔註27〕如此之結果連帶著影響對於泰州學派的看法。甚至有認爲泰州學派的研究價值不高，或止於創始人心齋便可！再則，有人認爲此時儒家核心價值已有所轉換。此所謂轉換，簡要的說，就是形上的層面轉換到形下的層面。〔註28〕而這個轉換的發生與明末儒學的

〔註25〕徐復觀〈向孔子的思想性格回歸〉，收入李維武編《徐復觀文集》第二卷〈儒家思想與人文世界〉（武漢：湖北人民出版社，2002年），頁101～111。

〔註26〕楊復所稱述其師近溪善無常主，時常參訪於四方高賢宿德，並非只師於泰州這一脈。所以其思想並非心齋可概括。參見623條。

〔註27〕侯外廬《中國思想通史》第四卷（下）（北京：人民出版社，1960年），頁975。唐君毅認爲泰州之傳，由顏山農、何心隱、羅近溪、周海門、李卓吾等，其立身行己，講學論道之作風，亦與其餘王門學者不同。故梨洲將泰州學派，不稱王門，以示區別。參唐君毅《中國哲學原論——原教篇》，頁383。

〔註28〕儒家核心價值的轉換，概略的說，就是天理與人欲、天地之性與氣質之性、道心與人心的價值轉換。詳細討論，可參閱王國良《明清時期儒家核心價值

危機有關。此危機是明末清初諸儒對於宋明道德形上學的反對與批判。就學術內部而講，危機是肇端於陽明後學的玄虛而蕩與情識而肆。即過份偏重於描畫一形上的化境，於實踐上無切實工夫，造成形上與形下分離的緊張，形上之理根本無法落實在日常之生活中。換言之，道德形上學無法落實於生活，及無法經世致用。這也是明朝亡國之後，諸儒們將矛頭指向對陽明「心學」的原因之一。對此反省的結果就是更重視形下世界的實踐，而不崇尚形上境界的虛談。〔註29〕如是，對於心學便不可能全部接受。所以，不只是近溪學的研究受到影響而已，連帶著整個陽明後學的研究都受到影響。當然，以心學擔負明朝亡國的責任是有待商榷的，在此不論。但是清初儒學的新典範出現卻是一個事實。〔註30〕所以綜合上述是筆者認為近溪被遺忘的主要原因。塵埋了近四百年，隨著當代新儒家的崛起，再次復興儒學的精神，近溪哲學才有重新被研究的機會。

　　當代研究近溪學的學者，以唐君毅、牟宗三與錢穆先生為最早。但是研究成果的份量並不太多。唐先生研究近溪的論文，集中在《中國哲學原論·原教篇》。牟先生的研究則以《從陸象山到劉蕺山》、《宋明儒學的問題與發展》為主。另外亦散見於《心體與性體》三大冊、《圓善論》與《康德的道德哲學》。錢穆先生則以《宋明理學概述》為主。雖然他們的研究並不多，也無系統性的著作，但是已將其對於近溪學的主要見解表現出來。大約在同一個時期，日本學者岡田武彥與荒木見悟皆有討論到近溪思想。岡田武彥的博士論文是研究王陽明與明末儒學。論文中亦有一小節討論到羅近溪。而荒木見悟《明代思想研究》有討論到近溪，並有專文討論近溪的哲學。相對於唐、牟二位先生，這兩位日本學者對台海兩地的影響就小了，主要的問題還是語言文字障礙的問題。隨後，80 年代陸續有一些碩博士論文，以及一些單篇的論文在研究近溪哲學。較具代表性的有李得財的博論《羅近溪哲學之研究》、韓籍李慶龍《羅汝芳思想研究》、大陸蔡世昌《羅近溪哲學思想研究》，以及李沛思《從工夫論看羅近溪思想之特色》。而單篇論文則以古清美、楊祖漢、陳來先生較具有代表性。其中以楊師祖漢先生的論文最具有啟發性與創見。而唯一

的轉換》（合肥：安徽大學出版社，2005 年）。

〔註29〕劉述先《儒家思想意涵之現代闡釋論集》，頁 73～103。

〔註30〕劉述先《儒家思想意涵之現代闡釋論集》，頁 73～103。當然，典型的轉換不全然此單一因素，與當時的社會結構變化與社會經濟的發展不無關係。參陳來《有無之境》（北京：人民出版社，1997 年），頁 331～337。

與近溪有關的出版專書，當屬吳震先生的《羅汝芳評傳》。以下分四個部分來
回顧過去研究近溪的狀況。

一、化約近溪學即爲泰州學

　　陳來先生與近溪哲學有關的專著，主要是以《宋明理學》爲主。另外《有
無之境》與《中國近世思想史研究》亦有部分相關討論。陳先生一向爲學的
態度，不管在考據上或資料的收集上，皆是嚴謹、紮實的。但是筆者發現其
對於明末儒學的著墨似乎是較少的，因爲在考據或是資料的收集，甚至論證
上皆是不夠的。其對於泰州學派的核心思想理解有誤，連帶著對於近溪哲學
的理解亦未能相應。何以如此說呢？其認爲心齋的安「身」，不再是陽明修身
之身，而是個體的感性的生命存在，以愛身爲宗旨，引向個人主義的發展。〔註
31〕這種批評在黃宗羲《明儒學案》亦有相近的說法。然而這些批評都是未掌
握到心齋的學問要旨，可以說是曲解了泰州學派最核心的價值概念。〔註 32〕
同樣的，具有泰州學派之自然風格之羅近溪亦是被指爲僅強調身心自然妥貼
而忽視德性培養，以「渾沌」講良知，以「當下」即工夫，以赤子之心不學
不慮爲宗旨。〔註 33〕陳先生這種說法是有所偏頗的。近溪以孝弟爲百行萬善
之根源，工夫「細密緊切」，豈無培養？〔註 34〕以知孝知弟來規定良知，是最
親切、最具體、最明白不過了。「赤子之心不學不慮」果爲其宗旨？再則，其
認爲泰州學派誇大不實了陽明哲學的傾向：把陽明的「身」、「己」變成了感
情愛欲的自我，把良知轉化爲無任何規範意義的當下衝動，把陽明不滯不留
的心體變成非倫理化的自然人性，把陽明的「狂者胸次」變爲衝決一切羅網

〔註31〕 陳來《有無之境》，頁 335。
〔註32〕 按岑溢成先生的說法，在《大學》的義理結構裡，「身」本來就具備了兩重不
　　　　同的身份：道德行動者與社會行動者。心齋以「身」爲天下國家之本，以「安
　　　　身」爲齊家治國平天下之本，就是以道德的行動作爲社會行動的根本。而「萬
　　　　物一體」觀使這兩種行動關聯起來。見氏著〈王心齋安身論今詮〉，《鵝湖學
　　　　誌》，第十四期，（東方人文學術研究基金會，1995.6），頁 59～82。亦可參見
　　　　唐君毅《中國哲學原論——原教篇》，383～387。故其「身」雖然不等同於陽
　　　　明修身之身，然亦並非只是個體的感性的生命存在，以愛身爲宗旨。此身有
　　　　道德義，是蘊涵陽明修身之義的。
〔註33〕 陳來《有無之境》，頁 335。
〔註34〕 楊復所謂：「今人只見先生晚年，學到從心不踰矩處，便以無功夫訾之，不知
　　　　先生功夫細密緊切，方得到此。」（237 條評語）亦可參閱第五章的討論。

的異端和抗議。〔註35〕凡此皆曲解了心齋與近溪的「身」觀。由此可見，陳先生對於心齋的安身論是不解的，對於近溪如何規定良知亦是不明白的。總的來說，其對於近溪的本體論與工夫論皆體之不深，連帶的是一連串的誤解。如其認為近溪反對「致」良知，只因良知當是「良」且「能」也，何來的需要「擴充」呢？如此見在良知是不充分的意思。〔註36〕不錯，近溪是對陽明「致知」的解釋有意見，但不是反對「致」是擴充，而是反對將「致」解釋成「格其不正，以歸於正」的意思。當然這牽涉到近溪反對存天理去人欲的說法有關。很明顯，陳先生已經將泰州學派歸類為功利主義，近溪亦為泰州之一份子，亦難逃此功利之批評。連不學不慮之良知良能所表現的孝弟慈都成為有功利性在。〔註37〕同時也將近溪這種加強對「自然」的追求和擴張世俗性價值的用法，視為減蝕了儒家倫理在倫理學意義上的純粹道德性。〔註38〕以陳先生治學的嚴謹性而言，何以會有如此之誤解呢？雖近溪孝弟慈是落在日用倫常之中，亦不無世俗性價值之意義，但在近溪哲學思想當中，以孝弟慈歸本於仁是其中心思想，近溪豈能接受有減蝕道德的理論發生呢？

岡田武彥（1908～2004）對近溪學的評價頗近於陳來先生。岡田先生將陽明後學區分為良知現成派、良知歸寂派與良知修正派三類。當中現成派以王龍溪與泰州學派為主。而所謂的現成派，就是將陽明所謂的「良知」看做是「現成良知」。強調「當下現成」，視工夫為本體之障礙而加以拋棄，並直接把無心的自然流行當作本體與性命。〔註39〕很明顯的，岡田先生對於「現成良知」的內涵是有誤解的。主張現成派的儒者，不管是龍溪或是近溪，並不是將工夫視為本體之障礙而加以拋棄，甚至他們皆有一套完整而嚴密的工夫理論。〔註40〕儒學是實踐哲學，本體與工夫是相互蘊涵的關係，即使發展

〔註35〕陳來《有無之境》，頁335～336。

〔註36〕陳來《宋明理學》（上海：華東師範大學，2005年），頁282。

〔註37〕其謂：「羅汝芳以『孝弟慈』為根本原理的思想，不僅強調了傳統儒家的倫理優先立場在全部為學中的地位，而且，正如王艮一樣，他在孝弟慈的家族倫理解釋下，肯定了家庭而追求財富、功名等功利性價值，以及保護自我，勤勉從業等倫理規範，換言之，在孝弟慈的方式下，世俗儒家倫理得到了充分的肯定。」見氏著《宋明理學》，頁292；《中國近世思想史研究》（北京：北京商務印書館，2004年），頁442～447。

〔註38〕陳來《宋明理學》，頁292。

〔註39〕岡田武彥著，吳光等譯《王陽明與明末儒學》（上海：上海古籍出版社，2000），頁104。

〔註40〕彭國翔〈王龍溪的致良知工夫論〉，《良知學的展開——王龍溪與中晚明的陽

到近溪的無工夫的工夫，亦是建立在「實踐底軌徹」之下方爲可能。〔註 41〕
另外，岡田先生進一步將泰州學派再細分爲四派：平實派、容禪派、氣節派
與曠達任誕派。詭異的是，岡田並未把心齋與近溪歸入此四類之中，但是卻
獨立在各節中分別闡述之。此問題在此不考慮追問。〔註 42〕而其對於近溪學
的闡釋中，亦有對於近溪體察不深之處。例如，岡田先生認爲近溪長於口舌，
故其學注重意見高論而缺乏深刻體認，而且未免有陷於粗大不純的缺點。〔註
43〕從其《王陽明與明末儒學》之論述中，筆者發現岡田對於形上學的義理概
念較無法接受，故其對於現成派的當下現成是大加撻伐的，其認爲他們尊奉
心之自然，無視工夫，知解任情，終而導致蔑視道德淆亂綱紀的惡果。現成
思想不僅存在於儒學，而且流行於禪學，因兩者合爲一體而越發猖狂。〔註44〕
是以，岡田先生不僅反對「現成良知」的儒學，亦反對禪學的「作用見性」。
可見岡田先生反對的是「現成」之「猖狂」。

　　蔡世昌先生是陳來先生的學生，其博論《羅近溪哲學思想研究》，大體說，
在思想與哲學史方面有進於其師。尤其在「思想的整理」上更爲完整。基本
上將近溪有關的思想都做了簡要的整理。蔡先生企圖從哲學史的角度考察羅
近溪哲學思想的發生、發展和完成。採取歷史與邏輯相統一、資料與觀點相
結合的方法，通過對羅近溪《語錄》和《文集》的深入解讀，在縱的方面理
清羅近溪哲學思想的形成、發展與成熟階段的不同特色，勾勒出從王陽明到
王艮到羅近溪的內在發展線索；在橫的方面力圖挖掘羅近溪哲學的內在課
題，重新建構羅近溪哲學的體系，並注重從明代中晚期知識人學術交流活動
頻繁、三教趨於融合的大的背景下考察羅近溪與中晚明陽明學的關係，評價
羅近溪哲學在泰州學派和宋明理學發展史上的地位。但筆者發現，蔡氏可以
說完成其思想史部分的目的，但哲學問題與哲學思考仍然不足。例如其對陽
明良知學的批評，在此論文中其都是以承繼陽明學之發展而描述性地論述，

　　明學》（北京：三聯書局，2005 年）；或氏著〈陽明後學工夫論的演變與形態〉
　　　（浙江學刊）第一期（2005），頁 28～35。而近溪的工夫論，容後再論。
〔註41〕牟宗三《從陸象山到劉蕺山》，頁 292。
〔註42〕張崑將先生認爲未將近溪歸入其類，有遺珠之憾。其認爲近溪有「容禪派」
　　　之面向。參氏著〈當代日本學者陽明學研究的回顧與展望〉（台灣東亞文明研
　　　究學刊）第二期第二卷（2005.12），頁 265。筆者認爲岡田先生無法將其歸類，
　　　恐是因爲近溪含有此四類的特質。
〔註43〕岡田武彥著《王陽明與明末儒學》，頁 164～165。
〔註44〕同上，頁 11。

缺乏哲學之思辨性展開或系統的整理。雖然其對於近溪思想的描述大體皆不錯，甚至對於近溪的理解與開展亦大有進於其師陳來先生，彌補其師之不足。但是骨子裡還是陳來對於近溪的理解。〔註45〕另外，其對於近溪「孝弟慈」的掌握有偏頗之處。即認爲「孝弟慈」的提出是他政治——倫理實踐和講學化俗的需要。此恐不是近溪提出孝弟慈之意義全貌。〔註46〕另外，其認爲慈比孝弟更爲根源。慈是天生的、無條件的；孩子對於父母的孝順則是以慈爲前提的，在某種意義下是對慈的一種回報。近溪的確有類似之說法，但並非說孝已成爲有條件的行動。對此說法，筆者認爲蔡氏對於近溪提出的「孝弟慈」僅止於思想文獻的研究。嚴格地說，其對於「孝弟慈」只是「描述性的籠統概括」而已。故對於近溪哲學亦恐難眞正地相應。

二、描述性的籠統概括

有一些學者對於近溪的文獻未能通盤理解與掌握，不管是因爲在時間上或學力上，便以此未經理解或錯誤的觀念來理解近溪學。另有一些研究者訴諸權威，對於近溪文獻本身未能全面而深入的探討，而以二手文獻爲根據來理解近溪哲學。凡此對於近溪思想皆只能是一種描述性的「籠統概括」，未能得其眞精神。筆者發現，侯外廬等主編之《宋明理學史》，張學智《明代哲學史》，鮑世斌《明代王學研究》，以及葛兆光《中國思想史》，皆有這一方面的問題。侯氏《宋明理學史》與張氏《明代哲學史》分別以赤子之心的不學不慮，以及工夫順適當下，比附於黃宗羲批評近溪「眞得祖師禪之精者」的說法，是非常籠統的概括。〔註47〕鮑世斌《明代王學研究》，除了與上述二氏有相同的說法外，亦認爲近溪孝弟慈的宗旨參有功利性的內容。此說與陳來「化

〔註45〕 例如蔡氏在其引言中說道：「近溪的『當下』說也客觀上助長了陽明後學中倡狂恣肆、安享現成的流風，引發了自然主義與行爲主義的弊病。」蔡氏表面上承認近溪學雖然強調「平常」，但不失「高明」，有進於王心齋者。但是骨子裡其認爲近溪學仍是會「減低道德性」與產生「倡狂恣肆」，有功利主義的傾向。凡此皆得之於師。見陳來《中國近世思想史研究》，頁446、455。

〔註46〕 雖然蔡氏亦有「孝弟慈即天命之性」、「孝弟慈即良知良能」、「孝弟慈即仁」、「孝弟慈即明明德於天下」等諸說之提出。見氏著《羅近溪哲學思想研究》（北京：北京大學哲學系博士論文，2004年）。

〔註47〕 如侯外廬、邱漢生、張豈之主編《宋明理學史·下卷》（北京：人民出版社，1987年），頁458～465。以及張學智《明代哲學史》（北京：北京大學出版社，2003年），頁256～263。

約近溪爲泰州學派」的說法如出一轍。〔註 48〕葛兆光《中國思想史》認爲近溪倡聖人之道無異百姓日用，即是將所有戒懼、用功、提升、超越的意義都通通解消：諷刺用功的人是多此一舉，戒懼的人彷彿在佛頭著糞，認爲不屑湊伯、不依畔岸，只需解纜放船，順風張棹，無之非是。把心即理的依據，放大到「心」的一切都是合理的，不需把持、不需接續，不學不慮。〔註 49〕以上這四位研究者，大體上是受黃宗羲《明儒學案》的影響，對於近溪文獻本身恐缺乏深入的討論。

三、思想豐富性之減損

大至可分爲兩種類型。其一，對於近溪的文獻未能充分、完整地閱讀，以某一部份文獻去對近溪思想作出立論，而造成「取樣偏頗的謬誤」。就如近溪弟子楊復所所言，未有能「睹其全而闡其奧」者。其一，乃受限於客觀文獻不足之故，所以只能根據部分的文獻來立論。此二者之弊，輕則化約其思想的豐富性與精彩性，重則誤判其思想特色。牟先生對於近溪學的研究，是放在陽明學發展的脈絡之下來考察與研究近溪學。故其謂近溪學的特質表現有其「歷史的必然性」。〔註 50〕牟先生認爲順王學發展下來，工夫必然從分解到非分解，「不屑湊泊爲工夫」之「無工夫的工夫」是必然的發展。此「不屑湊泊」之工夫必須通過光景的拆除。要之，儒學發展到近溪，只剩一光景的問題，而近溪承擔了此必然。誠然，牟先生掌握到近溪「破光景」的特色。然而筆者也同時發現其減少了近溪學的豐富性。例如牟先生就沒有挖掘近溪常以「孝弟慈」訓人與指點人之奧旨，也沒有闡發其「仁者人也，親親爲大」之創造性詮釋，亦未關心何以近溪要以「生」代「心」的意義所在；對於近溪稱謂「即如告子此人，孟子極爲敬愛」與「子朱子之有功聖門也，學固得其大方矣」，不知牟先生是如何看待。筆者認爲這些問題皆與其思想有重要之關連性，若是能夠加以研究，則除了能夠增加其思想之豐富性之外，亦能夠對近溪哲學有更全面的了解。而這個結果，很可能與牟先生對於近溪學的判定是立足於對心學發展的歷史趨勢，即其順此而來的內在義理的總體把握之

〔註48〕 鮑世斌《明代王學研究》（四川：四川出版集團巴蜀書社，2004 年），頁 212～223。

〔註49〕 葛兆光《中國思想史・卷二》（上海：復旦大學出版，2000 年），頁 429～430。

〔註50〕 牟宗三《心體與性體（二）》，頁 123。

上有關。〔註51〕同時，也是因爲受限於文獻不足之故也。〔註52〕

　　古清美先生對近溪的研究主要有〈羅近溪悟道之義涵即其工夫〉與〈羅近溪「打破光景」義之疏釋及其與佛教思想之交涉〉二文。這兩篇論文的焦點主要與近溪的工夫論有關。尤其是扣緊著「破光景」而論。而「破光景」與佛教的「破執著」可以說有共同之意義，即是「破妄顯眞」。古先生即是以此將近溪與佛教相涉的部分做探討與分辨儒佛之異。筆者認爲論者在此兩篇論文中有一個共同意圖，就是要說明儒佛之異，以及強調近溪之破光景其實不是儒學可以成就之的。其中儒佛之不同，就在於佛教的解脫自在勝過於儒家的聖境。〔註53〕近溪曾經說過「眞正仲尼，臨終不免嘆一口氣也。」（292條）何以仲尼會嘆一口氣呢？古先生認爲是因爲仲尼並未達「了究生死」之究竟境界。所以即使是孔子已達儒家之聖境，都未免一嘆。故近溪年少之時即立志要尋一個不嘆氣的事做：「了究生死」，意即要追求比儒家聖境還要高的「究竟境界的超越」。而如此之境界必須「撥除一切有思有爲之光景妄境」。此即是「破光景」，即是近溪的「學問特質」，意即是「迥異於儒學的」。若果如是，儒學就沒有破光景的工夫了。吾想，近溪破光景工夫取之於佛教嗎？陽明不也說過不要持光景嗎？孔子的四毋說，難道也是佛教才有的嗎？近溪眞的如其師山農所批評的「避聖歸佛」嗎？宋明儒者少有不進出佛老者，不可說沒有受佛老之影響，吾想也沒有人會反對此說。但是不應該說佛老特有之工夫或境界必然是儒家沒有的。其次，若近溪眞的「避聖歸佛」，何以其晚年禁止後嗣子孫近禪呢？再則，其認爲近溪用禪宗之「作用見性」來闡揚「生生之仁」，其這個說法相近於黃宗羲對於近溪的批評，可參見牟宗三先生對此的回應。〔註54〕最後，古先生自己也提出其難以體會、掌握近溪在證道之境

〔註51〕吳震《羅汝芳評傳》（南京：南京大學出版社，2005年），頁11。牟先生研究陽明後學的方法，林月惠先生認爲其重義理疏解，嚴判教的結果，雖然突顯陽明思想系統的縝靜精微。但在牟先生宋明理學三種義理形態的衡定下，使千巖競秀的王門諸子思想，只具有王學歷史發展過程中「過渡」價值，鮮見其思想義理上的獨立意義。參見氏著《良知學的轉折──轟雙江與羅念菴思想之研究》，頁23～24。彭國翔先生亦指出，牟先生主要是以是否符合陽明思想爲標準而對陽明後學採取一種判教式的研究。參見氏著〈陽明後學工夫論的演變與形態〉，頁28～35。

〔註52〕謝居憲〈牟宗三先生對羅近溪哲學的詮釋〉，《當代儒學研究》第八期（2010.06），頁211～244。

〔註53〕古清美《慧菴論學集》，頁114。

〔註54〕牟宗三《心體與性體（二）》，頁117～128。

後，近溪如何教人入道。從古先生的困境中亦可說明其對於近溪學內在義理未有全面之理解。此二文的研究目的主要在證成近溪的最高境界，恐怕不是受之於儒學，而是禪學。故其對於近溪文獻的掌握以及論點皆集中在「破光景」。筆者認爲古先生對於近溪哲學的全貌未能盡賭，似乎帶著「避聖歸佛」之偏見來詮釋近溪學，在詮解上也多有過渡推衍的疑嫌。

另外，龔鵬程〈羅近溪與晚明王學的發展〉一文企圖重新建立泰州學派的思想理論，尤其是對當代新儒家牟宗三的批評。其認爲牟宗三對於泰州學派的理解（尤其是近溪）是「大謬」的。固然牟先生以判教之方式來理解近溪，減少了其思想之豐富性，但是對於近溪的理解，基本上是沒有問題的，如此嚴厲的批判，對牟先生是不公的。當然，龔氏強調要回到「文本」來研究思想，吾想是無人會反對的。至於其對近溪的理解，基本上是思想史的進路，缺乏哲學性的深入探討，故錯以「克己復禮」爲近溪之學術宗旨。〔註55〕

四、義理的內在邏輯性不足

近十來年，對於近溪的思想研究是有增加的。除了單篇或單章論文之外，尤以碩博士論文爲多，同時大陸學者吳震也出版了一本近溪的專書。這些著作，在思想上的研究，明顯地比過去的研究要更完整。但是筆者發現，其哲學性的探討及義理的內在邏輯是不夠的。故不能充分、精準的掌握到近溪思想。

（一）錢穆

錢穆先生對於近溪的研究著作並不多，主要集中在《宋明理學概述》一書中的一小節，且內容也不多。然則，爲何筆者要提出來討論呢？因爲錢先生對於近溪哲學與心學家工夫的化境有誤解，故不得不在此提出討論。首先，錢先生從近溪「當下即是」的論道方式認爲近溪的思想精神簡直就是佛門中禪的精神或理學中的禪，筆者不置可否。然則其對近溪這種論述方式及其孝弟慈哲學是有意見的。〔註56〕其實，錢先生對於近溪的思想發展與內容並非全然沒有了解。其知道近溪重視「孝弟」之道，亦發現其是上通天道的關鍵

〔註55〕龔鵬程《晚明思潮》（宜蘭：佛光人文社會學院，2001年），頁17。
〔註56〕錢穆《宋明理學概述》（臺北：學生書局，1984年），頁232。

入路。對於其學思的過程亦有所掌握。只是他對於「孝弟」的真精神不能了
解，而對於孝弟與生生之道的關聯性之理解恐是不深的。其次，其對於人人
本具之不學不慮的良知良能更無法堅信，對於天道性命如何相貫通之意似乎
很難體會。其實，以上的問題錢先生並不是都不能了解，尤其有關近溪本身
的思想不是不能解悟。對孝弟在近溪哲學中扮演的角色地位，相信錢先生也
是有了解的。只是筆者觀察到，其對於近溪的批評，更多的是隱藏於其對心
學易簡工夫的不滿。其說道：

> 陸王之學為理學中的別出，而陽明則可謂乃別出儒中之最是顛峰造
> 極者。因別出之儒，多喜憑一本或兩本書，或憑一句或兩句話做為
> 宗主，或學的。……、而陽明則專拈孟子良知二字，後來又會通
> 之於《大學》而提出致良知三字，作為學者之入門，同時亦是學者
> 之止境，徹始徹終只此三字。後來王門大致全如此，只拈一字或一
> 句來教人。……、總之是如此，所謂終久大之易簡工夫，已走到無
> 可再易再簡，故可謂之是登峰造極。然既已登峰造極，同時也即是
> 前面無路。〔註57〕

從以上可得知，錢先生對於心學易簡工夫是不能接受的。其認為成聖之學豈可
憑一兩句話就能夠達至，如此豈不是讓「愚夫愚婦當下便知便能了」；陽明的「致
良知」發展到近溪就只是「孝弟」二字來教人，豈不是「把古聖人古經典地位，
都讓世間愚夫愚婦日常心情代替占盡了」。是以，在這裡幾乎看不到錢先生對於
近溪哲學本身的研討，而較多的是其對心學發展為「儒學中的禪」或「理學中
的禪」的批評，認為這些都是別出之儒。表面上循至條條是路，盡人可走。則
實際會變成沒有路。學術思想的流弊，到此一步，其勢非變不可。〔註58〕從上
看來，錢先生對於近溪哲學的了解不夠切實，尤其對於孝弟慈在近溪學之特殊
意義，以孝弟慈為根據的工夫論，恐未有深入之探究。且對於心學「天人相貫」
的義理亦是不能相應。要之，其對儒家真諦——道德形上學便難有相應地了解。
若追究其因，或可說錢先生論中國哲學所採取的立場，或如余英時先生所言，「不
是哲學而是史學」〔註59〕。如此無可避免的，其對理學家的思想分析自然不夠。

〔註57〕錢穆《中國學術通義》（臺北：學生書局，1984年），頁88。
〔註58〕錢穆《宋明理學概述》（臺北：學生書局，1984年），頁236～237。
〔註59〕余英時〈錢穆與新儒家〉，《猶記風吹水上鱗》（臺北：三民書局，1991年初版），
　　　　頁59～60。另，陳來先生認為錢先生對於朱子的思想演變的研究是相當深入
　　　　的，但對朱子思想的主要部分理氣論則未能給予詳細考察。見陳來《中國近

〔註60〕且過於偏重從歷史的立場出發，有顧此失彼、捨根逐末之憾。相對於儒學之真精神、真血脈則未能深切探究，使得在哲學之探究上顯得薄弱許多。除此之外，其對於心學超越面之語類皆不能領悟，謂為「渺茫」，或可謂其「喜以自然主義、行為主義之思想來論德性有關」。〔註61〕

（二）李得財

李得財《羅近溪哲學之研究》是台灣最早研究近溪哲學的博士論文。〔註62〕李氏研究近溪的動機，主要有二：一是因為學界至今未見專書加以全面之研究；由此進而衍生對牟宗三先生對近溪論斷的質疑：何以牟先生將羅近溪評為陽明學之調適上遂，而研究者如此少？李氏認為關鍵在於牟先生是以陽明之義理規範為標準，再來看近溪之義理精熟不精熟於王學，而判定其在陽明學的定位。並不是將近溪之哲學體系作為一獨立之文本而加以研究。另外，學者們沒有全面性、系統性之獨立研究出現：即大抵皆以其詮釋上之「先見」，即以其自身特定之對中國哲學之詮釋立場，然後片面地擷取近溪某些精要之言論，並將自己預設之哲學系統套在近溪身上。是以，李文是將近溪以獨立之哲學體系來研究完成的。相對的，就較能顯豁出與陽明哲學之同異性。李氏認為近溪是開創性的理學家：開創了頓教意義下之儒學實踐系統，保住儒學門根本精神之大原則下，某種程度上也吸收了大乘系統之教法，因而豐富了儒學之傳統。是儒學「華嚴精神」之進一步的發展。李氏的用心與企圖是令人欽佩的。然而，李氏真的建構了近溪哲學體系了嗎？筆者發現其所建構的體系，是鬆散而不嚴謹的、鋼架不明的、實踐底軌徹亦不清楚的。尤其從其對於近溪思想要旨孝悌慈著墨極少且研究不深中窺見。這一點可以從其對「近溪哲學之限制」得之。以下簡要綜述其要旨：（1）泰州學派將儒學普世化：適用一般平民百姓，但是如何在理論上，使儒學走向真正的「簡易」之學呢？（2）在現實層面，孝悌慈之理中就有其僵固之一面，此理想主義之功效是質疑的。（3）赤子之心之首出義只是形式上，不必然的具有道德內涵。並非如陽明或龍溪之依於良知天理之根本內涵。此是付出「滑落」陽明道德

世思想史研究》，頁230。

〔註60〕汪學群《錢穆學術思想評傳》（北京：北京圖書館出版社，1998年），頁167。

〔註61〕《唐君毅全集》卷二十六（臺北：台灣學生書局，1981年），頁98。或楊祖漢《當代儒學思辨錄》（臺北：鵝湖出版社，1998年初版），頁5。

〔註62〕李得財《羅近溪哲學之研究》（台中：東海大學哲學研究所博士論文，1997年）。

天理之代價的。尤其就泰州學派後來之發展看來，良知天理之滑落，無疑啓開道德實踐超越義殞落之先聲。（4）以自然平常之美學境界爲入道之首功，而放棄陽明超越之道德主體爲工夫主力，固然可以避開理欲對治之弊，然終究使道德實踐缺乏必然性的保證。（5）王龍溪批評近溪認煩惱爲菩提，混欲爲眞，實是近溪學於實踐時最易衍生之弊；其後劉蕺山「情識而肆」之批評顯然非無的放矢；周海門認爲近溪之語乃上根方能領略，中下根人湊泊不易。若缺乏一套具體有效而循序漸進之轉化或對治的工夫，則徒觀法之圓融，顯然不得以救治現實上百姓之弊。

　　近溪孝弟慈之簡易哲學眞的沒有其理論系統嗎？眞是僵固而沒有實落性嗎？重視孝弟慈或簡易哲學，難道就減煞了道德實踐之超越義嗎？其放棄了陽明超越之道德主體爲工夫主力嗎？王、劉、周的批評皆合理嗎？筆者認爲李氏會有以上種種的質疑之問題關鍵，出在其對於近溪「孝悌慈」此核心概念之內涵未能眞正的體悟。其實其並未眞正的落實於「以獨立之系統」來研究近溪哲學體系，一開始就有所偏見。似乎受王龍溪、周海門、劉蕺山的影響而做出詮釋，並非從其「文本」閱讀中得其旨而以之爲證。甚至，其亦認爲近溪以存有論上言此萬物一體義，再以之爲道德實踐之根據，有「獨斷形上學」之危險。凡此種種，得見其對於近溪學之本體論與實踐論並未有系統性的詮解，此亦是筆者論文研究的動機目的之一。

（三）李慶龍

　　李慶龍先生博論《羅汝芳思想研究》，歷經十餘年才完成，實屬不易。尤其其精心校對整理近溪《語錄》，可說是當時最完整的《語錄》，是許多相關學者爭相求取的文獻，嘉惠學界，使對近溪學的研究能夠更上一層樓。眞是莫大的貢獻！而其本篇論文之主要目標是羅近溪思想的建構。其建構的進路是採取一種由外而內、由下而上的結構與運用。其建構出來的結果，認爲近溪哲學的宗旨當在「易理」（生理）與「神理」。理由在於，此是王龍溪爲主的陽明學所常談的性命合一，亦是顏山農與近溪師生互相印證的聖學宗旨。尤其近溪晚年（72 歲）在南京雞鳴山憑虛閣講學中，舉出《孟子》「盡心知性，存心養性，盡性事天命」來解釋「善性」的普遍稟賦這一段對話中以得其學術要旨。〔註 63〕李文超過一半篇幅皆在論證近溪「易理」與萬物一體之德，

〔註 63〕見李慶龍《羅近溪先生語錄彙集》之前言。

以及近溪「神理」與盡心盡性至命之儒家橫豎規矩。最後得證盡心盡性至命事天是儒家三階位與歸宿。而此三階位一言以蔽之，其實就是盡性，而盡性的本體與工夫，皆在於孝弟慈之上，此即是近溪所證的儒家之實教，亦即是儒家與二教之檢別處。〔註64〕

李氏對於近溪的思想掌握大體上問題不大。但是其慣於以佛教之唯識來比附說明儒家的身、知覺、心思、本心等概念似乎是不必要，也不恰當。另外，李文最大的問題在於：其認為近溪之學術宗旨是在「易理」與「神理」。理由為近溪據易理與神理，講解盡心知性、盡性至命之儒家絜矩，亦即是孔子求仁之本體與工夫之圓融。〔註65〕姑且暫時不論此說法是否成立，筆者在此想提一個質疑，就李氏自己結論最後一段所言：「此三階位一言以蔽之，其實就是盡性，而盡性的本體與工夫，皆在於孝弟慈之上，此即是近溪所證的儒家之實教」（前文已引）。為何李氏不把近溪之學術宗旨就定在「孝弟慈」上，而是定位在「易理」與「神理」上呢？其實，李氏亦看出孝弟慈在近溪哲學的重要地位，所以其在《羅近溪先生語錄彙集》之前言即明確提出：「有關他的學術宗旨，許多門人認定為《孟子》『不學不慮』之良知良能與《大學》『孝弟慈』。」但是李氏反對這個說法。至於反對的理由其亦未有說明，其只是從思想史的脈絡下與學統之承繼上選擇了以「易理」與「神理」為其學旨，如此真得近溪學之實嗎？筆者認為這只是近溪哲學之第二義旨趣，非第一義。近溪學術宗旨是本論文主要要解決的議題，容後再論。

（四）吳震

吳震先生《羅汝芳評傳（以下簡稱《評傳》是目前台海兩岸唯一的一本出版專書，可說是難能可貴。吳先生在此《評傳》之內容簡介便已將近溪的獨特風格展現出來，主要表現在三個方面：一、以「求仁」為宗旨、以孝弟

〔註64〕此是李氏論文之結語，見氏著《羅汝芳思想研究》（臺北：臺灣大學歷史所博士論文，1999年），頁206～210。

〔註65〕李氏認為近溪所詮釋的易理與神理，乃繼承心齋、山農之孔聖心印而成立儒家橫豎之骨架，互為相照相證。此即是孔子五十知天命後所立的求仁學之復立，亦即是孟子所證的盡心盡性至命之儒家作聖的橫豎規矩。陽明良知、心齋格物、山農之精神仁神，以及江右學者之歸寂，近溪在此儒家作聖規矩上，橫遮橫攝，豎破豎立，建立儒家之圓頓教。見李慶龍《羅汝芳思想研究》，頁195～196。

慈爲核心內容、以萬物一體爲最終歸趨的儒家倫理思想；二、以天心觀爲基礎，以敬畏天命爲主要內容的宗教倫理學；三、以化俗爲內容的社會政治思想。此三方面的特質，吳先生再分六節來討論。依次是求仁宗旨、孝弟慈、良知說、身心觀、天心觀與萬物一體。基本上，每一節都掌握到近溪的論點，並以此完成近溪的哲學思想。

　　吳先生在文獻研究方法上，可謂考證翔實，持論有據，對於近溪思想的掌握可謂面面俱到，內容相當的豐富，尤其結合當代倫理學（如宗教倫理學）的概念來詮釋近溪學，乃是前所未發的觀點，值得進一步研究發展。至於其對近溪的評論，大致上與當時諸儒或門人給予近溪的評價是一致的。﹝註66﹞總體而言，《評傳》可說是相當有價值的一部專論。但是以下幾點是筆者認爲不足之處。首先，吳先生的論述大都僅於「論點」的分析而已，未進一步將其意思展開，不能說不對，只是可以更完整。例如「講學」是晚明陽明後學的特色之一，尤其是泰州學派的主要特色。對於近溪而言，透過「講學」可以「聯友」、「孚友」，進而實現社會「大同」的政治理想。同時近溪首創以講學來解釋格物。﹝註67﹞我想吳先生都掌握得很好。但是講學何以可以實現大同思想？「講學」與「格物」的關聯在何處？筆者想這不僅是牽涉到外王的部分，一定也關聯著「工夫」的部分。講學決對不止於「聯友」、「孚友」，或透過講學教化即可完成大同思想，這當中牽涉到講學與心性之義理關係。可惜吳先生未能進一步展開。又如，吳先生引了近溪一段重要的文獻：「三代以後，名盛實衰，學者往往知慕仁義之美，而忘其根源所在。……今即《孟子》七篇看來，那一句話曾離了孝弟？那一場事曾離了孝弟？陳王道，則以孝弟而爲王道，明聖學，則以孝弟而爲聖學。﹝註68﹞」有關這一段引文，吳先生僅依文獻上的字義疏解之，提出內聖或外王皆不能離開孝弟慈，與孝弟慈的觀念在道德實踐中的重要意義。從文獻的表面意義看是如此並沒有錯，但是「名盛實衰」、「慕仁義之美」是否有所指涉他者呢？其忘了根源又是何指呢？筆者認爲這與近溪學的發生義是有關聯的。而這個問題了解之後，就可以解決吳先生自己的提問：「近溪學一方面對於陽明揭示人心良知的意義有充分的肯定，另一方面，也隱

﹝註66﹞見 607、609 條。

﹝註67﹞吳震《羅汝芳評傳》，頁 457～458。

﹝註68﹞同上，頁 202。

晦地指出陽明『只單說個良知』，並對陽明欲以良知來解決《大學》問題而未回到孟子本身表示了不滿。至於為何不滿，近溪並沒有展開具體的論證，這就需要我們後人從哲學史的角度來進行解釋。〔註69〕」

　　吳先生說的一點都不錯，近溪的確對於陽明有所不滿，而原因亦如吳先生所言。至於其背後真正的原因則是陽明「忘了根本」，即忘了「孝弟」。此問題待後文再論述之。是以，吳先生對於近溪的文獻整理與分析，主要偏重在思想史的研究，而缺乏哲學史及哲學性的探究，論述大都止於主要「論點」的分析，故大意雖不錯，但是，也因此缺乏義理的探究，在論證上的嚴謹性便有所不足。〔註70〕是以，近溪問題背後的哲學意涵亦隱晦而不顯。換言之，吳先生不能完全真正掌握近溪哲學思想的嫡旨。〔註71〕另外有一點有待商榷，吳氏說「萬物一體，以及萬物一體之仁的理念既是近溪思想的立足點，又是其整個思想所指向的最終目標。」〔註72〕「萬物一體，以及萬物一體之仁的理念」是其整個思想所指向的最終目標，應該是沒有問題的。然而，何以它是近溪思想的立足點呢？吳先生並未說明此意。若說最終目標同時也是其實踐動力的來源，或許可以說的通。但是，若把近溪思想之立足點放在一個化境之上，似乎不太穩當，恐會造成誤解。筆者認為近溪思想的立足點當建立在實踐主體「人」之上。更確切地說當是建立在能極高明而道中庸的「孝弟慈」之上，亦即近溪所謂「人」的「根源」上。如是，孝弟慈恐非只是在思想上的某些趨向、旨趣，或只是對良知所具有的道德意義的一種補充之道德觀念，或倫理法則而已。〔註73〕

〔註69〕同上，頁513。

〔註70〕對於吳震《陽明後學研究》的書評：黃俊傑先生認為吳震先生偏重學術史與思想史的探討，考證翔實，持論有據，較少注意義理的內在邏輯結構與論證嚴謹性。見林月惠《良知學的轉折——聶雙江與羅念菴思想之研究》，〈序〉。同樣地，林月惠先生亦批評吳震先生的論述僅止於主要「論點」的分析，並未進一步將各家思想的「體系」建構出來。如是，義理的內在邏輯性與論證的嚴謹性，就較為不足。參見氏著《良知學的轉折——聶雙江與羅念菴思想之研究》，頁639。同樣地，筆者發現，吳震先生亦是以同樣的研究法研究羅近溪哲學。

〔註71〕例如吳先生認為孝弟慈只是一種道德觀念或是道德意識，是對良知所具有的道德意義的一種補充。或其認為《中庸》的學術價值高過《大學》。凡此皆未得近溪哲學要旨，容後論。

〔註72〕吳震《羅汝芳評傳》，頁515。

〔註73〕同上，頁179、217。

五、小結

就以上四種研究態度或方式而言，有些研究對於近溪是曲解的；有些是描述性的籠統概括，不得要領；有一些是減少了近溪思想的豐富性與精彩性；有一些是得其學之血肉未得其眞髓。筆者認爲唐君毅、楊祖漢先生是眞正得其髓者。以下簡述其要：

（一）唐君毅

唐先生研究近溪的論文並不多，主要集中在《中國哲學原論・原教篇》第十六章〈羅近溪之即生即身言仁、成大人之身之道〉一文。份量雖然不多，但是見解精闢，表達甚有系統。此文是其消化《盱壇直詮》與《近溪語要》（金陵刻經處刊本）所寫成。在文章的導論，唐先生便已將近溪的講學宗旨非常精要的點出來。其說道：

> 羅近溪在明儒學案中，列爲泰州學派，爲王心齋之傳，嘗以安身爲宗，謂《大學》以修身爲本，修身即安身。心齋復喜言樂。其言樂，多自生機流暢，活潑自在處言，爲近溪即身言仁，以生生言心之說所本。〔註74〕

唐先生很精要的點出近溪的講學宗旨爲「即身言仁，以生生言心」。從其標題〈即生即身言仁、成大人之身之道〉可見一般。很明顯的表示近溪與過去陽明以知是知非的良知來言心言仁有所不同。而這個不同並非近溪自己的轉向，而是師承王心齋的「格物安身」論而來。即以安身爲本之義說格物，而不取陽明以「正念頭」爲格物。而所謂的安身，就是以自己的修身爲本，以天下萬物爲末。從修身而明明德親民。如此，心齋不單言心，而即安身之事以言此心之學。而近溪循此身之本、與家國天下之末之「本末一貫」之意，而於此識得仁體之貫於此本末之「生」之中，而暢發陽明〈大學問〉一文之旨，以言大人之身之另一形態之悟本體即工夫。〔註75〕唐先生進一步言：

> 然近溪之學，在陽明學派，尚有其特殊精神。即近溪直接標出求仁

〔註74〕唐君毅《中國哲學原論——原教篇》，頁418。

〔註75〕近溪對心齋的安身論有所承繼，但亦有所不同。心齋言安身，初即只以一仁之身爲本；唯由其末之貫於家國天下，以言此本末之一貫之學。而近溪則一此本末一貫之學，更「聯屬家國天下以成其身」。以天下萬物爲一身，而爲「大人之身」。同上，頁383～389。

為宗，本「仁者人也」之言，而語語不離良知為仁體之覺悟。此乃
近承心齋安身之教，就陽明言及〈大學問〉之言，以涵程明道「學
者須先識仁」之旨，而遠接孔門之意。其指點此仁體之實，則或在
孩提赤子之心，或在百姓日用而不知之良知良能，家家戶戶同賴以
過日子之孝弟慈上，或在不待思慮安排之一言一動上。簡易直截，
宛若宗門手段；不離踐履，依然儒者家風。其以生生說仁，以靈明
說知，固是宋明諸師一貫之教義；然其於天道之生生，天道之仁，
則恒連乾知坤能之義以言；並以人之良知良能，即乾知坤能，而善
論天心。於人道之生生，人道之仁，則本「自知之復」以言。言「聖
德」則暢發「無疆」、「無盡」、「無期」、「恆久」之義，由聖心通百
世，而見仁者之壽。〔註76〕

很明顯，近溪在陽明學之中有其特殊獨立的精神在。「求仁」乃是儒家的宗旨，
非近溪的專屬。但是近溪「求仁」之旨，可以說是集孔子、明道、陽明、心
齋之大成。而以「仁者人也」言求仁之宗。而「仁」並不是抽象而玄虛的名
詞，而是必須透過生命主體上之人顯發在日用倫常之中，皆為不學不慮的良
知良能所自然表現，而又以「家家戶戶同賴以過日子之孝弟慈」最為親切。
如此方為「仁體之真實」表現。蓋人之有「生」，必以繼其生，以「生生」為
仁，以「人道之生生」為聖德，暢通百世之無期，而見仁者之壽。唐先生在
此很能掌握近溪「即生即身言仁」之義。而有關其工夫進路，則以性地為先，
即當信當下之本體，然不求工夫之效驗，以破光景之妄，以言靈明之不可離
仁而炯炯，並言悟得仁體，當敬畏奉持之。〔註77〕

　　唐先生給近溪的評價非常高，認為其直下以仁智合一，語意乃復歸圓足，
是陽明學之向上一著之推廣。而陽明末流之弊，唐先生亦認為不是近溪哲學
本身的問題，而出在人病。〔註78〕基本上，筆者認為唐先生對於近溪哲學的
精神掌握得很好。然而，或許是限於篇幅，只見其說近溪哲學是承繼心齋安
身之教、陽明〈大學問〉之旨、明道之識仁與孔子之意。此說雖不錯，但是
過於籠統而不完備，缺少分析。其實從近溪對於張載、明道、朱子、陽明、
心齋，以及當時學者之褒貶中，更能夠釐清近溪哲學的嫡旨。亦即唐先生重

〔註76〕唐君毅《中國哲學原論——原教篇》，頁419。
〔註77〕同上。
〔註78〕同上，頁442。

在異中求同，而忽略了同中之異有時更能呈現其思想意旨。〔註79〕

（二）楊祖漢

　　楊師祖漢對羅近溪思想研究，投入許多的時間與心力。除了國科會三年有關羅近溪的研究之外，同時間亦在研究所開設一門近溪哲學思想的研究。雖未有專書著作，但是亦有多篇頗具啓發性與創造性的論文。主要以〈羅近溪思想的當代詮釋〉、〈羅近溪的道德形上學及對孟子思想的詮釋〉爲主。另〈心學的經典詮釋〉與〈從良知學之發展看朱子思想的型態〉亦有新見。這幾篇論文對近溪的論述，與唐、牟、錢三位先生最大的不同，在於其不以判教的立場，而著重在以思想史的方式作研究，回歸到近溪本身的文獻做爬梳、分析與義理性的詮釋。如此更能夠還原近溪的哲學面貌，他並進一步根據近溪的哲學特性，將其應用到當代儒學的重要問題上。以下是楊師對於近溪學的概述：

> （楊復所說）近溪學簡易而不費力，但亦是至難者。此卻道出近溪學特色。近溪學自然簡易，切近倫常，但亦由此而體悟聖人的化境之生命。由孝弟契入仁，一體，而體悟天道生生；由人之樂，而見天地是一團生氣，由赤子之不學不慮而自然孝親敬長，而見性命之天機自然，神妙不測。他確表現了「極高明而道中庸」的特色，又可對「道德的形上學能否成立」這一當代儒學之重要問題，給出了恰當的説明。〔註80〕

近溪強調孝弟的良知良能，很容易讓人覺得是否太過簡易而流爲情識而肆，錢穆先生便屬此類。其實如楊師開宗明義地說道，近溪學是「簡易而不費力，但亦是至難者」〔註81〕、「極高明而道中庸」。這些話乍看之下似爲弔詭，其實這是儒學本有的天人之學之所必然，孔子所謂的下學而上達就是此意。在工夫上呈現的最圓熟之化境，無非也是牟宗三先生稱謂近溪的工夫：弔詭的

〔註79〕林月惠先生發現唐先生對於王門諸子之說重調和的立場，雖使複雜的陽明學派諸子各安其位，卻見不到王門諸子的爭論焦點，以及他們如何克服其衝突點的經過。見氏著《良知學的轉折——聶雙江與羅念菴思想之研究》，頁23。即唐先生對於同中之異的部分較少著墨與分析，雖不必然要處理之，但是經過辯證的正反討論，有益於該思想的了解。

〔註80〕楊祖漢，〈羅近溪思想的當代詮釋〉，頁146。

〔註81〕近溪學雖以簡易爲特色，但是不意味工夫就是容易的。如近溪就説道：「聖學原是難事！」（37條）

工夫。從切近倫常的孝弟來契入仁、一體，而徹悟天道生生，此乃其「自然簡易」之工夫。亦從「赤子之不學不慮」來指點「性命之天機自然，神妙不測」。楊師洞察到近溪以最符合人性而又親切自然的「孝弟」爲工夫，不僅可以上契天道之生生，同時亦可以開出橫向之實踐原則、架構，即可開出外王的事業。這是楊師最具啓發性與創見性的部分。

以上是近溪思想哲學的主要特點。而近溪學亦可以對陽明學與龍溪學補偏救弊。首先，楊師提出良知空靈透脫，不能執定，固然操則可存，人切己反省，良知便在，但是亦可頃刻便失。又陽明從知是知非言良知，知性稍強，而仁義之內容稍弱，故「智」的意味強，而「仁」的意味稍弱，即其教相不能說是充實飽滿的。楊師認爲近溪所說的良知，是以知孝知弟來規定。如此說良知，便使良知從重視知是知非之知，轉到由孝弟所顯的仁。認爲這種對良知的新規定，很有思想史的意義。其次，陽明晚年思想特重良知的「無」性，且以實踐後的化境作先行的悟體之工夫，楊師認爲是顛倒了實踐的次序。且從無處立根基是屬於上根人的工夫，如此與人人當下可呈現良知本體的說法是不一致的。而近溪歸本於仁之孝弟，是成聖的眞種，是聖人生命的眞源頭，可以由近而遠，由下而上的打開全幅的生命世界。不僅可以解答錢穆先生質疑心學爲別出之儒，亦可以解決「道德的形上學是否可以成立的問題」與「內聖能否開外王」的當代儒學問題。〔註82〕

由此可看到近溪哲學的精微性、親切性、穩當性與廣大性。是以，近溪之學的要旨，便不止於破光景一義。另外楊師亦提出一些創造性的見解。如近溪修養的三個精神辯證發展；近溪的詮釋方法是結合孔子的仁，會通於《大學》綱領；近溪何以不言道德本心而強調道德之身，其意義何在；近溪以聖賢之規矩爲「至善」之說，是否有他律道德的嫌疑？凡此，皆有進於唐先生異中求同所帶來的限制。是以，楊師對於近溪學的研究，不管是哲學性或內在邏輯性，皆有進於前人。尤其能夠洞見近溪學的旨要就在「孝悌慈」，更是一大洞見，發前人所未發。〔註83〕筆者得其啓發最多，亦將承繼楊師之研究，

〔註82〕 楊祖漢〈羅近溪思想的當代詮釋〉，頁145～175。
〔註83〕 楊師研究近溪的成果，除了上文所言之外，李沛思《從工夫論看羅近溪思想之特色》碩士論文，亦是其指導下的一個成果。誠如鍾彩鈞先生所讚舉的，《從工夫論看羅近溪思想之特色》是近來研究近溪學中寫的較好的。參見氏著〈羅近溪的性情論〉，發表於「中研院明清文學與思想討論會」，中央研究院中國文哲所，（2007.11／21～11／23）。

希冀能夠建構更完整的近溪哲學。

第二節　研究方法

　　從以上對近溪研究之回顧中，我們發現，不同的研究方法所研究出來的結果是不同的，如何有一個正確的研究方法與研究態度，是每一位研究者在研究之前皆必須探究的一個問題，其實就是當代所謂的「經典詮釋」問題。自古至今，中西哲學有各種的詮釋學。〔註84〕而相應於中西哲學特色的不同，研究上免不了有不同的方法學，我想這是每一位研究中國哲學的學者所共見的。〔註85〕詮釋中國哲學最困難、最吃緊的地方，是如何尋找、把握經典文獻之「本義」、「真意」，〔註86〕，即如何正確地對經典詮解而接近經典作者之意旨？從另一個角度而言，就是應該如何避免「經典文本自身意義與詮釋者的新體系之間的緊張或矛盾」，或者「當詮釋者的哲學體系的構思已經完成，開始按照自己的理解體系來注釋經典的時候，對經典全文的理解和對經典局部的理解之間的相互依賴的關係、往復迴環的關係就被打斷了」的問題。〔註87〕大體而言，一個好的詮釋者必須具備「知識」、「思辨」、「感觸」的能力。意即要有對經典文字掌握的「知識」、運用理性思考對經典作義理判別的「思辨」，以及詮釋者對被詮釋之經典應該有一份存在的「感觸」，即詮釋者的感觸信念必須與經典蘊藏的感觸信念相通、相契、相融。〔註88〕而這三者之間，「思辨」似乎比「知識」更優位，而「思辨」的靈魂又在於「感觸」。〔註89〕

〔註84〕劉笑敢〈經典詮釋與體系建構：中國哲學詮釋傳統的成熟與特點芻議〉，收入李明輝編《儒家經典詮釋方法》（臺北：喜瑪拉雅基金會出版，2003年），頁33～34。

〔註85〕劉述先〈哲學分析與詮釋：方法的反省〉，收入李明輝編《儒家經典詮釋方法》，頁3～32。李清良《中國闡釋學》（長沙：湖南師範大學出版，2001年），頁9～17。

〔註86〕劉笑敢〈經典詮釋與體系建構：中國哲學詮釋傳統的成熟與特點芻議〉，頁53。

〔註87〕同上，頁53～56。

〔註88〕鄭宗義〈論牟宗三先生的經典詮釋：以先秦道家為例〉，收入李明輝編《儒家經典詮釋方法》，頁337～372。鄭宗義〈知識、思辨與感觸——試從中國哲學研究論牟宗三先生的方法論觀點〉，《鵝湖學誌》，第18期，（1997.06），頁23～52。

〔註89〕生命的感觸實際上在你作理論解釋與選擇之前已悄悄地在發揮引導作用。見鄭宗義〈論牟宗三先生的經典詮釋：以先秦道家為例〉，頁341。鄭宗義〈知識、思辨與感觸——試從中國哲學研究論牟宗三先生的方法論觀點〉，頁41

這就是中國哲學在詮釋上一貫所強調的「依義不依語」〔註90〕、「以意逆志」〔註91〕的方法學。要之，詮釋者之感觸如何與經典蘊藏的感觸信念相契，便成為關鍵。即如何能既主觀又客觀來詮解經典，而不落於一種解經者的「主體性的張力」〔註92〕，造成理解上的另一種限制。如是，解經者之「意」能否與著經者之「志」心靈遙契，還原原著之「本質」〔註93〕，是經典詮釋成功與否的重要關鍵。然而如何避免我們的「意」或「感觸」只是個人主觀生命的一種「偏見」（prejudice），而非原作者本質之「志」。儘管「偏見」在詮釋學上是不可避免的問題，〔註94〕然而如何讓理解和詮釋能夠更貼近作者的原意，我想這是每一位詮釋者責無旁貸的事情。〔註95〕

　　借用加達默爾「詮釋學的談話」這一概念來說，經典的理解、詮釋必須像在語言中取得相互一致一般。即它不是某種單純的自我表現和自我觀點的貫徹執行，而是一種使我們進入那種使我們自身也有所改變的的公共性中的轉換。換言之，對於經典的理解、詮釋，就像在談話中，必須把握到對方「意見的實際根據」，方能對事情達到相互一致看法。從經典詮釋的角度而言，我們也可以如此說，唯有掌握到作者「意見的實際根據」，方能達到詮釋者與著經者視域一致的「視域融合」（fusion of horizon）。〔註96〕從孟子的話來說，要

　　　～42。

〔註90〕牟宗三《現象與物自身‧序》（臺北：台灣學生書局，1996年）。劉笑敢〈經典詮釋與體系建構：中國哲學詮釋傳統的成熟與特點芻議〉，頁53。

〔註91〕孟子萬章上：「故說詩者，不以文害辭，不以辭害志。以意逆志，是為得之。」陽明「凡觀古人言語，在以意逆志，而得其大旨。……若必拘滯於文義，則『靡有孑遺』者，是周果無遺民也……在知道者默而識之，非可以言語窮也。若只牽文泥句，比擬倣像，則所謂心從法華轉非是轉法華也。」見《傳習錄中》，《王陽明全集》（上海：上海古籍，2006年），頁64。以下《傳習錄》皆引自此版本，不再加註。黃俊傑〈孟子運用經典的脈絡及其解經方法〉，收入李明輝編《儒家經典詮釋方法》，頁173～174。

〔註92〕解經者與經典之間常未能保持動態的平衡，而以解經者自己的生活體驗或思想系統契入經典的思想世界，有時不免捍格難通，而構成一種解經者的「主體性的張力」。黃俊傑〈儒家論述中的歷史敘述與普遍原則〉，《東亞儒學史的新視野》（臺北：台灣大學出版社，2004年），頁92。

〔註93〕李清良謂之為「本質還原法」。見氏著《中國闡釋學》，頁20。

〔註94〕加達默爾著，洪漢鼎譯《真理與方法》（上海：上海譯文出版社，1986年），頁335～346。

〔註95〕李明輝〈牟宗三先生的哲學詮釋中之方法論問題〉，收入李明輝編《牟宗三先生與中國哲學之重建》（臺北：文津出版社，1996年），頁21～37。

〔註96〕加達默爾著，洪漢鼎譯《真理與方法》，頁486～496。

瞭解作者的「意見的實際根據」必先「知人論世」〔註97〕。這也是黃俊傑先生認爲要能眞達「以意逆志」，必須在「知人論世」的脈絡中才能進行。〔註98〕若果如是，「知人論世」便成爲經典詮釋的一個前理解（preunder-standing）。而這個前理解越客觀，或越接近經典作者意見的實際根據，則我們說對經典的理解、詮釋是越成功的，相對建立的系統是越眞實、完整的。對近溪而言，要建立其哲學思想，「知人論世」是先要的一個預備工作。而「知人」莫善於知其「心事」，「論世」莫善於知其對諸儒的批評。筆者嘗試從這兩個面向來掌握其哲學「意見」的實際根據，還原其「心志」之所在與學問大旨，以此爲近溪的詮釋方法。再從此基礎上來建構其哲學體系。

　　從上文對過去研究現況與成果的討論結果來看，研究方法與態度是成敗的關鍵。職是之故，本文除了從「知人論世」的脈絡來「以意逆志」之外，同時以客觀的態度來面對文本，不帶任何的學派色彩或先入爲主的觀念來詮釋文本，如實的呈獻作者的原貌，而不要帶著某種目的，例如預期要將近溪帶向禪宗或預設近溪學是在一套王學的發展史下的開展。意即，要將近溪學當作是獨立的哲學體系來研究，儘管師承有所影響，但不能因此在其頭上就必然性的扣上某學統的帽子，如此會失去原作者的本色。對於研究的材料，本論文以《語錄》與《羅明德公文集》爲主，另外輔之以傳記、年譜、序跋、提要、像贊、祭文等文獻內容。〔註99〕並參之以二手資料。另外，爲了完整性地建立近溪哲學，同時避免以偏蓋全或孤詞比附之弊，在論述過程中，章節之間難免會有相同之引文或論述重複出現。尤其近溪教學有分解、辯證、詭譎的種種方法，意即有分解與非分解說之用法。故爲了要更清楚、縝密地解析近溪哲學之全貌，而不至於落於一端，尤其是工夫進路之開展，故重複

〔註97〕《孟子・萬章下》：「頌其詩，讀其書，不知其人可乎？是以論其世也。」
〔註98〕黃俊傑〈孟子運用經典的脈絡及其解經方法〉，頁178～179。
〔註99〕《語錄》之文獻，主要參考李慶龍彙集的《羅近溪先生語錄彙集》，並對照方祖猷等所編校整理的《羅汝芳集》。李氏主要是依近溪講學的時間所彙集而成，就義理的發展而言，有其方便性。而《羅明德公文集》，以及傳記、年譜、序跋、提要、像贊、祭文等等，則以參考《羅汝芳集》爲主。按李氏的研究指出，近溪語錄的內容幾乎全刪去人名和講學時空的紀錄，多處將幾場講學合併爲一場語錄，敘述亦多處中斷而滑轉話頭，刪去與隱藏之處過多而邏輯亦前後不接，文句潤飾，過重而失於寫眞，每一條語錄皆要自求完整圓融之義。見氏著《羅汝芳思想研究》，頁102。故在理解近溪語錄，除了思想史的研究之外，更需要的是哲學史的研究。

是再所難免的。

　　故本論文將暫時放下過去研究的成果，回到近溪的文獻中仔細研讀、爬梳、理解、分析、歸納以闡釋顯發近溪哲學思想之嫡旨。故章節的安排並非依照過去研究的論點、議題而成，而是在消化近溪哲學後所安排而來。在真正建構近溪哲學之前，當先了解近溪的詮釋方法，以及其所關心的問題。吾人名為近溪的「心事」與「口氣」。接著依此而探討近溪回歸孔孟「求仁」之學。而近溪認為孔孟求仁之學關聯著「仁學」與「人學」的辯證關係，以及「形上形下一體觀」之哲學思想。接著從四個面向探討孝弟慈是其學問的嫡旨。進而由孝弟慈來完成其心事，即如何能簡易、可信、親切地落實工夫實踐以成聖成賢，並完成人之所以為人的大人之學。以下便從「近溪的心事」及其對「宋明諸儒不滿」、「當時學者大病」的批評來逆其「志」，從中得知其學問旨趣，並以茲來建立其哲學體系。

一、近溪的心事即孔孟兩夫子的心事

　　近溪曾經提出「孔子公案」一事。既然名之為「公案」，就代表至今仍是一個謎。換言之，近溪要表達的是，孔子的學問，千年來無人識得破。〔註100〕確切的說，千年來，沒有人真正契入孔孟之真血脈。要之，對於孔孟之學或儒學便不得識其真相。孔孟之學不彰，則仁義不興，人之道德義必不顯，則人之為人的意義便蕩然無存。故此公案不破，不僅聖賢之學將成為絕學，人的存在價值亦無法呈現。然此「千古不決之公案」之所以會懸而未決，關鍵在於學者皆未得「孔孟之心事」或「孔孟的口氣」。近溪認為默識得「孔孟的心事」或「孔孟的口氣」是契入孔孟心法與先聖經典的關鍵，是悟得孔子公案之幾。要之，「孔孟的心事」或「孔孟的口氣」便是契入孔孟聖學之不二法門。那麼近溪所謂的「心事」與「口氣」是什麼意涵呢？簡單的說，「心事」就是其「本懷」，「孔孟之心事」就是指「孔孟之本懷」。此「本懷」是借用佛教嘗言「暢佛本懷」、「唱如來本懷」之義。在佛經之中，《法華經》乃佛說法四十九年，最後暢佛本懷一乘妙法之經典。其所暢者乃佛出世本懷，即佛來到世間之一大事因緣，乃為欲令眾生開、示、悟、入佛之知見。然佛之本懷，甚深微妙，非思量分別之所能解，唯有諸佛乃能知之，即所謂的「唯佛與佛

〔註100〕近溪謂此公案乃「千古不決之公案」。見42、91條。

乃能究盡諸法實相」。故佛之本懷，可以說是佛來到世間之目的。然不用目的，而以本懷來說明佛來到世間之所願，則更能彰顯此事非同小可，乃「一大事因緣」故；同時，亦彰顯了此法之甚深微妙與殊勝性。近溪以「心事」表達孔孟先聖來到人間之一大事因緣，亦有相同的旨趣。且以「心事」表達儒家先聖之本懷或更爲貼切。寬泛的說，儒學是心性之學。「心事」之「心」可以有「本心」、「道心」之義，尤其近溪曾言道「道心惟微，微則難見。」（37 條）故必須尋求「眞師口訣以得千聖秘方。〔註 101〕」如是看來，以「心事」來表達孔孟之本懷，除了表示此事乃「本心、道心」之事，同時亦隱含著此事乃非常隱微內在而不爲人知之事，豈非更貼切之用語嗎！而此甚微之「心事」，近溪認爲有尋「眞師」之必要性，此中亦隱含著近溪認爲唯聖人乃能究盡聖人之「奧旨」（心事）。若果如是，孔孟之心事誰能知之呢？按近溪的說法，縱君聰慧超過顏回、閔子騫，若不遇先知先覺者之道破，亦莫強猜。〔註 102〕而近溪自覺孔孟之心事二千年來無人識破，已成爲一個公案。按此說來，近溪似乎自覺自己是懂得孔孟之心事者，且已了結了孔子公案，可說是其自己心中所謂的「先知先覺者」。

　　按近溪之意，孔孟之心事惟有「先知先覺者」方能識之。要之，只能從先知先覺者處得之。故先知先覺者之一大事因緣，便是要覺後知、覺後覺。故近溪非常強調學道者要以先知先覺者爲師，爲學問之見證，此在《語錄》當中隨處可見，在第四章會有詳論。而透過先知先覺者之開示、指點，可悟入孔孟之心事，進而從對心事之了解，體悟孔孟之「口氣」〔註 103〕。換言之，先知先覺者將此甚深微妙之法指點於吾人，使吾人悟入甚深微妙之難法，如此從孔孟之「心事」，自然能體悟孔孟之「口氣」。而孔孟遺留下來之心事：四書五經，便

〔註 101〕整理自 37 條。所謂的「眞師口訣」當是借用道教術語。如「工夫口訣」。故「眞師口訣」是表示透過先知先覺者來引導吾人如何來學道、修道。蓋因近溪認爲惟有先知先覺者方能開、示、悟、入聖人之知見。關於近溪強調「明眼眞師」（先知先覺者）在格物之重要性與必要性，將在第四章第二節會有詳論。

〔註 102〕近溪謂：「孟子謂『以先知覺後知，以先覺覺後覺。』天下廣闊，其間自有先知、先覺的人，若不遇此等人說破，縱教聰慧過顏、閔，果然莫可強猜也已。」（80 條）

〔註 103〕所謂的「口氣」與「心事」可以說是表裡關係。二者相輔相成。故可透過心事而了解其言語或文字所要表達之眞正意涵；同樣地，從口氣亦可掌握其所要表達之內在義理。

可以透過已體悟之「口氣」來作生命的閱讀。所謂的生命的閱讀,乃因孔孟之聖學是生命的學問,故孔孟之心事必然不離生命意義、價值而言;而生命之意義、價值非關知識、理論分解之事。故要識透孔孟之心事或悟透孔孟之口氣,除了先知先覺者之啓蒙之外,吾人生命之眞善美體驗亦甚爲攸關,即個人之生命實踐,或實踐智慧亦是必要而切要的條件。故從先知先覺者處所得孔孟之「心事」,可體會、參悟孔孟之「口氣」;反之,從已得之「口氣」,自然可以直接了悟「心事」或四書五經之類。這種悟入先聖甚深、甚微之奧旨的進路,姑且不論其是否合理,然卻是了解近溪哲學不可跳過的過程。

而吾人今天閱讀近溪哲學,吾人當該知曉,近溪已然預設自己是懂得孔孟之心事者。吾人當然可以質疑近溪是否是先知先覺者,然吾人今天要建立近溪哲學系統,就必須在系統內來立論,如此方能融貫。從第一章〈問題提出〉一節中,吾人或可謂,近溪哲學已然成爲「近溪公案」,即近溪哲學已是眾說紛紜,到底近溪哲學的本來面目是什麼呢?吾人覺得要建立近溪哲學,同樣要先識透「近溪之心事」,而從近溪之心事可以體悟近溪之口氣。如得近溪之心事,即掌握其哲學思想綱維;探得近溪之口氣,即能讀通近溪哲學之奧旨。然吾人或許會質疑,筆者如何識得近溪之心事呢?蓋因近溪要回歸孔孟,而孔孟之心事其實就是近溪之心事。透過先知先覺者近溪指點孔孟之心事,吾人便可得知孔孟之心事。換言之,吾人可說,近溪透過孔孟之心事以表達自己之心事,以孔孟之本懷爲自己的本懷。故嫡傳弟子楊復所謂近溪爲「活孔子」,是有其道理的。從下文〈回歸孔孟〉中可窺見近溪的確一生以孔子仁學爲志。若果如是,吾人可以從孔孟之心事得近溪之心事與口氣,進而以近溪之口氣來理解近溪哲學。

「心事」或「口氣」這個用法在近溪這裡有其獨特的意義,可說是近溪之經典詮釋法。談到經典詮釋,創造性的詮釋是近溪善用的方法,幾乎是當代學者一致的看法。〔註104〕然這種創造性詮釋法似乎也是詮釋中國哲學不可避免之方法。〔註105〕那麼,近溪這種詮釋法是否只是主觀的想法,抑或有其

〔註104〕近溪詮釋儒家經典,並非是走考據或學術思想的進路,而是創造性的詮釋。關此說法可參見楊祖漢〈羅近溪的道德形上學及對孟子思想的詮釋〉、〈心學經典詮釋〉,《興大中文學報》(2007.9);或龔鵬程〈羅近溪與晚明王學的發展〉,《晚明思潮》;或古清美〈羅近溪悟道之義涵即其工夫〉與〈羅近溪「打破光景」義之疏釋及其與佛教思想之交涉〉;吳震《羅汝芳評傳》。

〔註105〕關於經典詮釋的問題一直有不同的看法。筆者認爲林月惠教授的說法很值得

客觀性？近溪之詮釋，雖然說是將自己所關注的心性體悟，把聖人與經典拉在一起，未完全依照經典之原意來走，然近溪是在以「實踐」爲中心之前提下，作創造思想的思考。即如楊師祖漢先生研究指出：近溪詮釋儒家經典亦相當順於文義的，即由通義理而明文字章句。即便是不合經典原意，如近溪詮釋告子「生之謂性」，將告子義往上提，不合孟子原意。但是近溪之要旨在於要人作暢通生命的工夫，只要讓生生之眞性發用，生命便可活潑暢通，感性之生理本能亦得以合理地發用，而不必壓抑對治。如此之創造性詮釋是可以接受的。〔註106〕近溪同時期之虞淳熙亦近有此說，其在〈羅近溪先生集〉說：「先生之舌勝筆，待訓詁而明者乎？如待訓詁而明，當時輿臺賈峻，何以手之舞之，足之蹈之，而冰釋乎？」（頁57）其實近溪這種「超脫訓詁」的方式，可以上溯於孔子。〔註107〕

孔孟兩夫子的心事塵埋千年之久，其口氣無人探得。如此則不能「中」孔孟之「心事」，或是得其學之偏而不得其學之全，或是得其皮毛而不得其精髓，或是過與不及而失其中。近溪說：

> 孔、孟兩夫子心事，只有天知，至暗藏春色於言語文字，不無端緒可尋，卻二千年來，尚未見人說破。芳幸遇人略曾指點，但擇焉不精，語焉不詳，亦久蓄疑而末由請正。今諸君興言及此，又敢過自愛耶？蓋孔子一生話頭，獨重兩個字面，一個是仁字，一個是禮字。兩個字常相爲一套，卻乃各有重處，仁是歸重在易，禮則歸重在春

參考。在此僅徵引一小段，其說道「宋明儒學面對學術傳統與權威典籍，或思想大師的學問時，其『理解』與『詮釋』具有相當的自主性與開放性。因爲他們是以自己的「實踐」來消化吸收這豐富的傳統的。他們也是以一生實踐的所得，來證成其學問。這種以『實踐』爲中心來創造思想的思考特徵，與西方解釋學有很大的差異。尤其是心學傳統中，歷史與語言對吾人的制約，都在『實踐』的豐富意涵與行動中被超越了。如陽明要其弟子：『得之言意之表，而誠諸踐履之實。』換句話說，就宋明儒學而言，語言的問題，並不居優位，也不是論述的重點。」詳細內容，請參見氏著《良知學的轉折——聶雙江與羅念菴思想之研究》，頁42～43。其實，陽明亦反對拘文泥象，其言「凡言意所不能達，多假於譬喻。以意逆志，是爲得之。若必拘文泥象，則雖聖人之言，且亦不能無病。」〈與顧惟賢〉，《陽明全集》卷二十七續編二，頁996。

〔註106〕楊祖漢〈心學經典詮釋〉，頁70～72。

〔註107〕牟宗三先生認爲孔子答弟子之問，幾乎無一語是訓詁上相對應者，皆是從生活實例上「能近取譬」來指點仁之實義。參見氏著。《心體與性體（二）》，頁222。

秋。（248 條）

近溪謂「孔、孟兩夫子心事，只有天知」，除了是一句感嘆之言，即感慨孔孟心事「二千年來，尚未見人說破」外，同時亦表達了近溪在強調孔孟心事的重要性。從這段引文當中，吾人可以推知近溪是了解孔孟心事的。近溪認為孔孟的心事其實含藏於孔孟之經典當中，只是吾人皆不識「生機、生意」（春色）暗藏於中。言下之意，吾人雖然飽讀四書，然卻從來識不得孔孟之心事。那麼孔孟之心事為何呢？按近溪之意是必然不離「仁、禮」二字。除此之外，近溪更強調二者之關係。即仁、禮可以說是互為體用的一體關係。就此而言，吾人可說，孔孟之心事當不離「仁、禮」兩端。

由上大略可知，孔孟的心事之所以為心事，並非孔孟刻意要隱藏之，而是無人識之，以致於孔孟的真精神埋沒不彰，意即無人可以了解孔孟真正要表達的意義。近溪在此明確的表示，孔子學雖指出仁、禮兩端，但是更強調「仁禮是一體而用」的，不可偏執一端。這個觀念在近溪的文獻當中隨處可見。例如，近溪謂「孔孟立教，每以仁禮並言。蓋仁以根禮，禮以顯仁。」（89 條）是以，近溪似乎強調本末一貫、即用見體的思想。從以下引文可以窺見一二。

> 蓋廣大、精微，俱性體妙用，非精微，安能主持廣大？非廣大，何以呈顯精微？二妙圓融，方成日用。……<u>此個學脈，自孔子：仁者人也、孟子：形色天性也，二聖賢以後</u>，埋沒直至於今，中間有志豪傑，多不務根本，只貪圖枝葉，甚者謂：德性蔽於氣質，全藉人力主張，稍求質任自然，詆為猖狂失據。如子於性善，遂肯信從，已最難得，然於事為煩應處，信卻廣大一邊；於主持范昧處，尚疑精微一段。此則病在心麤不克入細，見淺不識研幾，故廣大則見得，而信之也易：精微則見不得，而信之也難。（496 條）

近溪在此再次強調，自孔孟之後，其聖賢之學便隨哲人的隱沒而歸寂。孔孟學的真精神到底是什麼，有如此之難體悟嗎？為何近溪會有如此強烈的批評與感慨呢？我想這就是近溪所謂的「心事」。其實，孔孟的真精神並非如此的難懂，一言以蔽之就是「仁者人也、形色天性也」的概念。此問題第二章會有詳細的討論。在此只是要指出，近溪學其實就是要回歸孔孟之學，而孔孟之學就是「求仁」而已。吾想這是無人會反對的。問題之關鍵在於如何求仁呢？〔註108〕近溪認為自孔孟之後，學者未能體悟孔孟求仁之學，乃在於將「仁」

〔註108〕吳震先生有留意到「孔孟的心事」。其認為求仁就是孔孟的心事，就是孔孟的

與「人」、「形色」與「天性」這本是一體之概念拆開了，而各執一邊。就如將「精微」與「廣大」兩個概念拆開是一樣的。殊不知「廣大、精微，俱性體妙用，非精微，安能主持廣大？非廣大，何以呈顯精微？二妙圓融，方成日用。」如是，孔孟聖學埋沒直至今日，便不難理解。或有「多不務根本，只貪圖枝葉」、「全藉人力主張」、「信卻廣大一邊、尚疑精微一段」。而這些問題皆病在學者「心麤不克入細，見淺不識研幾」。

「仁」與「人」、「形色」與「天性」、「精微」與「廣大」三組概念中，每一組概念皆要一體、辯證地觀之，絕對不能單獨存在、視之。在分解上或有本末、體用之別，然實踐言之，皆是互為體用的一體關係，不可輕視任何一端。以下再引一段「孟子口氣」以為證：

> 問：「先生說：形色天性一章，聞與眾不同，何如？」羅子曰：「其說也無甚異，但此語要得<u>孟子口氣</u>。若論口氣，則似於形色稍重，<u>而今說者多詳性而略形，便覺無意味也</u>。大要亦是世俗同情，皆云：此身是血肉之軀，不以為重，及談性命，便更索之玄虛，以為奇崛。
> 軻氏惜之，故曰：吾此形色，豈容輕視也哉？」（56 條）

從師徒的問答當中，可知曉當時近溪對「形色天性」的詮釋與多數人是不同的。「天性」與「形色」兩個概念，當時學者看重在「天道、性命」的玄虛，覺得意味較重，價值更高；而對於形色之軀，則以輕視的態度面對之。換句話說，當時的學術風氣似乎著重在形上的性體，認為其層次高於形下的身體，做學問流於以玄虛為奇崛。在近溪看來，宋明的學術思想發展，的確有此走向。而近溪哲學的發生，或者說晚明的儒學發展，就是對先儒的一個反省與轉向。

要之，孔孟的心事之不為人知，其實就是吾人沒有掌握到孔孟「仁者人也、形色天性也」之實義，偏執一端。或偏於形上之玄虛，或是只圖形下之枝葉，而不識形上、形下一體而化之義。孔孟心事皆隱含在四書五經當中，所謂的文以載道。故研讀四書五經是默識孔孟心事的重要路徑。然而，同樣

宗旨。然吳氏僅隨文提到，並未對此展開討論，甚是可惜。見氏著《羅汝芳評傳》，頁 513。就表面上而言，吳氏的說法不成問題。但是就近溪哲學內部之義理而言，如此說是不夠的。求仁是孔孟之宗旨，但是求仁是否就足以表達孔孟之心事呢？若是可以，則宋明儒者哪一個不是在求仁呢？為何近溪還要說孔孟求仁之旨一直塵埋而不彰呢？可見得光以求仁為孔孟之心事是不足以盡近溪之大意。

是解「形色天性」一章，何以會有不同的理解呢？近溪認爲關鍵在於是否得「孟子口氣」。換言之，得孔孟口氣是理解經典的必要條件。所以近溪時常提醒弟子：「<u>讀聖賢之書，先要見得聖賢心事，其書說著，方有精神，眾人聽著，亦有滋味。</u>」（181 條）、「凡看經書，須先得聖賢口氣。」（206 條）然可嘆之處是學者們看經書，未得聖賢口氣，「多只草草率易，將一切舊套俚說，便輕信，謂是聖賢宗旨，所以終身老於占嗶，而自己性命，了無相干，與草木朽腐，又何足怪？」（188 條）

從以上近溪之指點，吾人可以得知孔孟之心事，亦知孔孟之口氣是悟透經書之必要條件。「心事」與「口氣」，在近溪這裡，可以是表裡、互顯關係。故從內在之「心事」，深知其哲學義理綱維；從此綱維自然可「意會」其言下之意，即得知其詮釋之「口氣」。故「口氣」是在「心事」之確認下而體悟得知的。換言之，詮釋之口氣（方法），是在不離哲學義理綱維之基礎上獲得的。是以，吾人可以發現，近溪在拜師與實踐之肯認下，識透孔孟之心事，即識透孔孟哲學義理之綱維，在此基礎上探得孔孟之口氣，並以此口氣詮釋、融通四書五經。（見後論）而近溪認爲孔孟之哲學義理綱維，簡要地說，就是「仁」與「人」、「形色」與「天性」一體、辯證呈現的大人之學。在此基礎上作經典之詮釋。例如《論語》〈顏淵第十二〉「克己復禮」章，近溪的詮釋與漢儒、朱子的解釋便不同。漢儒、朱子皆將「克己」釋爲「克去己私」，即將「己」解釋爲「身之私欲」。如此之解釋也並非完全無根據。因爲從非禮勿視、聽、言、動的說法中，的確令人有如此之推理。故朱子在《四書集註》引程子之言，謂：「非禮處便是私意。既是私意，如何得仁？須是克盡己私，皆歸於禮，方始是仁。」而這種「克盡己私，皆歸於禮」就是「私欲淨盡，天理流行」的概念，亦不離宋明儒「存天理，去人欲」的義理綱維。而近溪反對將「己」釋爲「身之私欲」。理由有二，其一，此「己」就是「爲仁由己」之「己」，合於原文前後一貫的解釋，近溪解釋爲實踐主體「人」之意思。〔註 109〕蓋若

〔註 109〕近溪認爲克己復禮之「己」與爲仁由己之「己」，即復以自知之「自」，或是中行獨復之「獨」義，皆是指實踐主體「人」，而不僅僅是道德主體義而已，從近溪肯定象山以「身」解釋「己」中，則更能確認。又近溪有「『中即人，人即中』、『中即此身，身即此中』」（53 條）的說法，明顯不是只強調道德之主體義，而是道德之實踐義。換言之，並非只是重視「天性」之主體而已，而是強調「形色天性一體」下之主體。朱子、陽明、龍溪即屬前者（見岑溢成〈王心齋安身論今詮〉）。而有關近溪的部分，將在其「身」觀有詳論。而有關「克己復禮」，將在工夫論的部分討論，故在此不打算細論。

是連「人」都去除了，則焉能「為仁」呢？其二，從孔孟哲學義理之綱維，即「仁」與「人」、「形色」與「天性」一體呈現的大人之學來看，「形色」是體現「天性」之必須載體，如何能成為道德實踐中必須克去的對象呢？若是去之，天性亦不成其為天性了。故「己」當不是「身之私欲」之意，而是表示實踐主體「人」。若果如是，則「克己」之「克」便不能詮釋為「克去」，而是「能」之意。而這個用法，並非無經典之根據，即近溪並非完全不理會經典之時代、訓解和原意。〔註110〕近溪謂：「大學：克明德、克明峻德，亦克己克字也，如何作得做去明德、去峻德耶？」（34 條）「克己復禮」是近溪體仁之最主要工夫，在此只是借此說明近溪的詮釋法，後有詳論。

　　以上近溪之詮釋可說是依據「孔孟之心事」，即「仁」與「人」、「形色」與「天性」一體、辯證呈現的哲學義理之綱維而來。換言之，即以此「口氣」來詮釋儒家經典。近溪這種創造性詮釋法，在其《語錄》中隨處可見。例如《論語》「克伐怨欲」章、以「樂惡可已」解釋《易經》「生生」之意、「知之者，不如好之者；好之者，不如樂之者」的詮釋，皆有其創新之詮釋，後文會陸續討論到。以下近溪透過孔孟之心事、口氣來檢視宋明諸儒，從中吾人亦可得知「近溪之心事」。

二、對宋明諸儒的不滿

　　近溪認為聖賢學脈，從孔孟之後就一直塵埋不彰。所謂孔孟之後，主要是對於宋明諸儒的不滿。從近溪文獻當中，可以看出近溪對於張載、朱子、象山，乃至陽明皆有直接的批評。雖然批評的內容並不多，但卻可以從中發掘近溪的心事與口氣。若按近溪對學術思想之詮釋進路來類推，探得近溪的心事與口氣方能真正讀通他的文獻。由於近溪認為朱子、象山、陽明等論學有過與不及之處，故時常相提並論。為了討論方便，以及讓論點更透顯，故且將此三氏合而論之。

（一）張橫渠

　　問：「天命之性，與氣質之性，原自宋儒立說，是亦性有三品，善惡混之類也。今吾儕只宜以孟子性善為宗，一切氣質，屏而去之，作

〔註110〕古清美先生此說法恐強了一些。見氏著〈羅近溪悟道之義涵即其工夫〉，頁116。近溪實非「完全」不理會經典之時代、訓解和原意。

聖工夫，乃始純一也。」羅子曰：「性命在人，原是神理。看子於言
下，執滯不通，一至於是，豈亦氣質之為病，而子未之覺也乎？請
為子詳之。夫性善之宗，道之孟子，而非始於孟子也。繼之者善也，
成之者性也，孔子固先言之也。氣質之說，主於諸儒，而非始於諸
儒也。形色，天性也，孟子固亦先言之也。且氣質之在人身，呼吸
往來而周流活潑者，氣則為之；耳目肢體而視聽起居者，質則為之。
子今欲屏而去之，非惟不可屏，而實不能屏也。況天命之性，固專
謂仁義禮智也已！然非氣質生化，呈露發揮，則五性何從而感通？
四端何自而出見也耶？故維天之命，充塞流行，妙凝氣質，誠不可
掩，斯之謂天命之性，合虛與氣而言之者也。（95 條）

天命之性與氣質之性之分，始於北宋張橫渠已是不諍的事實。〈正蒙〉誠明篇
云：「形而後有氣質之性。善反之，則天地之性存焉。」這裡近溪批評提出「氣
質之說」的儒者，雖未指名道姓，但從「維天之命，充塞流行，妙凝氣質，
誠不可掩，斯之謂天命之性，合虛與氣而言之者也」這段話便可確定是指橫
渠。〔註111〕按近溪的說法，氣質之性雖然由橫渠首先提出，然「氣質之說」
並非始於橫渠，而更早可以追溯到孟子「形色」說。只是到了橫渠才正式地
將「氣質之性」成為一個重要的論點，隨後影響到整個宋明理學的思想發展。
近溪所反對的並不是誰提出「氣質之性」的問題，關鍵是如何理解「氣質之
性」。近溪反對將氣質之性視為是會阻礙天命之性呈顯的對象來看待而欲屏而
去之。殊不知仁義禮智等天命之性若非氣質之性的生化發揮，則仁義禮智焉
能有所表現？且「氣質之在人身，呼吸往來而周流活潑者，氣則為之；耳目
肢體而視聽起居者，質則為之。」其實這個說法在宋儒也是不成問題的，問
題出在於將天性、氣質分開，且以善惡分屬之。〔註112〕近溪進一步回答弟子
說道：

儒先立說，原有深意，而近世諸家講套，漸漸失真，既將天性、氣

〔註111〕橫渠正蒙〈太和篇〉：「由太虛，有天之名：由氣化，有道之名：合虛與氣，
有性之名：合性與知覺，有心之名。」

〔註112〕橫渠主張「體用圓融」。即神體氣化之不即不離。認為客感客形與無感無形透
過盡性可一也，反對將其打成二截（參太和篇）。相關討論可參牟宗三〈張橫
渠對於「天道性命相貫通」之展示〉，《心體與性體（一）》（臺北：正中書局，
1990）；以及朱建民《張載思想研究》（臺北：文津出版社，1989 年），頁 99
～100。雖然橫渠主張「體用圓融」，然橫渠畢竟還是將氣質歸為惡之端。如
〈張子語錄下〉謂：「性猶有氣之惡者為病，氣又有習以害之」。

質兩平分開，又將善惡二端各自分屬。殊不知，理至性命，極是精
微，聖賢猶且難言，而集說諸家，妄生分解，其粗浮淺陋，亦甚矣。
又安望其妙契儒先之旨，而上溯孔、孟之宗也哉？（95條）

近溪批評宋儒將天性與氣質妄加的分解爲兩端，且將氣質之性視之爲「惡」，
因爲它會阻礙天性的流露與盡現。〔註113〕近溪並非不知氣質對於天性的影
響，但是近溪不從此說。近溪認爲前者是「鏡面光明，與塵垢原是兩個」的
說法，不如「冰之與水，猶爲相近」的說法。〔註114〕而宋儒會提出「氣質之
性」的說法，近溪認爲，追根究底，就是對於「性善」說的信心不夠。近溪
說：

樂正子以後，則孔孟此路眞脈斷絕不談，及宋時，乃得諸儒興起，
中間也不免疑信相半，至有以氣質來補德性，說是有功於孟子，看
來還於性善處有未吻合。（179條）

孟子當時一說性善，其在門高弟，如公都、萬章，俱紛紛諍辯，雖
樂正子，名爲好善，而性有諸己，尚在疑信之間。至於宋時諸儒先，
則直謂：孟子只說得一邊，須補以氣質方備。然則吾子聰明，豈能
獨超乎古今也耶？（222條）

近溪明顯認爲橫渠對於孟子性善論的理解是不夠的。孟子難道沒有提出氣質
之說嗎？何以還要提出氣質之性來補充天命之性之不足呢？是否表示橫渠對
於孟子大體、小體，形色天性說皆不能了解呢？筆者覺得倒不至如此。筆者
相信橫渠提出「氣質之性」的論點是落在工夫實踐下的體認，即在現實層面
上，人之不學不慮之良知良能的確是要思要勉的。關於這一點，相信近溪也
是了解的。筆者認爲近溪反對橫渠氣質之說，除了上文提到反對將氣質之性
當作對治的對象來看待之外，更根源的說，是近溪認爲橫渠對於善性的自信
心不夠。此可以說從樂正子以來，一直到宋明諸儒所共同的問題。致使孔孟
眞脈斷絕了二千年之久。

　　而橫渠對於善性之自信不足，連帶著必須將氣質成爲對治的對象。此說
並非近溪個人的主觀想法，明道亦有所批評。近溪說道：

〔註113〕牟宗三先生對於橫渠「氣質之性」的發生義有如下的說法：「性體之不能呈現，
　　　　或時有微露而不能盡現，皆氣質之偏限之也。如是遂有『氣質之性』之一義。」
　　　　參見氏著《心體與性體（一）》，頁506。
〔註114〕見166條。關此說法，牽涉到近溪的心性論與工夫論，後面會有詳細的討論，
　　　　此處只是藉由近溪對於橫渠的批評來了解近溪的心事、口氣，故暫且不細論。

> 定性一書，原是破張子惡外之意，欲其見大忘私，故備性體，合內
> 外，貫動靜，而聖之所以爲聖，能體其眞體，便內外動靜，渾淪無
> 跡。學者善觀，則工夫自在其中，而未嘗顯言之也。其忘怒一節，
> 亦是形容怒而當理，外物不足爲惡之意，與前段聖人之怒，以物之
> 當怒同旨，原非以此爲用功也。蓋伯子立論，主於默識性體，性體
> 默識，而定自隨之。橫渠外物云云，正是此處欠透也。（408條）

爲了方便討論之故，今且將定性書引出。

> 所謂定者，動亦定，靜亦定，無將迎，無內外。苟以外物爲外，牽
> 己而從之，是以己性爲有內外也。且以己性爲隨物於外，則當其在
> 外時，何者爲在內？是有意於絕外誘，而不知性之無內外也。既以
> 內外爲二本，則又烏可遽語定哉！〔註115〕

〈定性書〉可以說是明道遺留下來探討哲學問題的重要文章。明道作是篇的
始由是因爲橫渠問於明道曰：「定性未能不動，猶累於外物，何如？」明道批
評橫渠的根本錯誤是在「以外物爲外，牽己而從之，是以己性爲有內外」。既
然「以己性爲有內外」，就表示以「己性」爲內，以「外物」爲外，如此便成
爲以內外爲二本。進而引發「己性」爲外物引誘而不能「定性」的問題。而
明道的「定性」是「動亦定，靜亦定，無將迎，無內外」。然定性的首要工夫
在於須先識仁，進而體仁而不累於外物，達內外、主客兩忘之境地，此乃明
道圓頓之智慧成其「一本」之論。〔註116〕就此而言，近溪是接受明道的一本
論，故近溪以明道〈定性書〉以爲引證，反對橫渠二本之論。不過，近溪這
裡所關心的，並非在此圓頓之化境上，而是要強調更根源的問題：即對「性
體」要有充足的自信。氣質或外物雖然對於「定性」不無干擾之可能性，但
是只要「默識性體，性體默識，而定自隨之」。氣質之性本身並非是惡的，氣
質之所以會有所偏，乃是在生活當中「習」得而來，非氣質之罪，可見得境
教是很重要的。故近溪說「孔子所謂：繼之者善，成之者性，而曰：性相近
也。〔註117〕……。人家、地方俱好，則其人生來耳目心智，自然習得漸好，

〔註115〕見〈答橫渠張子厚先生書〉，《二程集・文集》卷二，（北京：中華書局，2004
　　　年），頁460～461。
〔註116〕有關明道一本論之細論，可以參考牟宗三先生的詮解。參氏著《心體與性體
　　　（二）》，〈程明道之一本論〉。
〔註117〕孔子謂「性相近也，習相遠也。」（陽貨第十七）關於「性相近」之「性」是
　　　指氣質之性，或是指義理之性，抑或兼而有之。按朱子《四書集註》的解釋，

人家、地方俱不好，則其人生來耳目心智，自然習得漸不好。此孔子所以曰：性相近也，習相遠也。然則相遠原起於習，習則原出於人。今卻以不善委爲氣質之性，則不善之過，天當任之矣，豈非古今一大冤枉也哉？」（498 條）

（二）朱子、象山、陽明

就近溪而言，朱子、象山、陽明雖然對於儒學皆有所貢獻，然而亦各有其偏頗、不足之處。以下即以兩點分別討論之。

1、執兩端：過與不及

象山與朱子學之不相契，可以說元明以來學者均極注意的理學大公案。當然，近溪也不能不面對這個問題。有一次近溪提問弟子有關格物的問題，弟子（鄧潛谷）有疑而不能回答。其所疑在於朱子「意似向外」，象山「意似向裏」，而近溪「歸宗性地，卻又以至善爲聖訓格言，門下獨不爲然，則又留心經解之最篤者也。」弟子認爲此豈非古今一異事也哉？故而問之於近溪。以下是近溪與弟子之對話：

> 師曰：「此處關鍵頗重，故不敢苟從，但我潛谷蓄疑不放，久當沛決江河也。」孝廉靜默久之，曰：「老師以孝弟慈吃緊提撕性體，且於諸家講說，非排特甚，故居常謂：老師言，固尊信聖謨，而己身不免相背。」師曰：「此卻兩下，各有個意思，須要分別明白。蓋我潛谷，將至善看作純全天理之極，謂是人人性體：予則謂此體雖同然，惟至聖乃能先得。今日其說純全極處，眾不能知，即近易粗淺，如一個孝弟慈，若非大學懇切提撕，誰人曉得從此起手？起手之差，其初不過毫釐，而究竟結果，其終將謬千里，故如我潛谷天理純全，雖似近而反不近；如鄙見所憑聖訓格則，雖似遠而實不遠。潛谷則只得孟子之道性善一邊；鄙見則並孟子言必稱堯舜，兩邊兼得也。」
> （495 條）

弟子的疑慮主要是在：老師既然歸宗性地，爲何又以至善爲聖訓格言？或又留心經解之最篤者；既然以孝弟慈吃緊提撕性體，然爲何又要尊信聖謨呢？近溪認爲產生以上疑問的關鍵乃在混淆了「至善」之義。「至善」除了表示「純

是兼氣質而有之：伊川則認爲此性爲氣質之性，非言性之本也（同上，朱子《四書集註》之引文）；而近溪則認爲此性即《易》「繼之者善，成之者性」之「性」，故此性即孟子之善性。

全天理之極，謂是人人性體」之外，另外一個意思是表示「聖訓格則」，即聖賢遺留下來的經典，可以爲成聖成賢的規矩。近溪兩面皆肯定。肯定前者的原因，乃在於人人有不學不慮的良知良能，有即存有即活動的性體。但是這種肯定是本體論上的肯定，因爲至善惟「盡性之所獨」（311 條）、「惟至聖乃能先得」；肯定後者的必要性，在於「純全極處，眾不能知」，甚至「近易粗淺，如一個孝弟慈，若非大學懇切提撕，誰人曉得從此起手？」故近溪從本體論上肯定性體乃純全天理之極；從現實人性的脆弱性上（從工夫論上），肯定聖訓格則之必要性。近溪謂弟子潛谷近於象山，只得孟子之道性善一邊，雖似近於純全之天理，實而反不近之，蓋因連近易粗淺的孝弟慈皆不能體察，純全之天理豈又能體察之。故近溪雖然從本體論上肯定人人皆有純全之天理，但落在現實之實踐工夫上，「純全之天理」卻又近而彌遠。故先聖之至善格言，如大學孝弟之道，便成爲工夫起手之重要入路。是以，此時此機，憑性體之外的聖訓格則，雖似求心外之物，然實離孔孟聖學不遠。此處必須再次強調，近溪並非對即存有即活動的性體沒有自信，只是在未體認到性體之前，聖賢之格則，便是唯一的途徑。是以，近溪認爲朱子與象山論學之所以不合，皆是因彼此「以己律人，各有所持」之故也。以下是近溪與弟子的問答：

> 羅子曰：「二先生氣稟不同，以己律人，各有持也。如晦翁原是渾厚之質，便要天下人，皆從聞見鑽研而入；象山原是英敏之資，便要天下人，皆從德性超悟而入。豈知人各所稟不一，有不可盡以己律之者？」曰：「然則何如合一也？」羅子曰：「學於古訓，晦庵所以開萬世群蒙；先立乎大，象山所以善讀《孟子》也。且與孔子博學於文，約之以禮相合。」（449 條）

象山與朱子天生性格不同，故二者所開出的學問亦不同，此本不足爲怪。但是二者以自己的哲學思想強加於彼此，便造成論學之不契。或許如象山英敏之資者，可以從「德性超悟而入」；如朱子渾厚之實者，可以從「聞見鑽研而入」。然而近溪也知道一般大眾恐少有象山之質，故必須要有先知先覺者的啓蒙。是以，近溪認爲朱子學與象山學皆有其存在的必要性。學於古訓以開萬世群蒙；立乎其大以推擴其心。二者皆是不可偏廢的工夫，即如孔子所謂的「博學於文，約之以禮」要相合爲用。

　　近溪認爲朱子與象山皆有功於聖門。然皆執持一端，不免有過與不及之

憾。以下再引二段文獻以爲討論。

> 羅子曰：「懋哉！子朱子之有功聖門也，學固得其大方矣。孟子曰：
> 大匠誨人必以規矩；又曰：大匠不能使人巧。夫匠立成器，士志聖
> 神，其精至於無跡，妙入於難窮，取諸智巧焉，則均也，然器非規
> 矩，巧將安施？道非六經，智將奚措？朱子之於學，余固未能悉其
> 善巧何如，至所爲言必先之讀書，讀書必先之六經，則眞吾聖門之
> 大匠也，其功顧不宏且遠耶？故規矩誠立，而巧之不精，學之咎也。
> 胥求以巧，而規矩弗先，教之訛也。」（454 條）

> 或問：「窮理？」羅子曰：「窮理不是向書冊上，盜得些兒話頭便是。
> 必要反身究竟，直窮自己生身立命之原，如易曰：窮理盡性，以至
> 於命方是。」（427 條）

第一條引文，近溪借孟子「規矩與巧」一章說明學道之本末與次序。其認爲
「器非規矩，巧將安施？道非六經，智將奚措？」即是說，即便是一個巧者
（智者），若無規矩（六經），則巧（智）其將無法眞正展現巧（智）。如此，
巧（智）將不成其爲巧（智）。故「胥求以巧，而規矩弗先，教之訛也。」反
之，「規矩誠立，而巧之不精，學之咎也。」前者可以說是象山之弊，後者可
以說是朱子之病。朱子就是因爲巧之不精，故錯用心的在書冊上窮理，過於
注重分析，〔註118〕卻「自將聞見苦遮迷」（80 條），而不知「反身究竟，直窮
自己生身立命之原」。此兩端之執所成之學，簡要的說，便成牟宗三先生所謂
程朱理學與陸王心學二系之區分。〔註119〕然對此二系，雖然近溪各有褒貶，
但是畢竟近溪屬於陽明後學，以覺悟良知爲第一義工夫。故陽明良知學之提
出，在當時有別於諸儒之特殊意義。弟子便曾經問到何以陽明學與諸儒微有
不同？以下是近溪的回應。

> 豈惟陽明爲然？即宋時諸儒學問，亦難盡同。如周子則學在主靜，
> 程子則學在主敬，朱子則學在窮致事物之理。至我朝陽明先生，則
> 又獨謂：學在致其良知。此雖各有所見，然究其宗旨，則皆志於學
> 聖，故少有不同，而不失其爲同也。蓋聖之爲聖，釋作通明。如周

〔註118〕問：「盡心一章，說有不同，何如？」羅子曰：「此章之說，如陽明先生，極
於初學助長精神，然孟夫子口氣，似覺未妥：如晦庵先生，雖得孟夫子口氣，
然分析又覺稍多層節。」（57 條）

〔註119〕牟宗三《心體與性體（二）》，頁 239。

> 子說：無欲，則靜虛動直，靜虛則明，明則通，顯是主於通明也；
> 程子說：主敬，則聰明睿智，皆由此出，亦是主於通明也；朱子說：
> 在物之表裏精粗無不到，而後吾心之全體大用無不明，亦是主於通
> 明也，是三先生之學皆主於通明。但其理必得之功效，而其時<u>必俟
> 諸持久</u>。若陽明先生之致其良知，雖是亦主於通明，然良知卻即是
> 明，不屬效驗，良知卻原自通，又<u>不必等待</u>。況從良知之不慮而知，
> 而通之聖人之不思而得；從良知之不學而能，而通之聖人之不勉而
> 中，渾然天成，更無斧鑿。恐三先生如在，亦必當爲此公首肯而心
> 契也已。」（125 條）

近溪認爲周子、程子（主敬當指伊川）、朱子、陽明的學問雖皆志於聖學宗旨，即皆主於通明爲事。但是，雖皆主於通明，但是陽明致良知之通明與其餘三者之通明不同。總的來說，後者通明之理是有待的，即「其理必得之功效，而其時必俟諸持久」。按牟宗三先生的說法，此皆非切要、本質的工夫，成聖成賢似乎沒有必然性，蓋因其主張心不即是理。〔註 120〕而陽明通明之理不需外求，即「良知卻即是明，不屬效驗，良知卻原自通，又不必等待。」此乃心即是理下的肯認。而此肯認，近溪認爲「極是有功不小」（94 條）。要之，近溪在此洞見陽明心即理的殊勝。但是近溪認爲，雖然心即是理，良知原自通明，但是亦不能漫謂良知自足，而不以「古聖賢爲法」。〔註 121〕

2、偏輕孝弟之道

上文提到程朱與陸王學可以說各有所長，亦各有所短。然弔詭的是，近溪認爲，不管是程朱或陸王，甚至獨尊儒學的漢儒，皆偏輕孝弟之道。茲引三段引文以爲討論：

> 所謂格也，其旨趣自孟子以後知者甚少，宋有晦庵先生見得當求諸
> 六經，而<u>未專以孝弟慈爲本</u>。（1 條）

〔註 120〕此處並不考慮在近溪系統外進行批判，只是按近溪的說法而將其歸類。尤其周子是否與程朱爲一類，學者們有不同的看法，在此就不論了。

〔註 121〕近溪曰：「明有陽明先生見得當求諸良心，亦未先以古聖賢爲法。」（1 條）這裡必須簡單作個說明，從上引文中，近溪已然凸顯陽明悟良知之優先性。換言之，近溪主張以覺悟良知爲本質工夫是不容懷疑的。然近溪何以又說陽明未先以古聖賢爲法呢？這個問題其實上面已有討論。即上文討論象山與朱子格物之異，以及孟子「規矩與巧」的譬喻。此似乎有調和程朱理學與陸王心學之貌，詳後論。

蓋人自幼年讀書，使用集說講解，其支離甚可鄙笑。何止集說！即漢儒，去聖人未遠之日，註疏汗牛充棟，而孝弟之道，卻看得偏輕，不以爲意，蔓延以至後世，又何足怪！故某嘗謂：人之不悟，蔽於物欲者固多，而迷於聞見者而實不少也。」（80條）

陽明先生，乘宋儒窮致事物之後，直指心體，說個良知，極是有功不小。但其時止要解釋《大學》，而於孟子所言良知，卻未暇照管，故只單說個良知，而此說良知，則即人之愛親敬長處言之。其理便自實落，而其工夫便好下手，且與孔子：仁者人也，親親爲大的宗旨，毫髮不差，始是傳心眞脈也。」（94條）

近溪認爲，孟子以後，對於格物之「格」義了解的不多，可以說要到朱子才稍有體認以「聖人之格則」爲「規矩」，即以「六經」〔註122〕爲「規矩」，方便學道之人有個修行之規矩以爲入門。故近溪說「朱子之有功聖門也，學固得其大方矣。」（454條）但是近溪認爲朱子學道沒有以孝弟慈爲本是非常危險的。蓋沒有以孝弟慈爲學問之本，則不是「蔽於物欲」，就是「迷於聞見」。〔註123〕同樣地，陽明雖然「直指心體，說個良知，極是有功不小」，但是對於「孟子所言良知」（以孝弟指點良知）並未能有眞切的體悟，故「只單說個良知」而不易眞正實落之。〔註124〕此如近溪後嗣羅萬化所言「至陽明先生，始

〔註122〕遍觀近溪《語錄》，此處的六經，當是四書加上《易經》、《孝經》二書。

〔註123〕朱子將孝與仁之關係比喻成如木之根、水之源。其認爲孝弟就是仁，而非只是近仁而已。這是朱子批評謝上蔡的一段話。其道：「（上蔡）以爲孝弟特爲近仁而非仁也。夫四條者皆所以求仁之術，謂之非仁猶可也，若孝弟則固人之發而最親者，如木之根、水之源，豈可謂根近木而非木，源近水而非水哉？」（《論語或問》卷1）另外在孟子〈仁之實〉一章之解釋亦說孝弟是「良心之發最爲切近而精實者」《四書集註》。仁、孝以木、水爲喻，此說法近溪實亦有之。然朱子終究並非以孝弟爲本，迷於聞見，以思辨的方式訓仁，此爲近溪所擔心與批評的。

〔註124〕陽明亦有從知孝知弟來說良知，以孝弟爲生生之仁之本的說法，其說：「孟氏『堯舜之道，孝弟而已』者，是就人之良知發見得最眞切篤厚、不容蔽昧處提省人，於人於事君、處友、仁民、愛物、與凡動靜語默閒，皆只是致他那一念事親、從兄眞誠惻怛的良知，即自然無不是道。蓋天下之事雖千變萬化，至於不可窮詰，而但惟致此事親，從兄一念眞誠惻怛之良知以應之，則更無有遺缺滲漏者，正謂其只有此一個良知故也。事親、從兄一念良知之外，更無有良知可致得者。」（《傳習錄中》，頁85。）「譬之木。其始抽芽，便是木之生意發端處。抽芽然後發幹。發幹然後生枝生葉。然後是生生不息。若無芽，何以有幹有枝葉？能抽芽，必是下面有個根在。有根方生。無根便死。

悟良知，而未證以孝弟，以故世儒見耿耿小明，而把抓以爲知體，去道亦遠矣。」（頁72）說到這裡，吾人不免會遲疑，難道孟子所言之良知與陽明所言之良知是不同的良知嗎？或吾人身上有兩個良知不成？當然，吾人身上怎麼可能有兩個良知呢？孟子與陽明所謂的良知必然是指同一個良知。若是，近溪區別陽明悟良知之進路與孟子不同之旨意何在呢？殊不知良知雖然只有一個，但是良知本心至少有仁、義、禮、智等不同的德行表現。或表現在知是知非之智上，或表現在知孝知弟之仁上。而從個個不同的德行面向上，皆可識得良知。近溪這裡提出一個重要的哲學問題，就是從不同的面相來識得良知是否會有不同的影響產生呢？沒錯！近溪認爲以知孝知弟來說良知時，「其理便自實落，而其工夫便好下手」。有關悟良知進路不同之差異，後有細論。故不管是重智（良知）者，或是重規矩者，皆要以孝弟慈之仁爲本，爲工夫之自然下手處，如此方不失「傳心眞脈也」。而近溪認爲「三代以後」此「傳心眞脈」便已漸漸失傳。此尤可從漢儒到宋明諸儒的註疏、集說偏輕孝弟之道窺見。

（三）結語

從近溪對宋明諸儒的不滿當中，我們可以得知近溪之心事蓋有以下幾點。1、反對將氣質之性成爲對治的對象；2、氣質之性是天命之性體現之必要資具；3、體仁即可定性（制欲）；4、立乎其大與聖賢格則不可偏廢；5、若不能巧智，必先規矩導之；6、肯定心即是理，性體即存有即活動；7、以孝弟慈爲本，方可避免蔽於物欲，迷於聞見；8、以孝弟慈規定良知才是儒家傳心眞脈。以下一段引文極能說明近溪之心事，並以之爲本節之結語。

> 即此學、庸二書，自微言絕於聖沒，異論喧於末流，<u>二千年來，不絕如線，雖以宋室儒先力挽，亦付無奈</u>。惟是一入我明，便是天開日朗，蓋我高皇之心精獨至，故造物之生理自神，所以不疾而速，不行而至。……惟此<u>學、庸、語、孟，則是聖賢心法之所在</u>、生平學術之所存，而亦國家之所責備吾儕，以竭力而深造之者也。……。予願吾儕有志之士，將孔門四書，自首至尾，徹底掀翻，<u>果見天地之性，不外孝弟</u>，而孝弟之懿，藹郁人間，涵泳周旋，到得萬民與

無根何從抽芽？父子兄弟之愛，便是人心生意發端處。如木之抽芽。自此而仁民，而愛物。便是發幹生枝生葉。」（《傳習錄上》，頁26。）只是此不是陽明學的重點，畢竟陽明還是著重在以知是知非規定良知爲主。

我、我與萬民，渾然相通，了無二樣，則愛己之心愛人，愛人之心
愛己，自將勃然而不容已。（238 條）

三、當時學者大病

　　按近溪上面的說法，儒學從宋室儒先發展到明朝可以說是「天開日朗」。
但是當時學術思想仍存在者許多弊病與異見。在一次的講學當中，有學者問
到「講學者，多云：只在當下，此語如何？」以下是近溪與弟子的答辯。

　　此語為救世人學問無頭，而馳求聞見，好為苟難者，引歸平實田地，
　　最為進步第一義也。故曰：人情者，聖王之田。然須有許多仁聚禮
　　耨家數，方可望收成結果也。但到此工夫漸就微密，若無先覺指點，
　　則下者便渾淪難入；高者便放蕩無疆。故孔子謂：君子中庸，君子
　　而時中，小人中庸，小人而無忌憚。可見中庸也只一般，但不能如
　　君子，戒謹恐懼，加以時習，便泛濫無所歸著，而終歸小人也。」
　　眾共惕然曰：「此正今時學者大病，孔子所以重憂夫學之不講而誨人
　　不倦也。」（141 條）

由此可見，近溪認為當時世人存在著一個嚴重的問題，就是「學問無頭」。學
問無頭，故而漫無目標，學不踏實，自然流於「馳求聞見，好為苟難者」。近
溪認為，學問當有個頭，即做學問當有個實落處，實落於「平實田地」。確切
的說，是謂良知當有個實落處，實落於人之日用倫常，尤以孝弟慈為本。〔註
125〕換言之，聖賢之成就是不能離開日用倫常的。其次，近溪強調，此聖地要
開花結果，必須要有「修禮以耕之，陳義以種之，講學以耨之，本仁以聚之」
的工夫方能有成果。另外，在實踐過程中，工夫漸就隱密而不易把抓，如此
之結果，使「下者便渾淪難入；高者便放蕩無疆」。近溪認為，借助先知先覺
者之指點是必要的。（詳後論）

　　其實，在這裡我們可以看到，近溪要說明的是，聖賢之道就是中庸之道，
而中庸之道就是平平常常，就是在生活中的每一個「當下」而已。故聖賢之

〔註 125〕人情者，聖王之田。不過，何謂人情呢？近溪明確的說，尋常之人情與孝弟
　　慈之情是不同的。因為後者同時也是堯舜之道，是為仁之根本。故這裡所謂
　　的「人情」，當以孝弟慈為本方是。近溪謂：「因此每讀論孟孝弟之言，則必
　　感動或長要涕淚。以先只把當做尋常人情，不為緊要，不想後來諸家之書，
　　做得著累喫苦。」（58 條）相關討論，可參考第三章〈家庭教育與求學過程
　　的啟蒙〉的部分。

道就是在日用倫常當中實踐仁、義、禮、智之道，別無它法。離開日用倫常之學，便是「無頭之學」。除此之外，學問無頭另有一個涵義，即吾人可問，中庸之道就在日用倫常，甚至在生活中的每一個「當下」。然若非有個「善性」爲根據，如何可能呢？此義參之另一引文則爲更清晰。近溪謂：「故曰：人情者，聖王之田也。此平正田地，百千萬人所資生活，卻被孟子一口道破說：人性皆善。若不先認得：日用皆是性，人性皆是善，蕩蕩平平，了無差別，則自己工夫，已先無著落處。又如何去通得人，通得物，通得家國，而成大學於天下萬世也哉？」（10 條）是以，學問無頭即是學問無根、學問無實落處。無根，則無道德實踐之根據；無實落處，又豈能有聖人之果可成呢？其造成的結果必然是「馳求聞見，好爲苟難者」，如此性地荒蕪，自然良知不顯。近溪認爲造成此病之因，亦與對於赤子之善性信心不足有關係。〔註126〕此學者大病亦發生在當時學者許敬庵（字孚遠，號敬菴，1534～1579）身上。以下是近溪寫給許敬庵的一封信。

> 昨見公祖所著《大學》甚是精詳，但最初眼目獨欠開張，譬之奕局，主將不專，砲馬徒紛馳矣；明德也者，奕局之主將也，非孩提良知而德可謂之天明也哉？知出思慮而知可謂之天良也哉？《中庸》《大學》，原自禮記接出，禮經書目現存先《中庸》後《大學》，蓋《大學》規格多重設施，《中庸》平常乃其基本，故明德率性日用平常乃是二書張本。今天下萬民萬物俱平常過日，獨講學者便難語，此其病。皆以最初用功不聞心體廣大，只去執持念頭，不聞知體本明，只去講求物理。今欲反歸平常，千萬無一二肯轉，不思平常不轉，則千百無一二可成。蓋是以稊稗爲種而欲五穀之收，以荊棘爲根而欲桃李之結也。〔註127〕

這封信是近溪七十三歲時所寫，即在近溪逝世前一年。近溪與敬庵曾經爲了「克己復禮」的問題而有所爭論。〔註128〕這封信近溪以奕局主將比喻「明德」，

〔註126〕見 224 條。
〔註127〕見〈報許敬庵京兆〉，《羅汝芳集》，頁 668～669。
〔註128〕近溪與敬庵對於「克己復禮」的解釋不同。近溪反對敬庵將「克己」解釋爲「克去己私」。中間有幾次的書信往返，然不因此在見解上更趨於一致，甚至產生更嚴重的毀謗之誤。近溪於逝世前一年，寫了此最後一封信。詳細相關內容可以參考李慶龍《羅汝芳思想研究》，頁 43～46。或吳震〈羅近溪晚年「遺行」略考——從許敬庵、鄧潛谷的角度來看〉，《羅汝芳評傳》，頁 156～171。

意要指正敬庵對於「克己」的見解。這個問題對於近溪而言，與橫渠、伊川提出「氣質之性」之病，可以說是相同之問題。即對於體仁同時就是定性、就是制欲，不能有了解。換言之，就是對於明德之性的自信不夠。近溪在此以「奕局主將」比喻「明德」，就是要說明「明德」是耳目口鼻一切欲望的主宰，必先定住「明德」，一切氣質之性方能有所依歸，即「將帥登壇，然後卒伍自肅，家翁正位，然後婢僕自馴。」（233 條）絕不可反其道而行，否則「主將不專，砲馬徒紛馳矣」，則「天以人勝，眞以妄奪。」（233 條）可惜學者皆「不聞心體廣大，只去執持念頭，不聞知體本明，只去講求物理。」對於自家之寶完全不聞不問，工夫皆落在本心之外，皆非本質工夫，如此聖王之田焉能有所成果呢？就好像「以稊稗爲種而欲五穀之收，以荊棘爲根而欲桃李之結也。」而不知「源頭既浚，流出自清，而念之謹也，何等順快！」（231 條）其實明德之性的體現，並非玄虛高遠之難事，其實就在日用平常之間。

　　觀上所言，可以了解到當時學者之大病乃在於「學問無頭」。而「學問無頭」就是不以良知爲眞種子，對自家之寶沒有信心。故只能在心外用工夫，氣質之性不再是天命之性的體道資具，而流爲對治的對象。如此「形色」與「天性」爲二，「天性」不成其爲「天性」，反而淪爲氣質之奴，如此「若頭腦一差，無怪學問之難成矣！」（233 條）再則，聖人之學並非虛玄無疆之事，就是平平常常的在日用倫常中體現。換言之，離開日用倫常也無所謂的聖人之道可言。

四、結語

　　總結上面各小節所論，吾人可以發現，近溪哲學就是孔孟哲學，可說是孔孟靈魂之再現。而孔孟哲學之核心思想，近溪以「仁者人也」、「形色天性也」爲綱，撐開整個孔孟聖學。換言之，凡離開「仁者人也」、「形色天性也」之綱維者，皆未能得孔孟之眞血脈。而所謂的「仁者人也」、「形色天性也」，是告訴吾人「仁」不能離開「人」而有所得；同樣地，「天性」亦不能沒有「形色」而有所體現。換言之，人之形色是體現天道之必要載體，而非對治的對象。而之所以會提出氣質之說以補充性善說之不足者，近溪認爲皆出於對「性善」的自信不足，故而必須在心外（如氣質）尋找定性之法，而不知體仁即可定性（制欲）、可避免物欲之蔽。凡此皆可謂「學問無頭」。故近溪強調天

道之入手在「覺悟」〔註129〕。然現實上，「覺悟良知」、「體仁」有如此容易嗎？
近溪認爲先聖謂「道心惟微」不無道理，故若非先知先覺者蓋難覺悟良知。
而先聖之格則乃至善之格則，若純粹天理之所出，可以之爲成法。然採此成
法，當在心即理之肯任下方有啓發良知之效，否則有迷於聞見之危。另外，
悟良知當以孝弟慈爲本，除了工夫起手容易之外，同時可避免蔽於物欲，迷
於聞見之害。故孔子曰：仁者人也，親親爲大。以日用倫常之孝弟慈歸會於
仁，是最爲親切、穩當的進路，最符合中庸之道，亦才是儒家傳心眞脈。

〔註129〕近溪謂：「道心惟微，即如金寶；人心惟危，即如礦石，未經鍛煉則粗劣其所
　　　　不免。……：入手則在覺悟，妙悟能徹，乃見精通。」（40條）

第二章　仁學與人學的辯證關係

　　近溪要回歸孔孟求仁之學，可以說是學術界一致的看法，因為此意在近溪《語錄》中表露無遺。然則，從近溪欲「回歸孔孟」此言，不免令人臆想，近溪之求仁與宋明諸儒之求仁難道有所不同嗎？不皆回歸孔孟之聖學嗎？何以近溪要作此區分，並強調其遙接孔孟之真血脈。換言之，近溪認為宋明諸儒之學與先秦孔孟之學是有距離的。若是，此中必然牽涉到近溪如何理解孔孟求仁之學，以及宋明諸儒之學。按近溪的看法，孔子之「仁學」本就是不折不扣的「人學」，是一體不分的。本文在此將孔子的「仁」，暫時分解為形上的「仁學」與形下的「人學」。如此之區分，乃是因為儒學發展到宋明儒學已漸漸有此二分之趨勢，尤其部分受到佛老二氏的影響，〔註1〕已使儒者偏重於「仁」的超越義（即仁學），而忽略了「人」（即人學）的實踐義。是以，近溪哲學可以說是要修正宋明儒學，回歸到孔孟形上、形下一體觀。而這些看法，可以從上文近溪對於宋明諸儒的不滿，以及近溪對於孔孟心事的掌握中管窺得知。以下分別討論近溪回歸孔孟的歷程，以及其如何建構孔孟仁學人學一體觀的辯證關係。

〔註 1〕　先秦儒學發展到宋明儒學，有一個重大的轉折，便是對天道論的重視。如北宋周濂溪、張橫渠。而如此之轉折，主要是受到佛教宇宙論的影響。即佛教見世間一切存在都是緣起而無自性，否定現實的存在。為此，宋儒提出天道論說明一切存在之可能性以對抗佛老。是以，便偏重在超越道體的說明，而不自覺地忽略了實踐論的層面。參見楊祖漢〈宋明儒學總論、濂溪與橫渠〉，《中國哲學論集》（臺北：學生書局，1986 年）。

第一節　歸會孔孟

　　近溪歸會孔孟之因，上文已略有所論。就是孔孟之聖學，自孔孟之後便湮而不彰。換言之，孔孟之後的儒者皆未能得孔孟之心傳。不得心傳的關鍵乃在於不得孔孟心事，而不得孔孟心事，乃因不得孔孟口氣。是以，簡要地說，近溪的心事就是要回歸孔孟之求仁。關鍵是何謂孔孟之仁？如何求仁呢？近溪認爲仁之本源乃在於生生之易，仁之遍潤乃始於親親之孝。近溪將孔子之仁扣緊著生生之易、親親之孝的說法，可說將孔子之仁學做徹上徹下的推展，可謂極高明而道中庸，不僅展現出近溪的哲學特色，亦可說將孔子仁學做進一步的推展。

一、歸會孔孟求仁：近溪爲學歷程的轉折

　　近溪從小就生長在儒學世家。五歲（1519 年）之時，其母便授以《孝經》、《小學》。七歲（1521 年），入鄉學，即以孔聖爲的，時時稱說《孝經》。十有五歲（1529 年）方讀《論語》，出就舉業。從新城洵水張先生受學。讀《論語》諸書有省，毅然以興起斯道爲己任。〔註2〕這段期間，可以說是近溪正式接觸孔子之學。然而此階段之所讀仍以舉業爲上。按近溪晚年（七十四歲）之回顧，十五歲拜師求學聞道，至十八歲之間，「宗習諸儒各樣工夫，屏私息念，忘寢忘食，奈無人指點，遂成重病。〔註3〕」而這段期間所用的工夫主要是受薛敬軒（薛瑄，字德溫，號敬軒，1389～1464）「萬起萬滅之私，亂吾心久矣。今當一切決去，以全吾澄然湛然之體」（538 條）此工夫的影響。此工夫明顯就是程朱「存天理，去人欲」的工夫。直至其父前峰公直謂此病由內非由外也。惟得方寸快暢於道不逆，則可不藥而愈。遂授以陽明《傳習錄》，指以致良知之旨，日玩索之，此重病方有好轉。（參 538 條）

　　此病癒期間，可以說是近溪從程朱理學轉向陽明心學之幾。然近溪對於致良知並無深刻的體認與自信。〔註4〕直到二十六歲遇到山農，方眞正悟到仁

〔註2〕　見 237、536、537 條。

〔註3〕　參 237 條。吳震先生認爲所謂的「重病」，是指「心火」之疾。這段歷程大約在近溪 15 歲至 18 歲之間。見氏著《羅汝芳評傳》，頁 91～92。若以歷程來說，或可如吳氏所言，是從 15 歲至 18 歲之間。但是若是究其生重病之時間，當是在 18 歲之際。

〔註4〕　近溪回顧過去的爲學經歷說道：「又病得無奈，卻看見《傳習錄》，說：諸儒工夫未是，始去尋求象山、慈湖等書，然於三先生所爲工夫，每有窒礙，病

體，如大夢初醒。以下是其師徒第一次見面的對話。

> 庚子（1540 年），會考，省中縉紳士友大舉學會。見吉中山農顏公
> 鈞（顏鈞，號山農），山農出泰州心齋王先生（王艮）之門，而解演
> 說致良知義旨。師因述：「己昨覩危疾，而生死毫不動心，今失科舉，
> 而得失絕弗攖念。」山農俱不見取，曰：「是制欲，非體仁也。吾儕
> 談學，當以孔，孟為準，志仁無惡，非孔氏之訓乎？知擴四端，若
> 火燃泉達，非孟氏之訓平？如是體仁，仁將不可勝用，何以制欲為？」
> 師聞之悟，曰：「道自有真脈，學原有嫡旨也。」遂師事之朝夕，專
> 以孔子求仁，孟旱性善，質正之於四書，口誦而心惟之。一切時說
> 講章，置之不觀，閒作時藝，隨筆揮成。見者驚服，私相語曰：「乃
> 知學問之大益舉業也。」（541 條）

近溪至此時，可以說真正的體察到「制欲」與「體仁」兩個概念之主從關係。
意即，近溪從「制欲而體仁」的消極工夫，轉向「體仁即制欲」的積極工夫。
或可說近溪學欲回歸到孔孟之學。即「專以孔子求仁，孟旱性善，質正之於
四書，口誦而心惟之。」而「一切時說講章，置之不觀，閒作時藝，隨筆揮
成。」顯然，近溪欲回歸孔孟求仁，就為學歷程而言，與山農「體仁」之說
是息息相關的。〔註5〕

　　拜師山農之後，雖不想諸家之書，而欲回歸孔孟，然此並非是自己體察
到孔孟學之實義而有所回歸，乃受山農之影響而已。隨後經過數年之東奔西
走，與同志師友的研討，一直到拜胡宗正為師之前（三十四歲之前），若以拜
山農為師而專以孔孟為學作為是第一次回歸孔孟而言，這段期間之學習歷程
成就了近溪第二次回歸孔孟。見以下近溪之回顧：

> 在省中逢著大會，與聞同志師友發揮，卻翻然悟得只此就是做好人
> 的路徑，奈何不把當數，卻去東奔西走而幾至亡身也哉？從此回頭，
> 將《論語》再來細讀，真覺字字句句重於至寶，又看《孟子》工夫，
> 又看《大學》，又看《中庸》，更無一字一句不相照映。由是卻想，

雖小愈，終沈滯不安。」（58 條）由此可見，雖然當時前峰公授以陽明王先生
《傳習錄》，指以致良知之旨。師聞之大喜，日玩索之，病瘳。但是明顯可知
近溪對於致良知之掌握與自信是不夠的。

〔註 5〕按吳震先生的考據，這段期間近溪曾整理《體仁類格》一書。顯然是受山農
的影響。參氏著《羅汝芳評傳》，頁 103 頁。而李慶龍先生考據出近溪作《體
仁類格》的確切時間當在 27 歲時。參氏著《羅汝芳思想研究》，頁 29。

孔、孟極口稱頌堯舜，而說：其道孝弟而已矣。豈非也是學得沒奈
何？然後遇此機竅，故曰：我非生而知之者，好古敏以求之者也；
又曰：規矩，方圓之至也，聖人，人倫之至也。其時孔、孟一段精
神，似覺渾融在中，一切宗旨、一切工夫，橫穿直貫，處處自相湊
合。（58條）

孔子說三十而立。三十歲對於近溪來說亦是人生重要的轉折處。三十歲之前
專注於舉子業，三十歲之後則轉注在講會之研討以及師友之學問論駁上。〔註
6〕意即三十歲後，近溪不僅只是想做個好人，且興發向聖人之學邁進。〔註7〕
然三十歲至拜胡宗正為師之前（三十四歲之前），猶「東奔西走」，不管是高
居廟廊的仕人、山野草莽的讀書人、有名望的道士或釋者，近溪皆會登門拜
訪。（參544條）近溪回憶此段東奔西走的過程幾乎達至「亡身」的地步。在
經歷這段幾近亡身的心路歷程之後，近溪發現，雖然到處求學問道，卻是個
「無頭」的學問。近溪自覺如此下去是不可以的，必須「回頭」，即回歸聖學
的根源──「孔孟」。至此，近溪重新細細的研讀論孟學庸。這此的回歸，讓
其探究得四書的每一句話其實都是互相照映的，而儒學一貫之道就是「孝弟
之道」。此時近溪「近乎」〔註8〕可以說已經融會貫通四書，但是對於四書與
《易經》卻貫穿不來。近溪接著說：

但有《易經》一書，卻又貫串不來，時又天幸，楚中一友來從某改
舉業，他談易經，與諸家甚是不同，後因科舉辭別。及在京得第，
殊悔當面錯過，皇皇無策，乃告病歸，侍老親。因遣人請至山中，

〔註6〕近溪三十歲原本要舉會試，然因父親有疾，遂不應廷試而歸。歸家後，近溪
建從姑山房，以待四方遊學之士，矢心天日，接引來學。日與諸友論駁明道、
象山、陽明、心齋義旨，足不入城市。可見三十歲對於近溪而言是由凡轉聖
的契機。參見542、543條。

〔註7〕近溪回憶說，其初只是日夜想做個好人，見58條。然則在弱冠之前，曾興發
聖賢之志。見292條，及〈仲弟樂溪墓誌銘〉（方祖猷《羅汝芳集》，頁641）。
雖然如此，然近溪當時並未擺脫舉子業的束縛，對於聖賢之志可說是志不從
心。就近溪個人的回憶，如此之發心，其實只能說是個好人。恐與近溪自己
所批評的樂正子為近。一直到二十九歲考完鄉試（實未赴試），可以說是轉向
聖學的一個轉機。

〔註8〕近溪此時對於孔孟之學可以說近乎融會貫通。說「近乎」是因為近溪自己亦
稍有猶疑之處。如此引文中提到：「其時孔、孟一段精神，似覺渾融在中，一
切宗旨、一切工夫，橫穿直貫，處處自相湊合。」近溪用了「似覺」二字，
由此可見一斑。此問題吳震先生亦提出此看法。參氏著《羅汝芳評傳》，頁112。

細細叩問，始言：渠得異傳，不敢輕授，某復以師事之，閉戶三月，
亦幾亡生，方蒙見許。反而求之，又不外前時孝弟之良，究極本源
而已。從此，一切經書皆必歸會孔、孟，孔、孟之言皆必歸會孝弟，
以之而學，學果不厭，以之而教，教果不倦，以之而仁，仁果萬物
一體而萬世一心也已。（58 條）

四書與《易經》皆是儒家的經典，而四書與《易經》之間的關係，近溪認為
「非易無以見天地之仁」，即學習《易經》是求仁的必要條件。是以，在義理
上四書與《易經》豈有不能貫穿的道理。當近溪以「孝弟」貫穿四書之後，
接著面對的課題，自然就是《易經》與四書如何貫穿的問題？就在近溪悟不
透之際，適逢精通《易經》的胡宗正要從近溪改舉業，近溪便順此拜胡氏學
易。經過數月的研習，「反而求之」，發現原來《易經》「又不外前時孝弟之良」。
意即《易經》其實不離之前體悟到能夠貫穿四書義理的孝弟之道。何以近溪
如此說呢？蓋因近溪認為《孟子》〈仁之實章〉中之樂「惡可已」即《易經》
「生生」之義，而此樂「惡可已」乃根源於「孝弟」。〔註9〕故而亦可說生生
之易亦根源於孝弟之道。故近溪喜以愛親敬長之天性不容已之所發指點生生
之義，故其謂：「蓋中庸根源，聖人本得自乾坤生生謂易一句，而生生面目，
最好輕快指點者，再無如母之養子、子之慕親而姊妹弟兄之和順敬讓也。」（239
條）是以近溪「解悟」（或證悟）〔註10〕的說「從此，一切經書皆必歸會孔、
孟，孔、孟之言皆必歸會孝弟」。換言之，孝弟可說是孔孟之核心義理概念，
意即孔孟之言皆不離孝弟之核心義理之一根而發。此段話可以說就是近溪解
悟（或證悟）後的悟語，有其特殊意義性。此刻可以說近溪真正融會貫通孔
孟之學，亦可以說是近溪真正的歸會孔孟。

以上主要在探討近溪歸會孔孟求仁之學之學術上的轉折。此處「歸會」（或
回歸）二字並非嚴格表示為「離而覆歸」之意。「歸會」或有二意，其一為孔
孟心傳已失傳二千年，如今失而復得，就此意義而言，有「離而覆歸」之意；

〔註9〕 近溪謂：「天地之大德曰生；生生之謂易；而乾則大生，坤則廣生；人之生也
　　　 直。生則何嫌於言哉？至孟子自道，則曰：日夜所息，雨露之養，豈無萌孽
　　　 之生？樂則生矣，生則惡可已。」（59 條）

〔註10〕龍溪〈悟說〉中說到入悟有三，即解悟（從言而入者）、證悟（從靜坐而入者）
　　　 與徹悟（從人情事變鍊習而入者）。近溪與胡宗正學易之間曾入山閉戶三月，
　　　 近溪尚未進入人情事變鍊習的階段。故近溪此悟當近乎龍溪所謂的解悟或證
　　　 悟。見《王龍谿先生全集》（臺北：廣文書局，2000 年），頁 1224。

其二表示近溪哲學以孔孟之學爲學，以孔孟之宗旨爲宗旨。而此二意，前者是消極的說，後者是積極的說，二者不無關聯。從近溪四處訪學這件事來看（此中不無道釋之名望者），積極的說，近溪對於孔孟心法恐怕未能有完全掌握與信心；消極的說，恐怕亦有偏離孔孟之學的問題。〔註11〕就此意義而言，近溪有三次較爲關鍵的「歸會」孔孟。首先是二十六歲拜山農爲師之歸會。此次歸會嚴格的說是「不自覺」〔註12〕的歸會，歸會於山農，而間接歸會於孔孟，故對於孔孟求仁之學並未有深刻的體認；其次是拜胡宗正學易之前的歸會（三十四歲之前）。此階段是近溪棄舉業轉向聖業的契機。也因此近溪四處訪學，出入道釋，參研性理之學。第二次歸會孔孟，意指近溪近乎貫通四書之要旨。然此歸會只是強調近溪對於孔孟之學有更深刻的體會，可以說是「自覺」的歸會。然此歸會，不表示近溪從此棄道釋而歸儒。第三次歸會孔孟是拜胡宗正學易的階段（三十四歲）。此次是近溪融通貫穿四書與《易經》的義理，一切經書皆歸會於孝弟而已。這一次的歸會可以說近溪已解悟或證悟到孔孟聖學之旨。可以說是眞正的歸會於孔孟求仁。〔註13〕

二、回歸生生之易：近溪哲學意義下的轉折

除了以上近溪學術思想上之轉折。其實在近溪歸會孔孟求仁之過程當中，更爲重要的是近溪哲學意義上的轉折。而哲學意義下的轉折與上一節近溪的心事有密切關聯。明顯近溪對於陽明心學不可能全然接受，修正其偏重主體性而忽略客體性之弊病，回歸到孔孟主客、形上形下一體觀的哲學思想。

（一）以生代心

由上一節可以得知，近溪對於陽明單說個良知而沒有親切的實落在孝親

〔註11〕以上之論斷，是就上文之討論而做出之結論。並非說四處訪學即代表其對於孔孟之學全無信心。這當中展現出近溪「學無常師」、「有容乃大」之爲學精神，其終極目的，便只是爲了成聖而已。

〔註12〕此次是近溪大病之後，拜山農爲師，以「體仁」爲工夫，捨消極「制欲」的工夫。就此而言，或可說近溪從「不覺」本心到「已覺」本心的階段。但是此處所謂的「不自覺」，是就「會歸孔孟」而言。這個階段近溪對孔孟性理之學探究仍未深入，還是以舉業爲重。會歸孔孟可以說是師訓，還談不上是眞正的「自覺」。

〔註13〕這裡必須作個說明，這裡所謂的「眞正回歸孔孟」，亦只限定在「解悟」與「證悟」之階段，還未到「徹悟」的層次。大概要到近溪二子死後，近溪方才眞正進入徹悟之階段，詳後論。

敬長之上有所意見。以下幾段引文除了可以看出其對於心學的修正之外，從此修正中即可意會出近溪哲學思想的核心概念。

> 天地以生爲德，吾人以生爲心（81 條）

> 善言心者，不如把個生字來替了他，則在天之日月星辰，在地之山川民物，在吾身之視聽言動，渾然是此生生爲機，則同然是此天心爲復。故言下著一生字，便心與復，即時混合，而天與地、我與物，亦即時貫通聯屬而更不容二也已。（233 條）

> 問：「某觀，今古儒先之言心者眾矣，然未有親切如先生者。」余（羅子）詰曰：「子何以知其言之爲親切耶？」曰：「每嘗言心，多只從己身分上說起，便體段狹隘，不見萬物一體之妙。此今聽教，則覺無天無地，無人無物，渾然共個虛靈。至其各人身中所謂心者，不過是此虛靈發竅而已。惡得以物我而異之也哉？」余默然良久曰：「如此言心，恐猶然未見親切也已。蓋心之精神是謂聖，聖者，神明而不測者也。故善觀天地之所以生化人物，人物之所以徹通天地，總然此是神靈，以充周妙用，毫髮也無間，瞬息也不遺，強名之曰心，而人物天地，渾淪一體者也。（207 條）

近溪文中所謂的「善言心者」雖未指明是誰，不過大概是指陸王心學這一個系統。即偏向以主體性言心。是以，陽明單說個「良知」，或象山單說個「立大本」，雖有功不小，但由於偏重以主體性言心，「多只從己身分上說起，便體段狹隘，不見萬物一體之妙」。如此容易造成主客對列，人物對立，極爲不親切。「心」之原義本非如此。說「心」不可離天地萬物而單獨言之，心之神靈必然是「充周妙用，毫髮也無間，瞬息也不遺」，使「人物天地，渾淪一體者也。」此即近溪所謂的「天地以生物爲心」（191 條）。意即不是有一個離開生物而獨立有一個叫做「天地之心」的東西。換言之，當言天地之心時，必然已含天地萬物在內，若是離生物言心，則此心便不是天地之心，其只是心之光景而已。故近溪亦言，其實也無一物叫「心」的東西，此皆只是「強立」而已。（259 條）故心之爲心，乃是以「生」物爲心。準此，則「生」是「心」之實名。而這個意思最早可以追溯到明道、朱子，甚至是《易經》，只是近溪特別強調這個意思。「天地以生物爲心」之原文是出自《朱子語錄‧卷一》，而其這個說法可說是取之於明道〈定性書〉：「天地之常，以其心普萬物而無心，聖人之常，以其情順萬事而無情」之義，故朱子稱明道這段話「說得最

好」。〔註14〕而朱子「天地以生物爲心」之義，就已經表示「生」是「心」之實名。朱子謂：「發明『心』字，曰：一言以蔽之，曰『生』而已。『天地之大德曰生』，人受天地之氣而生，故此心必仁，仁則生矣」；「心須兼廣大流行底意看，又須兼生意看。且如程先生言：『仁者，天地生物之心。』只天地便廣大，生物便流行，生生不窮。〔註15〕」而這個義理，其實就是儒學「創生」之義，可說是儒學之共義。只是近溪特別把這個意思強調出來。故陽明之良知或明德亦有「以生物爲心」義，象山吾心即宇宙雖亦有此義，近溪並不否定。但是畢竟他們還是以主體性言心爲主，這也可以說是心學系統的特點。儒先言「心」雖不無客體性意涵，但是確有「偏重於主體性」〔註16〕的味道，以牟宗三先生的話來說，即是偏重於「形上的證悟」而忽略的「超越的證悟」。〔註17〕而如此之發展結果，亦容易有「光景」之問題產生。〔註18〕故近溪在此所批評的對象是以「善言心者」、「未親切言心者」而發。這裡所謂的「善言」心者或「未親切」言心者，明顯是指偏重以主體性言心者。近溪從天地「以生爲德」中獲得啓發，認爲「心」的眞正實義當不離《易經》所謂的「生」之涵義。是以「夫子以仁爲宗，則時時只見其妙於生，物物只見其同於生，統天徹地，貫古貫今。」（241 條）而「生」之涵義是「天與地、我與物，亦即時貫通聯屬而更不容二」的境地。故一講到「生」，便是「心復合一」，而不是只單有個「心」而已。故「心」者必是「生生之心」。即如舜日夕以「生生之心，生乎其親；以生生之心，生乎其弟。」進而擴充之以「生親之心，生天下人之親，使天下之爲父子者定：以生弟之心，生天下人之弟，使天下之爲兄弟者化，定而且化，即天之維玄維默，生生不已。」（280 條）

　　生生不已之所以可能，乃在於「心與復」之即時混合。而「心復合一」就是近溪所謂的「乾體復用」、「乾坤合德」的概念。就前者（乾體復用）而言，近溪說：「易以乾爲體，乾以復爲用。夫乾純粹以精，而天地人之性之至善至善者也，乾之善，神妙不可見，而幾見於復。」（322 條）生生之易以乾

〔註14〕 黎靖德編：《朱子語類一》（北京：中華書局，2004 年），卷一，〈理氣上〉，頁4。

〔註15〕 此二條引文請參見《朱子語類一》，卷五，〈性理二〉，頁 84。

〔註16〕 儒家言心，一般是專就人之本心善性而言，故人與禽獸之別，亦在於人有此善心。故儒家言心，確然偏重在人之主體性。

〔註17〕 牟宗三《宋明儒學的問題與發展》，頁 267～293。

〔註18〕 「光景」是一個重要的哲學問題，將在第五章專論之。

為體，即以心為體。然乾之善（性之善）神妙而不可見，必有賴於「復」以
見之。而「復」不是在心外做，亦非在心之外另有一個主體來復之。其實近
溪要強調「復」亦是見生生之仁的重要環節，且<u>「復」是「心」自身本有的
一個特質，只是往往被忽略，故隱而不發</u>；就後者（乾坤合德）而言，近溪
謂：「孔子之易，只是個乾坤，孟子翻出，便叫做浩然之氣。夫浩然其至大，
浩然其至剛，浩然其配道義，而塞乎天地，正是畫成此個<u>心</u>的氣象，以顯出
今古不動的根源，所以只言氣，而不更言心也。又翻出不動的工夫，叫做以
直養而無害。夫人生而直，乾動而直，人生而直，則生生不已，便無害其為
直矣；乾動而直，則乾乾不息，亦無害其為直矣。」（249 條）是以，近溪直
接以「生」、以「心之氣象」（浩然之氣、大化流行之氣）代「心」。〔註19〕如
此以「生」來規定主體性，則可以避免主客對列、物我為二的窘境。並且更
能表示儒家最高境界「仁者與萬物一體」之義。

（二）生生之易以求仁

　　天命之年對於孔子來說上達天道，一以貫之，率性求仁之關鍵期。孔子
五十學易而知求仁之根、乾坤合德之生化不息而作出盡性至命之學——《中
庸》。近溪認為《中庸》一篇是孔子知天命、達性命之源所作之文，亦可說是
為聖人達乎盡性至命所作之文。然「性命之源」不易探究，「至命之至」不易
達至。（2 條）近溪認為唯有透過學易，對之方能有所見諦。近溪說道：

> 學易，所以求仁也。蓋非易無以見天地之仁，故曰：生生之謂易，
> 而非復無以見天地之易，故又曰：復其見天地之心。夫大哉乾元，
> 生天生地，生人生物，渾融透徹，只是一團生理。……<u>若求仁而不
> 於易，學易而不於乾且復焉，乃欲妄意以同歸於孔顏孟也</u>，亦誤矣
> 哉！亦難矣哉！（36 條）

近溪在此明確果決的說「非易無以見天地之仁」、「非復無以見天地之易」。按
近溪的說法，易，是求仁之根、盡性至命之源，故其謂「易者，聖聖傳心之
典，而天人性命之宗。」（83 條）而從上文，亦可明顯看出「天地之易」、「天

〔註19〕易之所以能生生，當不離乾坤之氣為言。故孔子「易之生生」到孟子這裡便
　　　翻為「浩然之氣」。就此而言，近溪傾向以生、以氣言心。然這裡的氣，非只
　　　是物質性之氣，而是集義與道，合乾坤之德而成之氣，見83 條。就人而言，
　　　就是暢於四肢，發於事業之生命表現。「心復」、「乾復」、「乾坤」在近溪哲學
　　　裡可以說是相類之一組概念。

地之仁」、「復」之間有個邏輯關係。簡要的說，求仁必先學易，而學易必先「乾且復」也。這之間的關係若不明白，乃「妄意以同歸於孔顏孟也」。那麼在這之間何以有如此之先後關係呢？要了解這層關係，必先了解孔子之終極關懷──「求仁之旨」。

1. 孔子之終極關懷──求仁之旨

> 吾夫子在世七十餘年，其心只以仁天下萬世爲心，其事只以仁天下萬世爲事，故曰：我學不厭而教不倦。（245 條）

> 且也我夫子五十而學易，繼乾坤責始資生，而昌言曰：大德曰生；又曰：生生之謂易。夫子以易爲學，以學爲教，易則生生，生生則日新，日新則學不厭，學不厭則教不倦，不厭不倦則其德曰仁。（322 條）

天地之大德，在於使天地萬物生生不息。至聖孔子終其一生，不厭不倦的講學佈道，任重道遠的周遊列國。其每一份用心、每一件行事亦只是秉持著一份「生生之仁」，希望天下之人皆能爲仁由己，且不只是這一世的人而已，而是世世代代之人皆能爲仁由己。充分地展現出「以仁天下萬世爲心、以仁天下萬世爲事」。要之，「苟一人不孝，即不得謂之孝也，苟一人不弟，即不得謂之弟也」。（91 條）同理而言，苟天下有一人不仁，即不得謂之仁也。是以，孔子求仁之旨並非只是獨善其身，而是要兼善天下、明明德於天下。而此內聖外王之聖業非一人一世可成，莫非如天行健，以自強不息、日新又新、不厭不倦之精神焉能所及。而此「日新又新之盛德、不厭不倦之精神」即源自於「生生之易」。而此生生之易之求仁即是孔子「一以貫之」之道。近溪說：

> 聖門之求仁也，曰：一以貫之，一也者，兼天地萬物，而我其渾融合德者也；貫也者，通天地萬物，而我其運用周流者也。非一之爲體焉，則天地萬物斯殊矣，奚自而貫之能也？非貫之爲用焉，則天地萬物斯間矣，奚自而一之能也？非生生之仁之爲心焉，則天地萬物之體之用斯窮矣，奚自而一之能貫？又奚自而貫之能一也？是聖門求仁之宗也。吾人宗聖人之仁，以仁其身而仁天下於萬世也，固所以貫而運化之，一而渾融之者也。（509 條）

聖門求仁之宗即「一以貫之」之道。就本體論而言，我與天地萬物本爲一體，而非二體。而我與萬物的關係就像是樹木之根與葉之關係，雖然各有不同的特性與表現，然本末是一貫、一體的，即所謂「根苗花實，共貫同條」。（317

條）此乃所謂萬物一體之理也。唯其本末一體、本末一貫，故萬物方能「渾融合德」、「運用周流」。而之所以能「渾融合德」、「運用周流」，若非「生生之仁之爲心焉，則天地萬物之體之用斯窮矣！」是以，聖門之求仁，乃在於「仁其身而仁天下於萬世也」。然而仁其身，進而仁天下於萬世，使我與萬物「渾融合德、運用周流」，此可大可久之聖業，若非「生生之仁之爲心」焉能爲之？故近溪說「宇宙間其一心矣乎！夫心，生德也，活潑靈瑩，融液孚通，天此生，地亦此生也，古此生，今亦此生也，無天地無古今而渾然一之者也。生之謂仁，生而一之之謂心，心一則仁一，仁一則生無弗一也。是故一則無間矣，無間者，此心之仁之所以純乎其運也：一則無外矣，無外者，此心之仁之所以博乎其施也，會而通之，吾茲有取於易之乾坤矣。」（367 條）

是以，仁者當無間無外，一而已矣。而一者易也，乾坤而已矣。《繫辭傳上十二》：「乾坤其易之縕邪？乾坤成列，而易立乎其中矣。乾坤毀，則無以見易；易不可見，則乾坤或幾乎息矣。」是以，乾、坤是生生之易之精蘊。以下將討論易與乾、坤之關係。而有關「非復無以見天地之易」之概念屬於工夫的部分，將在「克己復禮」的章節再詳細討論。

2. 易之乾坤合德

羅子曰：「孔門宗旨，止要求仁，究其所自，原得之易，又只統之以生生一言。*夫不止曰生，而必曰生生，生生云者，生則惡可已也。生惡可已，則易不徒乾乾而兼之以坤，坤不徒坤坤而統之以乾。*」（265 條）

羅子曰：「夫易，生生者也，夫乾之與坤，易之生生所由以合德者也。乾一坤也，坤一乾也，未有坤而不始於乾，亦未有乾而不終於坤者也。……名之曰乾坤合德，*而莫非吾心生生之仁，貫徹於人己之間，至一而匪二，渾合而弗殊者矣。*」（367 條）

易之生生之所成之大德，即「脈絡潛行，樞機統運，上則達乎重霄，下則通乎牽土，物無一處而不生，生無一時而或息。」（317 條）此皆不離於乾坤之妙運中也。易不徒乾，而坤涵蘊於中；坤不徒坤，而乾亦涵蘊於中，此即繫辭傳首章：「乾知大始，坤作成物。乾以易知，坤以簡能」之義。乾元主管宇宙之始，乃宇宙萬物之本源，是一創造原則；有始即有終，乾元創始之，坤元即隨而終成之。故坤元爲終成原則，或凝聚原則。而此乾知坤能之終始過

程即是天道創生之過程。〔註20〕意即天道創生之大德即是「乾坤合德」也。但是分解專言之，則道之爲道，太和之所以爲和，須從「乾知」說，方能提得住。〔註21〕近溪說：

> 孔門宗旨，渾然只是一個仁字。此仁字，溯其根源，則是乾體純陽，生化萬類，無一毫之間，無一息之停，無一些子之昏昧，貫徹民物，而名之曰：天命之性也；本其發瑞，則人人不慮而自知孝，不學而自能弟，不教而養子，自心求而中，默順帝則，莫識莫知，名曰：率性之道也。（180條）

> 夫大哉乾元，生天生地，生人生物，渾融透徹，只是一團生理。吾人此身，自幼至老，涵育其中，知見云爲，莫停一息，本與乾元合體。眾人卻日用不著不察，是之謂道不能弘人也。（36條）

孔門宗旨以仁天下萬世爲心，即以「生化萬類，無一毫之間，無一息之停，無一些子之昏昧，貫徹民物」、「生天生地，生人生物」爲心。而人何以具有此不容已的生生之仁呢？其「不倦不厭」之動力根源何在呢？其成聖的根據又何在呢？其實就是根據上天賦與每個人的「乾體」或「乾元」。此乾元乃吾心之體，是創生原則，是一切道德何以可能的根源。發展到孟子這裡，便是孟子所謂的「善性」，所謂的「良知」。只要本此善性而發，則「人人不慮而自知孝，不學而自能弟，不教而養子」。即便是「吾人終日視聽言動、食息起居，總是此性」（11條）。只是百姓日用不著不察，而不知此性總是天之命也；亦不知「天本莫之爲而爲，命本莫之致而至」就是率性之道。是以，言天命之性而率性之道自在其中；言善性則善行必在其中；言良知而良能必在其中。故「乾足統坤，言乾而坤自在其中，知足該能，言知則能自其中。」（94條）「知」本身就含「能夠」，是以「孩提知愛其親，知敬其兄，既說知愛親、知敬兄，則能愛親、能敬兄，不待言矣。」（94條）這是存有論的說，是先驗的形上證悟，應然與實然是沒有距離的，知行是合一的。在存有論上必須如此

〔註20〕乾即是元，故曰乾元。乾者天之德，其義爲健；元者是創造之眞幾。有創造眞幾就是元，即是體，即是主，它創造一切而不依他。易傳乾元坤元並建，以乾元爲綱領，坤元爲隸屬。可參牟宗三《心體與性體（一）》，頁440～442。

〔註21〕同上，頁442。此從以下文獻可得之雖天道的創生不離乾坤，但乾元是生化萬物的發端。《繫辭傳上一》「乾知大始，坤作成物」、《乾象傳》「大哉乾元，萬物資始，乃統天」、《坤象傳》「至哉坤元，萬物資生，乃順承天」、《坤文言傳》「坤道其順乎！承天而時行。」

肯定，否則成聖將成為偶然性的。但是，落在現實之工夫上來說，應然與實然總是有距離的，言良知而良能總不在其中，率性而總不即是道，故必須修道以近道。此何以近溪謂「非復無以見天地之易」之因也。

乾坤之所以可以合德，天之所以可以行健，君子之所以自強不息。不止曰生，而必曰生生。而生生之關鍵在其能夠「習乎其時」。近溪說：

> 今吾人欲學時習，則亦求之易而已矣。蓋天道人心，總原是一個生理，天以生生而成時，心以生生而習乎其時，故生生之謂易。易也者，變通以趨時者也。六十四卦，聖人示人習時之大綱，三百八十四爻，則其節次也。以大象推之，如曰：天行健，則統論其時，君子以自強不息，則統論習乎其時也；以爻象推之，如曰乾之初九，則詳言其時，潛龍勿用，則又詳言習乎其時也。其初則觀天之時，以通吾心之時；其既則以吾心之時，而希天之時；及其終而純且熟也，則天之時即吾之時，吾之時即天之時。聖同天不其深乎！是之謂：維天之命，於穆不已，說天之時者，莫辨乎此矣；聖人純於天道亦不已，說明習者，莫辨乎此矣。愚嘗謂：善學《易經》者，先明乾之一卦，善學《論語》者，先時習一章。蓋一明則皆明，一誤則皆誤。凡此皆吾夫子平生精神心髓，盡底吐露，以與後學共透天關而躋聖域，所謂仁天下萬世而無疆無盡者也。（193 條）

生生除了有創生義之外，同時也包含有終成義。生生之仁以仁天下萬世為終成，可說是「無疆無盡者也」。無疆無盡除了可以表示仁之無疆無盡之聖業之外，同時也可以表示工夫歷程之無疆無盡。無論如何，心皆須「生生而習乎其時」。《易經》六十四卦，三百八十四爻皆表示「變通以趨時者也」。此乃易者變易之義。〔註 22〕「蓋天道人心，總原是一個生理，天以生生而成時，心以生生而習乎其時」。故其初可從「觀天之時，以通吾心之時」；進而依此以「吾心之時，而希天之時」，期待心之生生即是天之生生；最後，一心同於天心，心即天，則「天之時即吾之時，吾之時即天之時」。此即所謂的「維天之命，於穆不已」。是以，求仁須先學易，而學易當先明乾知一卦；而《論語》求仁之學亦當先明時習一章。可知近溪非常重視乾、坤卦，除了前面談到創

〔註22〕 變通之則，在於趨向理之所在，時之所當也。另《易緯乾鑿度》說到「易」有三義，「易者，易也；變易也；不易也」。而「變易者，其氣也。」故易之生生一定是落在氣中言，固有其陰陽剛柔之變化。然其變要與時相推也。

造與終成之大原則之外，另外亦強調「習乎其時」之重要性。〔註23〕需要習乎其時，表示未達到「天之時即吾之時，吾之時即天之時」之渾淪圓融的化境。故必須以「觀天之時，以通吾心之時」；猶有進者，則以「吾心之時，而希天之時」。此重要的概念充分展現在近溪的工夫論上。容後再論。

（三）結語

近溪歸會孔孟，從爲學歷成之轉折上看，可以說是從不覺到自覺孔孟聖學的重要，從只想作個好人到立志作個聖人，從對孔孟之學的疑慮到對孔孟之學融會貫通之自信。從此便掌握孔孟之學的宗旨與工夫。從哲學意義上的轉折來說，近溪以「生」代「心」，注重萬物一體之生生，取代過去重視主體性之心的說法。進而得知孔門宗旨生生之仁乃源之於「易」，而易中有乾，乾中有坤。故近溪謂「孔門學、庸，全從周易生生一語，化將出來」（237條）、「此個中庸道理，夫子全在《易經》中來」（235條）。而孔子對此「生生之易」的把握是來自於「知天命」（248條）。故近溪謂「孔子得之五十以後，以自家立命微言，而肫肫仁惻，以復立生民之命於萬萬世者也。蓋人能默識得此心此身生生化化，皆是天機天理，發越充周。」（2條）近溪可以說將孔子之仁完全展開，並進一步將孔子晚年得知天命而悟「性命之源」與「至命之道」闡發出來。近溪不僅回歸孔孟萬物一體之仁，並且從存有論上說明「生生之易」是求仁之本源，「乾坤並建」是生生之仁之所以可能原則也；從「生生之仁」當中更描述了莫之爲而爲，莫之致而至之神不可窮、神明而不測者。如「四時行焉，百物生焉」、「爲物不貳，生物不測」之神不可窮。而此「神不可窮」是在「變通以趨時」之原則而成。就學聖人之道而言，生生之仁亦當在「習乎其時」之原則下，逐漸展現「無疆無期」之「生則惡可已」之生生。而近溪直接從「孝弟慈」天性之樂生，生則惡可已之「生生」將四書與《易

〔註23〕《繫辭傳下二》：「易窮則變，變則通，通則久。是以自天佑之，吉無不利，黃帝，堯，舜，垂衣裳而天下治，蓋取諸乾坤。」「習乎其時」可以說就是「窮則變，變則通，通則久」的概念。而此大致是取象於乾坤二卦。是以，乾坤二卦在易之生生中扮演舉足輕重的地位。近溪在引文中說到「乾之初九，則詳言其時，潛龍勿用，則又詳言習乎其時也。」即是從乾卦中即強調「習時」的重要性。如《易經·乾文言》：「君子以成德爲行，日可見之行也。潛之爲言也，隱而未見，行而未成；是以君子弗用也。」「亢之爲言也，知進而不知退，知存而不知亡，知得而不知喪。其惟聖人乎！知進退存亡而不失其正者，其惟聖人乎！」而聖人之所以爲聖人亦在習時而已。孟子稱孔子爲聖之時者亦有此意。

經》貫穿一起。是以近溪謂「一切經書皆必歸會於孝弟。」（58 條）而此仍然不離「仁者人也」的核心思想，可以說是「仁者人也，親親爲大」之引申義。下一節將進一步討論「仁者人也」的哲學意涵。

第二節　仁者人也：形上、形下一體觀的哲學思想

第一節已提到，近溪哲學思想的核心概念就是「一體觀」思想。從「乾坤並建是生生之仁之所以可能」亦可看出此意。本節將借此概念詳細剖析孔孟求仁最核心、最關鍵的一句話，即「仁者人也」。近溪說：

> 學者不思希賢希聖則已，若萌此個眞志，使須把孔子之仁者人也、孟子之形色天性，細細體認，我此個人，如何卻是仁？我此個形色，如何卻即是天性？次則將孔子率性之謂道，道不可須臾離、孟子之良知不慮而自知，良能不學而自能，又細細體認（254 條）

近溪認爲，如果沒有要希賢希聖，則讀書可以不求甚解；反之，若眞想立大志效聖法賢，首要工夫就是必須重新細細體認孔子「仁者人也」與孟子「形色天性」眞實內涵。從第一章談論近溪的心事到上一節討論回歸孔孟生生之仁便不難了解何以近溪要如此說。分解的說，「仁」與「人」、「天性」與「形色」有其不同的意義概念。概要地說，「仁」、「天性」可以說是形上的概念；「人」、「形色」是形下的概念。前一組概念可以說是價值存在之所在，而後一組概念是體現價值之所在。然此兩個概念皆不能單獨存在，即價值之所在必須透過人之形色來體現；同樣的，人之形色若不以「仁」與「天性」爲行動根據，人即失去存在的價值，則人不成其爲人。可惜從孟子之後，儒先們往往執其一端，使得人之存在價值無法彰顯出來，換言之，孔孟聖學便湮沒不彰了。此近溪之心事，白鹿洞門人熊儐在〈近溪羅先生一貫編序〉的一段話甚能表意：

> 口口聲聲，可憐孔孟，呼醒世人，仁者人也，形色天性，易簡得天下之理，知能要大人之極，只因透此一體，貫天貫地，貫人貫物，貫古貫今，毫髮不間，須臾不離。……其視言微者曰仁而不貫人，言顯者形色而不貫天性，言高者易簡，妙於造化而不貫愚蠢；言卑者知能，良於孩提而不貫神聖。（頁 64）

學者口口聲聲可憐孔孟，卻不瞭解孔孟的心事。門人的這一段話甚能表達近

溪的心事。近溪是孔孟最好的追隨者，就其復興孔孟聖學的精神而言，甚有宗教家護道、衛道與傳道的虔誠信仰。其一體觀，就是延續孔子一以貫之之道，「貫天貫地，貫人貫物，貫古貫今」，生生不已。可惜「言微者、言顯者、言高者、言卑者」皆各執一端而使生生之仁無法呈顯。其實「仁、人」兩端、「形色、天性」兩端、「易簡之造化、愚蠢」，以及「孩提之知能、神聖」兩端皆實爲重要，有其存在的意義，近溪並不反對之。近溪反對的是將其拆開來解釋與應用，或以己律人，各有持也。由此亦可見近溪重視因材施教的活潑性。然也常常因此活潑、當機指點之教法而讓人對其學問思想無法把捉，莫衷一是。

按上引文來看，近溪明確的說道，眞立志要成聖成賢者必先將「孔子之仁者人也、孟子之形色天性」細細體察。此點體察明白，則進一步將「孔子率性之謂道，道不可須臾離、孟子之良知不慮而自知，良能不學而自能」又細細體察。由此可見「仁者人也」與「形色天性」二句眞是孔門心法。以下便細細體認「仁者人也」與「形色天性」之二義。

一、人字不透，決難語仁

孔子在教導學生時，時常勉勵學生要爲「仁」。然仁的內涵似乎既深入又廣泛，不易掌握。是以，弟子時常回頭來請教夫子，「何爲仁」？「如何爲仁」的問題。相同地狀況亦發生在近溪與弟子之間。近溪要回歸孔孟大道，亦鼓勵學生願學孔子。學生亦回頭請教近溪如何學孔子的問題。近溪回答道：

> 孔子，大聖人也，萬世無及焉。然其實非孔子之異於萬世之人，乃萬世之人，自忘其所同於孔子者焉耳。孟子云：大人者，不失其赤子之心。夫<u>赤子之不慮不學，與孔子之不思不勉，渾是一個</u>，吾人由赤子而生長，則其時已久在孔子地位過來，今日偶自忘之。豈惟赤子然哉？孔子宗旨，只是求仁，其言則曰：仁者人也。<u>彼自異於孔子者，或亦自忘其爲人也耶</u>！省之省之。（453 條）

孟子謂：乃所願則以學孔子。孟子如何學孔子呢？按近溪的說法，若孟子尋不得孔子的口氣、心事，孟子斷無法學孔子。孟子探得孔子「仁者人也」之義，而提出「性善」、「形色天性」之說。然自孟子以下，何以便不得其門而入呢？關鍵還是萬世之人探不得孔孟之口氣、心事。近溪曾感嘆的說道：「天下最大的道理，只是仁義，殊不知仁義是個虛名」、「三代以後，名盛實衰，

學者往往知慕仁義之美，而忘其根源所在。」（163條）「學者言天，便見得甚大，若言人，便見得甚小，殊不知天人只是一個。」（345條）以上之問題是造成不得入聖門的原因。換言之，並非我們與孔子有異，或是我們沒有成聖之「才」。而是我們「自忘其所同於孔子者」的所在；我們不能學得孔子之處是我們「自忘其爲人也耶」。即忘記「大丈夫亦人而已矣，丈夫之所以爲大者，亦自識其人而已矣。」（390條）。是以，我們要學孔子，不能忘記我們與孔子相同的是什麼，意即孔子之所以能夠成聖的成素是什麼我們不可忘記；另外也不可忘記我是個「人」。此質疑甚是弔詭，即難道我們不是人嗎？「仁者人也」中的「人」到底有何意涵，爲何對於求仁是如此之重要。近溪是如何說呢？其道：

> 大約孔門宗旨，專在求仁，而直指體仁學脈，只說：仁者人也。**此**
> **人字不透，決難語仁**，故爲仁由己，即人而仁矣。此意，惟孟子得
> 之最眞，故口口聲聲只說個性善。今以己私來對性善，可能合否？
> **此處是孔、顏、孟三夫子生死關頭，亦是百千萬世人的生死關頭**，
> 故不得不冒昧陳說。（34條）

就近溪而言，「仁者人也」是最切要孔門求仁之旨的一句話。「仁」是孔子最高的理想境界。而體仁之必要條件就是必先對於「人」要完全的透徹明白。要透徹「人」的哪一部份呢？按近溪的說法，人之爲人，其體實有兩件，一件是吾人此個「身子」，即眼、耳、口、鼻、四肢，舉凡骨肉者皆是；一件是「靈物」，圓融活潑，變化妙用，在耳知聽，在目知視，在鼻知臭，在口知味，在手足知持行，而統會於方寸，空空洞洞，明明曉曉，名之爲心也。〔註24〕此兩件分別即是孟子所謂的「小體」與「大體」。若按引文「爲仁由己，即人而仁矣」、「惟孟子得之最眞，故口口聲聲只說個性善」來看，此「人」當是以具有「靈物」、「心」，或是「善性」之人來規定的。或是另一處提到「人者，天地之心也」（40條）、「人爲天地之心」（155條）之意。意即，要了解「仁」，唯有透過上天賦與每個人之「善性」。而「人」何以要規定在「大體」而不是「小體」呢？其實並不難理解，此在孟子已多有討論，亦是儒學的共法。若果如是，則孔子之仁學豈難以了解，爲何近溪還要說萬世之人「忘其爲人也」；何以要說孔子仁學塵埋了近兩千年呢？近溪是否自我矛盾了呢？當然不是。近溪在此主要在強調兩個重點：首先近溪要說的是，「仁」其實並非是玄遠的、

〔註24〕人之體，乃是「身子」與「靈物」所成。即孟子小體與大體之意，見169條。

高不可攀的、外求的，它就在我們自己的身上，就看我們自己是否想要而已。故近溪謂：「仁不遠人」（115 條）、「人皆曉得去做聖人，而不曉得聖人即是自己。」（235 條）此即孔子說的：「道不遠人，人之爲道而遠人。」（《中庸》十三章）其次，近溪要強調的是人的尊貴性。人之所以可以爲聖人、雖有限而卻可無限之處，並非是與動物同有的「小體」，而是人所獨尊的「大體」。故近溪謂：「天地之性，人爲貴。」（40 條）而此處不僅是「孔、顏、孟三夫子生死關頭」，亦是「百千萬世人的生死關頭」。故近溪說陽明先生，直指心體，說個良知，極是有功不小。

　　人之大體是人之生死關頭處，可說是不刊之論。但是近溪明顯說道若只是以此來識仁亦是不夠的。近溪曾批評道：

今人只知虞舜論心重在於道，卻不知重在於人；今人只知虞舜論工夫重在於精，卻不知重在於一，何也？天地之性，人爲貴；人者，天地之心也。故非人，何處安此心字？非心，何處安此道字？故道虛而心實，心虛而人實也。（40 條）

上文大致也提及到，近溪說道三代以後，名盛實衰，學者往往只知愛慕仁義之美，以爲只有仁義是天下最大的道理，殊不知仁義只是個「虛名」而已。〔註25〕先儒透過「仁義」之概念來展現「人」之存在價值與意義。要之，仁義之「實」並非只是個抽象的概念，是要落在人身上來說的，是要表現在人之日用倫常中的，如見父自然知孝，這就是「仁之實」；見兄自然知敬，就稱之爲「義之實」。凡此皆不須玄想，無須思辨，就在當下。故「孝弟」乃是「仁義」之實，「仁義只是替孝弟安個名而已」。（40 條）相同地，近溪批評當時之學者雖然知道人之所貴在於人獨有「天地之心」，此天地之心是弘道的必要條件。然卻忘記「非人，何處安此心」，非人何以體現天地之心。是以「道虛而心實，心虛而人實也。」此中所謂的「心虛」並非指心是虛假而不存在的，而是近溪強調若只是單說個「心」而沒有實落在人之日用倫常上，則心雖實，亦只

〔註25〕對慕仁義之虛名者，岡田武彥認爲朱子尤爲也。蓋朱子把仁當作是最高之理，並以之爲孝弟之所以然之理。如此孝弟與仁豈不成爲了兩橛。可參閱氏著，吳光等譯：《王陽明與明末儒學》，頁 177。孝弟與仁成爲兩橛，即仁與人爲二，名實不能相符。此恐與朱子嚴分形上、形下所成之弊。關於朱子嚴分形上、形下之立場，如理、氣，已發、未發，參見楊儒賓〈一陽來復——《易經·復卦》與理學家對先天氣的追求〉，收入楊儒賓編《儒學的氣論與工夫論》（臺北：台大出版中心，2005 年），頁 142。

是虛的；同樣天道亦不是虛幻的，需要透過天地之心來弘揚之，否則天道對我們而言，雖實而虛也。故「人能弘道，非道弘人」。此刻所說的「人」是大體與小體「原渾融膠固，打成一片，結作一團」（155 條）下的「全人」（48條）。故近溪謂：「仁，何以是人？蓋人身耳目口鼻，皆以此心在其中，乃生活妙應。生活妙應，非仁如何？其生活應妙，必有節次分辨，即是心之義，而所由以發用之路也。惟人心在人身，如此要緊，則心失而身即死人矣，此所以為可哀也。人身與仁心，原不相離，則人能從事於學問，而心即不違仁矣。」（394 條）」

是以，人並非只是單說個「良知」下的主體而已。而是「形色」與「天性」打成一片，結作一團下的實踐主體。若明此意，對於「仁者人也」方能有所掌握。近溪曾善譬「仁」與「人」的關聯性，使我們對於二者之間有更清楚的把握。而善體此意之同時，亦能知曉孔、顏樂處何在。近溪說：

> 仁是人之胚胎，人是仁之萌蘖，生化渾融，純一無二。故只思於孔，
> 顏樂處，竭力追尋，顧卻忘於自己身中，討求著落。誠知仁本不遠，
> 方識樂不假尋。」（355 條）

「仁是人之胚胎」，意即「仁」就是人之所以為人的「胚胎」。沒有「仁」就不可能存在「人」，即「仁」是使人存在的必要根據，沒有「仁」就沒有「人」。此明顯是就人的存在價值而言，人一定要行仁才配稱為人。這也是人與禽獸相異之處。「人是仁之萌蘖」，意味仁的顯發必須透過「人」的實踐而成就的，離開「人」也無所謂的「仁」。故萬物一體之仁的理想其實離我們不遠，就落在我們身上，「生化渾融，純一無二」，生生不已。可惜儒先雖竭力追尋孔顏樂處，但是皆錯用心，忘卻道在自身，身外無道，不知「仁既是人，便從人去求仁矣」。（194 條）

討論至此，大致可知近溪回歸孔孟求仁就是要回歸「求人」而已。而「人」在不同的脈絡之下有不同的意義，大致可以綜合如下幾個意思：

1、形色之人：強調仁並非玄遠之事，就在自身，勿忘身子乃仁實落之處；

2、善性之人：強調「善性」是人與禽獸相異之處，是成聖成賢的超越根據，是百千萬世人的生死關頭；

3、全人：「形色」與「善性」渾融膠固，結作一體下之人。強調人之所以能成聖成賢，雖然關鍵在人之「善性」，但是離開「形色之體」，善性之仁亦無所體現；

4、大人：強調仁之完成，並非只是禪家自了漢之個人之成就便以爲是了的。〔註26〕萬物與我同體，天地萬物的完成，才是我的完成，即我與萬物是一起完成的，惟有此刻，方是仁之完成。

「求仁」、「求人」是互顯關係，然而近溪似乎更強調「求人」。因爲「仁」其實只是個「虛名」，只是讓我們更清楚人之所以爲人的「天職定分」〔註27〕何在，以較清楚的概念來解析而已。故「仁」本非形上、超越的概念，就在人身上體現，就在親親長長而至天下國家中體現，就在萬物與我爲一體中體現。即近溪所謂的：「我與物皆人也，皆人則皆仁也，皆仁則我可以爲物，物可以爲我，定通天下萬世而爲一人者也，通天下萬世面爲一人，是人而仁矣。」（364條）人之爲「仁」已不是個體之人，而是舉家國天下而總名之下的人，即「大人」也。（189條）唯有此人方是仁，亦唯有萬物一體之仁方名爲人。故可如此說，「仁」是人存在根據；而「人」是仁認識的根據。二者似是二，其實是一體的，無法分離的。故近溪說：「今出世既爲人，使出世來當盡仁也，盡這個仁以爲這個人。」（189條）

二、形色天性也

近溪以「仁者人也」、「形色天性也」來概括孔孟學的核心概念，且認爲自孔孟之後，一直埋沒至於今。上文已大略談論到近溪強調「仁者人也」之意義性；然孟子承繼孔學提出「形色天性」之說。「形色天性」與「仁者人也」所表達之內涵或許不全然相同，但是皆強調「形色」是天性之實落處。近溪說：

> 孟子形色天性章，<u>重在一形字</u>。孔子曰：仁者人也；又曰：道不遠人；孟子曰：萬物皆備我，反身而誠，樂莫大焉。曰人、曰我、曰身，皆指形而言也。<u>孟子因當時學者，皆知天性爲道理之最妙極神者，不知天性實落之處；皆知聖人爲人品之最高極大者，不知聖人結果之地，故將吾人耳目手足之形，重說一番</u>。如云：此個耳目手足，其生色變化處，即渾然是天下所謂最妙極神的天性，故我此個

〔註26〕 見 194 條。

〔註27〕 「天職定分」乃牟宗三先生語。其意乃表示上天賦與或命令每個人的使命，而吾人自己會不容已地努力相應於那作爲一法則的理念。參見氏譯註：康德《判斷力之批判》上冊（臺北：學生書局，2000 年），頁 248。如人人具有不忍人之心，當乍見孺子將入於井，必有怵惕惻隱之心。

> 耳目手足之形，一切世間賢人君子，都辜負空過了他，惟有聖人之
> 最高極大者，乃於此形之妙，方爲率履不越也。如此便見得萬物皆
> 備於我，我能誠於反身，即其樂莫大焉者矣。仁德渾是個人，爲道
> 而遠人，即道不可以爲道矣。（345 條）

關於「形色天性」章的解釋，近溪的弟子認爲老師的解釋與眾不同。近溪認爲要了解孟子此意必先探得「孟子口氣」，否則便無法得孟子眞精神。按孟子的口氣來看，孟子在此是「稍重形色而勝於天性的」（56 條）。因爲孟子「形色天性」說的提出有其思想的背景。近溪認爲，孟子發現當時學者「皆知天性爲道理之最妙極神者，不知天性實落之處；皆知聖人爲人品之最高極大者，不知聖人結果之地。」「多詳性而略形，以此身是血肉之軀，不以爲重，及談性命，便更索之玄虛，以爲奇崛。」（16 條）即言微者曰天性而不貫於形色，皆是偏執一端所成之弊。然則，吾人不禁要問：何以時人會偏執於天性而輕忽形色呢？近溪認爲，關鍵在於一般賢人君子將形色與天性視爲二不是一，即天性與形色是割裂的。換言之，天性無法貫通到形色，意即無法使「耳目手足，其生色變化處，即渾然是天下所謂最妙極神的天性」。而唯有聖人能夠做到如此之境界者。是以，除了聖人之外，一般人總是認爲玄虛之體才是成聖的關鍵，而形色之體是影響天性的體現，故皆蔑視形色之體的存在價值。殊不知未有形色之體焉能有實踐之行爲。故近溪推論，孟子必須將「天性實落之處」：「耳目手足之形」重說一遍，否則天性無實落之處，儘管盡心竭力要成聖賢亦是枉然的。然此形色何以謂之天性呢？其如何可能呢？近溪謂目視耳聽，口言身動之所以各所其能，乃在於「天命流行，而生生不息焉耳。」（161 條）「故色容溫，沒有一毫干犯的氣象，口容止，沒有一毫干犯的言詞。蓋由他心中有個生生大德，立了天下之大本，自然生可惡已，生惡可已，自然不知足之蹈之，於之舞之，皆是此本。」（357 條）故而使形色天性一貫。

　　然，近溪認爲，詳性略形的問題並未隨者時代的演進而有所解決。儒學發展到宋儒甚至欲將形色之體屛而去之，以爲作聖工夫始能純一，故而提出氣質之說。此在第一章討論周濂溪部分亦稍有觸及此問題。吾人皆知，氣質之在人身非惟不可屛，而實不能屛也。近溪堪憂諸儒妄將天性、氣質平分開來，又將善、惡二端各自分屬。近溪認爲此粗浮淺陋之論是無法妙契儒先之旨，而上溯孔、孟之宗的。〔註28〕但若善、惡不從天性、氣質來說，那麼善、

〔註28〕整理自 95 條。

惡又是從何來呢？近溪說：

> 善惡之分，亦有所自，而<u>不可專執其爲性也</u>。又請爲吾子詳之。今
> 堂中眾講人，不下百十，堂外往來人，亦不下百十，余今分作兩截，
> 我輩在堂中者，皆天命之性，而諸人在堂外，則皆氣質之性也。何
> 則？人無貴賤賢愚，皆以形色天性，而爲日用，但百姓則不知，而
> 吾輩則能知之也。今執途人詢之，汝何以能視耶？必應以目矣，而
> 吾輩則必謂非目也，心也；執途人詢之，汝何以能聽耶？必應以耳
> 矣，而吾輩則必謂非耳也，心也；執途人而詢之，汝何以能食？何
> 以能動耶？必應以口與身矣，而吾輩則必謂非口與身也，心也。識
> 其心以宰身，則氣質不皆化而爲天命耶？昧其心以從身，則天命不
> 皆化而爲氣質耶？心以宰身，則萬善皆從心生，雖謂天命皆善，無
> 不可也；心以從身，則眾惡皆從身造，雖謂氣質乃有不善，亦無不
> 可也。<u>故天地能生人以氣質，而不能使氣質之必歸天命；能同人以
> 天命，而不能保天命之純全萬善</u>。若夫化氣質以爲天性，率天性以
> 爲萬善，其惟以先知覺後知，以先覺覺後覺也夫，故曰：「天地設位，
> 聖人成能。」（95 條）

天地生人以氣質，並賦予天命之性。分解的說，眼耳口鼻之氣質屬中性，無
自由意志；仁義禮智之性屬純善，自由意志爲其屬性。人之能視聽言動是氣
質之性與天命之性結合所產生的結果。但是天地生人以氣質，並未規定氣質
一定要歸於天命之性，意即天命之性亦可能順從氣質之性；同樣地，人之天
命之性雖受之於天，然並不保證「天命之純全萬善」，因爲其有自由意志，其
可選擇「宰身」，亦可「從身」。〔註 29〕是以，形色與天性似是兩物。然值得
注意的是，形色與天性雖然各有其獨立意涵，但是近溪認爲並不可單獨分別
的言之，因爲二者是一體的，就如根葉之關係。長了善的果實，根葉一起皆
善方有可能；長了惡的果實，根葉一起皆惡方造如是。故「心以宰身，則氣
質，不皆化而爲天命耶？昧其心以從身，則天命，不皆化而爲氣質耶？」意
即，「若其初志氣，在心性上透徹安頓，則天機以發嗜慾，嗜慾莫非天機也。
若志氣少差，未免軀殼著腳，雖強從嗜慾以認天機，而天機莫非嗜慾矣。」（408
條）」是以善與惡不可執性以分之，即執天性爲善，氣質爲惡。吾人皆知，不

〔註 29〕按康德的說法，若氣質完全歸於天命之性，或天命之性必然的主宰氣質，則
　　　　道德的善是被先驗地決定的，則道德的善必不足稱許；反之亦然。

管是貴賤愚賢之人，其任何之行動表現皆是形色天性之一起表現。只是此行動是「心以宰身，則萬善皆從心生」或「心以從身，則眾惡皆從身造」之分而已。近溪可以接受在此前提之下說天命皆善或氣質有不善。反對妄將天性、氣質兩平分開來，又將善、惡二端各自分屬，此亦可從其反對以浮雲、天日，塵埃、鏡光喻覺、迷之關係，而主冰水為喻可見一斑。（詳後論）故「形色天性」當要一體而觀，善惡亦是一體而成。故聖賢之完成怎可屏除氣質而成呢？吾想近溪提出「形色天性」說無非是關心成聖成賢如何可能的問題。

　　按近溪的說法，在孟子時代，有人對「形色天性」的說法持懷疑的態度。故孟子進而提出孩提之童無不知愛其親，及其長也無不知敬其長。以證明這些行為表現其實就是形色天性的體現。近溪說：

> 孟子此段主意（孩提良知良能，愛親敬長），亦自形色天性中來。如云：吾人年長習壞，則形色雖然一般，卻有天性不存的，說個形色天性，或未肯盡信也。若孩提初生，思慮未起，人也教不得他，他也學不得人，卻渾然只靠他耳目知能，便自愛念父母，頃刻難離，何等的善良！又何等的吻合！聖人只從此識破，此個形體，即原日形體也，知孩提時尚如此，今時又何難之有？愛親敬長，既不學自良，則推之百行，又豈有異於孝弟耶？故吾輩此時不如聖人，不是形性不如聖人，只是聖人知形性之妙，肯安心定志，以反求吾身。吾人卻信不過自己，更馳逐見聞，拘沈成跡，將欲模仿聖人好處，以為依歸，忘卻自家的根本，原與聖人一般，只肯歸心根本，則花蕊不愁不如聖人也。（413 條）

有人認為從孩提至長而漸漸習壞，便認為天性是不存在的，如何說形色天性呢？否定這個說法連帶著便「信不過自己，更馳逐見聞，拘沈成跡，仿聖人好處，以為依歸，忘卻自家的根本。」如此摸不著根便成了瞎修行了，焉能成聖成賢呢？是以孟子提出「孩提良知良能，愛親敬長」之說以為證明。孩提初生，不學不慮渾然只靠他耳目知能之形色，便自愛念父母，頃刻難離，表現出天性之愛，此形色天性也。即其長也，「形色」、「天性」其實並未改變，而是年長之後開始思慮、念慮，故往往心不安、志不定，心性外放，昧其心以從身，則眾惡叢生以為天性不存已。在經驗界當中，的確往往形色不即是天性，因為必須「天聰天明之盡，耳目方纔到家，動容周旋中禮，四體方纔到家」（56 條），只要稍稍「勉而未能安，守而未能化，則耳必未盡天聰，目

必未盡天明，四體動容，未必盡能任天之便」（56 條），則形色不即是天性。唯有聖人「始可全體此個形色」。但是儘管如此，亦不改變吾人與聖人之形性是相同的。

「仁者人也」與「形色天性也」是近溪詮釋孔孟學最關鍵的兩句話。「仁」與「天性」可以說分別是孔孟學的主要特徵，是以自孔孟之後的儒者皆以此為「天下最大的道理」、「為道理之最妙極神者」，以為此即是孔孟學之真精神。然而諸儒們卻不自覺地顧此失彼。殊不知若非在「人」身上實落，則仁義皆只是虛名而已。就近溪而言，「仁者人也」與「形色天性也」的內涵不盡全然相同，但是從慕形上之名轉而對形下之實的重視，或者說強調形上、形下一貫的說法，可說是一致的。

第三節　小結

近溪之哲學思想綱維明顯是「一體觀」，並且必須以「人」為其天性之落實處，而又以「孝弟」為其根源。從「仁者人也」、「形色天性也」、「乾坤並建、乾坤合德」、「仁禮並舉」中不難看出其一體觀之思想；從「仁義只是個虛名，而孝弟乃是其名之實也」、「人字不透，決難語仁」、「心虛而人實」、「人是仁之萌蘗」、「仁者人也，親親為大」，以及「一切經典皆必歸會孝弟」中不難理解「人」是「仁」之實落處，而「孝悌」是實落之根本。

其次，近溪之強調「一體觀」與其歸會孔孟求仁息息相關。孔孟之仁就是要「以仁天下萬世為心、以仁天下萬世為事」，達到萬物一體、生生不息的理想。而這個理想可以說是無窮無盡的工夫歷程，是以孔子學不厭、誨不倦。此不厭不倦之生生不已的精神就是生生之「易」的作用，即「乾坤合德」的結果，亦即「易不徒乾，而坤涵蘊於中；坤不徒坤，而乾亦涵蘊於中」。是以，若非「一體觀」，何來的生生之德，何來的萬物一體，則人而不仁，形色皆非天性也。「一體觀」背後思想的根源當在於「生生之仁」。進而從「非易無以見天地之仁」、「非復無以見天地之易」中推出「易」、「乾、坤」、「復」的觀念，再從中分解出「習乎其時」對於生生之重要性。以上這些哲學綱維皆不離成「仁」的終極目的。而此終極目的必從「人」之「孝弟」來實落、為根源。故「孝弟」可以貫穿《易經》與四書，是一切經典必然的歸會。近溪學承繼了孔子求仁之學，進而將孔子求仁之學皆本諸「生生之易」而展開，此

尤千古未發之蘊。〔註30〕並強調「求仁」必先「求人」，「求人」必先「知孝知弟知良知」，可謂將孔子仁學極其高明，又道其中庸。不僅將孔子仁學推進一步，並且讓塵埋兩千年的孔子公案水落石出，讓儒學回歸眞正的孔孟聖學。

〔註30〕門人萬煜〈師事狀〉，見方祖猷等編《羅汝芳集》，頁852。

第三章　以孝弟慈爲學問嫡旨

　　學術是否需要立「宗旨」呢？其立宗旨的意義何在呢？近溪是否有其學問宗旨呢？「宗旨」這個名詞起於晉、唐之間，明代中期陽明學大興之後其成爲相當重要的學術觀念，至於爲學是否要立宗旨，到了明末清初有不同的發展。〔註1〕黃宗羲就認爲學要有宗旨，因爲宗旨是學者哲學思想的核心概念與綱維之宗，同時是學者了解此學問之入門，否則講學無宗旨，如無頭緒之亂絲，學者將不得要領。〔註2〕那麼近溪學是否有宗旨呢？若有之，其宗旨爲何呢？王塘南（王時槐，字子植，號塘南，1522～1605）謂：「先生平生，學以孔孟爲宗，以赤子良心不學不慮爲的，以天地萬物同體。〔註3〕」周海門（周汝登，字繼元，別號海門，1547～1629）認爲近溪學「以孔孟爲宗，以赤子良心不學不慮爲的，以孝弟慈爲實，以天地萬物同體。〔註4〕」門人萬煜曰：

〔註1〕儒學發展到明代學者漸漸喜言宗旨，一家有一家的宗旨。如白沙之「靜中養出端倪」；甘泉之「隨處體驗天理」；陽明之「致良知」、「知行合一」；鄒守益之「戒懼慎獨」；王龍溪主「無善無惡」；劉蕺山主「慎獨」。而浙中王門胡瀚便反對立宗旨，認爲其弊不減於訓詁；陸桴亭反對立宗旨，認爲會以偏蓋全而無法整體掌握「道」。有關明末清初思想中之「宗旨」之演變，可參閱王汎森〈明末清初思想中之「宗旨」〉，《晚明清初思想》（上海：復旦大學出版，2004年），頁108～116。

〔註2〕黃宗羲《明儒學案‧發凡》：「大凡學有宗旨，是其人之得力處，亦是學者之入門處。天下之義理無窮，苟非定以一宗旨，即讀其書，亦猶張騫初至大夏，不能得月氏要領也。是編分別宗旨，如燈取影。杜牧之曰：『丸之走盤，橫斜圓直，不可盡知。其必可知者，是知丸不能出於盤也。』夫宗旨，亦若是而已矣。」

〔註3〕方祖猷等編〈近溪羅先生傳〉，《羅汝芳集》，頁856。

〔註4〕同上，頁862。

「我師之學，直接孔氏，以求仁為宗，以天地萬物為體，以孝弟慈為實功，以古先聖神為矩則。」（607 條）吳震先生認為這些看法，嚴格說來皆不算是近溪之思想宗旨，只能說是表明近溪在思想上的某些趨向或旨趣。吳先生認為要獲得近溪的宗旨有兩條路徑可循。首要也是最關鍵的是深入到近溪之思想結構的內部，進行全面的分析考察；次要的是通過近溪對孔孟宗旨的認識，從中看到其自己的思想宗旨之所在。〔註5〕吳先生是走後者之路徑來研究近溪學之宗旨，只可惜其最後似乎也未能得近溪的宗旨為何，只能如當時學者般給出思想上之趨向或旨趣而已。當代學者有的即明確的給出宗旨。如牟宗三先生以「破光景」為近溪的學術宗旨；〔註6〕龔鵬程先生認為近溪學宗旨在於「克己復禮」。〔註7〕陳來先生認為近溪以赤子之心不學不慮為宗旨；〔註8〕李慶龍先生幾乎排除過去學者的看法，認為近溪的學術宗旨為「易理」與「神理」。〔註9〕

綜合上述，學者們對於近溪的宗旨眾說紛紜，不能有一致的看法，是否近溪學根本沒有系統或宗旨呢？誠如許敬庵（許孚遠，字孟仲，1535～1604）批評其學「大而無統，博而未純」呢？或可如此進一步提問，近溪是否認為為學需要宗旨呢？其自己是否有立宗旨呢？在近溪的時代，談學的確喜言有個宗旨。〔註10〕在近溪的《語錄》當中至少有近五十處提到「宗旨」一詞，雖然從文脈當中可以得之並非每個「宗旨」皆是指學術宗旨而言，〔註11〕但是可以發現當時的確慣用此二字。近溪亦認為為學當該有個宗旨。這個想法大致發生在拜山農為師之際，即從「制欲」轉向「體仁」或者說從「程朱理學」轉向「陸王心學」之時。以下引三段文獻以說明近溪此思想上的轉折。

> 山農曰：「是制欲，非體仁也。吾儕談學，當以孔，孟為準，志仁無惡，非孔氏之訓乎？知擴四端，若火燃泉達，非孟氏之訓乎？如是體仁，仁將不可勝用，何以制欲為？」師聞之悟，曰：「道自有真脈，

〔註5〕吳震《羅汝芳評傳》，頁179。

〔註6〕牟宗三《從陸象山到劉蕺山》，頁282～298。

〔註7〕龔鵬程《晚明思潮》，頁17。

〔註8〕陳來《有無之境》，頁335。

〔註9〕李慶龍《羅近溪先生語錄彙集》之〈前言〉。

〔註10〕弟子曾經問近溪說：「今時談學，皆說有個宗旨。」見42條。

〔註11〕「宗旨」有時是表達某一段話之「主要的意思」。如「仁者人也，親親為大的宗旨」；「況冰雖凝，而水體無殊，覺雖迷，而心體具在。方見良知宗旨，真是貫古今，徹聖愚，通天地萬物，而無二無息。」

學原有嫡旨也。」遂師事之朝夕，專以孔子求仁，孟早性善，質正
之於四書，口誦而心惟之。（541 條）

某原日亦未便曉得去宗那個聖人，亦未便曉得去理會聖人身上宗旨
工夫。其初只是日夜想做個好人，而科名宦業，皆不足了平生。……
其時孔、孟一段精神，似覺渾融在中，一切宗旨、一切工夫，橫穿
直貫，處處自相湊合。（58 條）

問：「聖賢學問，須要有個宗旨，方好用工，請指示何如？」

羅子曰：「愚質蠢樸，原不曉得去覓宗旨。（80 條）

以上三段引文其實近溪皆只是在強調學聖賢之道必須去覓其宗旨。近溪在反
省過去學道未先去尋個宗旨來下工夫，致使錯用工夫，即「宗習諸儒各樣工
夫，屏私息念，忘寢忘食，奈無人指點，遂成重病。」（237 條）其中，不知
以宗旨爲工夫的根由，在於近溪原只想做個好人，故不曉得去宗那個聖人，
當然便不會去理會聖人身上之宗旨工夫。然而自山農那裡悟得「道自有眞脈，
學原有嫡旨。」自此便專以孔子之求仁、孟子之性善爲學道之宗旨。近溪回
想過去不知志在聖賢，不知尋找聖賢宗旨，眞是「愚質蠢樸」。由上亦可看出
「宗旨」與「工夫」有密不可分的關係。有個宗旨方好把持，方好下工夫。
近溪本身就是最佳的寫照。若果如是，近溪當認爲爲學該有個宗旨。那麼近
溪的宗旨爲何呢？近溪似乎沒有明確的指出，致使有學生認爲近溪沒有宗
旨。〔註 12〕然而是否沒有明定宗旨爲何，就表示其沒有宗旨呢？孔子雖然沒
有明確指出其宗旨爲何，然吾人皆知其以求仁爲宗旨；孟子私淑孔子求仁之
學，受之子思子天命之性，雖未明說其宗旨爲何，然而近溪亦認爲孟子以此
究極根原之性翻成「性善」一段話頭，來立個宗旨，以開示後學。（251 條）
順著近溪的口氣，筆者認爲，近溪私淑孔孟之學，雖未明確指出宗旨爲何，
然將親親爲仁之大，翻成「孝弟慈」一段話頭，來立個宗旨。以下有一段弟
子與近溪的對話，筆者認爲甚能支持如上之看法。弟子問到「古今學術，種
種不同，而先生主張，獨以孝弟慈爲化民成俗之要。」近溪回答道：

主張學術，聖賢大事。芳（名汝芳）何人，斯敢妄與此？惟是學、
庸、語、孟，童而習之，壯而行之，迄茲齒漸衰殘，悉心體會，其

〔註 12〕學生曾經問道：「今時談學，皆說有個宗旨，而先生獨無。自我細細看來，則
似無而有，似有而無也。」（42 條）在這段對話當中，近溪不否認宗旨的存在
價值，但近溪並未指出其宗旨爲何。

文辭章旨、理路歸宿，統之果若有宗，達之亦若有據。乃述生平鄙
見，期以裁正高明，大都俚語敷布，不敢不詳盡矣！（240 條）

從「古今學術，種種不同」、「主張學術，聖賢大事」這二句話大致可推斷這
裡所謂的「學術」當是指「學術宗旨」。在這裡近溪不敢妄稱其學術宗旨為何，
因為近溪認為這是「聖賢大事」。但是從近溪的口氣當中，吾人可斷定近溪學
當有宗旨。若扣緊著弟子的問話「古今學術，種種不同，而先生主張，獨以
孝弟慈為化民成俗之要」，吾人可推斷近溪其學術宗旨就是「孝弟慈」。近溪
這個主張亦非沒有根據，是其透過對學、庸、論、孟之研讀與生命之實踐而
歸結出來的結果。以下將進一步從四個面向來論述近溪確然以孝弟慈為其學
問嫡旨。

第一節　家庭教育與求學過程的啓蒙

近溪慶幸自己從小出生在儒學世家。父羅前鋒（羅錦，字重綑，號前鋒，
1490～1565），世居南城四石溪。天性孝友樂善，質性天厚。是饒行齋（饒瑄，
字文璧，號行齋）的及門弟子，而行齋學是得之於象山、陽明求仁之學。前
鋒不負其師，進而將此仁學發陽光大，尤其是讓盱人士知講學明道之第一位。
母寧安人（1491～1569）天性柔順，明理達義，以孝聞名於鄉黨。非常注意
子輩之學業，常親自教授《孝經》、小學與論、孟諸書，並對於日常孝行之教
誨尤為重視。〔註 13〕母親的行為風範對於近溪日後之影響至深。近溪在〈先
母甯太安人墓誌銘〉曾深切地讚嘆說道：「盛哉！吾母之德，純且備也，汝芳
童時，侍母迄以今日一言一動，無或敢忘於心，而不思求世誦傳之也。〔註 14〕」
除了父母親之風範對近溪往後於孝弟之道與求仁之旨奠定基礎之外，另外幼
時之鄉學即以孔聖為的，時時稱說《孝經》；十五歲從新城洵水張先生受學。
而張師事母至孝，每教人力追古先，對近溪不無影響。（537 條）凡此皆在近
溪孝弟思想形成過程中扮演重要的成素。

另外近溪兒時的家庭生活經驗與生命體驗對近溪往後肯定孝弟慈不無關

〔註 13〕見 237 條。近溪在五歲之時，即由母親親授《孝經》。見 536 條。
〔註 14〕以上近溪雙親之行誼風範主要整理自〈壽吳夫人序〉、〈先母甯太安人墓誌
　　　　銘〉、〈先府君前峰公行狀〉（以上分別見《羅汝芳集》，頁 507、638、657），
　　　　以及 237 條。另李慶龍先生在這方面之考據翔實，可參考氏著〈羅近溪家境
　　　　與子孫後繼之家學〉，《羅汝芳思想研究》。

係。以下是近溪回憶自己成長過程中幾次對孝弟之道之體會的重要轉折：

> 尋常於父祖伯叔之前，嬉遊於兄弟姊妹之間，更無人不相愛
> 厚。……。已又遐思童稚之初，方離乳哺，以就口食，嬉嬉於骨肉
> 之間，怡怡於日用之際，閒往閒來，相憐相愛，雖無甚大好處，卻
> 又也無甚大不好處。至於十歲以後，先人指點行藏，啓迪經傳，其
> 意趣每每契合無違，每每躬親有得，較之後來著力去處，難易大相
> 徑庭，則孟子孩提愛敬之良、不慮不學之妙，徵之幼稚以至少長，
> <u>果是自己曾經受用，而非虛話也</u>。（237 條）

> 時年已弱冠，先君極爲憂苦。幸自幼蒙父母憐愛過甚，而自心於父
> 母及弟妹，亦互相憐愛，真比世人十分切至。因此<u>每讀論孟孝弟之
> 言，則必感動或長要涕淚</u>。以先只把當做尋常人情，不爲緊要，不
> 想後來諸家之書，做得著累喫苦。又在省中逢著大會，與聞同志師
> 友發揮，卻翻然悟得只此就是做好人的路徑，奈何不把當數，卻去
> 東奔西走而幾至亡身也哉？從此回頭，將《論語》再來細讀，真覺
> 字字句句重於至寶，又看《孟子》工夫，又看《大學》，又看《中庸》，
> 更無一字一句不相照映。由是卻想，孔、孟極口稱頌堯舜，而說：

> 其道孝弟而已矣（58 條）

近溪從小就生活在一個充滿「愛」的家族環境。讓近溪對於「愛」有深刻的
體驗。父對子之愛，便爲慈愛；兄對弟之愛，便是友愛。對近溪而言，自然
也會將「愛」表現在父母而爲「孝」、表現在兄長而爲「弟」，即見父自然知
孝，見兄自然知弟。甚至不自覺地將此孝推至對動物、昆蟲的憐憫。（132 條）
然此刻近溪知孝敬長之行徑是不自覺的行爲，即近溪常引用孟子的一段話：
「百姓日用而不知」。這大約是近溪十歲以前的狀況。十歲之後，不管在生活
上或經傳上，對於孝弟之道，皆受到先人的指點與啓發，使孝道與自己日常
之孝弟之行皆能互相輝映，讓自己更加有信心。對於孟子所謂的「孩提愛敬
之良、不慮不學之妙」便更有體會，知道修行當以「知孝知弟之良知」爲本。
如此，工夫即有著力處，無須盲目修行。這段過程對於往後成聖之路奠定一
定的基礎。尤其近溪與兩位弟弟從小身體就相當虛弱，及弱冠之際，家境並
不是很好，故而父母親常爲此極爲憂苦。〔註15〕即便是如此，亦不減其對近

〔註15〕見〈先府君前峰公行狀〉、〈仲弟樂溪墓誌銘〉《羅汝芳集》，頁 657、641。

溪的慈愛，亦不影響兄弟姊妹之間的憐愛。如此刻骨銘心之天倫之愛深深的
烙印在近溪的內心。一旦研讀《論語》有關孝弟之言，則感動之情即受觸發，
涕淚之情若決江河而莫之能禦。然此情之發近溪以爲只是一般人情之自然表
現而「不爲緊要」。致使後來研讀其他經典便不得其門而入，非常的吃苦。近
溪並不是否定「尋常人情」之表現，關鍵在於，若只是把孝弟之情當作是一
般尋常人情則是不夠的。因爲「孝弟之愛」同時也是堯舜之道，是爲仁之根
本，意即是貫穿孔孟聖學之道。是以，不知以孝弟之道作爲貫通聖賢經典之
基礎，則研讀經典必然是分外吃苦。這是近溪二十歲左右對於孝弟之道的體
悟。

　　至不應廷試而歸之年（1544），第二章有討論到該年是近溪從舉子業轉向
聖賢之道的關鍵年。三十至三十四歲之間，近溪回想這段訪道之心路歷程，
猶「東奔西走」，不管是高居廟廊的仕人、山野草莽的讀書人、有名望的道士
或釋者，近溪皆登門拜訪之。然結果似乎並不令人滿意，於是近溪決定回頭，
將《論語》再細細研讀。這一次的回歸孔孟，讓近溪融通貫穿四書與《易經》
的義理，得知一切經書皆歸會於「孝弟」而已。意即以「孝弟」之道可以貫
穿一切經書，可以成堯舜之道，並且可以解悟古今一大關鍵：格物。而三十
八歲「格物之悟」，大致就是近溪「孝弟慈」思想建立之始。〔註16〕是以，近

――――――――――――――――――――――――
〔註16〕 李慶龍先生認爲近溪「格物之悟」大致就是其「孝弟慈」思想建立之開始。
　　　　筆者同意此說，然其認爲是在三十四歲該年得悟，此點吾人認爲有待商榷。
　　　　參李慶龍《羅汝芳思想研究》，頁31。近溪回憶說：「苦格物莫曉，乃錯綜前
　　　　聞，……三年之後，一夕忽悟今說，……後遂從大學至善，推演到孝弟慈，
　　　　爲天生明德，本自一人之身而末及國家天下。」（237條）然而，對於「格物
　　　　之悟」的年歲有不同的說法。之所以會有歧異，關鍵在於近溪的《語錄》未
　　　　有記載確切時間。李慶龍先生即認爲資料不足，故「推測」是三十四歲該年
　　　　（《羅汝芳思想研究》，頁31。）；程玉瑛、蔡世昌皆根據《聖學宗傳》判定是
　　　　三十八歲該年（《晚明被遺忘的思想家――羅汝芳（近溪）詩文事蹟編年》，
　　　　頁20）。吳震除了根據文獻〈羅明德公本傳〉：「己酉（1549）請證格物於父，
　　　　父不爲然。三年後（1552）忽悟。」另外，思想發展上判斷近溪格物之悟當
　　　　建立在易學「生生」觀念以及對四書的通盤了解的基礎上。是以，不可能在
　　　　1547年，而當在1552年，即三十八歲該年。見氏著《羅汝芳評傳》，頁119
　　　　～120。筆者採吳震先生之說法，除上述之理由外，筆者認爲1544到1547年
　　　　這三年近溪可說是「東奔西走」到處訪學。（見544條）在如此東奔西走之環
　　　　境下，恐不是悟道的時機。另外，復所在〈墓誌銘〉中雖未繫年格物之悟之
　　　　確切時間，然其放在師從胡宗正（1548）之後，1550年之前。筆者上一章提
　　　　到近溪從宗正爲師是其第二次回歸孔孟之關鍵。故吾人推測近溪苦格物莫
　　　　曉，可能是近溪從胡宗正（1548）之年，三年之後格物之悟當是1552年。

溪孝弟慈之提出絕非是在晚年。但是近溪晚年講學宗旨確實落在孝弟慈上，對於《大學》孝弟慈之旨是更加重視與推廣，此明顯表現在其二子皆病死於瘟疫之後，近溪一反過去讚許二子學習佛道，從而反對孫輩後嗣接觸二氏之學。〔註17〕

　　近溪父母的言教與身教深深的影響者近溪往後學術思想的發展，關鍵在於開啓了求仁之「眞種子」：良知，即從「知孝知弟」當中啓蒙了對於良知之自信。奠定了往後修行的基礎，進而開啓了孔孟聖學之奧門，而得其心法。這一個成學過程，讓近溪想到當初孟子悟得善性，家庭教育是重要的啓蒙階段。近溪說：

> 孟子生來，得賢母養之學宮之傍，而本心不失，又遇子思之徒從之，而正學早聞。故其見超出一世，獨知得此是生人的性命，自幼而少，自少而壯，自壯而老，一刻也離不得，又自身而家，自家而國，自國而天下，一人也離不得。……<u>其事親從兄之間，可度可觀，亦非是有意要節文之也</u>。節文日熟，則子愛其親，而親亦慈其子，弟敬其兄，而兄亦友其弟，父母昆弟，固和美一團，而宗族邦家，也感

〔註17〕對於孝弟慈之旨是否是近溪晚年才提出之論，學者們有不同的看法。蔡世昌認爲是晚年提出的，其根據王時槐撰〈羅近溪先生傳〉之一段話謂「今《會語》出晚年者，一本諸《大學》孝弟慈，絕口不及二氏。」認爲孝弟慈是近溪晚年講學的宗旨，代表其哲學思想的圓熟形態。吳震先生與李沛思先生則認爲近溪早年便已提出。其根據近溪從拜山農與宗正爲師時，便已回歸孔孟，並悟出孝弟在倫理上之重要性。以上參見蔡世昌〈孝弟慈說〉，《羅近溪思想研究》。吳震《羅汝芳評傳》，頁211～212。李沛思〈近溪的思想宗旨：孝弟慈〉，《從工夫論看羅近溪思想之特色》。筆者支持後二氏的看法。但是對於蔡氏的說法也不完全反對，相對而言，後二氏的說法便不是很完整。筆者認爲早年近溪不僅個人出入二氏，且不反對二子皈依佛道，甚至以此爲喜。此段内容可以從近溪弟子楊復所〈冬日記〉裡的一段記載得知。復所說：「二子長軒、次輅，氣志高明，不爲塵凡羈銷，參學遠遊。時人皆不滿，而先師獨喜，竟成就其所學，先師時引以爲弗及也。」若果如是，近溪早年稱讚二子出入二氏的態度與晚年反對孫輩接觸二氏的態度截然不同。是以筆者大膽推測，至少近溪在六十五歲二子未逝世之前是肯定二子學習二氏之學。短短幾年近溪就有如此大之轉變。可見，近溪對孝弟慈的態度至晚年有更深的體認，此不影響其早年以孝弟慈爲求仁之本，是貫通一切經典的基礎。是以晚年近溪講學是以孝弟慈爲宗旨，代表其哲學思想的圓熟形態的說法是成立的。從文獻的角度來看，吳震先生亦認爲孝弟慈的言論確實主要出現在其晚年整理出版的《近溪子集》當中。而李慶龍亦指出近溪晚年回歸儒家，二子病死是原因之一。只是李氏的推論稍嫌薄弱。參氏著《羅汝芳思想研究》，頁15～16。

通俞順。雖欲不樂，不容於不樂，雖欲不生長暢茂，不容於不生長暢茂，以至手舞足蹈，而不自知焉，則事親從兄之間，無非聲容之盛，而樂樂之極也已。要之，<u>此雖是說樂之極，其實是形容聖之至也，故從心所欲不踰矩，是絜矩孝弟而不踰也</u>。（163 條）

孟母三遷是人人耳能熟詳的故事。孟母爲了讓孟子有較好的學習環境，「復徙舍學宮之旁。」（《列女傳‧鄒孟軻母》）因爲近朱者赤，近墨者黑。孟母的這份用心使得孟子的本心不失，此與孟子「牛山濯濯」章（《孟子‧告子上》）可說是互相輝映。本心不失，則夜氣必使得眞種萌芽。而師從子思子之正知正見更讓眞種成長茁壯。是以孟子對於本心的體悟是非常自然、深刻而有自信的。得知此善性是人之所以爲人之關鍵，造次必於是，顛沛必於是。進而從個人擴充到家國天下。而孟子的家庭生活亦是沐浴在天倫之樂之氣氛下，以致於手足舞蹈，樂而不已，直至樂之極也。故孟子說：「仁之實，事親是也；義之實，從兄是也；智之實，知斯二者弗去是也；禮之實，節文斯二者是也；樂之實，樂斯二者，樂則生矣；生則惡可已也，惡可已，則不知足之蹈之、手之舞之。」（離婁章句上）且「父母俱存，兄弟無故」（盡心上）亦是居君子三樂之首，而王天下不與存焉！可見得「孝弟」之道是表現仁、義之最眞實、親切、自然的行爲。甚至此天倫之樂之極就是「聖之至也」；而孔子七十從心所欲不踰矩，也只是「絜矩孝弟而不踰也。」近溪以創造性詮釋孟子「樂之極即聖之至」、孔子「從心所欲不踰矩，是絜矩孝弟而不踰」。暫且不論近溪此說之根據何在，然而可以確定的是，近溪將「孝弟慈」推到前所未有的高度。這也可以看到孝弟慈在近溪學的地位。

孟子從「不失本心」的過程當中，接受先知先覺的啓發教誨而悟得人人皆有「善性」之良知，從孩提之愛親敬長亦可證明人之良知良能。而天倫之樂之極就是聖人之最高化境。近溪似乎從孟子的身上看見自己的成學過程，也印證了自己從「知孝知弟」來規定良知才是符合孟子的原意。近溪精要地說明孟子學問的發展過程，有兩大特點。就是「本心」（善性）與「孝弟」。此兩大特點關聯著成聖成賢。而「本心」（善性）成爲孟子的學問宗旨，這當然有其思想背景，上文已提及。按近溪的「口氣」來看，近溪此段話有其深意。此兩大特點對於近溪而言亦可以說有相同的地位，近溪只是引孟子之言來證成自己的觀點而已。很明顯，近溪企圖將孟子「性善」，翻成「孝弟慈」一段話頭，來立個宗旨。而近溪以「孝弟慈」爲其學術宗旨，此亦有其思想

背景與哲學義理的見解。除了第一章「近溪的心事」中可略知一二之外。接下來將從當時的學術環境（就如孟子一般的學術考量）、近溪哲學義理的角度，以及近溪家學與道學傳人之見證等幾個面向來證成之。

第二節　學術環境的影響

一、重視道德主體的超越義而輕忽其內在義

　　第一章近溪的口氣與心事是理解近溪文獻的重要依據。而近溪之心事亦主要是關聯著學術環境。此學術環境主要是針對宋明儒學而言。此於第一章大致已將宋明儒學的問題做簡要的討論。綜合來說有如下之問題。首先是將天命之性與氣質之性二分。此二分並非是問題，問題出在以善、惡二端分屬之。有重天性而輕氣質之傾向。而此問題漸漸演變成重虛玄而輕實踐的問題；或有重根本而輕枝葉者，即重孟子性善一邊，而忽略形色之實踐；或有重枝葉而忘根本者，即不知立其大本，而迷於聞見。然不管如何，凡執著一端者，皆難真正體現「仁者人也」、「形色天性」之意。而宋明理學發展到近溪時，陽明心學可以說是大放異彩。陽明後學承繼陽明良知教，但是由於「致良知」的工夫主張不同，而衍生陽明後學之分化。〔註18〕雖然陽明後學們肯認以「良知」爲本體，但是對於良知之內容，或如何規定良知是有不同看法的。例如近溪便不是以「知是知非」來規定良知，其認爲以「知孝知弟」來規定良知更爲親切。〔註19〕要之，近溪反對陽明單說個良知，也反對其「致良知」的工夫進路；主張以「生」代「心」的說法，此上一章皆已有論及。雖然近溪反對陽明某些觀點，然不意味陽明良知學已全然偏離聖賢之學，近溪亦稱其爲聖賢。但對近溪而言，這種依超越的理論分解所完成的倫理道德，或聰明超悟者，或見性體矣，但是未必盡合其矩式。（623 條）凡此在實踐上確實有偏離或不易實落之可能。故近溪批評陽明對於「孟子所言良知，卻未暇照管，

〔註18〕林月惠先生認爲王學之分化原因，不在於陽明思想內部之矛盾，而在於王門諸子「各以性之所近」理解「致良知」所造成之差異。進一步的討論可以參考林月惠《良知學的轉折——聶雙江與羅念菴思想之研究》，頁 631～721。

〔註19〕除對陽明的修正中可窺見外。以下引文亦可見出此意，近溪謂：「夫天命流行，於穆不已，畢竟得日月光昭開朗，方顯化工，在人之日月，則良知也，知爲己子，則自以慈相親，知爲己母，則自以孝相親，知爲己兄，則自以敬相親。」（245 條）

故只單說個良知，而此說良知，則即人之愛親敬長處言之。其理便自實落，而其工夫便好下手。」（94條）近溪這種看法可能是轉型自泰州心齋學而來，並進一步將其理論化與系統化。〔註20〕心齋以「淮南格物」來闡釋陽明的「致良知」；〔註21〕以不單言心，而即安身之事以言此心之學；〔註22〕以「身」代替良知而為主體。〔註23〕姑且不論心齋對陽明「致良知」的義理有無全面的理解，〔註24〕但是近溪的「格物」（詳後論）、「以生代心」、「身觀」〔註25〕等

〔註20〕蔡世昌〈羅近溪與中晚明陽明學〉，《羅近溪思想研究》。
〔註21〕林月惠《良知學的轉折──聶雙江與羅念菴思想之研究》，頁64。《明儒學案》將心齋有關《大學》的幾條詮釋內容綜合起來而為「淮南格物說」之說明：「格物，即物有本末之物。身與天下國家一物也，格知身之為本，而家國天下之為末，行有不得者，皆反求諸己。反己，是格物底工夫，故欲齊治平在於安身。《易》曰：『身安而天下國家可保也。』身未安，本不立也，知身安者，則必愛身、敬身。愛身、敬身者，必不敢不愛人、不敬人。能愛人、敬人，則人必愛我、敬我，而我身安矣。一家愛我敬我，則家齊，一國愛我敬我，則國治，天下愛我敬我，則天下平。故人不愛我，非特人之不仁，己之不仁可知矣。人不敬我，非特人之不敬，己之不敬可知矣。」〈三十二卷，泰州學案一〉
〔註22〕「心之學」之事，無外乎大學三綱領，八條目，或陽明、心齋的本體之樂。而這一切心齋皆不以心言之，而取代之為「安身論」。關此請參閱唐君毅《中國哲學原論──原教篇》，頁383～387。〈心齋語錄下〉：「止至善者，安身也。安身者，立天下之大本也。本治而末治，正己而物正也，大人之學也。是故身也者，天地萬物之本也，天地萬物，末也。知身之為本，是以明明德而親民也。身未安，本不立也。本亂而末治者，否矣。其本亂，治末愈亂也。故《易》曰：『身安，而天下國家可保也。』如此而學，如此而為大人也。不知安身，則明明德親民卻不曾立得天下國家的本，是故不能主宰天地，斡旋造化。」《王心齋全集》，卷三，（台北：廣文書局，1987年）。
〔註23〕岑溢成先生認為心齋將身視為主體，把人間視為由「己身」與「他身」形成的共同主體世間的理論。參見氏著〈王心齋安身論今詮〉。依陽明，在化境意義上，固然純是天理流行，身心渾然不可分。然則在性體上與工夫歷程中，依然肯認超越的天理與經驗意之身及因之而起的意（欲）間存在一「超越的區分」。故工夫惟在念念「去人欲存天理」以致良知了。今心齋截取陽明化境意義上身心合一之身作為工夫之起點，身心間缺乏一對治之工夫歷程。詳細內容可參見李得財《羅近溪哲學之研究》，頁29～31。
〔註24〕岑溢成先生認為心齋雖談「良知」，但對於陽明的「致良知」的義理並沒有全面的理解，尤其是形而上學或存有論的方面更沒有真切的體會。而心齋會有如此之發展，是由於其義理比較偏重現實的、倫理的、社會的方面。參見氏著〈王心齋安身論今詮〉。筆者這裡並不考慮處理這個問題，因為筆者要強調說明的是近溪與心齋的承繼關係而已。
〔註25〕唐君毅先生即認為近溪的「身觀」是承繼心齋安身論的進一步發展。參見氏著《中國哲學原論──原教篇》，頁388。有關近溪之「身觀」，見第六章。

重要觀點明顯與心齋有承繼關係。整體而言，儒學發展到晚明有明顯的哲學
轉向，即從重視形上境界的虛談轉向重視形下世界的實踐。〔註26〕這個轉向
並不是泰州學派的專利，而是說這是泰州學派重要的特色。尤其以「實踐主
體」或「活動主體」取代過去偏向主觀義的「道德主體」尤爲有特點。〔註27〕

　　重視形上境界的虛談而輕忽形下世界的實踐這件事情，與重視超越的道
德主體並無必然關係。換言之重視超越的道德主體，不必然會造成「重視形
上境界的虛談而輕忽形下世界的實踐」這個毛病。此毛病產生之關鍵在於「輕
忽了」實踐主體——人。意即只看重性體之超越性與無限性，而貶視氣質之
體之經驗性與限制性。即視「身是血肉之軀，不以爲重，及談性命，便更索
之玄虛，以爲奇崛。」（56　條）「漫謂本心自足，而輒以意見彷彿爲之。」（7
條）殊不知無此血肉之形色，焉能有實踐。要之，「家國天下得其平焉者寡矣。」
（7　條）本心本來就是自足的，無須外求，這不是心學所專而已，此是儒學共
識。然現實上是否人人能提得住本心，我欲仁，斯仁至矣呢？若只停留在存
有論上肯定「本心自足」或「良知現成」，而在工夫上不戒愼恐懼於自己的天
命之性，或單說個良知，而輕忽孝親敬長之良知表現，則必是近溪所謂的「漫
謂本心自足」。故近溪學之提出或在於修正陽明學之偏，或龍溪四無說可能產
生之虛玄而蕩。〔註28〕是以，近溪「以生代心」，不斷強調「仁者人也」、「形
色天性也」，不斷提出宋明諸儒思想的缺漏，就是要強調「實踐主體」人的重

〔註26〕　關此部份在文獻回顧已稍有論及。有關探討可參閱劉述先《儒家思想意涵之
　　　　　現代闡釋論集》，頁73～103。或鄭宗義〈形上與形下之間的緊張——明末王
　　　　　學的再省察〉《明清儒學轉型探析》（香港：中文大學出版，2000年），頁1～
　　　　　40。
〔註27〕　「道德主體」既超越又內在，本就是「實踐主體」。然宋明儒者「多重義理分
　　　　　解以立綱維」（牟宗三《從陸象山到劉蕺山》，頁290），故時將「超越性」與
　　　　　「內在性」分解立論。故本文將重視前者的謂爲「超越義之道德主體」；而二
　　　　　者兼之的謂爲「實踐主體」。近溪強調「身心一體」下的道德主體，故謂其重
　　　　　「實踐主體」，而非身與心仍有超越的區分下的「道德主體」。此觀點採自楊
　　　　　祖漢老師上課講述的內容。亦可參見岑溢成先生「活動主體」之用法。見氏
　　　　　著〈王心齋安身論今詮〉，頁59～82。
〔註28〕　楊祖漢〈羅近溪思想的當代詮釋〉，頁145～175。牟宗三先生亦認爲陽明於仁
　　　　　體上下功夫少，而於良知下功夫較多。雖然切說精誠惻怛，而終究於正視仁
　　　　　體上嫌弱嫌少。參氏著《心體與性體（三）》（臺北：正中書局，2001年），頁
　　　　　279；《宋明儒學的問題與發展》，頁267～293。唐君毅先生亦肯定近溪直下以
　　　　　仁智合一，語意乃復歸圓足。參氏著《中國哲學原論——原教篇》，頁442。
　　　　　此仁智合一之特點或可補充、修正陽明或龍溪偏智的不飽滿。

要性。這個問題是「天命之性」與「氣質之性」以善惡分屬之，使得二性產生緊張關係而不得為一所造成的結果。而此問題衍生出另一個問題，就是學者各偏執兩端，反忘淺近之孝弟之道，致使其「理」不易實落，工夫不易下手。

二、極其高明而忘失中庸

第一章有討論到近溪對於宋明諸儒的不滿，在此要將其義理做進一步展開。近溪認為朱子與象山「氣稟不同，以己律人，各有持也」（449 條），故彼此論學不合；批評朱子雖見格物之義當求諸六經，然卻「未專以孝弟慈為本。」（1 條）；陽明雖直指心體，說個良知，極是有功不小，但只單說個良知，而於人之愛親敬長之良知卻未暇照管，有失孔門傳心真脈。對於朱子、陽明輕忽孝弟這件事情有失孔門傳心真脈，近溪自謂其自幼學即有所疑。〔註 29〕可見得近溪重視孝弟慈之思想在幼時即已萌芽，且幼時的家庭或師學教育，對近溪「孝弟慈」之思想哲學有一定的啟發。

近溪認為，宋明諸儒最大的毛病在於各執其所持，皆各「極其高明」〔註30〕而律人。朱子之「高明」在於要人以「聞見」悟道；象山之「高明」在於要人以「德性超悟」。陽明之「高明」在知是知非之「良知」。三氏皆極其高明，然卻未「專以孝弟慈為本」，不知「孝弟慈」是其天命之性之實落處，是其工夫之下手處，是孔子「仁者人也，親親為大」之宗旨，是孔門傳心真脈。是以，宋明諸儒雖然對於儒學皆有其重要之貢獻，對於天道、性理皆闡之甚詳，亦各有其工夫。然而這些「理」如何下貫體現，工夫當如何下手方為切要，則未能有充分之鑽研與解悟。換言之，即對於何為「孔門傳心真脈」不能有切實的了解，而誤以為自己所提之「高明」就是「孔門心法」。殊不知「起手之差，其初不過毫釐，而究竟結果，其終將謬千里。」（495 條）概要的說，

〔註29〕《羅近溪先生語錄彙集》第 1 條中，近溪對陽明「所疑」之處，雖然未直指「孝弟慈」。但是從「宋有晦庵先生見得當求諸六經，而未專以孝弟慈為本」到「罷勉家庭已數十年，未敢著之於篇」再到「惟居鄉居官，常繹誦我高皇帝聖諭，衍為鄉約，以作會規」來看，近溪是扣著「孝悌慈」而論的。若再佐以《羅近溪先生語錄彙集》94 條來看，則作如上之推論當是合理的。

〔註30〕「極其高明而忘失中庸」是借用《中庸》「極高明而道中庸」語。但是「高明」義有所不同。前者在此表示個人學旨之「高明見解」，與後者要表達如天道之崇高明睿是不同的。然借用《中庸》這句話，除了要表達「高明」與「中庸」當是一體不二的概念之外，同時借「高明」豁顯「中庸」的重要性。

近溪認爲，這就是當時學術思想的主要問題。近溪似乎有孟子捨我其誰的大
丈夫志氣，要力挽狂瀾，要讓塵埋兩千年之孔子公案眞相大白。

　　然則孔子的傳心眞脈到底爲何呢？許多學者以爲孔門眞傳必然是很高奧
神妙的學問，殊不知就是「平平常常」之事而已。近溪藉中庸一書闡述孔門
心法：

> 此是先儒看道太深，把聖言憶想過奇，便説有何氣象可觀也。蓋此
> 書原叫做中庸，只平平常常解釋，便自妥帖且更明快。蓋維天之命，
> 於穆不已，命不已則性不已，性不已則率之爲道亦不已，而無須臾
> 之或離也。此個性、道體段，原長是渾渾淪淪而中，亦長是順順暢
> 暢而和。我今與汝，終日語默動靜，出入起居，雖是人意周旋，卻
> 自自然然，莫非天機活潑也。即於今日，直至老死，更無二樣，所
> 謂：人性皆善，而愚夫愚婦，可與知與能者也。中間只恐怕喜怒哀
> 樂，或至拂性違和，若時時畏天奉命，不過其節，即喜怒哀樂總是
> 一團和氣，天地無不感通，民物無不歸順，相安相養，而太和在我
> 大明宇宙間矣。此只是人情繞到極平易處，而不覺功化卻到極神聖
> 處也。噫！人亦何苦而不把中庸解釋中庸？亦又何苦而不把中庸服
> 行中庸也哉？」（61 條）

> 分體用，析顯微，以求道語道。此是孔孟過後，宇宙中二千年來一
> 個大夢酣睡，至今而呼喚未醒者也。蓋統天徹地，盡人盡物，總是
> 一個大道，此個大道就叫做中庸。中庸者，平平常常，遍滿乎寰穹，
> 接連乎今古。（236 條）

喜怒哀樂已發、未發是宋明儒學爭論不休的問題。近溪弟子曾經問到「喜怒
哀樂未發，是何等時候？亦何等氣象耶？」近溪認爲凡作此思維，皆預先有
物橫於常體之中而不得自然而發。因爲此個未發之中，是吾人本心常體。若
人識得此個常體，中中平平，無起無作，則物至而知，知而喜怒哀樂出焉「自
然」而已。（221 條）問題的產生是因爲先儒們把道看得太深奧，亦把聖人之
言想得過於玄玄奇奇。誤以爲若非如此豈是道！豈是聖人之言！殊不知「淺
近之言即理也，慕於高遠反而失之矣」。（176 條）同樣地，將道分解爲體用、
顯微，以之來解釋道、求道，亦是宋明慣用的思想概念語言。以爲如此更能
夠求道，更能夠傳達道義。殊不知「欲計重輕，較長短，一段以言用，又一
段以言體；一段以言顯，又一段以言微，此則總是葛藤不了。」（236 條）將

道或聖人之言看得如此玄遠，或是將道分解以言之，皆是離道、離聖人之言越遠。〔註31〕近溪嚴重的批評這是孔孟之後「宇宙中二千年來一個大夢酣睡。」近溪感嘆，儘管已宣揚此理，然至今學術界仍未能悟得。其實孔孟傳心真脈就是平平常常的「中庸」之道。「道」就在我們身上，人人生而就稟受上天賦與每一個人之天性，不管是愚夫愚婦皆得而有之，須臾不離地表現在日用倫常之中。只要我們時時敬畏上天賦與我們的天命之性，順其性而不過其節，則「喜怒哀樂總是一團和氣，天地無不感通，民物無不歸順，相安相養，而太和在我大明宇宙間矣。」此時無所謂的已發未發之氣象，皆是一團和氣，生生不已地遍滿乎寰穹，接連乎今古。而這一切皆不離日用倫常之人情表現。是以，道之極其神聖之化境，並非在「極其高明」處尋找，而是在「人情極其平易處」實落。弟子楊復所認為近溪這段話「真足以破千古大夢。」

近溪認為聖賢垂世立教，貴在平等中庸，故學、庸、論、孟原未嘗專以玄微超脫為訓。只要謹言慎行，明物察倫，自能不滯形跡，不僅上智者可以悟而入，且中才者亦可以率而由。遺憾的是，雖然立志為聖賢者極是眾多，或泛觀博覽，於子史諸家，便著精神，於《論語》、《孟子》，反枯淡冷落，或自恃熟讀四書而不肯小心細細讀之，而喜談心性。殊不知，雖然理至性命，極是精微，但是聖賢猶且難言也。〔註32〕是以，孔門心傳真脈、工夫下手處就在平平常常之中尋，就在「人情極其平易處」實落。而「人情極其平易處」就在「見父自然知孝，見兄自然知弟」處，也就是在「孝弟慈」中展現。是以，近溪認為，孝弟慈不僅可以「破千古大夢」，同時「為天下後世一切有志之士，而安魂定魄，一切拂經之人，而起死回生也。」以下一段引文可以說是道盡近溪之心事、學術宗旨，以及揭開聖賢大道之面紗。

> 天機、人事，原不可二，固未有天機而無人事，亦未有人事而非天機。只緣世之用智者，外天機以為人事；自私者，又外人事以求天機，而道術於是或幾乎裂矣。此孔、孟之立教，所以為天下後世，定下一個極則，曰：堯舜之道，孝弟而已矣。孝也者，孩提無不知愛其親者也；弟也者，少長無不知敬其兄者也。故以言其身之必具，

〔註31〕 牟宗三先生認為從北宋至陽明，多重義理之分解以立綱維，故心思遂為此分解所吸住。故喜言天、道、理、性等「虛說」。參見氏著參見《從陸象山到劉蕺山》，頁 290。此意並非不言實踐，而是當時的學術氛圍著重在形上義理的分析，無形中便壓縮到對於道德實踐的落實工夫之探究。

〔註32〕 整理自 58、95、96 條。

則曰：仁者人也，親親爲大焉。以言其時之不離，則曰：一舉足而不敢忘，一出言而不敢忘焉。<u>邇可遠在茲也，則廓之而橫乎四海；暫可久在茲也，則垂之萬世而無朝夕，此便是大人不失赤子之心之實理、實事也。後世不察，乃謂孝之與弟，止舉聖道中之淺近爲言。</u>噫！天下之理，豈有妙於不思而得者乎？孝弟之不慮而知，即所謂：不思而得也；天下之行，豈有神於不勉而中者乎？孝弟之不學而能，即所謂：不勉而中也。故<u>捨卻孝弟之不慮而知，則堯舜之不思而得，必不可至；捨卻孝弟之不學而能，則堯舜之不勉而中，必不可及。</u>即如赴海者，流須發於源泉，而桔橰沼溜，縱多而無用也；結果者，芽須萌於眞種，而染彩鏤劃，徒勞而鮮功也。<u>其曰：堯舜之道，孝弟而已矣，豈是有意將淺近之事以見堯舜可爲？乃是直指入道之途徑，明揭造聖之指南，爲天下後世一切有志之士，而安魂定魄，一切拂經之人，而起死回生也。</u>諸生能日周旋於事親從兄之間，以涵泳乎良知良能之妙，俾此身此道，不離於須臾之頃焉，則人皆堯舜之歸，而世皆雍熙之化矣。（174 條）

何謂天機？爲何要談天機呢？此問題與第二章討論「生生之易」有直接關聯。〔註33〕易之生生，大化流行，神明不測，說明了天機之要與天機之妙，道盡了天道論是求仁之根源，此學道者所不可不知也。故近溪亦時而會與弟子論及此天道之論。是以，近溪不反對言天機，而是反對「專」以天機爲訓。故近溪說孔孟「未嘗專以玄微超脫爲訓」（96 條）亦是此意。近溪「極高明而道中庸」的學術特色弟子們亦不陌生。故弟子深知近溪反對「專」以天機爲訓，是擔心會流於虛玄。蓋恐妙味愈深，去人事愈遠，甚至終身不肯回頭。（96 條）而這個問題一直存在於當時的學術環境。但是弟子對此問題，知其然而不知其所以然，故請教老師天機與人事的關係與重要性。換言之，就是請益儒學最重要的課題：天道性命相貫通如何可能的問題。這個問題是宋明諸儒所關心的課題。就近溪而言，近溪認爲孔孟之後這個問題便一直未能得到解決。從這一段引文亦多少可以窺見近溪的學術思想宗旨。

〔註33〕 羅子曰：「孔門宗旨，止要求仁，究其所自，原得之易，又只統之以生生一言。夫不止曰生，而必曰生生，生生云者，生則惡可已也。……藏用於溥博淵泉，而實照然聖體，天也而未嘗以人異也：顯仁於語默云爲，而實總是天機，人也未嘗與天殊也。」（265 條）

　　天機與人事是相互依存的。此仍離不開近溪形上、形下一體觀之思想，與形色、天性爲二之情形相類。遺憾的是，「用智者，外天機以爲人事；自私者，又外人事以求天機。」如此必然造成天道與性命分裂爲二而無法貫通。「用智、自私」者這一段話近溪當是借用於明道〈定性書〉：「人之情各有所蔽，故不能適道，大率患在於自私而用智。自私，則不能以有爲爲應迹；用智，則不能以明覺爲自然。今以惡外物之心，而求照無物之地，是反鑑而索照也。」第二章討論張橫渠的部分已有說明近溪反對橫渠「外物」說。意即反對橫渠二本之論，強調對「性體」要有自信。氣質或外物雖然對於「定性」不無干擾，但是只要「默識性體，性體默識，而定自隨之」。（408 條）按〈定性書〉的原意來看，人之所以無法「定性」，乃在於人無法「廓然而大公，物來而順應」；而之所以如此是在於人之「自私而用智」。因爲「自私，則不能以有爲爲應迹；用智，則不能以明覺爲自然。」此即近溪所謂的「用智者，外天機以爲人事；自私者，又外人事以求天機。」是以人事與天機爲二，則天機不成其爲天機，人事不成其爲人事。近溪認爲，凡此皆是「源頭未得清潔，心性上未能透徹安頓」，即皆未能先識仁故也。若是源頭清潔，在心性上透徹安頓，則必然如陽明所謂的「天機以發嗜慾，嗜慾莫非天機也。」而「天機嗜欲」說，其實就是孟子「形色天性」也的說法。（408 條）故近溪反對以形色爲惡之說；反對「斷除嗜慾想，永撤天機障」之論。天機本來就流通自在，哪來的障礙？障礙不在形色、人事、嗜欲，而根本出在「工夫」的問題。以制欲爲工夫是相當困苦的。如此工夫過苦，反使自在之天機被障矣。（445 條）近溪本身早年即深受其害，故體會深刻，以此爲戒。

　　追根究底，「外物爲外」之論可以說是「道術於是或幾乎裂矣」之主因。明道認爲這個問題解決的關鍵在於必須「廓然大公，物來順應」。相信近溪不會反對這個說法。只是近溪恐怕不會以此爲工夫，而是落在「識仁」上。〔註34〕即

〔註34〕明道〈定性書〉中的「定性」是工夫或是境界有不同的理解。杜保瑞先生認爲是主體已然達到境界後的狀態；勞思光先生認爲是明道對於聖人境界的基本看法；牟宗三先生認爲就本心性體之朗現而言大定，並無修之可言。一言修，便落習心。大定如眞可能，必須頓悟。而本質之關鍵在於「識仁」，即「逆覺的體證」工夫；唐君毅先生則認爲是直下忘內外之工夫，而直至誠然無事之境，而定而明。但非人人可爲，惟天資高者能也。以上分別參見杜保瑞《北宋儒學》（臺北：臺灣商務，2005 年），頁 189。勞思光《新編中國哲學史》第三冊（台灣：三民書局，2000 年），頁 218～221。牟宗三《心體與性體（二）》，頁 239；唐君毅《中國哲學原論——原教篇》，頁 135。近溪肯定明道「仁者

以「識仁」爲積極工夫。近溪相信只要「默識性體，性體默識，而定自隨之」。（408 條）而「默識性體」或是「定性」的工夫如何做呢？近溪認爲就是「孝弟」而已矣。近溪還特別強調，這是孔孟立敎，所以爲天下後世，所定下的一個「極則」。以下近溪便進一步講述何以「孝弟」可以爲成聖成賢的「極則」。首先，「孝弟」乃大人爲學之本：蓋「孝弟」乃人人「身之必具」、「時之不離」、「邇之可遠」、「暫之可久」的德行。具體的說，「仁者人也，親親爲大焉」、「一舉足而不敢忘，一出言而不敢忘焉」、「廓之而橫乎四海」、「垂之萬世而無朝夕」。如是，「孝弟」豈非大人不失赤子之心之實理、實事嗎？豈非孔子「以仁天下萬世爲心，以仁天下萬世爲事」之理想嗎？可嘆的是，近溪認爲，宋明諸儒大都將「孝弟」視爲淺近之言，而不以之爲本。其次，孝弟即堯舜聖道之本：孝弟之「不學不慮」是堯舜「不思不勉」之至妙至神的根本。故捨「孝弟之道」則無「堯舜之道」可言。

近溪對孔孟聖學之傳承曾經感慨地說道：「就孔門敎主求仁，軻氏每道性善，傳來二千年矣，乃於仁首以克治，於性補以氣質，講解漫傳，本旨弗顧，俗沿習而愈趨，症因藥而益病。」（316 條）是以「因藥益病、轉加更遠」的結果是有的嚴重到「失魂落魄」，不知「入道途徑」與「造聖指南」的地步。筆者認爲，以上近溪的批評與其後來學術思想的發展有絕對的關聯性。〔註35〕而這些病，近溪皆認爲有其共通的病根，就是輕忽了百姓日用而不知的「孝弟」，故近溪的良方總是一句「堯舜之道，孝弟而已矣」。近溪再次「強調、提醒」，看似淺近的孝弟，絕非是淺近之事，乃是「直指入道之途徑，明揭造聖之指南，爲天下後世一切有志之士，而安魂定魄，一切拂經之人，而起死回生也。」職是之故，我們也就不難理解，近溪「不得不」修正陽明以知是知非來規定良知，而是回歸孟子，將陽明「知是知非」收攝於「孝弟」上，〔註36〕實落於孝弟歸本於仁，〔註37〕並以之了結「孔子公案」。即近溪所謂：「吾輩今日之講明良知，

〔註35〕從前兩章我們可以發現，近溪非常重視學要「以時」。這個「時」，除了個人因素之外，就是外在整個學術環境。近溪相信孔孟聖人亦是「以時」而爲學。故孔子重「仁」，謂「仁者人也」；孟子重「性善」，謂「形色天性也」。雖強調之面向不盡全然相同，然在「變通以趨時」的同時，是必然的以「易之生生」爲終極根據與目的。近溪亦是以此作爲其爲學與講學的依據。
〔註36〕楊祖漢〈羅近溪的道德形上學及對孟子思想的詮釋〉。或〈心學經典詮釋〉，頁 69。
〔註37〕楊祖漢〈羅近溪思想的當代詮釋〉。

求親親長長而達之天下，卻因何來？正是了結孔子公案。」（91條）。

三、小結

近溪是一位既重視哲學性，也重視現實性的思想家。近溪面對的是整個儒家思想的傳承問題。近溪說自樂正子以後，孔孟傳心真脈可以說已漸失其真傳。到了宋時，雖然諸儒興起，但是中間也不免疑信相半，甚至有以氣質之惡來補德性，說是有功於孟子。其實這與孟子性善說是不吻合的。（179條）如此之發展，漸漸造成重視超越的道德主體而輕忽了實踐主體的重要性；偏重於極其高明的義理，而輕忽平平常常的「中庸」之義。尤其將人道實踐之根本：孝弟，視為淺近之事而輕忽之。泰州心齋即已留意到此問題，也已漸漸的從重視超越的道德主體而漸漸轉向於實踐主體；亦避開玄虛之論而轉向日用倫常的道德實踐。對於孝弟亦不敢輕忽之。〔註38〕近溪可以說承繼此思想，並加以理論、系統化，成為其學術宗旨。其實，近溪批評宋明諸儒輕忽孝弟之言，並非說其完全沒有實踐性或孝弟之道可言，而是批評其偏重一端，或是輕忽孝弟，而視為淺近之事，而不知孝弟是儒家極其高明的實落處。堯舜之道其實就是孝弟之道，離開孝弟就不能有堯舜之道、大人之學。而孝弟之道，近溪認為是孔孟的心傳，離我們是如此的近，而諸儒卻要千方百計的捨近求遠。故近溪學可以說就是要扭轉此錯誤之學風，要為天下後世一切有志之士，安魂定魄；讓一切拂經之人，起死回生而提出以「知孝知弟」來收攝良知，以了結孔子公案。

第三節　哲學義理的向度

從上一節的探討中，已多少看到近溪以「孝弟」為其學問嫡旨，除了學

〔註38〕心齋自幼即誦讀《孝經》、《論語》、《大學》等書，且時常置其書袖中，逢人質義。《王心齋全集》卷一。事父至孝，對於孝弟亦頗為重視，著有〈孝箴〉、〈孝箴〉。認為孝可以通內聖與外王之學。見〈與南都諸友〉，《王心齋全集》卷五，頁4～6。是以，有一次心齋上書於明世宗朱厚熜（1507～1566），張居正看完此遺稿之後，帶著輕蔑的口吻說：「世多稱王心齋，此書數千言，單言孝弟，何迂闊也。」近溪聞言，反駁道：「嘻！孝弟可謂迂闊乎？」《明儒學案》卷32〈泰州學案‧心齋語錄〉。由此可見心齋對於孝弟的看重。然就心齋的文獻來看，孝弟之道畢竟不是心齋的特點，明顯其不以孝弟為其學術宗旨。但是相信對於近溪有其一定的影響。

術思想發展上的影響之外，就孝弟慈本身的內涵，以及與儒家內聖、外王之
學，皆有其極爲重要的關聯性。是以，本節將集中從義理的角度來探討孝弟
慈與孔孟成聖之學的關聯性，以及以孝弟慈爲近溪的學術宗旨有其義理上的
必然性。

一、孝弟與仁義之關係

近溪謂：「今觀《論語》、《孟子》，言之最先，津津有味而無或異者，不
過仁義孝弟而已。」（70 條）仁與義可以說是孔孟聖學的核心價值。儒學可以
說就是仁義之學。孟子將仁、義、禮、智四端之心打開，讓學者對於本心、
本性有更清楚的觀念。然而，仁、義、禮、智畢竟只是個虛名，此虛名之背
後有其眞正的「實義」。故孟子「仁之實」（離婁章句上）這一章就是將仁、
義、禮、智之「實」義闡釋出來。對近溪而言，這一章是非常重要的一章。
因爲近溪認爲眞正的道就是平平常常的實落在日用倫常之中，而非只是慕仁
義之名而已。以下是近溪對此章之詮解。

> 此章書，與《論語》吾十有五而志於學一般，是孟子自述其平生始
> 初著力處，與末後得力處，所以願學孔子的實事也。蓋天下最大的
> 道理，只是仁義，殊不知仁義是個虛名，而孝弟乃是其名之實也。
> 今看，人從母胎中來，百無一有，止曉得愛個母親，過幾時，止曉
> 得愛個哥子。聖賢即此個事親的心叫他做仁，即此個從兄的心，叫
> 他做義，仁義是替孝弟，安個名而已。三代以後，名盛實衰，學者
> 往往知慕仁義之美，而忘其根源所在。（163 條）

近溪借《孟子》此章，除了闡述仁義之實義外，也藉此要扭轉自孔孟之後僅
「慕仁義之美，而忘其根源所在」者。孟子說：乃所願，則以學孔子也〈公
孫丑上〉。學什麼呢？近溪強調孟子願學孔子的不是「虛名」之「仁義」而已，
而是孔子的「實事」。孟子以之爲其平生「始初著力處」與「末後得力處」。
關鍵皆在於孔子之「實事」。那麼何謂孔子的實事呢？簡要地說，近溪認爲就
是孔子從十五志於學之事，到七十從心所欲而不踰矩之事。具體的說，就是
志於「孝弟」，不踰矩於「孝弟」之事。孟子之「始初著力處，與末後得力處」
亦皆在此而已。故近溪在此引文後面接著說道：「從心所欲不踰矩，是絜矩孝
弟而不踰也。聖不可知之神，是孝弟之手舞足蹈而不可自知也。然此皆其末
後得力處，功效之妙所到如是，若論其始初著力處，則只是知得透徹而久久

弗去耳。」（163 條）

　　常言：孔曰成仁，孟曰取義。就儒家而言，「仁義」可以說是天下最大的道理，亦可說是人類最高價值之所在。故先儒皆以此爲人生之最高理想與終極目的。然而，當人們在追求仁義之時卻往往逐末捨本，慕仁義而不自覺地輕忽了孝弟。如是，慕於高遠的「仁義」，恐反而失了眞正的「仁義」。殊不知「仁義之實」就在「淺近之言、下民之中」，就是「赤子之保、孩提之愛」（176 條）；亦只是「老吾老及人之老，幼吾幼及人之幼」（531 條）。豈不知先聖之仁義只是替孝弟，安個名而已。是以，從人之日用倫常而言，仁義只是個虛名而已，必須落在人的身上表現才有其實質的內涵。如見父知孝就是仁；見兄知敬就是義。就存在的本末、先後而言，必先有孝道之實踐，方有仁之名；必先有弟道之實落方有義之名。故近溪說孝弟爲仁義之根源所在。

　　說到孝弟爲仁義之根源，就不得不關聯到《論語》中所謂的「孝弟也者，其爲仁之本歟」這段話。這段話可以說是儒學經典當中最直接說明孝弟與仁關係的一段文獻。然而對這段話的解釋卻一直存在著分歧。分歧點之關鍵，在於對「爲仁」與「本」的解釋不同。若要對此分歧點有進一步的瞭解，朱子對本章的解釋是一個重要的途徑。朱子解釋說：

> 爲仁，猶曰行仁。……若上文所謂孝弟，乃是爲仁之本，學者務此，則仁道自此而生也。程子曰：「孝弟，順德也，……德有本，本立則其道充大。孝弟行於家，而後仁愛及於物，所謂親親而仁民也。故爲仁以孝弟爲本，論性則以仁爲孝弟之本。」（《四書章句集註》，頁 48）

朱子將「爲仁」的「爲」由繫詞「是」的用法轉變爲動詞「行」的用法，並繼承程子的說法，一反先儒以「孝弟爲本」之說，而是根據自己的哲學體系提出這樣的詮釋。使得全段的解釋和之前的註家有明顯的差異。〔註 39〕朱子在註解「本」字時，把「本」區分爲「開始」、「根據」兩種意義，而把「孝弟其爲仁之本」分別爲兩個層次討論。這兩層次就是「存在」和「實踐」。在「存在」（體）的層次而言，仁是孝弟之本；在「實踐」（用）的層次立論，孝弟是仁之本。〔註 40〕那麼近溪又是如何詮釋這一章呢？是從「存在」（體）

〔註39〕在朱子之前，何晏《論語集解》、邢昺《疏》、皇侃《論語集解義疏》大體上區分了「本」、「道」，用「孝弟」是本、「仁」是道來說明「君子務本，本立而道生」。詳細內容參考賴芳暉《毛奇齡《四書改錯》研究》（中壢：中央大學中文所碩士論文，2005 年），頁 148～149。

〔註40〕關於朱子這個解釋，毛奇齡有不同的看法。其反對把「孝弟爲仁之本」的「本」

的層次來說孝弟是仁之本，或是在「實踐」（用）的層次來說孝弟是仁之本。
亦或是二者皆有之？弟子就曾經請教近溪「孝弟，如何爲仁之本者？」近溪
回答說：

> 孝弟也者，其爲仁之本與！本猶根也，<u>樹必根於地，而人必根於親</u>
> 也。根離於地，樹則仆矣，心違乎親，人其能有成也耶？故順父母，
> 和兄弟，一家翕然，即氣至滋息，根之入地也深，而樹之蕃茂也，
> 將不可禦矣，然則厚其親者，實所以厚其身也夫！（347 條）

> <u>古本仁作人最是</u>，即如人言：樹必有三大根始茂，本猶根也，夫人
> 亦然，亦有三大根，一父母，一兄弟，一妻子。樹之根，伐其一不
> 榮，伐其二將槁，伐其三立枯矣，人胡不以樹爲鑑哉？（468 條）

光從「本」猶「根」這個解釋是無法斷定近溪的解釋是從「存在」或是「實
踐」的面向來說。但是加上近溪說「古本仁作人最是」〔註 41〕這段話來理解
的話，就不無可能說近溪有從「存在」（體）的層次來說孝弟是仁之本。何以

解作「始」。因爲如果「本」和「始」於此可以「借訓」，上一句「君子務本，
本立而道生」也應該解作「君子務始，始立而道生」。但朱熹在這句下釋云：
「言君子凡事專用力於根本，根本既立，則其道自生。」（《四書章句集註》（臺
北：鵝湖出版社，1984 年），頁 48）依這樣的解釋，「本」明顯是「根本」的
意思，很難解作「始」。因此朱熹把「孝弟其爲仁之本」的「本」解爲「始」，
使上下兩個「本」字異解，確實不盡合理。關此部分，賴芳暉有詳細的討論，
參氏著《毛奇齡《四書改錯》研究》，頁 151～155。

〔註41〕 近溪這裡所謂「古本」是否有專指，不得而知。按屈萬里〈仁字涵義之史的
觀察〉，在現存的文獻當中，最早出現仁的文獻是從東周才開始。如《詩經》
〈叔於田〉、〈盧令〉兩篇，以及《尚書》〈金縢〉。此時仁之涵義仍是狹義的。
到了孔子仁的涵義才擴大到人類全部的美德。屈氏此篇論文並未考據有關仁
作人的說法。參見氏著《書傭論學集》（臺北：開明書店，1980 年），頁 255
～267。而東漢許慎《說文解字》解釋「仁」字：「親也。從人、二。」按照
《說文解字》本書的解釋，這裡的「親」就是親密之意。仁則有人的意思。
這一個意思滿符合近溪對於「仁者人也，親親爲大」的解釋。有趣的是，段
玉裁也是以中庸這段話來補充說明《說文解字》解釋「仁」的意涵。而仁通
人的解釋在朱子集註中亦可看到。《論語·雍也》：「仁者，雖告之曰：『井有
仁焉』。其從之也？」朱熹引劉聘君曰：「『有仁』之『仁』當作『人』。」（《四
書章句集註》，頁 90）只是《論語》〈孝弟爲仁之本者〉章朱子並不從此解釋。
另外關於〈孝弟爲仁之本者〉章，將仁作人的解釋者亦不少。例如（宋）陳
善、（明）王恕、（明）焦竑、（清）朱彬、（清）江聲、（清）劉寶楠、（清）
王肇晉、（清）黃汝成等人皆作如是之看法。其認爲「仁」、「人」爲假借字的；
或認爲本來爲「人」字，因改篆爲隸，遂訛傳爲「仁」。以上整理自程樹德《論
語集釋》（北京：中華書局出版，1997 年四版），頁 13～14。

如此說呢？因為朱子反對從「存在」（體）的面向說孝弟是仁之本，因為「仁」必然是最後的根據，何以在「仁」之上還有一個根據。這明顯與朱子、伊川的理論衝突。不過如果將仁作人來解釋的時候，則從一個抽象的概念轉成一個具體的事相，沒有「仁」之上還有一個根據的問題。則孝弟是人之本的解釋，不管是在存在或是實踐的面向都說的通。近溪將人譬喻成樹，而將孝弟譬喻成樹根。此時人與孝弟是一體的，就如樹與根是一體的一樣。說孝弟（事親）是人之根源，存在的根據似乎是合理的。〔註42〕是以，曾經有弟子問到「孝弟也者，其為仁之本與！仁與孝，又何分別？」近溪說：「亦無分別」。近溪認為：「人固以仁而立，仁亦以人而成，人既成，則孝無不全矣。」（16條）明顯地，近溪將「仁與人」、「人與孝弟」一體而觀的，是相互依存的關係。人成為中間之媒介將「仁與孝弟」關聯在一起。實際上，「仁、人、孝弟」亦是一體的。若依近溪之譬喻而言，人若是樹，仁是使樹成其為樹的根據，〔註43〕孝弟則為樹根。近溪便曾直接將赤子出胎之愛戀母親懷抱之「愛根」名為「仁」，而推充這個愛根以來做個「人」。（80條）只要樹根紮的深，固的好，則樹必長的好，自然該開花則開花，該結果則結果，這些成果的展現，就是使樹成其為樹的目的完成了。則此刻「樹、樹根、使樹成其為樹的超越根據」必然是一體的，沒有分別，皆一起朗現。同樣的「人、孝弟、使人之所以為人的超越根據仁」亦是一體的，豈有分別。此即近溪所謂的「親親即仁」（190條）。故將「仁」抽離於「人」之外而抽象地解釋為人存在的超越根據，近溪認為是沒有意義的。因為，此時仁僅僅只是個虛名而已。近溪喻樹必有三大根始茂，人（仁）必有三大根始成。是以，仁要有其「實」、其「果」，必根於「事親」。樹根與樹是本末一體、上下一貫的。根死樹亡，根固則枝榮。就此生命共同體而言「根」與「樹」無別亦可；同理可證，在一體觀的情形觀之，「孝弟」與「仁」的關係亦是如此，故近溪說「亦無分別」。此不離近溪的「一體」、「一貫」之道。即樹木之根、枝、葉，雖然各有不同的特性與表現，然本末是一貫、一體的。但是惟有返「本」方可開「新」，即所謂「根苗

〔註42〕前面一段引文（163條）即說道「學者往往知慕仁義之美，而忘其根源所在。」當亦有此意。

〔註43〕樹一切的有機運作之合目的性，如每個部分的成長、開花、結果，皆有其超越的根據。此是類比的說。按近溪的說法，人以仁而立，即是說人之所以為人的超越根據在於仁，沒有仁，則人不成其為人，可能只是禽獸而已。而此超越的根據仁是抽象的，必須賴人之實踐方有所呈現。

花實，共貫同條，有是眞種之投，斯有妙果之結也。」（317 條）

　　近溪以人爲中心，來解釋孝弟與仁可以是無分別的；以人爲主體，來說孝弟是人之存在根源亦是可通的。在將「仁作人」的前提下，說「人、孝弟、仁」是一體的，以及從「存在」（體）的層次來說孝弟是仁之本，亦是可通的。這個說法可以說是近溪的創見。近溪一改過去儒先偏重於人之所以爲人之超越根據「仁」，而著重在如何實落仁之實踐主體「人」上立論。而「人」必根於親，即根源於「孝弟」。在此前提下說「孝弟爲良知之本體」〔註44〕亦無不可。若撤除以實踐主體「人」的角度即說「孝弟即良知、孝弟即仁」，或隨意的說「孝弟不即是良知、孝弟不即是仁」皆是混漫的說法。〔註45〕是以，不可片面的說近溪將「孝」提升到形上的本體，而反對孝弟是行仁的開始的說法。〔註46〕其實，近溪大都是以「知孝知弟」來規定良知，來指點良知，以

〔註44〕嘉定張建昌恒，曰：「參政羅某，生而有作聖之思，凡巴契性天之旨。自陽明王子（王守仁）倡良知之學，本宦私淑其傳，益加闡發，揭**孝弟爲良知之本體**，指敬畏爲致知之工夫。」（615 條）楊復所〈仁孝訓序〉說：「**仁與孝，一而已**⋯⋯祠部汪君、膳部楊君、儀部駱君輩，咸曰：**孝者，仁之本也。**」《羅近溪先生語錄彙集》，頁 58～59。將孝等同於本體良知的說法，在同時代中，朱鴻與楮相亦有相近之說法。關此可參見呂妙芬〈晚明士人論《孝經》與政治教化〉（臺大文史哲學報）第 61 期，（2004.11），頁 244～245。

〔註45〕蔡世昌先生與李沛思先生皆有將孝弟慈作爲本體義的說法，即「孝弟慈即天命之性」、「孝弟慈即良知」、「孝弟慈即仁」。吳震先生反對以上的說法，其認爲孝弟慈在內涵上並不等於良知本身，只是對良知所具有的道德意義的一種補充。孝弟慈只是一種道德觀念或是道德意識。只是孝弟慈具有良知良能那種不學不慮的特徵而已。以上分別參見蔡世昌〈孝弟慈說〉《羅近溪思想研究》；李沛思〈作爲本體義的孝弟慈〉《從工夫論看羅近溪思想之特色》；吳震：《羅汝芳評傳》，頁 217～223。筆者認爲以上三氏的說法皆不完整。尤其吳震認爲近溪將良知作了更「世俗」意味的解釋，將孝弟慈視爲只是一個道德觀念，實有貶低「孝弟慈」在近溪思想的地位。

〔註46〕呂妙芬先生這五年來對於晚明研究《孝經》的相關課題著墨甚多，目前至少有三篇相關論文的研究成果。依次爲〈晚明士人論《孝經》與政治教化〉、〈晚明《孝經》論述的宗教性意涵：虞淳熙的孝論及其文化脈絡〉，（中央研究院近代史研究所集刊）第 48 期，（2005.06）、〈《西銘》與《孝經》：兼論晚明「孝」的形上本體思想〉收入《全球化下明史研究之新視野論文集》第 3 冊，（臺北，東吳大學歷史系，2008 年），頁 201～222。這三篇對於近溪孝弟慈的思想皆有論及。而與本節較有直接關係的論文是〈晚明「孝」的形上本體思想〉這一篇。呂氏對於《孝經》，以及孝與仁的關係在思想上之轉變，大體上皆掌握的不錯。即「孝」從「用」，漸漸轉爲「體」的意涵，而近溪是陽明後學中扮演最核心的角色人物。但是，呂氏並未洞察到近溪何以要有如此之轉換，換言之，呂氏對於近溪的哲學思想未能充分掌握。因此，呂氏認爲近溪將孝提

良知爲本體；同時強調以孝弟爲行仁之本。故孝弟必須擴充爲大孝大弟方可謂之仁之完成。仁可涵蓋孝弟，但是孝弟未必能夠涵蓋仁。〔註47〕此皆是以「仁」爲終極目的，以之爲準則，以孝弟爲實踐之始，以達至萬物一體之仁爲完成。但是若是以實踐主體「人」爲基準，則孝弟不僅是爲「人之根」，亦是爲「仁之實」。即不僅在「存在」（體）的層次來說孝弟是人（仁）之本，亦可在「實踐」（用）的層面來說孝弟是爲仁之本。相信這是近溪繼心學轉向的一個重要的部分。以孝弟貫通「人與仁」是近溪的特點，亦是近溪以孝弟慈爲學術宗旨的原因之一，而這此特點可以與其弟子復所《孝經宗旨跋》相互發明。〔註48〕

二、親親是行仁之始終

上文已得知「人、孝弟、仁」有其內在的關聯性。孝弟是人之本，亦是行仁之本。其實這個概念就是孔子「仁者人也，親親爲大」的意涵。本節著重在「實踐」的層次來探究「孝弟也者，其爲仁之本」，即近溪意義下的「仁

升到本體地位而涵蓋眾德，孝的工夫即本體工夫，而反對程朱的說法，即反對將孝視爲行仁之開始的說法。其實這是對近溪的誤解。近溪提出孝即仁的說法是有其前提的，有其特殊意涵的。然並不意味其反對朱子的講法。另外其引用陳來先生與吳震先生的說法來證成其論點恐有待商榷。因爲陳來先生說「《周易》的「生生」原理是孝弟的宇宙論根據」並非是指將「孝」提升到宇宙本體論的層次立說。陳來先生明顯認爲近溪將儒家倫理帶向世俗家族倫理，減殺了純粹的道德性。而吳震先生更是反對將孝與仁等同。故吳震先生說：「嚴格說來，孝弟慈在內涵上並不等同良知本身，而只是對良知所具有的道德意義的一種補充。」故呂氏以爲近溪已完全將「孝」規定爲形上之本體，連帶著以爲近溪的工夫是以心體工夫涵括一切工夫，遂導致抹煞儒家層層推致、理一分殊的精神甚至無視（或顛倒）人倫國家之間有差等的秩序觀。

〔註47〕羅子曰：「善人之孝弟，與聖人何以異哉？蓋聖人之學，致其良知者也。」（135條）近溪謂大學之道當「以天下之孝爲孝，方爲大孝；以天下之弟爲弟，方爲大弟也。」（91條）以實踐主體的「人」說孝是仁之本。然從客觀規定來說，孝與仁必須簡別的。孝是行仁之本，孝擴充爲大孝之後，此「大孝」即「仁」也。但是近溪有時不區分孝與大孝，除了強調孝弟的重要性之外，亦強調孝弟即仁，或孝弟可以直通內聖、外王之道。如近溪說「只孝弟，便是堯舜，便足以明明德於天下。」（358條）這個部分在下一節，以及第四、第五章皆會有相關的討論。

〔註48〕仁與孝之關係，充分表現在復所這段話中：「其言孝也，以仁言孝，其言仁也，以孝言仁。」此段話之詳細討論內容，可參見本章第四節〈楊復所之見證〉部分。

者人也，親親爲大」。近溪認爲「仁者人也，親親爲大」的意義不僅說明了「親親」是「行仁之始」，亦強調「親親」是「行仁之終」。以下便從此兩個面向來展開「仁者人也，親親爲大」的義理思想。

　　無庸置疑，孔子之學就是求仁之學。孔子弟子善問孔子「何謂仁」之問題。在近溪的講學過程，弟子亦習慣將四書中論仁之相關問題求諸於老師。近溪相距孔子雖有兩千年之遙，然孔子與弟子論仁之風彷彿重現於近溪講學現場。近溪不僅論「仁」，更強調「求仁」。此「求」字更凸顯近溪強調以實踐主體的「人」爲本位。強調「人」之求仁，強調人之「實踐」。既然強調實踐，便牽涉到工夫的問題。故弟子嘗問到「求仁」當如何下手的問題。以下是近溪的回應。

> 吾儒學術，原宗孔門，孔門之教，全是求仁。然自己解注，只說：仁者人也；說：仁者人也，親親爲大。至孟子又直截指出：天下之人，其初皆是孩提赤子，然不慮不學，卻皆知得愛親敬長。此可證人即便是仁，亦可知仁必以親親爲大也。故曰：人皆可以爲堯舜，是見得人皆有此良知也；又曰：堯舜之道，孝弟而已矣，亦是見得堯舜也只是此個良知也。學者入道，從此處起手，便是桃李之核，著土定生桃李，五穀之種，著土定結五穀。蓋從不慮而知，便可到聖人之不思而得；從不學而能，便可到聖人之不勉而中。而親親長長，以致達之天下，便即種核之著土，而生之惡可已，而結桃李、成五穀時也。（217條）

儒學宗旨在於「求仁」。而如何求仁呢？孔子只說：「仁者人也，親親爲大」。此是近溪理解孔子求仁之學最爲關鍵的一句話。近溪何以要以這句話來體現孔門求仁之宗呢？是否別有用心呢？以這段話來看，關鍵字不在「仁」，因爲前提就是要「求仁」；關鍵字當在「人」與「親親」。是以，近溪要強調的是求仁不能離開「人」，這是必要條件。故近溪說「仁既是人，便從人去求仁」（194條）。而近溪以家爲基本單位，不管家庭大小，民間一家也只有「父母、兄弟、妻子」三樣人；是以，民間一日只有「奉父母、處兄弟，養妻子」三場事。近溪認爲此三樣人是生活當中相處最爲緊密的基本成員，此三場事當是最爲親切之事。若能做好此三件事便是「三件好德行」（178條）。近溪認爲做好此三件德行，乃是人人天生本有的能力，即天性良知自然之所爲。是以，近溪從「仁」必然實落而推到「人」；從「人」之所生所長推到宇宙間最親切

的「三樣人」；再從「三樣人」之所行所事推到天性自然流露之「三件事」。
是以孝弟慈皆是人人天性良知自然之所為，堯舜成聖之根據亦根源於此。是
以孟子謂：「人皆可以為堯舜」，而「堯舜之道」就在「孝弟而已」。就「李果
必然生於李種」之因果而言，近溪認為每一位效聖法賢的學道者，皆必須種
下愛親敬長契悟下的良知真種。或謂，不思不勉之聖人之果，當以不學不慮
之真種為核。而此不學不慮之真種之核就是「良知」，種在日用倫常之土壤中，
其初生者即是愛親敬長。此即近溪所謂的「今日為學，第一要得種子，禮謂：
人情者，聖王之田也，必本仁以種之，孔門教人求仁，正謂此真種子也。然
其正經註腳，則卻曰：仁者人也，人即赤子，而其心之最先初生者，即是愛
親，故曰親親為大。」（224 條）近溪在此是以淺近而親切的方式來譬喻、解
說「仁者人也，親親為大」的意涵，秉持其極高明而道中庸的一貫作法。

　　親親不僅是真種之最先初生者，並且也是真種之抽牙茁壯、開花結果者。
此即「親親為大」之意。何以說呢？「仁者人也，親親為大」是《中庸》第
二十章〈哀公問政〉的一段話。其原文是「仁者，人也，親親為大；義者，
宜也，尊賢為大。」文中之「大」一般解釋成「重要」，或是「切近」之意。
然而近溪除了這個意思之外，另外還有一個更重要的意思，就是大學之道的
「大」、大人之學的「大」。近溪這種講法在其《語錄》當中隨處可見，可見
得極為重要。以下引兩段以為說明。

> 仁既是人，便從人去求仁矣，故夫子說：仁者人也。下即繼以親親
> 為大，謂之曰為大，蓋云親其親，不獨親其親，直至天下國家，親
> 親長長幼幼，而齊治均平也。（194 條）

> 夫唯仁，斯其人曰聖乎！故夫子示天下萬世求仁之旨，必曰：仁者
> 人也，親親為大。夫親親為仁之大，其仁大則其人亦大，其學斯名
> 大人之學也已。是故老吾老以及人之老，則老老而民興孝，長吾長
> 以及人之長，則長長而民興弟，幼吾幼以及人之幼，恤孤而民不倍，
> 此之謂仁於家而齊，仁於國而治，仁於天下而平，若運掌而無難者。
> 要之，孩提知愛，少長知敬，未學而嫁，知養子，是人人能仁者也。
> 人人能仁，是乾乎乾而機自不息，性乎性而生惡可已。所謂萬物皆
> 備，我可人，人可天，不越一己而天地人物一以貫？（322 條）

很明顯這裡與前面以樹根比喻事親所要表達的義理面向是不同的。這裡的「親
親」不只是親其親，著重在天倫之天性的自然表現，而是強調「老吾老以及

人之老、長吾長以及人之長、幼吾幼以及人之幼」之齊治均平也。不僅如此，進而推至萬物，使天地人物一貫也。可以說從家庭倫理擴充到社會倫理與自然倫理。故「親親爲大」意旨「親親爲仁之大」。而「爲仁之大」無非就是「大學之道」的目標，即「大人」所要完成「萬物一體」的境地。是以，近溪對於「親親」與「仁」的關係，不僅僅只是停留在過去先儒將「事親」解釋爲行仁的開始而已，近溪更強調「事親」是「爲仁（人）之大」。從這裡我們可以發現近溪對於「親親」在求仁的過程當中扮演著極爲關鍵的工夫。若果如是，我們可以如此來看近溪是如何理解「仁者人也，親親爲大」這一句千古名言。所謂的「仁」一定要達至「萬物一體」方爲「仁」，即明明德於天下方是仁，亦方是全人。此是人之所以爲人的存在根據，沒有「仁」，就不成其爲「人」也。而仁者人也，表達「仁」必須在「人」身上實落與完成。而「人」之所成必來自父母。近溪從人之起源，從人之最自然、親切處：孝弟慈，指點「人之實然存在」，蓋「孝弟慈乃天性之自然」。從「個人」之能仁，進而「人人」能仁，最後達至「萬物」一體而仁。這種本末一貫的學問是儒家的眞命脈。近溪說「此條（儒家眞正）命脈，原是兩頭都管著，所以《大學》纔說：物之本，便連及其末；纔說：事之始，便要及其終。〔註49〕」亦即《中庸》第二十一章所謂的「唯天下至誠，爲能盡其性；能盡其性，則能盡人之性；能盡人之性，則能盡物之性；能盡物之性，則可以贊天地之化育。」

　　是以「仁者人也，親親爲大」之詮解，近溪走的是「仁而人，人而仁」互顯的解釋路徑。前者偏重於存有論的解釋，後者偏重於工夫論（實踐）的解釋。近溪明顯著重在後者，即強調實踐主體「人」之「實踐」，蓋此方爲眞正的「實」名。而「人」以「親親爲根」、以「親親爲大」，即以「孝弟慈」爲行仁之始終。「仁學」不折不扣即「人學」。故近溪說：「蓋孔子之學，只是教人爲人，孔子教人爲人，只要人孝弟，所以又說：仁者人也，親親爲大。親親即仁，以孝弟之仁，而合於爲人之人，則孝可以事君，弟可以事長，近可以仁民，遠可以愛物，齊治均平之道，沛然四達於天下國家，而無疆無盡矣。」（190 條）近溪認爲，孔子自己從十五志於學亦只是要學以「成其人」者也。七十從心所欲不踰之矩亦只是不踰矩爲一個人。什麼人呢？近溪認爲孔子至七十從心所欲不踰矩時已達至「大人、赤子，念念了無二體，聖心、天德，生生純是一機」之人。而孔子「隨眾問辯，其所酬答，更無非此個孝

〔註49〕所謂的「兩頭」是指：一頭管著自己意心身；一頭管著家國天下。見第181 條。

－103－

弟慈，隨機感觸，其所好欲，亦無非此個孝弟慈。〔註50〕「從心所欲不踰矩，是絜矩孝弟而不踰也。聖不可知之神，是孝弟之手舞足蹈而不可自知也。」（163）是以近溪認為孔子亦將「孝弟慈」為其行仁之始終。姑且不論此是否合孔子之意，但明顯是近溪搬出孔子來加強自己論證的有效性。從此可以看出近溪非常重視「孝弟慈」，以之為行仁之始終。並且將孝弟慈三事視為是古今「第一件大道、第一件善緣、第一件大功德」（178 條）。是以，不管從倫理、義理、思想史或宗教的面向來看，皆指示「孝弟慈」的意義性與重要性。就此而論，吾人不難發現，「孝弟慈」在近溪學術思想的地位。

三、孝弟慈是天人精髓之體現

近溪非常重視聖賢經典。其認為「天下之人，只為無聖賢經傳喚醒，便各各昏睡，雖在大道之中，而忘其為道。」（171 條）「器非規矩，巧將安施？道非六經，智將奚措？」（454 條）是以聖賢經典對於求道者可以說從迷轉悟的重要資具。〔註51〕如前面所言，因為聖賢經典皆隱涵著聖賢之心事，即聖賢的真血脈。故要了解古聖先賢如何求道、修道的心法，聖賢遺留下來的經傳便是很重要的媒介。故近溪說：「學、庸、語、孟，則是聖賢心法之所在、生平學術之所存，而亦國家之所責備吾儕，以竭力而深造之者也。」（238 條）是以本節將從聖賢經典的角度來說明孝弟慈是天人精髓之體現，是學問樞機之實落。以下引三段引文以茲討論。

> 堯舜之道，孝弟而已矣，則祖述者，即祖述其孝弟之道也。汝諦觀本章前面說舜，只說：舜其大孝也歟！說孝而弟在其中，說舜而堯在其中矣。就是說文王處，也只說：父作之，子述之；說武王處，也只說：武王、周公，其達孝矣乎！可見不惟祖述是祖述孝弟，而憲章亦是憲章孝弟也。（162 條）

> 今即孟子七篇看來，那一句話曾離了孝弟？那一場事曾離了孝弟？陳王道，則以孝弟而為王道，明聖學，則以孝弟而為聖學，管、晏事功，則以孝弟而鄙之，楊、墨仁義，則以孝弟而闢之，王公氣勢，則以孝弟而勝之。只弗去二字，所以能純全孝弟之妙，只孝弟二字，所以能

〔註50〕此段是近溪回答弟子問到「孔子吾十有五而志學章，其旨何如」的一段回應。見第 242 條。

〔註51〕近溪認為聖賢經典對於「格物」扮演著重要的地位，此將在第四章有專論。

成就亞聖之名，而平生願學孔子，果不爲虛言也已。」（163 條）

又如孔子，只因一本《孝經》，得一個曾子英才，曾子、子思傳至孟子，卻把《大學》、《中庸》孝弟慈的家風手段，演說成七篇，仁義之言，恢張炳耀，與日月爭光彩，與宇宙爭久大。（181 條）

《中庸》第二十九章說道：「仲尼祖述堯舜，憲章文武」。近溪認爲孔子祖述堯舜就是祖述其「孝弟之道」；憲章文武亦只是憲章其「孝弟之道」而已！是以近溪說孔子「仁者人也，親親爲大」、孟子「堯舜之道，孝弟而已矣」已將《大學》、《中庸》，一語道盡。（237 條）由此可知「孝弟」是《大學》、《中庸》最核心、普遍的價值觀念。而到了孟子卻將此「孝弟慈的家風」演說成七篇。近溪語氣非常果決地強調「孟子七篇看來，那一句話曾離了孝弟？那一場事曾離了孝弟？」以孝弟爲最高指導方針，強調孟子不管在明聖學上或陳王道上，皆以孝弟爲依歸；即便是面對「管、晏事功」、「楊、墨仁義」、「王公氣勢」，亦皆是以「孝弟」爲道德判斷的標準，鄙之、闢之、勝之。若果如是，「孝弟」可以說是儒學內聖學與外王業的拱心石。孔子祖述堯舜、七十從心所欲不踰矩，皆孝弟也，亦以孝弟得曾子之英才；孟子願學孔子亦只是孝弟而已，亦以孝弟得亞聖之美名。如是看來，「孝弟」可以說是孔門家風，儒學之道脈。

近溪將「孝弟」推得如此高，的確是前所未見，當然也不免令人不安。不過從第一章「近溪的心事」、第二章「歸會孔孟」、「仁者人也之一體觀」到第三章討論到「孝弟、人、仁」的一體、本末關係。其實已揭露近溪以實踐主體之「人」爲中心，向下扎根「孝弟之道」，必然體現「萬物一體之仁」。此即近溪所謂的「只孝弟數語，把天人精髓，盡數捧在目前，學問樞機，頃刻轉回腳底」。（237 條）從先前近溪的口氣，再對照本句來看，明顯近溪反對僅僅只說個「天人精髓」、「學問樞機」而已！〔註 52〕或高唱「天人精髓」的玄高之論，然往往不知如何「率性」而爲；或高談「學問樞機」的精微道理，然卻往往忽略道其中庸的切實性。所謂的道在邇，而求諸遠。此是近溪一貫

〔註 52〕掌握到近溪的一體觀，便不難發現此意。近溪反對陽明單說個良知而已，實不是反對陽明提出良知說，關鍵在於僅偏重於悟個良知，而忽略了最淺近、親切的孝弟以爲落實處，此前面已多有討論。同樣的，近溪說「中庸只天命之謂性一句，把天地人的精髓，一口道盡」。（234 條）「天人之精髓」可以說是天地人之存在根據，屬於形上的義理部分。身爲萬物之靈的人不可不知，然若只是偏重於此，而忽略了實踐的層面的問題，是近溪反對的。

的心事。如今近溪提出既可以「極高明」又可以「道中庸」的理念，就是孝弟之道。雖看似淺近之言，然卻把「天人精髓」、「學問樞機」紛紛「盡數捧在目前」、「頃刻轉回腳底」。天人之學看似玄遠之事，然卻在愛親敬長的當下實落，平平常常，就是家家戶戶每日必作的三件事而已。

由是觀之，「孝弟」不僅是堯、舜、文、武外王事業的根據，亦是孔、孟成聖的根源、聖賢心法之所在、儒家極高明而道中庸可能之所在。就近溪的心事與此義理而言，很難不說「孝弟慈」就是近溪學術之嫡旨。

第四節　家學與道學傳人之見證

近溪學術思想嫡旨的考證，其實從近溪個人的家庭教育、求學過程的啟蒙，學術環境的影響，以及哲學義理的角度，可以說大致可以底定，就是孝弟慈。不過本節想從近溪個人之外，即從近溪家學與道學傳人之角度，來旁證孝弟慈為近溪學術思想嫡旨。在正式討論此問題之前，有一問題必先提出來議論，就是重視孝道的太祖聖諭六言既然也成為近溪家學與道學的衣鉢。此中近溪之立意何在？尤其太祖在歷史上是一位極有爭議的人物，何以近溪會如此褒揚之呢？

一、聖諭六言之價值衡定

六諭是明太祖洪武三十年（1397 年）頒布的《教民榜文》四十一條中與大眾生活倫理道德關係頗為密切的前六條。即孝順父母，尊敬長上，和睦鄉里，教訓子孫，各安生理，毋作非為等六條。〔註53〕《教民榜文》是明太祖為了勸化人民向善所頒佈的。此《榜文》普受中晚明學者的重視，尤其是泰州學派。〔註54〕近溪亦不例外，對明太祖此六諭極為肯定。認為其聖諭六言「直接堯舜之統，發揮孔孟之蘊」、「把天人精髓，盡數捧在目前，學問樞機，

〔註53〕有關明太祖聖言六諭之演義，可參見〈近溪羅先生鄉約全書〉，《羅汝芳集》，頁 752～758。

〔註54〕王心齋〈與南都諸友〉、顏山農〈箴言六章〉、王一菴〈鄉約諭俗詩〉、〈鄉約六歌〉、耿天台〈題黃安鄉約〉、高攀龍等對於《教民榜文》皆持正面的看法，甚至皆認為對於內聖學與外王業多有助益。相關討論請參見陳冠州《泰州學派化俗思想研究》（高雄：國立中山大學中文研究所博士論文，2004 年），頁 93～114。

頃刻轉回腳底。」(237條)「直接孔子春秋之旨,聳動忠孝之心,不必言距楊、墨,人人知君父之恩之岡極也。寧非世道一大治,而天下後世獲甦生也哉?」(402條)因此讚揚明太祖是「天縱神聖,德統君師」。(237條)近溪對於明太祖如此的舉揚,若就事實結果來說,或有言過其實之嫌。近溪是否是在君權淫威壓抑之下不得不有的陳述呢?〔註55〕

從思想史上,已難考證其眞相。然從義理而言,筆者認爲近溪如此作之目的,終究來說是不離其一再強調的,求仁要回歸到實踐主體的「人」。而人不離「主體的個人」,以及「客觀的事物」。前者,以近溪而言,孝弟慈三個天根是「爲人(仁)之本」;後者,即牽涉到孝弟慈擴充必然面對的事實,依近溪而言,就是當時民風與學術環境。是以近溪非常重視教、學皆要「以時」。若體此意,則不難理解近溪何以會如此褒揚高皇的六諭並以之教導子孫、弟子以及一般百姓。以下將引幾段引文以茲進一步討論。近溪說:

> 天下太平者,非他,即人心和平之極也。人心之和平者,非他,即
> 《中庸》之各率其性,而爲孝爲弟爲慈,平平而遍滿寰宇,常常而
> 具在目前者也。此個人情,萬古不變,卻原是天命生生,萬古流行
> 而不已也。三代以前,帝王所以爲治,聖賢所以爲學,必先以維皇
> 降衷,民有恒性,天生蒸民,好是懿德,而云:天地之性,民爲貴
> 焉。總是知天命而畏之,戒謹恐懼,不惟自己不敢怠忽,即上下一
> 體,於臣人民物,亦不敢或至傷殘。今詩書之訓具在,如一有戎役,
> 一有徵求,悲歌存恤,不是念其父母,便是念及兄弟,不是念其兄
> 弟,便是念及妻孥,無非保合乎天和,而聯屬家國天下也。所以曰:
> 從古帝王,以人道待人;又曰:帝天之命,主於人心,皆的論也。
> 其後至於春秋戰國,又極而至於秦皇、楚霸,則草菅禽糜,無所忌
> 憚,極甚而莫可反矣。嗣是而漢晉唐宋,英君誼辟,未必無人,<u>然
> 求如我太祖高皇帝,獨以孝弟慈,望之人人,而謂:天地命脈全在
> 乎此者,則眞千載而一見者也</u>。芳(名汝芳)竊有臆見,<u>天下之事,
> 惟恐其根芽種核之未眞,而不患其枝柯花果之不結</u>。蓋種核入地,

〔註55〕 關於這個問題,龔鵬程在〈羅近溪與晚明王學的發展〉一文中略有所及。龔
氏認爲近溪一脈重視高皇六諭並非有任何政治目的,更非是替君權鳴鑼喝道
的奴儒。關鍵在於近溪意在經世,有政教合一的理想,故對於太祖聖諭格外
覺得親切。本文收入氏著《晚明思潮》,頁35~72。

則生意自充，人雖不覺，而勢將難已。（238 條）

太平盛世可說是每個朝代、每個人民的理想與願望。尤其明代剛從異族的統治中重新找回政權，可說是格外的殷切。這段引文是近溪與弟子談到天下如何保和太平的內容。近溪明確的指出，天下如果要太平，則天下人之「心」必先「和平之極」；而人心要平和之極，則必人人皆率其性而為；而率性之最就是日用倫常中孝弟慈之平平常常的表現。是以，天下太平之果必先建立在平常孝弟慈之因地上，否則是不可能達至的。即如近溪所說的，孝弟慈是天下太平之「真種」、是「天地命脈」之全部。依近溪的觀察，以孝弟慈來平治天下之風，自三代之後便漸漸失退矣。雖歷朝中不無英君誼辟，但是獨以孝弟慈，望之人人者，明代太祖朱元璋乃第一人也。在近溪《語錄》當中不乏對於太祖的讚揚。如近溪說：「至我太祖高皇帝挺生聖神，始把孝順父母六言，以木鐸一世聲瞽，遂致真儒輩出，如白沙、陽明諸公，奮然乃敢直指人心固有良知，以為作聖規矩，英雄豪傑，海內一時興振者，不啻十百千萬，誠為曠古盛事。〔註56〕」「高皇帝真是挺生聖神，承堯舜之統，契孔孟之傳，而開太平於茲天下萬萬世無疆者也。」（1 條）近溪如此的褒揚太祖，甚至連白沙、陽明等真儒之出，亦與其有關，如此是否有讚之太過的嫌疑呢？甚至與歷史對其的評價判若天淵呢？〔註57〕筆者認為對一個人的評判可以有各種不同的

〔註56〕 見 179 條。朱元璋總結歷代王朝的統治經驗，認為「治本於心」不亞於「治本於法」的手段。其認為本於心者，道德仁義，其用為無窮；由乎法者，權謀術數，其用蓋有時而窮。所以在加強封建專制統治的過程中，其也加強推動「文化專制主義」，強化思想統治。而其文化專制，首先是從加強儒家思想的提倡和宣傳入手，故即位之初，即大行推動尊孔活動。對於讀經的提倡，更是不遺餘力。將儒家要旨歸納為「敬天」、「忠君」、「孝親」。「敬天」思想是為了維護君主的重要工具；「忠君」思想是為了保障君主專制的重要的思想武器；「孝親」思想是與忠君思想相輔相成的，認為一人孝而眾人皆趨於孝，一家治矣，達一國以至天下。因此朱元璋千方百計的向臣民灌輸「孝親」的思想，實行「以孝治天下」的政策。不僅命繪古代的孝行圖以示子孫，更命令全國各地每個鄉里都要置辦一個木鐸，派一位老人或盲人，每月六次，沿途敲喊：「孝順父母，尊敬長上，和睦鄉里，教訓子孫，各安生理，毋作非為。」並御制《大誥》，將封建的三綱五常作了詳細的解釋，要求百姓遵照執行。參見姜濤主編《明太祖朱元璋》（臺北：華嚴出版社，1995 年），頁 305～323。

〔註57〕 根據朱鴻〈近十年來（1989～2000）有關朱元璋研究之介紹〉此一論文的調查顯示，在中國歷代開國帝王中，最受學術界「青睞」的恐怕就是明太祖朱元璋。有關朱元璋的研究，真可謂汗牛充棟。從 1949 至 1988，四十年間臺港大陸地區「先後出版（或再版）有關朱元璋的傳記、繫年要錄、故事、專題論著計十餘種，公開發表的文章計一百二十餘篇。」不僅如此，美、日等國

面向，意即評判一個人要看從哪一個面相來思考，否則會沒有交集的。

管仲在歷史上的評價便有所不同。就孔子個人而言，其曾經批評管仲「器小」、「不知禮」（八佾篇），也曾肯定其德，曰：「奪伯氏駢邑三百，飯疏食，沒齒無怨言。」（憲問第十四），此乃孔子分明是非，以是其所是，非其所非。然管仲有一事在孔子弟子當中曾經熱烈討論過，即「桓公殺公子糾，召忽死之，管仲不死」（憲問第十四）這件事情是仁或不仁的行爲呢？子路與子貢皆認爲是管仲是不仁之人。然而孔子卻以「如其仁！如其仁」美之。何以孔子之二位大弟子與老師會有如此判若天壤的評價呢？只能說其與孔子所關懷的點不同。孔子是從「利民」，甚至是「利仁」的角度來說的。即桓公九合諸侯，不以兵力，利澤於民，管仲之力也；管仲相桓公，霸諸侯，一匡天下，民到於今受其賜。微管仲，吾其被髮左衽矣！此表面雖是「禮」的問題，但是對於孔子而言，亦是「仁」之事。〔註 58〕因爲恢復周「禮」似乎是「歸仁」的唯一生機。這一個意思，亦可見於孔子與子貢「爾愛其羊，我愛其禮」（八佾篇）之議論。此中不可以爲孔子執著禮之形式，而不重其是否有內涵。〔註 59〕可見得評價一個人或一件事，要看從哪一個層面來看。不同的層面有不同的判斷根據。然而從「人的價值」面而言，當以提升「精神價值」，或是「人之所以爲人」之價值層面爲首要、爲判準。否則從價值多元的角度而言，歷史很難給予恰當的定位。

從管仲是功是過的命題當中，吾人可以發現，有一個重要的判準因子，就是必須放在時代的脈絡當中來看。孔子的時代已是人而不仁，禮壞樂崩的現況。恢復「禮」雖不是究竟的，甚至只有形式之名而無實質之內涵。然即便如此，禮亦不當廢之，因爲即使是「形式的禮」，卻可能是恢復「實質之禮」的一線生機。然若連「形式之禮」皆廢除（從禮的本質來說，或許言之有理），則恢復周禮是一點也沒有機會的。當然，恢復「仁」則更是渺渺茫茫、遙遙

也不乏學者致力於朱元璋個人，或明初洪武時期歷史的研究。此文收於（漢學研究通訊）20：1（2001.2），頁 28～44。朱元璋在歷史的定位極富爭議。是平民英雄，亦或是一位血腥皇帝呢？其實歷史對其的評價有功有過，看從哪一個面向來看。然總的來說，褒的少，貶得較多。

〔註58〕孔子終其一生要恢復周禮，然其背後之終極關懷是在「仁」，不只是「禮」而已。其要「攝禮歸仁」。故孔子說：「禮云禮云！玉帛云乎哉？樂云樂云！鐘鼓云乎哉？」（陽貨第十七）

〔註59〕孔子說過：「吾不與祭，如不祭」（八佾篇）；又謂「人而不仁，如禮何？」（八佾篇）

　　無期矣！是以，單純客觀上來看或許只是一個「形式之禮」者，但是若放在「攝禮歸仁」的目的性來看，則「因時」地執著一個「形式之禮」亦是非常有其價值、意義的。筆者想這是孔子的智慧，亦是中國哲學的智慧，故孟子謂孔子爲「聖之時者」也。

　　近溪以孔子求仁爲宗，在學道與講道中亦非常強調「以時」的重要性。筆者認爲近溪對於朱元璋的暴行不可能視而不見，就如孔子對於管仲的僭越其禮不是不知。褒揚管仲，是褒揚其善，然不意味其無「過」也，也不意味其可以接受此「過」。分判是非善惡本是良知自然之天性表現，只是不可是其所非，或非其所是。近溪對太祖的褒揚與孔子對於管仲的讚許，或許具有同樣的目的性。當然在不同時代的憂患意識（或道德意識）下，其所給出的「方式」便不盡相同，此所謂「以時」的道理。那麼近溪時代的憂患意識（或道德意識）是什麼呢？其實就是近溪的「心事」。近溪要回到實踐主體「人」的意義下來「歸仁」。而人的根源在於「孝弟慈」。就實踐主體「人」而言，可以說近溪是走「返本開新」之進路，即「返孝弟之本以開人之所以爲人之價值」，或可說「返孝開仁」。〔註60〕是以，明末亦是人而不仁的時代，近溪深覺「返孝」是「開仁」的不二法門。故本章從個個面相討論到何以近溪要以「孝弟慈」爲其學術宗旨，亦可看出近溪「返孝」的用心與決心。而近溪嘆三代以後未以「孝弟慈」爲其率性之本，以致人心未至和平之極，天下不能太平。此即近溪嘗感嘆道：「三代以後，名盛實衰，學者往往知慕仁義之美，而忘其根源所在」（163條）之意。如今高皇聖諭叫起孝父母、敬尊長等事，或是假「孝弟忠信」之名而行其「文化思想箝制」之政治目的爲實，近溪暫時撇開此問題而不論，近溪更關心的是三代之後「獨以孝弟慈，望之人人」者未之有也，而此刻是「返孝開仁」的難得之「機」。〔註61〕儘管「孝弟慈」之所發或許是他律，而不是自律的行爲，無道德可言。然以近溪而言，此他律的孝弟之道，卻是引發自

〔註60〕「返孝開仁」之「返」，是上一節討論的內容。近溪強調「三代以後，名盛實衰，學者往往知慕仁義之美，而忘其根源所在。（163條）」故要返回孝弟之根源；另採用「返孝開仁」而不用「返孝歸仁」的原因，在於近溪解釋「致良知」時，反對用陽明「格其不正，以歸於正」的進路，而主張「直而養之，順而推之」。故此處以「開仁」較爲順當，符合近溪的意思。

〔註61〕近溪謂：「聖賢爲政，不徒只開設條款，嚴立法令，叫他去孝弟慈。」（178條）由此可知，聖言六諭，嚴格說來，只能說是吾人行孝弟慈的一個「助緣」而已。而近溪這句話亦不無可能隱涉明太祖行「文化思想箝制」之暴行。

律的孝弟之唯一生機。這種心情或與孔子「愛其禮」而寧願失其羊的文化心是相同的。故近溪藉此「機」而加以轉化，即將他律的孝弟，轉爲自律的孝弟，以使之能夠眞正的「返孝開仁」。近溪說：

> 聽高皇帝聖諭，叫起孝父母、敬尊長等事，句句字字，觸著各人本來的眞心，則誰無父母？誰無兄弟？亦誰不曾經過孩提愛敬境界？今雖年紀或有老的，或有壯的，或尚幼的，固皆相去赤子已久，然一時感通，光景宛然。良知良能，如沈睡忽醒，則中心耿耿，便於血肉形軀，頓爾作得主起。雖是舊時耳目，而視聽卻分外聰明，雖是舊時聲口，而言詞卻分外和順，雖是舊時手足，而動止卻分外敬謹，故自然不待拘檢而靜定，勝如官府在上。豈止一身受用？且其天機活潑，生生不已。坐間看著鄉里，便大眾思要和睦，看著子孫，大眾思要教訓，看著清平世界，大眾思要安生樂業，以共享太和，只一心既收，便萬善咸集。此善政，所以不如善教之得民，而政刑，所以不如德禮之有恥且格也。何況此心良知？人人皆同，處處皆同，聞得有場好事，無不喜做，聞得有場不好事，無不羞做。今我老幼一堂，如此受用，日久一日，自一家而傳至他家，自一鄉而傳至他鄉，自一邑而傳至他邑，莫不翕然向風，截然歸一，即孟氏所謂：人人親其親，長其長而天下太平，將復見矣。此等風俗，皆由吾鄉忠厚，世積醞釀而成。今堂上尊長，年皆八九十歲，世味嘗過多少，聞得這段意思，猶懽喜忘倦，則幼而小者，咸如出山之日，駸駸向上，又可不發個憤勇！把從前睡夢著實打醒，將以後光陰著實愛惜，一舉足也不敢忘，一出言也不敢忘，從一旦以至終身，做個大孝大弟之聖賢，垂名天下萬世也。不虧了父母生育之恩、朝廷作養之惠，鄉里勸化之功也，豈不爲一代盛事也哉！（168 條）

孔子之所以「攝禮」，乃因孔子明確知道「禮」與「仁」的關係。「禮」是「周禮」，乃聖人所作。故禮者，理也。「攝禮」即是「攝天理」也。故盡到「禮之和」即是歸「仁」也。反觀高皇，或不知孝弟對於成德之教或求仁的關係，但是近溪看到的卻是「孝弟」根源於心，其實就是良知良能，人人本有，是開顯仁心之根源。只是或沈睡而不醒，或日用而不知。如今高皇帝聖諭，叫起孝父母、敬尊長等事，句句字字，觸著各人本來的「眞心」。即透過外來的呼喚以「誘發」人人本有的「孝弟之心」。此「誘發」之所以可能，乃在於人

人本固有之，否則「誘發」便無效矣！〔註62〕故透過「木鐸老人」每月六次之敲喊：「孝順父母，尊敬長上」來敲醒沈睡已久的良知良能，使眞主人能當家，回到自覺的狀態，如此則轉「他律」爲「自律」，轉「日用不知」爲「爲仁由己」。雖是同一個行爲，但經過內在的革命之後，則「雖是舊時耳目，而視聽卻分外聰明，雖是舊時聲口，而言詞卻分外和順，雖是舊時手足，而動止卻分外敬謹。」此刻可說是「一心既收，便萬善咸集」。近溪看到孝弟的根源性與普遍性，即「人人皆同，處處皆同，聞得有場好事，無不喜做，聞得有場不好事，無不羞做。」故即便高皇這些善舉之背後是「文化思想箝制」之行爲，就其道德動機而言或是不道德的行爲，然從近溪的角度而言，其可以是「利民」、「利仁」的行爲。可以是「把從前睡夢著實打醒」之「機」。其不僅對個人有益，「日久一日，自一家而傳至他家，自一鄉而傳至他鄉，自一邑而傳至他邑，莫不翕然向風，截然歸一。」就如「春天一和，則禽畜自然生育，樹木自然滋榮，苗稼自然秀穎，而萬寶美利，無一不生生矣！」（191條）則天下太平之日，則指日可待。

近溪褒揚的僅僅是太祖的「六諭」，別無他物。而太祖之六諭，著實來說，只是「返孝開仁」的一個「機」。然近溪將其放在時代的憂患意識下來看，卻變成「生生之仁」是否可以完成的一個極爲必要、不可或缺的「關鍵」。一般人以爲只是掃蕩驅除，爲整頓一世乾坤，而不知：孝順父母、恭敬長上數言，直接堯舜之統，發揚孔孟之蘊，卻是整頓「萬世乾坤」；直接孔子春秋之旨，聳動忠孝之心，不必言距楊、墨，人人知君父之恩之罔極，而開「太平於茲天下萬萬世無疆」者也。（1條）

二、羅懷智的見證

近溪二子皆英年早逝，故近溪的家業只能落在諸孫之中。近溪共有八孫，羅懷智（字伯愚，號嗣元，1561～1635）是近溪的第三孫，承繼了家業。陳懋德在〈刻羅明德先生遺集序〉中即說道「有孫懷智者，能嗣家學。」（頁66）鄒元標亦在〈近溪羅先生墓碑〉中說到：「懷智孜孜尚友，懼隕家學，先生有後矣。〔註63〕」而近溪本人更直接說「余之衣缽，今付爾矣！〔註64〕」是以，近

〔註62〕此誘發之所以可能之原因，與物理學共鳴之概念相類。而這個共鳴概念在第四章第二節會有更深入的討論，可參照之。
〔註63〕《羅汝芳集》，頁932。另王時槐、楊復所、曹胤儒、黎允儒、趙志皋等亦皆

溪家學的傳人當是懷智而無疑也。然而懷智並未留下專著，只有部分的短文。皆收在近溪的《文集》與《語錄》中。以下即根據這些現有的文獻來作研討。

　　懷智大約在二十三歲（1584 年），即近溪七十歲之際，便開始很積極地收集其先子近溪的語話，可謂見則隨書之，隨收之。〔註65〕爲了有更完整的文稿，不惜竭力求訪。甚至因稿散逸而不可得，半夜每思及此，都會潸然淚下。懷智終其一生都將心力放在編刻先子之遺稿，而一轉眼就是五十年的時間。〔註66〕由此可見懷智對於近溪之《語錄》當有所著墨，對於近溪的學問亦當有所體會。然而在懷智現存的文獻當中，內容多以歷史之描述居多，鮮有義理之陳述。倒是其子羅萬化的一段引文頗能呈現懷智承繼近溪孝弟慈的思想。其云：

> 先子近溪公，臨終，訓諸孫曰：「聖諭六言，直接堯舜之統，發揮孔孟之蘊，爾等能奉行於時時，於作聖何有？蓋不學不慮之良，即孩提之愛親敬長，故曰『人皆可以爲堯舜。』夫堯舜之道，孝弟而已矣。文之定省，武之達孝，皆此良知良能也。子思謂：仲尼祖述堯舜者此也，憲章文武者此也。」先子謂：高皇直接堯舜者此也，發揮孔孟者此也。楊太史謂：先子祖述仲尼者此也，憲章高皇者此也，孝弟人人固有，聖賢人人可爲，<u>孔門學脈易簡的確，奈麼埋數千年，至陽明先生始悟良知，而未証以孝弟，以故世儒見耿耿小明而把捉，以爲知體</u>，去道益遠矣。先子性本天縱，造復資深，<u>將此學脈全盤捧出，故宣爲會語，無一言非孝弟，措爲文章，無一篇不孝弟，眞孔門嫡派。</u>諸孫中能繼其志者，惟家大人，<u>化自髫年見家大人以此孝弟持身，以此孝第訓人，競競不忘祖訓</u>，即今年踰七十猶手錄先子詩文、語錄，披閱先子《仁孝》諸訓，須臾不離。……<u>先子發揮無非孝弟</u>，化雖不敏請紹先訓矣。若夫老吾老，長吾長以及人之老長，此明德親民之學，大《易》生生之仁，物我一體，先子實有諸己矣。化欲紹焉而未能也，惟力行孝弟，以紹先子臨終遺訓，與紹家大人之志而已。〔註67〕

　　　　肯定懷智是傳承近溪家學的孫子。見李慶龍《羅汝芳思想研究》，頁 16～17。
〔註64〕見〈勗三孫懷智〉，《羅汝芳集》，頁 720～721。
〔註65〕見黃文炳〈明德羅夫子文集後序〉，《羅汝芳集》，頁 979。
〔註66〕本文章不見其篇名，是懷智於 1632 年夏所作。見〈代序〉，《羅汝芳集》，或《羅近溪先生語錄彙集》，頁 70。
〔註67〕見〈羅明德公文集跋〉，《羅汝芳集》，頁 977～978。

在此萬化將近溪提倡「孝弟之道」之義理，重新整理而加以闡釋，說明何以「孝弟之道」即是「成聖成賢之道」、即是「近溪學之嫡旨」、即是「家學之衣缽」。孔子祖述堯舜，憲章文武；孟子所願則以學孔子；近溪祖述仲尼，憲章高皇。從堯舜到孟子可以說是一脈相傳，以「孝弟」為其衣缽。而此衣缽從孟子之後便失傳，直至高皇才又接上。繼而近溪祖述仲尼，憲章高皇，亦只是此孝弟之衣缽而已，別無它物。近溪臨終訓勉諸孫，只要時時奉行「孝弟之道」，則必能「直接堯舜之統，發揮孔孟之蘊」，如此成聖成賢豈是難事呢？萬化此處亦指出近溪與陽明良知學之差異，這一點在近溪《語錄》已有提及。即近溪一改陽明以「知是知非」來規定良知，而是以「知孝知弟」來規定良知。因為以「知是知非」來規定良知，容易將此知體當作一耿耿小明而把捉之。即無意間已然將良知當作良知之光景在把捉而不自知，如此則去道益遠矣！可見萬化已掌握到此微妙之差異，知道以「知孝知弟」規定良知的重要性。近溪與陽明之差異看似毫釐，都是在悟良知，然近溪認為卻有千里之謬的危機，不可不慎！

萬化進一步指出近溪承繼堯、舜、孔、孟之學脈，即善繼「孝弟之道」。蓋因近溪《語錄》「無一言非孝弟，措為文章，無一篇不孝弟」，已將先聖之真精神全部闡釋出來。此或有誇大其詞之嫌，然扣以前文所述，「孝弟慈」的確是近溪《語錄》中強調再強調的重要概念。而孫輩之中能夠善繼其志者，惟有其父懷智。何以為證呢？按萬化之回憶，從小便見其父以此孝弟持身，以此孝弟訓人，戰戰兢兢不忘近溪的訓示。即使年踰七十，依舊手錄近溪之詩文、《語錄》，披閱近溪《仁孝》諸訓，須臾不離。由此可知，懷智從幼至老，皆是以孝弟修身，並以孝弟教人，可說是念念不忘近溪的遺訓，家學之衣缽。而萬化自勉當力行「孝弟」，以善繼先子近溪之臨終遺訓，與善紹其父懷智之志。

除了從近溪臨終遺訓可得知近溪將「聖言六諭」（孝弟）為其家學之衣缽外，其實在早期，近溪便時常以此訓勉懷智。對話如下：

> 子之第三孫懷智問道。子曰：「聖諭六言盡之。」問功夫。曰：「聖諭六言行之。」請益曰：「聖諭六言達之天下，如斯而已乎？」曰：「六言行之天下，堯舜孔孟，其猶病諸！」（516條）

> 智（羅懷智）問修身。子曰：「捨聖諭六言而修身，是修貌也，非修身也矣。《中庸》曰：修身以道，修道以仁，仁者人也，親親為大。」

（517 條）

> 子謂智（羅懷智），曰：「聖諭六言，其直指吾人日用常行，不可須
> 臾離之道乎！」（518 條）

聖諭六言，雖是六言，其實近溪著重在前二言，就是「孝弟之道」。近溪明確
而切要的告訴懷智，「道」就在人之日用倫常中，離開日用倫常也無所謂的
「道」。或許是懷智喜言「神通」（307 條），故近溪再三的耳提面命，告誡之
修「道」就在日用倫常當中實踐，只要徹底、充盡地實踐孝弟之道，道就在
那裡。若是捨棄孝弟之道而自稱修道，近溪認爲了不起稱之爲「修貌」，永遠
只是在道的外圍打轉，只是修個「旁門外道」而已。當該修道以仁，仁者人
也，親親爲大。離開人之親親：孝弟之道，則無「仁」可言，無「仁」則無
「道」矣！近溪恐其輕視「孝弟之道」，故進而言之：「六言行之天下，堯舜
孔孟，其猶病諸！」其實這句勸勉警惕之言，不只是告誡懷智而已，事實上，
要將孝弟之道行諸天下以爲大孝大弟，本來就是無窮無盡的歷程。（91 條）

　　是以，近溪之家學衣缽可以說就是「孝弟」而已矣！尤其在近溪晚年，
其更是直接了當的告誡門人與孫輩，修道只要「潛心於《大學》『孝弟慈』之
旨」就夠了。切勿觀看禪家之書。近溪這段話藏有深意。按王塘南之說法：「先
生於釋典玄宗，無不探討：緇流羽客，延納弗拒，人所共知」（606 條）；楊復
所亦說道近溪「參訪於四方高賢宿德，惟恐不及，德無常師，善無常主，但
聞一言之益，即四拜頓首謝之。」（623 條）近溪中晚年可以說四方參學，進
出儒、釋、道三家。這種學無常師的態度，一直是其學道之精神。然而至其
晚年，近溪盡然反對弟子與後嗣孫輩接觸佛老之學，很明顯這與其自己過去
的爲學之道是矛盾的。是以近溪到了晚年其學術思想可能有轉變。首先，近
溪眞正的識清儒、釋、道之別。釋、道之學常言「虛、無」，雖然高深玄妙，
然卻令人「飄渺」。近溪告誡孫輩說：「一入其中，如落陷阱，更能轉頭出來，
復歸大道者，百無一二。」（606 條）從這段話或許我們可以如此推想，近溪
就是從陷阱轉頭出來而復歸大道者。然近溪自問能夠像其如此知道「轉頭」
者，百無一二。故近溪明確果決的告訴孫輩，修道只要「潛心於《大學》『孝
弟慈』之旨」就足夠了，無須參學釋、道。當然，若從近溪教學善於「以時」、
「應機」而言，也不無可能是因爲孫輩喜言神通玄妙，故告誡之當落實於日
用倫常之孝弟慈。不過，若是從近溪的口氣與心事來看，反對「虛玄之論」，
而重「孝弟之實」，是近溪一貫的思想，並非只針對弟子或孫輩。這是孔孟後

整個學術的問題。當然在此也不宜推斷近溪完全反對釋、道之學。〔註 68〕然則，客觀來說，釋、道之學的確有其思想上的問題。如近溪所言：「一入其中，如落陷阱」。若果如是，近溪到了晚年，其學術思想可以說完全轉向「純儒」，且以「孝弟慈」為儒家的思想核心，並以之為道學與家學之衣缽。甚至可以說「孝弟慈」就是儒學之衣缽。〔註 69〕

三、楊復所的見證

陳懋德不僅指出懷智承繼了近溪的家學，同時亦指出傳承近溪衣缽者為楊復所。〔註 70〕其實，不只是陳懋德如此認為而已，劉一焜、程開祜、曹胤儒亦復如是。〔註 71〕甚至近溪個人亦可能如此想的。這可以從近溪逝世前的一段對話可窺見之。據楊復所〈羅近溪先生墓誌銘〉的記載：

> 其未卒前十日，謂門人黎允儒曰：「貞復典試在閩，吾欲與語，子試
> 往訊之」。然無及矣。於是門弟子百餘人暨諸姪繼宗、繼先、輔、載、
> 孫懷義、懷智等謂復所曰：「子宜知師，子宜銘師。〔註 72〕」

近溪於臨終前十天，緊急地召回正在千里之遙典試中的復所。正常推理，若非有要事要交代復所，何必如此呢？可見得復所在弟子中的地位是非常特殊的。再則，百餘位近溪弟子，以及諸姪繼宗世族皆謂復所說：「子宜知師，子宜銘師。」從這種眾望所歸的殷盼當中，甚至從「你應該最了解老師」、「你

〔註 68〕近溪晚年對「孝弟慈」更為肯定，也難說完全不受釋道之影響，不管說是正面或是反面的影響。雖然近溪具好佛之名，然終究以儒聖為宗歸。有關近溪與佛教之交涉，請參見陳永革〈王陽明及其弟子的叢林交遊〉，《陽明學派與晚明佛學》（北京：中國人民大學出版社，2009 年），頁 88～95。劉聰〈羅汝芳與禪宗〉，《陽明學與佛道關係研究》（成都：四川出版集團巴蜀書社，2009 年），頁 174～194。

〔註 69〕這裡所謂的「晚年」，大致是指近溪二子病死年之後，即六十五歲之後。此在第三章第一節已有討論。而這裡所謂的「純儒」，並非說近溪在此之前並非是儒者。而只是強調近溪在此之前，其學問夾雜著釋道之學。而到了晚年可說是「去蕪存菁」的階段。「蕪」是就指佛老思想而言；「菁」就是指大約在三十八歲就建立的「孝弟慈」思想。（參見第三章第一節）故不宜說近溪晚年才建立「孝弟慈」之思想。

〔註 70〕見〈刻羅明德先生遺集序〉，《羅近溪先生語錄彙集》，頁 66。

〔註 71〕見《羅近溪先生語錄彙集》，頁 51、59、60。復所可以說得近溪學之宗，故同門師兄弟紛紛請復所為之指正、為之作序，可說是近溪弟子之最。參《近溪子集序》、《羅近溪先生一貫編序》、《旰壇直詮序》。

〔註 72〕《羅汝芳集》，頁 919。

應當稱頌老師的德業」的責任與使命來看，不難理解復所應當是最得近溪學要旨之弟子，亦是近溪弟子們，及其繼宗世族們所共同推許的。其實復所個人亦有此擔當與使命感。故其在近溪晚年（1587）之時，曾感嘆的說：「吾師且老，今若不盡其傳，終身之恨也。〔註73〕」而復所的弟子余永寧爲其《證學編》作序時，亦頗負自信的說：「堯舜千五百年而有孔子，孔子千五百年而有高皇，其間治亂相尋，道統相繼，曆數有在，非偶然者。而斡旋宇宙之命脈，果繫六諭之天言，非得羅子揭之，楊師宣之，寥寥數百載，孰有以窺其微哉！〔註74〕」

　　楊起元字貞復，號復所，廣東歸善人。萬曆丁丑進士。授翰林院編修。歷國子監祭酒，禮部侍郎。1577 年拜近溪爲師，其事近溪可說是恭敬而從不懈怠，出入必以其像供養，有事必告而後行，甚至將羅近溪視爲聖人。〔註75〕其掌握到近溪學術之嫡旨就是孝弟慈，故在近溪逝後三年（1590），復所編輯近溪《語錄》中有關孝者之言，並在每條語錄後附加《孝經》經文以爲結語，而成《孝經宗旨》一卷。又經過數年家居，讀近溪之言，益熟而自覺，深覺過去所集者尚未完善也，乃手自抄錄，補其遺漏，刪其重複，分爲兩卷，上卷曰《孝訓》，下卷曰《仁訓》。而《孝訓》又分類爲十八章，《仁訓》分類爲十二章。從這些分章之「章名」來看，「孝」可說是極高明而道中庸，不僅縱開內聖之學，同時橫開外王聖業；而「仁」以生生之德爲本。〔註76〕可見得「仁」與「孝」是近溪思想的核心價值。同時於此分類當中，亦可看出「孝」不僅是「仁」之實名，同時「孝」是工夫之實落處。就此而言，與上文討論之結果可說是一致的。以下便從復所所編輯之書序，以及相關文獻，來探討復所如何詮釋近溪的哲學思想。復所《孝經宗旨跋》說道：

> 經曰：「人之行莫大於孝，而罪莫大於不孝。」蓋仁者人也。孝則仁，仁則成其爲人，故行莫大焉；不孝則不仁，不仁則不成其爲人，故罪莫大焉。孝以成仁，亦以仁成，是以曾子曰：大孝尊親，大孝不

〔註73〕黃宗羲《明儒學案》卷三十四，《黃宗羲全集》（杭州：浙江古籍，2005 年），頁 56。
〔註74〕見楊復所〈序〉，《太史楊復所先生證學編》，收於《續修四庫全書》1129 冊，（上海：上海古籍，1995 年）。
〔註75〕見黃宗羲《明儒學案》卷三十四，《黃宗羲全集》，頁 56～57。
〔註76〕見〈仁孝訓序〉，收於《羅近溪先生語錄彙集》，頁 58～59。目前從《語錄》整理出之《孝訓》與《仁訓》二卷之文獻，收在《盱江羅近溪先生全集》。內容上大抵上皆可在《語錄》中尋得。《孝訓》有十八章，《仁訓》有十二章。

匱。……《孝經》所說，無非此意……、後世或以其文句之少而略
之，又或得其詞而忽其理，逐其末而遺其本，經幾晦哉！吾師羅夫
子獨得此經之旨，故其言孝也，以仁言孝，其言仁也，以孝言仁。
　　然竊意欲明《孝經》之宗旨，似當自羅子始。〔註77〕

復所將近溪《語錄》中有關孝者之言做了整理與編輯，並在每條語錄後附加
《孝經》經文以爲結語，而成《孝經宗旨》一卷。儒家德目中，何以獨獨要
挑有關「孝」之語爲編輯呢？可見得「孝」在近溪講學中扮演相當份量的地
位。甚至是其哲學思想的核心價值。近溪歸會孔子，以求仁爲宗。然如何「求
仁」呢？此是諸儒共通的理想，亦是諸儒畢生之課題。復所認爲近溪是從實
踐主體「人」此基點來立說「求仁」。而人之行莫大於「孝」。故「人、孝、
仁」可以說是一體關係，其中近溪認爲仁、孝是名、實之關係。惟孝才是眞
正仁之實。故若要求仁，則必是以孝爲根源，如此方能「孝則仁，仁則成其
爲人」也。這是立基於實踐主體「人」的基礎下說「孝」與「仁」的根源關
係，強調孝是仁之根源、孝是仁之實名，即「孝者，仁之本也」（頁59）的說
法。若此，則「以孝言仁」即可，何以又要「以仁言孝」呢？其實復所已看
出近溪除了從實踐主體「人」之立基上，以人爲首出，強調孝是仁之根源、
孝即仁外，同時亦從人之所以爲人之超越根據「仁」爲基準，說明孝不能涵
蓋仁，即「得於孝而不得於仁者，蓋有之矣；未有得於仁而不得於孝者也。
得於孝者，天資之近可能；得於仁者，非知學莫之與也。〔註78〕」前後看似
有不一致之處，實是因爲站在不同的基點下所造成的。而這兩個不同的基點
分別表示著重不同的面相。前者，說明「孝即仁」，仁與孝，一而已矣。強調
求仁必須要回歸到實踐主體「人」，其根源在「孝」，不可「逐其末而遺其本」，
此可謂：「其言仁也，以孝言仁」；後者，說明「孝不即是仁」，孝與仁是二非
一。強調求「仁」之無窮無盡的歷程，若非善學，則孝不成其爲大孝，孝不
即是仁，即不可「逐其本而遺其末」〔註79〕，此可謂：「其言孝也，以仁言孝」。

〔註77〕 《羅汝芳集》，969頁。
〔註78〕 見〈仁孝訓序〉，收於《羅近溪先生語錄彙集》，頁58～59。上一節討論到，
　　　　 把「孝弟其爲仁之本」分別爲「存在」和「實踐」兩個層次。在「存在」（體）
　　　　 的層次，仁是孝弟之本；在「實踐」（用）的層次，孝弟是爲仁之本。孝不能
　　　　 涵蓋仁，而仁可以涵蓋孝，明顯是從「實踐」（用）的層次立論。按近溪的說
　　　　 法，得於孝而不得於仁者，只是個善人；並非是仁人。關此請見第四章。
〔註79〕 復所謂近溪「其言孝也，以仁言孝，其言仁也，以孝言仁。」其中「其言孝
　　　　 也，以仁言孝」乃是強調孝（本）、仁（末）在工夫實踐之本末、先後關係。

言萬物一體之仁，不可只就化境言之，必實落在「以孝言仁」；言孝之實落，亦不可以此爲限，當以孝於天地萬物爲止。故「孝以成仁，亦以仁成」。孝與仁「必兼舉而言之，其義始備。」（頁58）此不僅證成了第三節「仁、孝」關係之說明外，亦再再顯示近溪哲學的特色，即本末、體用一體觀的思想。

上文主要是依據復所〈孝經宗旨序〉與〈仁孝訓序〉的內容來探討，這兩篇序文亦可說是展現復所對近溪孝、仁詮釋的主要文獻。而復所之理解可以說完全符合近溪本人的理念。〔註80〕是以從這二序文中吾人可以作如下之推論。首先，近溪哲學雖亦是以孔子求仁爲宗，但是其「求仁」已經轉向從實踐主體「人」之「孝弟」爲實落處。而根據此面向將「孝」往上提，而謂「孝即仁」。然將孝往上提的重點是要修正先儒輕忽孝弟是仁之實落處的弊病。但是，傳統以來，孝與仁畢竟是不同的，「仁」才是儒家最高的理想，〔註81〕孝弟只是行仁之始而已。故不只行孝而已，當要擴充孝行而爲仁人。就此而言，孝不即是仁，惟孝於天地萬物之大孝方爲仁。其次，從此二序文中，可得知復所深得近溪學之要旨就在於「孝弟」以「求仁」。換言之，亦從其傳人復所此二序文可佐證近溪哲學之嫡旨就在「孝弟慈」。故復所說吾師之學，始而求之孝弟，立鄉約，飭講規，敷演聖諭六言，惓惓勉人，以孝弟爲先。凡士民入府，則教以孝順父母、尊敬長上，直指孝弟慈爲生民命脈。〔註82〕並引熊儐之語曰：「吾師以孝弟慈，盡人物之性，其即孔子一貫之旨也。」（頁62）

以上復所之言，皆可說將近溪學術嫡旨指向「孝弟慈」。而近溪以「孝弟慈」爲其學術嫡旨是有其學術思想背景的，其中一部份是針對陽明以「知是知非」規定「良知」所造成之弊而發的。這個問題亦見於其大弟子復所之言，可見得此問題在近溪心中應該是一個重要的哲學問題。以下我們看其衣缽傳人如何看待此問題。復所說：

> 高皇帝之學，直接夫堯、舜、湯、文、孔子之統者也。……其間真

近溪羅子曰：「孝弟一也，不能因心以出者，淺而忘本；不善推所爲者，近而遺末。」（117條）

〔註80〕與上一節討論近溪〈哲學義理的向度〉，可說是一致的。

〔註81〕孝與仁雖有其區別，即孝不能涵蓋仁。但是真正的孝，必然是「大孝」而後止。若果如是，則孝者就是仁者。故近溪亦有此話：「蓋孝道，至大至久，塞天地而橫四海，淪草木而及禽獸。」（357條）「只孝弟，便是堯舜，便足以明明德於天下。」（479條）

〔註82〕整理自復所〈擬作答問集序〉、〈墓誌銘〉、〈近溪先生一貫編序〉。以上收在《羅近溪先生語錄彙集》，頁74、62，以及《羅汝芳集》，頁921。

儒輩出，而莫知其統，……姚江揭人心之良，暗合於高皇，而未嘗
推明其所自，則予所謂莫知其統者也。姚江一脈，枝葉扶疏，布散
寰宇，而羅子集其成焉。（622 條）

夫學患不見赤子之心而已。而學者稍悟良知之說，輒起執情，障我
空體，天地何安？日月何行，四時何運？鬼神何靈？蓋錯認主人而
迷失赤子者也。……、而其言一宗孔子，歸之於天命，證之於赤子。
（頁 36）

文中論及「眞儒輩出」，近溪是有所指涉的。其在另一處有提到「至我太祖高
皇帝挺生聖神，始把孝順父母六言，以木鐸一世聲瞶，遂致眞儒輩出，如白
沙、陽明諸公，奮然乃敢直指人心固有良知，以爲作聖規矩，英雄豪傑，海
內一時興振者，不啻十百千萬，誠爲曠古盛事。」（179 條）近溪明白表示，
自太祖高皇之後，以人心固有之「良知」爲作聖規矩之「眞儒」紛紛崛起。
然陽明雖指出人心之良知，可謂曠古盛事，有功不少。但是由於未能眞正的
體會「良知」之內涵與根源。故「聰明超悟者，或見性體矣，而未必盡合其
矩式；高邁倬行者，或遵矩式矣，而未必能透夫性眞。」（623 條）是以近溪
認爲只能「暗合於高皇」。何謂「暗合於高皇」呢？高皇直接堯、舜、湯、文、
孔子之統者，即接「孝弟之統」也，此上文已提及。而「暗合於高皇，而未
嘗推明其所自，則予所謂莫知其統者」，是指暗合於人之固有之「良知」，但
是「良知」不僅僅只是「知是知非」下之「良知」，更應當是「知孝知弟」下
之「良知」。因爲以前者來規定良知容易造成「輒起執情，障我空體」之弊。
〔註 83〕惟有以「赤子之心」之不學不慮的「愛親敬長」規定的良知方能眞正
的接上堯、舜、湯、文、孔子之統。否則雖然已悟良知之主人，然卻猶如「錯
認主人而迷失赤子者」。故復所謂近溪乃「一宗孔子，歸之於天命，證之於赤
子。」所謂的「證之於赤子」，即是證之以「知孝知弟」的「良知」。故四庫
館臣〈孝經宗旨提要〉說近溪之良知學，就是以孝爲其宗旨，故以「宗旨」
二字爲標題。〔註 84〕

除復所之見證外，其餘門人或其後學亦皆指出「孝弟慈」在近溪哲學當
中扮舉足輕重的地位。陳省〈重刻近溪子續集序〉曰：「先生之書，總之皆言：

〔註 83〕關於以「知是知非」來規定良知容易造成「輒起執情，障我空體」這個問題，
　　　　請見第五章的討論。
〔註 84〕見〈孝經宗旨提要〉，《羅汝芳集》，頁 970。

仁也，孝弟也，赤子之心也，而歸之性善，歸之中庸。」（頁44）萬煜〈羅近溪師事狀〉曰：「我師之學直接孔氏，以求仁爲宗，以天地萬物爲體，以孝弟慈爲實功。〔註85〕」王文熣〈近溪羅先生鄉約全書序〉曰：「（近溪）以天地萬物爲體，以求仁爲宗旨，以孝弟慈爲實功，以民物爲極致。」（頁50）曾鳳儀〈近溪先生集序〉曰：「（近溪）直指孩提知愛知敬，本之不學不慮，以爲良，卒之不思不勉，以成聖，非二物也。……而孩提一念發露最眞，故孝弟即性眞之宣洩而非滯於情也。」（頁55）後學蕭近高〈刻旴江羅近溪先生全集敘〉曰：「不學不慮之宗，而歸之孝弟。口之所宣、身之所履、政之所施，無非是者。」（頁54）陳起龍〈羅近溪先生集序〉曰：「其說以仁爲體，以明德爲宗，以孝弟爲日用之要。」（頁67）王環〈近溪羅先生像贊〉曰：「（近溪）發明德之旨，中天皎日。證孝慈之用，大地陽春。」（頁27～28）雖然不可僅僅根據這些內容就證成近溪學術嫡旨就是孝弟慈。或如吳震先生所言，如上之以求仁爲宗，以赤子之心爲的，以孝弟慈爲實皆算不上「宗旨」，只是表明近溪在思想上的某些趨向或旨趣。〔註86〕但是若是從本章第一節至第三節的討論看下來，可以排除吳先生的看法。而孝弟慈之實用、日用似乎是多數弟子的看法，吾想近溪不會反對如此之理解。前文已有論及，近溪從「仁」轉向實踐主體「人」之「孝弟慈」之實落，就是強調實踐之重要性，並隱含著孝弟慈實踐之親切、簡易，爲仁之根源的說法。雖然門人未直接指出近溪的學術嫡旨爲孝弟慈，然從本章第一節分析至此，不難理解，近溪重視孝弟慈之實用，其實就是近溪關心的問題，及其學術之嫡旨所在。

第五節　小結

　　一個學者的學術思想的完成，與其環境背景因素有絕對的關係。或家庭教育環境，或學術環境。而這兩個因素再加上個人的生命特質之內化則成爲其個人的學術思想的特質。此三者可謂相互關聯。故從此三者當中可以找尋出其共同而一致的觀點。然若不能一致的時候，當以其個人之哲學思想爲最後依歸。〔註87〕幸之，在近溪這裡，此三者可說是一貫融通的，甚至與其家

〔註85〕見〈羅近溪師事狀〉，《羅汝芳集》，頁852。
〔註86〕吳震《羅汝芳評傳》，頁179。
〔註87〕一位學者之哲學思想之完成，當不止如上之因素。例如當時的社會經濟、國家政局、個人生命際遇……。然在此，筆者已預設這些因素皆蘊含在其學術

學與道學傳人對近溪學的詮解亦是一致的。故不能說近溪哲學思想是大而無統，博而未純，不能說近溪哲學沒有宗旨，或是說近溪哲學不以孝弟慈爲宗旨，而是以超越的「易理」與「神理」爲宗旨。以下有一段引文非常重要，筆者認爲可以作爲本章的總結。故引之在後以茲討論。

> 會中有問及人家宗法者。先生（羅子）爲歎曰：「豈惟此身然哉？人心亦有之。或問曰：「吾心之宗，何如？」羅子曰：「宗也者，所以合族人之渙而統之同者也。」吾人之生只是一身，及分之而爲子姓，又分之而爲玄曾，久分而益眾焉則爲九族。至是，各父其父，各子其子，更不知其初爲一人之身也已，故聖人立爲宗法，則統而合之。由根以達枝，由源以及委，雖多至千萬其形，久至千萬其年，而觸目感衷，與原日初生一人一身之時，光景固無殊也。董子曰：「道之大原出於天，天不變，則道亦不變。」夫天之爲命，本只一理。今生爲人爲物，其分甚眾，比之一族又萬萬不同矣。於萬萬不同之人之物之中，而直告之曰：大家只共一個天命之性。嗚呼！其欲信曉而合同也，勢亦甚難也，苟非聖賢有個宗旨，以聯屬而統率之，寧不愈遠而愈迷亂也哉？於是<u>苦心極力說出一個「良知」，又苦心極力指在赤子孩提處見之</u>。夫赤子孩提，其眞體去天不遠，世上一切智巧心力，都來著不得分毫，然其愛親敬長之意，自然而生，自然而切，濃濃藹藹，子母渾是一個。其四海九州，誰無子女？誰無父母？四海九州之子母，誰不濃濃藹藹渾是一個也哉？夫盡四海九州之千人萬人，而其心性渾然只是一個天命，雖欲離之而不可離，雖欲分之而不能分。如木之許多枝葉而貫以一本，如水之許多流派而出自一源。其與人家宗法，正是一樣規矩，亦是一樣意思。人家立宗法意思是，欲知得千身萬身只是一身。<u>聖賢明宗旨意思，是欲後世學者，知得千心萬心只是一心</u>。既是一心，則說天即是人可也，說人即天亦可也，說聖即是凡可也，說凡即是聖亦可也，說天下即一宗可也，說一宗即天下亦可也，說萬古即一息可也，說一息即萬古亦

環境與個人哲學義理的講述當中。所以就沒有探討此部份。當然，一部份是筆者認爲這些因素都並非是主因，或可說是其思想之發生義。而本章主要是探討其哲學義理的內涵，其思想發生義或有助於研究，但並非必要條件，且也未必絕對相干。就哲學思想之研究而言，這些因素或只能是研究之助緣，而非本質的需要。

可也。四書五經中，無限說中，說和，說精，說明，說仁，說義，
千萬個道理，也只是表出這一個體段；前聖後聖，無限立極，立誠，
主敬，主靜，致虛，致一，千萬個工夫，也只是涵養這一個本來；
往古來今，無限經綸宰制，輔相栽成，底績運化，千萬個作用功業，
也只是了結這一個志願。若人於這一個不得歸著，則縱言道理，終
成邪說，縱做工夫，終是跛行，縱經營事業，亦終成霸功，與原來
不慮而知、不學而能、天然不變之體，又何嘗霄壤也哉？卻如人家
子孫眾多，各開門戶，各立藩籬，無宗以統而一之，其不至於相殘
相賊而流蕩無歸者，無幾矣。（216 條）

近溪透過弟子詢問「人家宗法」，藉機提出「人心宗法」。換言之，近溪從「身
之所宗」進一步推衍出「心之所宗」以訓示弟子。近溪不僅解釋「宗」之涵
義，更強調先聖訂定宗法便是要「合族人之渙而統之同者也」、「由根以達枝，
由源以及委」。如此之意義乃在於使「雖多至千萬其形，久至千萬其年，而觸
目感衷，與原日初生一人一身之時，光景固無殊也。」即「欲知得千身萬身
只是一身」。否則「今生爲人爲物，其分甚眾，比之一族又萬萬不同矣。」「人
心宗法」與「人家宗法」正是同一個規矩。故聖賢有個「宗旨」，其目的就是
訂立「人心宗法」，使後世學者知得千心萬心皆只是聯屬而統率爲「一心」。
是以，四書五經千萬個道理，也只是表出這一個體段；前聖後聖千萬個工夫，
也只是涵養這一個本來；往古來今千萬個作用功業，也只是了結這一個志願。
然遺憾的是，孔孟之後千心萬心卻不得統而爲一心，可謂愈遠而愈迷亂而不
得「歸著」。故先聖「苦心極力說出一個『良知』，又苦心極力指在赤子孩提
處見之。」近溪在這裡特別指出先聖「苦心極力」地將千心萬心統合於「良
知」一心。然先聖亦知「理至性命，極是精微，聖賢猶且難言。」（95 條）意
即深怕眾人不易悟得良知，故又「苦心極力」的指在赤子孩提處見之。是以
近溪不僅強調「悟良知」之重要，同時亦指出「悟良知」之不易，故近溪「苦
心極力」的倡導以「知孝知弟」來規定「良知」。不僅因爲「愛親敬長之意，
自然而生，自然而切，濃濃藹藹，子母渾是一個」。即近溪所謂的「最好輕快
指點（良知）者，再無如母之養子、子之慕親而姊妹弟兄之和順敬讓也。」（239
條）同時使工夫有個「歸著」處，從而亦較不易產生「光景」的問題。〔註88〕

〔註88〕若不能使良知眞實地具體地流行於日用之間，而只懸空地去描畫它如何如
　　　何，則良知本身亦成了光景，即成爲虛幻。是以，若能使良知落實於日用倫

否則，「縱言道理，終成邪說，縱做工夫，終是跛行，縱經營事業，亦終成霸功」。是以，近溪以「孝弟慈」爲其學術嫡旨，不僅強調「悟良知」之重要，同時也強調其是「致良知」之本。換言之，「孝弟慈」就是「成德之教」與「外王事業」之根基。故復所在〈孝經宗旨〉一文之最後，引《孝經》：「夫孝，德之本也，教之所由生也」一段以之作爲結語，眞不愧是最了解近溪的弟子。〔註89〕

其實近溪重視「孝弟慈」，並以「知孝知弟」來規定「良知」，嚴格說來只是承紹先聖之道、了結孔子公案而已。〔註90〕徐復觀先生便認爲孔子最大貢獻之一，就在於把周初以宗法爲骨幹的封建統治的孝弟觀念，擴大於一般平民，使孝弟以成爲中國人的基本原理，以形成中國社會的基礎，歷史的支柱，是把握中國文化特質的一個基點。〔註91〕故近溪謂：「仲尼祖述堯舜，卻指出個仁來立教，其自註解曰：仁者人也，親親爲大。當時弟子除顏、曾外，更無一個肯信，後來卻得一個孟子走將出來，便一口道盡，說：仁之實，事親是也。」（179條）

常，則不易產生光景的問題。詳細內容討論，請參見第五章。
〔註89〕〈墓誌銘〉：門弟子百餘人暨諸姪繼宗、繼先、輔、載、孫懷義、懷智等謂復所曰：「子宜知師，子宜銘師。」見《羅汝芳集》，頁919。
〔註90〕羅子曰：「吾輩今日之講明良知，求親親長長而達之天下，卻因何來？正是了結孔子公案」（91條）。
〔註91〕徐復觀《中國人性論史》（臺北：商務印書館，1999年），頁2。

第四章　格物工夫：古今一大關鍵

　　儒學是大人之學，是成聖成賢之學。而「大人之學」就是指教導我們如何成為「大人」之方法。換言之，成為一位「大人」必先要有成為「大人」的方法。進一步說，不只是方法而已，還要有工夫的實踐歷程。故儒者必要有一套工夫理論。若果如是，近溪當有自己的一套工夫才是。然而有學者認為其無工夫，或認為其以無工夫為工夫。筆者認為近溪不僅有工夫，而且是次第分明且又穩當而究竟的工夫。近溪個人便認為古人論學，的確有次第、有本末始終。惟有知道本末、先後，方可近道。如果志於學大人而不不先明白這個道理，即胡亂下手去做，則渺渺茫茫，完全沒有把握。近溪便感慨當今世上千百萬人，難得一二個思為聖賢，及講求作聖之方，輒復草草。（265條）近溪認為大人之學便是要「學大」，而學大必有其「道」，然道有善有未善之分，而善又有至與未至之別。（227 條）意即效聖法賢必須要有方法，而方法有可能是正確的，抑或不正確的。即使是正確的方法，若是不能徹底實踐，亦是枉然。是以修道必有本末、先後之次第關係。近溪深知悟透這種次第關係是成德之必要條件，故近溪對於工夫的進路非常強調。綱要的說，就是《大學》八條目：格物、致知、誠意、正心、修身、齊家、治國、平天下的進路。近溪將此八條目歸結為其所謂的「格物」與「致知」兩大工夫。〔註1〕而「格物」重在孟子「善、信」（尊、信德性）之建立，「致知」則重在「美、大、聖、神」之擴充。以下便分別在本章以及第五章討論此兩大工夫。

〔註 1〕近溪謂：「誠其意者以後，則皆格物以致其知者也、修齊治平，節節為格物致知。」（1條）

第一節　工夫論的基本綱維

　　在正式討論「格物」與「致知」兩大工夫之前，筆者認為若先討論其工夫論的基本綱維。積極的說，有助益於對此兩大工夫的理解，甚至掌握整個工夫進路的基本原則；消極的說，可以避免對於近溪工夫的誤解，蓋近溪的工夫有分解與非分解的區別。以下便依序討論其工夫論的基本綱維。

一、覺悟與實踐之辯證

　　「覺悟」與「實踐」是學道最主要的兩個成素。然而這兩個成素在學道的過程中要如何應用呢？其間的關係又如何呢？二者是否有其優先性呢？近溪認為此二者有其先後次序，且不可紊亂。近溪說：

> 為學者有為學之道，若論為學，則有從覺悟者，有從實踐者。陽明先生與心齋先生，雖的親師徒，然陽明多得之覺悟，心齋多得之踐履。要之，覺悟透，則所行自純；踐履熟，則所知自妙，故二先生俱稱賢聖。但以孔子之言仁，必先以智，孟子之言力，必先以巧，則覺悟、踐履，功固不缺而序實不容紊。如此詩謂：念頭動處當謹，然念頭動從何來？則未謹之先，不可不探求也：舉足之間必慎，然舉足將何所之？則未慎之先，不可不商訂也。若能依得孔、孟之仁而先智、力而先巧，則源頭既浚，流出自清，而念之謹也，何等順快！指南定向，適國坦途，而足之舉也，何等安穩！故某嘗謂：我明幸生陽明，真是電撃雷轟，星輝日耀，不惟及門高弟，藉以入聖超凡，而聞風興起者，亦自可以化頑鐵而作精金也已。（231 條）

近溪學道非常強調「慎始」，認為開始的好壞攸關結果是否「得道」，這可說是近溪學道最首要的原則。故近溪說：「念頭動處當謹，然念頭動從何來？則未謹之先，不可不探求也；舉足之間必慎，然舉足將何所之？則未慎之先，不可不商訂也。」近溪這種哲學觀得之於孔孟。〔註 2〕其謂：「孔子之言仁，

〔註 2〕　近溪注重「覺悟」與「踐履」，並以前者為先。日本學者岡田武彥認為近溪此思想是受到龍溪學風、心齋學風的現成論影響。大陸學者鮑世斌將岡田的看法做進一步發揮，認為近溪在體上借鑒了龍溪的良知虛無之體，在用上繼承了心齋的良知日用之用，將良知虛無之體落實到百姓日用的實踐中。以上見岡田武彥著，吳光等譯《王陽明與明末儒學》，頁 180；鮑世斌《明代王學研究》，頁 218～219。就近溪「覺悟」的內容而言，如重悟與信，的確與龍溪相類；重實踐，尤其重日用倫常之實踐，的確有承繼心齋之風的味道。然是否

必先以智，孟子之言力，必先以巧。〔註3〕」「仁」與「智」是成聖成賢的充分且必要的條件。惟「仁且智」方爲究竟，而「仁」與「智」這兩種工夫，是以「智」爲優先。這種關係，孟子曾以射箭爲喻，說明箭要中的，「力」與「巧」是充要條件，而以「巧」爲其優先動作。近溪認爲只要「愼始」，一「開頭」次第就對了，則「源頭既浚，流出自清，而念之謹也，何等順快！指南定向，適國坦途，而足之舉也，何等安穩！」故對於陽明以悟良知爲先，極爲讚揚。而「悟良知」之後，便是「致良知」的工夫。這便是「覺悟」與「踐履」之先後關係，亦即近溪「先良後善」之概念。〔註4〕雖然有先後之次第關係，然先後二字，亦只強言，蓋在實踐中二者有其辯證關係。此即「功固不缺而序實不容紊」之義，意即「初先知時，自然已不住修，末後盡時，自然更妙於知」（205條）、「（好學近乎知、力行近乎仁）更無兩段工夫，亦無兩般時候。《中庸》、《大學》，合而一之者也」〔註5〕、「覺悟透，則所行自純；踐履熟，則所知自妙。」故近溪謂，雖陽明多得之覺悟，心齋多得之踐履，然二先生俱稱賢聖。〔註6〕

因此便判定近溪哲學是承繼二王之學呢？筆者認爲不必然。因爲在近溪的文獻當中並無直接的證明，尤其是龍溪的部分。但可以確定的是，重覺悟與踐履，且以覺悟爲先，近溪明確的指出是承繼孔孟之學。當然近溪不無受到二王之影響，甚至從文獻來看，更可說悟良知是受到陽明之影響，爲什麼要說是龍溪呢？而心齋對於近溪的影響，此在第三章略有論及，此不贅之。

〔註3〕 近溪引自〈孟子萬章下〉曰：「孔子，聖之時者也。……智，譬則巧也；聖，譬則力也。由射於百步之外也，其至，爾力也；其中，非爾力也。」

〔註4〕 近溪認爲「教而求良」比「學而求善」更爲優先。若未能信得及本良，則難學善也。而中庸之庸德庸言，多就知能之本良處説，《大學》、《論語》多就學善、至善處説。參見254條。是以近溪謂《中庸》《大學》二書，當先《中庸》後《大學》亦是此意。

〔註5〕 見384條。好學之知與力行之仁雖然有其先後之序，不可紊亂。然在實踐之要求下，二者是合一的，是辯證關係，而無先後可言。

〔註6〕 見231條。心齋多得之踐履，並非如吳震先生説以踐履爲先。近溪明顯反對以踐履爲先，其認爲覺悟爲先，踐履爲後是不容紊的。其説「心齋多得之踐履」，並非是指其「都」得之踐履，只是強調其在「踐履」上的工夫著墨較多，而陽明在「覺悟」上的工夫著墨較多。否則近溪前後不是矛盾嗎？故其弟子曾鳳儀在此條語錄後作個眉批，説到心齋先生亦從悟入。對曾鳳儀這個眉批，吳震先生認爲是袒護祖師之目的而爲的。筆者反對此説法。近溪雖然在工夫次第上強調「覺悟」之優先性，但是從前面幾章討論的結果，明顯近溪認爲重覺悟而輕忽踐履是學術的弊病。故從「求仁」轉向實踐主體「人」之「孝弟慈」爲落實處。是以近溪對於陽明單說個良知有肯定，然亦有微詞。故以覺悟爲先，踐履爲後是工夫之重要次第，是不容紊的，以下有更詳細的

　　覺悟與實踐之辯證關係可以從近溪「先智後仁」、「先《中庸》後《大學》」這兩個面相來進一步解析。

（一）先智後仁

　　工夫次第、工夫本身，以及工夫次第間的關聯性，的確不容易分解。近溪弟子便時有所問。例如弟子便曾問到：「坤之文言曰：『敬以直內，義以方外。』此意似是用工。乃曰：『直方大，不習無不利。』謂之不習，又似全無工夫。今說者以前爲初用工夫；後則熟極自然，不知是否？」（55 條）近溪認爲如此之看法皆不免心粗氣浮，故每在言句執著而未向根源理會，即只執著在「坤之詞」而不向根源「乾」理會。故其見弗徹而其旨弗融，即其德非順，而事亦不謂之代終矣。近溪進一步闡述其奧旨：

> 要之，世間有志學問者，說著：敬義，便去講求道理，著力持守，
> 指之曰：是爲用工；說著：不習而利，便要等待時候，不即承當，
> 指之曰：是爲習熟自然。卻不知自然之妙，豈是習熟之所能到？而
> <u>工夫不識性體，性體若昧，自然總是無頭學問。細細推來，則自然</u>
> <u>卻是工夫之最先處，而工夫卻是自然之以後處，次第既已顛倒，道</u>
> <u>蘊何能完全</u>？故某嘗云：爲學必須通易，通易必在乾坤，若乾坤不
> 知合一，而能學問有成者，萬萬無是理矣。」（55 條）

近溪此處指出學者爲學必須要有「頭」、有「根源」，不可遺其本而逐其末，次第顛倒。而學問之頭就在《易》之「乾體純陽」（180 條），此「乾體」於人曰：「性體」，是生生之源。離開「性體」即無所謂的「生生之化」，即無所謂的「自然之妙」。故不識性體，工夫即使做得再熟練，亦只是枉然，如磨磚焉能當鏡，煮沙焉能成飯的道理。是以「敬義」之工夫本無病，病在不先識得性體；「習熟」之恆亦無病，病在未先識得性體；而自然之妙非是工夫之先，是體仁之後的工夫結果。從這裡可以看出近溪非常強調工夫次第的問題，以及學道是否有頭腦。而這個問題歸結來說就是《易》之「乾坤合德」的概念。即「未有坤而不始於乾，亦未有乾而不終於坤者」（367 條）的概念。故近溪說：「爲學必須通易，通易必在乾坤，若乾坤不知合一，而能學問有成者，萬萬無是理矣。」是以欲學大人之學，必須對於「乾」、「坤」之先後，以及合一的關係要能清楚掌握。概要的說，「乾」就是「乾體」、「性體」，就是「創

討論。有關吳震先生的討論，參見氏著《羅汝芳評傳》，頁 259～262。

生原則」；而「坤」就是「工夫」，就是「終成原則」。按近溪上文的說法，前者必須透過「覺悟」方能有得，後者就是「踐履」的工夫。而「覺悟」與「踐履」兩個工夫之所以有先後關係，關鍵在於前者所悟的性體有創生之特質，故以之為先；後者所完成之德業有賴其終成之特質，故以之為後。此二者之特質不同，不可一概而論。若是不明此二特質之差異，就會產生工夫上之混淆。近溪弟子就發生過這個問題。以下是弟子與近溪的問答對話。

> 問：「由仁義行，非行仁義，是贊大舜能事。若吾人學者必須從行仁義處起手乃可語由仁義行，何如？」羅子曰：「此是兩種學問。如商旅路途，一往南行，一往北行，難說出門時，且先向南，後又回轉向北也？」曰：「吾人為學，須是由勉而安，方無躐等徑造之病。今云行仁義，分明是勉然之功，云由仁義行，分明是安然之功。若捨卻行仁義，即要由仁義行，是不勞勉強而安然自得也。恐人非生知，難遽語此矣。」羅子曰：「後世學術不明，只是此處混帳。蓋行仁義與由仁義行，是南北分歧處，由勉而安，是程途遠近處。行仁義有行仁義的安勉，由仁義行亦有由仁義行的安勉也。」曰：「行仁義而習熟，久久以至於安，即所謂習慣成自然也，吾人皆能曉得。若說由仁義行，又從勉強處起手，此段意思卻是難解也。」羅子曰：「此個宗旨，語、孟篇篇皆然，吾輩只是不察。今舉其最明白的一章來看，如孟子謂：仁義之實，只是愛親從兄。夫愛親從兄，吾人不慮而知之良知、不學而能之良能也。今人識得此體者甚少，若知得透徹而又久久弗去者為尤少矣，故知而弗去，已是十分難事。況又能盡其節文，詳細精密，一無滲漏，得多少工夫，方能至此？然又非惟智禮之實，有許多黽勉著力？即樂斯二者，亦須一切世情嗜欲，休歇解脫，方能打併精神，優遊涵泳，以圓活長養，乃得生惡可已，而至於手舞足蹈不自知之境界也。故今日出門一步，即從不慮不學處著腳趨向，尚且頭頭都是難事，節節都要精專，竭盡生平，方得渾化。若更從外面比倣修為，徇象執跡，出門一步，已與不慮不學之體，不啻冰之與炭，做得閑熟一分則去真心日遠一分，做得成了家儅則去真心即如天淵之不相及矣。將以學聖而反至背聖，將以盡心而反至違心，孤負一生志願，虛費終身氣力，總只為出門一步差卻，豈不大可慟恨也哉！又豈可不警省而早辯之也哉！」（113條）

由於弟子的問話已涵蘊近溪平日的思想，或對話已經過刪修，使得這段引文呈現出似乎有跳躍的對話內容，但是大抵上從對話過程可以了解弟子在工夫上混帳之處，以及近溪工夫論的思維架構。從弟子的問話當中大致可了解其對工夫之理解，以及困惑何在。首先弟子提出孟子「由仁義行」與「行仁義」這兩個概念。認為前者乃「安然之功」，是生而知之者可達，非一般人可為也；後者乃「勉然之功」，可避免躐等徑造之病，乃大部分學者應採取的進路。然而，後者畢竟是義外，是他律道德，故而終究還是必須從「行仁義」轉到「由仁義行」的自律道德方為究竟。從這裡我們可以看出，這是弟子對於近溪平日教導的理解。的確，近溪時常強調工夫要踏實，要避免躐等徑造之病，亦強調「由仁義行」方是聖賢之所為。但是問題來了，「若說由仁義行，又從勉強處起手，此段意思卻是難解也？」不錯，這個問題不僅是近溪弟子的問題，亦是儒先們很難釐清的一個問題，故方有程朱理學與陸王心學如何融通的議題。近溪認為這種混漫皆是對學術不明，而在此處混帳。近溪首先釐清「由仁義行」與「行仁義」這組概念與「安然之功」與「勉然之功」這組概念是不能等同的。前一組是區分自律道德與他律道德的概念，有「指向性」。就如孟子射箭之喻中的「靶的」，故需要「智」或「巧」的能力方能檢擇；後一組是「程途遠近」的概念，〔註7〕有「實踐性」。如箭要射到標靶需要力道，故需要「仁」或「力」的能力方能完成。而近溪弟子混淆了此兩個不同概念。若明此，則「由仁義行，又從勉強處起手」便不是矛盾句。「由仁義行」強調的是要從「不慮不學處著腳」，即從「愛親敬長」之良知之起點出發，方是自律道德。而「由勉而安」強調的是識得良知之體後的實踐過程。此實踐過程並非容易之事。至少要經歷「知得透徹而又久久弗去」、「盡其節文，詳細精密，一無滲漏」、「一切世情嗜欲，休歇解脫」的心路歷程，方能打併精神，優遊涵泳，以圓活長養，乃得生惡可已，而至於手舞足蹈不自知之境界也。是以識得不學不慮之良知，並以之為實落處，是道德實踐最關鍵之第一步。

〔註7〕 筆者認為近溪這裡所謂的「程途遠近」。或可以有兩種解釋。其一是，客觀上的距離，「由仁義行」的距離較短，故不需要大費力氣即可中的。反之，「行仁義」的距離較遠，故需要大費力氣方能中的，甚至距離遠到永無法達至。然若進一步追問，何以前者會距離較近，而後者為遠呢？若此距離以「實踐目的」為距離，則此距離當是以一體之仁之完成為距離。若是，則對此距離當不該有分別，因為此「實踐目的」乃人之所以為人之定固也。要之，當吾人「由仁義行」之時，生生之仁湧現的動力是無限無量的，此時距離已不是距離，當下即是靶的。故「程途遠近」或可從這個面相來解釋會較合理。

若是第一步錯了，即從外面比傲修爲，徇象執跡，不知以不慮不學之良知爲體，則：「不啻冰之與炭，做得閑熟一分則去眞心日遠一分，做得成了家儅則去眞心即如天淵之不相及矣。將以學聖而反至背聖，將以盡心而反至違心，孤負一生志願，虛費終身氣力。」故近溪說，聖賢工夫，自有頭腦，若沒個頭腦，卻教學者如何用工？（252 條）

近溪在此已很清楚的表示其工夫論的基本綱維。先要識得「良知之體」，就似掌握了射箭之「靶的」。換言之，就是掌握了工夫實踐之第一步的方向。接著遵循「第一步的方向」，盡心盡性的完成之，然若非有「仁」之誠恆堅篤爲力，則亦難達成。然近溪反對在未識得「良知之體」之前即努力實踐，甚至達至閑熟、誠恆堅篤之境地。因爲沙子再怎麼用心、盡心煮，畢竟還是沙子，不可能成爲可食之飯。故近溪反對走「用功爲先」之爲學進路，主張以「性地爲先」。〔註 8〕而這裡有一點必須說明的是，近溪這裡所謂的以「智」爲先，強調的是象山「眞僞先須早辨」〔註 9〕之意，即以「悟良知」爲先，方能進一步「致良知」。然此「悟良知」並非是以陽明「知是知非」的進路來「悟良知」，而是以「愛親敬長」來「悟良知」。是以，近溪這裡強調以「智」爲先，與陽明「知是知非」之「智」規定下之「良知」是不相類的，不可混爲一談。

（二）先《中庸》後《大學》

近溪「先覺悟後實踐」之思維亦展現在「先《中庸》後《大學》」之次序上。關於這個問題近溪弟子亦有不解之處。首先，曾子《大學》之成書在子思《中庸》之先，何以要先《中庸》後《大學》呢？其次《大學》乃入德之門，本身已有先後次序，何以必先《中庸》呢？就第一個問題而言，的確！當時學術界的說法大致認爲《大學》是曾子所作，《中庸》是子思所作，但是近溪不如此認爲。其認爲「孟子每謂願學孔子，而七篇之言多宗學、庸，則此書信非孔聖親作不能。」（9 條）顯然，近溪不從考據的角度，而是從哲學之思想義理的角度作確認。〔註 10〕且從義理上看，明顯是先《中庸》後《大

〔註 8〕 近溪認爲學問有兩路，即以「用功爲先」或「性地爲先」兩路。見 268 條。
〔註 9〕 這句話是引自象山與朱子鵝湖之辯的一段話。象山說：「眞僞先須辨只今」。即其所謂的：「學問固無窮已，然端緒得失，則當早辨，是非向背，可以立決。」強調的是學道當以「立大體」爲先，即要先悟得良知。見〈與邵叔誼〉，《象山全集》三十四卷、卷一。近溪「出門一步差卻，豈不大可慟恨也哉！又豈可不警省而早辨之也哉！」即是象山此意。近溪弟子劉一焜亦以象山此段話評之。
〔註 10〕 關於《中庸》、《大學》之作者與成書時間，有各種的說法。可參考楊祖漢《中

學》。近溪認爲這個講法乃其「千慮一得，而非敢鑿空杜撰也！」近溪說：

> 吾人此身與天下萬世原是一個，其料理自身處，便是料理天下萬世
> 處。故聖賢最初用功，便須在日用常行，日用常行只是性情喜怒，
> 我可以通於人，人可以通於物，一家可通於天下，天下可通於萬世。
> 故曰：人情者，聖王之田也。此平正田地，百千萬人所資生活，卻
> 被孟子一口道破說：人性皆善。若不先認得：日用皆是性，人性皆
> 是善，蕩蕩平平，了無差別，則自己工夫，已先無著落處。又如何
> 去通得人，通得物，通得家國，而成大學於天下萬世也哉？（10條）
> 二書所作，果相傳如是。但竊意孟子每謂願學孔子，而七篇之言多
> 宗學、庸，則此書信非孔聖親作不能。而孔聖若非五十以後，或亦
> 難著筆也，蓋他分明自說五十而知天命。今觀《中庸》首尾渾全是
> 盡性至命，而《大學》則鋪張命世規模，以畢大聖人能事也。故《中
> 庸》以至誠、至聖結尾，而《大學》以至善起頭，其脈絡似彰彰甚
> 明。（9條）

> 《中庸》、《大學》，當相連著看，若論入德，到先《中庸》，觀三十
> 三章，明說可以入德。所謂德者，蓋至誠至聖而渾然天德，所以曰：
> 上天之載，無聲無臭至矣。而《大學》則接過以爲至善，卻是經綸
> 立本而知化育之一大規模。合而言之，《中庸》則重天德，而《大學》
> 則重王道也。（228條）

過去伊川、朱子從義理之深淺，或從大人之學之綱目架構上認爲《大學》是
初學入德之門。〔註11〕然近溪不從此說。雖然《大學》教我們如何去通得人，
通得物，通得家國，而成大學於天下萬世，以完成儒家終極之目的。但是，
要去通得人之前得先通得自己，此即《中庸》所謂的「盡己、盡人、盡物」
之過程。而通得自己得先有自己之工夫，而做工夫得先有個「著落處」。此「著

　　　庸義理疏解》（臺北：鵝湖出版社，1997年），頁 1～19。與岑溢成《大學義
　　　理疏解》（臺北：鵝湖出版社，1991年），頁 1～19。本文無意在此辯眞偽，
　　　只是順著近溪之意分解，以建立其哲學系統。

〔註11〕朱子在《大學章句》之卷首引用伊川之語，稱《大學》爲「初學入德之門」。
　　　不僅表示《大學》是儒學最初步的基本典籍，同時亦指學者可學得聖賢的進
　　　程次序，但無具體之實踐工夫。故朱子謂：「《大學》所載只是個題目如此，
　　　要須自用工夫做將去」、「《大學》是個腔子，而今卻要去填教實者。」（朱子
　　　語類卷十四）參見岑溢成《大學義理疏解》，頁 18～19。

落處」可以有三義。其一是指「吾人之身」。道不在玄遠之處，其實道不遠人，仁者人也。其二，指「日用常行」。道不在玄談之中，而是在日用倫常體現。故「聖賢最初用功，便須在日用常行。」然此著落於「吾人之身」、「日用常行」之所以可能之根據在哪裡呢？就在孟子所謂的「善性」處，而此其三也。此三個著落處乃「盡己」之必然止處，離此三處，無所謂盡己，亦無所謂的道可言。如是，方能從「盡己」推到「盡人」、「盡物」、「參贊化育」。而「盡己」可以說是後者之必要條件，必然基礎。今觀《中庸》、《大學》二書。《中庸》首尾渾全是「盡性至命」、「至誠至聖而渾然天德」，而《大學》則「鋪張命世規模」、「經綸立本而知化育之一大規模」。故從義理而言，《中庸》偏重在「盡己」之學，即「重天德」；而《大學》偏重在「擴充盡己」之學，即「重王道」。若果如是，則《中庸》偏重在內聖之學，而《大學》偏重在外王之學。然內聖開外王是儒家修己以安天下之必然進路，內聖不忘擴充至外王，外王亦不離內聖之基礎。要之，《中庸》與《大學》可說是本末之關係。故「《中庸》、《大學》，當相連著看，若論入德，到先《中庸》。」

　　《中庸》是入道之門之說法，乃定調在義理上其偏重在「著落處」而言。此「著落處」，可從三點歸結為兩點。其一是日用倫常之「人情」處，此為聖王之田地，即聖人成就之「客體因地」；其二是人情之所以為人情之處，即在於天賦與每個人之「善性」，此亦可稱為聖王之田地，是成就聖人之「主體因地」。〔註12〕近溪強調主體、客體因地是成聖成賢之先決條件。〔註13〕捨此為

〔註12〕文中提到「客體因地」與「主體因地」兩個概念，合起來為一個完整的「因地」。而「因地」是成就「果地」之條件與所在。故提出此二概念，一來強調「因地」是不離「日用人情」與人之「善性」，缺一不可；再則強調成就聖賢之果，必須在此主、客因地上耕耘方能有成果。

〔註13〕關於第 10 條引文之旨趣，是著重在「人情」之「客體因地」，抑或是善性之「主體因地」，筆者與吳震先生有不同的看法。近溪這段話是回答弟子問道：「《大學》自有先後之序，如何必先《中庸》？」吳震先生認為「日用常行」這句話是此條引文之關鍵詞。換言之，吳先生認為《中庸》在此之所以先於《大學》，乃因《中庸》主「日用常行」，而此日用常行是聖賢工夫之著落處，捨此，則如何通人、物、國家。筆者不反對日用常行是工夫之著落處，從文脈當中也不無此意。然如此之回答，是否可以回應弟子之問題呢？或符合近溪要表達之真正意思，甚至與近溪整個哲學思想之義理是否是一致的呢？是有待商榷的。從第二章第二節〈仁者人也〉，以及第三章第三節〈哲學義理的角度〉來看，其工夫著落處有如上三個涵義。當然包含吳先生指出的日用常行這一點。但是這一點並不能回應弟子之問話，亦不是近溪之意，若參照這一小節〈先《中庸》後《大學》〉，則不難發現，吳先生實有誤解《中庸》與

後，則爲能有聖賢之花果（果地）呢？從工夫立論，識得「主體因地」就是「悟良知」，而「致良知」不能離開「客體因地」而爲之，此皆是《中庸》爲先之義。與其說《中庸》爲先，不如說以覺悟良知爲先更能切意。然而，《大學》難道就無覺悟良知之義理嗎？就無主體、客體因地之哲學嗎？反之，《中庸》難道就無「盡人」、「盡物」、「參贊化育」之規模嗎？非也。近溪說：「此今細心看來，《大學》一篇，相似只是敷演《中庸》未盡的意義。如《中庸》說庸德庸言，而《大學》則直指孝弟與慈，爲天生明德也；《中庸》說修道以成教，而《大學》則直指興仁興讓，爲與民相親也；《中庸》說身心處或略家國，說家國處或略身心，而《大學》則直指本末只是一物，終始只是一事，而中間更無縫隙也；《中庸》說修齊治平，聖人甚樣神化，《大學》則直指只是其爲父子兄弟足法，而人自法之，即是神化，而俱在面前，一目可了也。要之，均言人性之善，亦均言人須學聖人，以盡所性之善。《中庸》多推原，古今聖人，由庸常以造極至，而其言渾融涵蓄；《大學》多鋪張，古今聖人，成德以爲行事，而其言次第詳明。故雖均盡性，而工夫不同；雖均法聖，而規格卻異。」（245條）其實《中庸》與《大學》皆是「內聖、外王」之學，

《大學》在近溪哲學地位問題，當然背後有個主因，就是吳先生對於近溪哲學之嫡旨並未掌握到。筆者認爲引文之後半段才是近溪要表達之重點。其謂：「此平正田地，百千萬人所資生活，卻被孟子一口道破說：人性皆善。若不先認得：日用皆是性，人性皆是善，蕩蕩平平，了無差別，則自己工夫，已先無著落處。又如何去通得人，通得物，通得家國，而成大學於天下萬世也哉？」近溪所謂的「若不先認得」則「已先無著落處」，此中是要認得「日用常行」，亦或是「性善」呢？從文脈來看，明顯是指「性善」而不是日用行常。若接後文來看則更清楚。近溪在此有隱微地簡別《中庸》與《大學》之異，就是《大學》之次第與完成主要是從「人、物、國家、天下萬世」。而《中庸》之先，是在於「盡己」的部分，固然盡己不能離開日用常行，但是《大學》重「人、物、國家、天下萬世」難道就可以離開日用常行嗎？故近溪強調《中庸》之先乃在於開宗明義之「天命之謂性」，而此即孟子性善之論，此乃不諍之論。吾人這個推論亦可以從近溪以下這對段文獻得之。近溪謂：「曾不思量，天命率性，道本是個中庸？中庸解作平常，固平常之人所共由也，且須臾不可離，須臾不離，固尋常時刻所長在也。……以至諸吏胥執事供茶，亦一步一趨，明明白白，一堂何曾外卻一人？一人何曾離卻一刻？而不是此心之運用，此道之現前也耶？」中庸解爲平常，或是強調日用常行，除了強調道不離日用倫常中之外，著重落實面外，其亦強調平常之人所共由，須臾不離的良知天性。故必須根據近溪的哲學思想，以及文章脈絡當中來闡釋，方不會誤解其意。故著落處當不會只表示「客體因地」，在此當更強調的是「主體因地」。吳先生之部分，參見氏著《羅汝芳評傳》，頁190～191。

即皆是「盡性、法聖」之學。〔註14〕只是各有偏重、規格有異而已。即《中庸》偏重在覺悟性命之源，即偏重在形上之證悟；而《大學》偏重在鋪陳、踐履性命之學，即偏重在超越之證悟。若果如是，則《中庸》與《大學》可說是本末一貫，先後一致。如此以冀「契《中庸》以歸《大學》」〔註15〕。然恐不宜說《中庸》的學術價值高過《大學》。〔註16〕

二、體仁顯禮

上文提到以覺悟良知爲先，踐履爲後。同時說道覺悟即是識得「仁義」，而踐履則必須知之弗去、節文二者，以黽勉著力於「智禮」之實。故上一組的概念與本節「仁禮」這一組概念是相類的。只是前一組概念是強調其先後性，而「仁禮」概念除了說明其先後性之外，更強調二者之「一體互用性」。即「禮非仁弗達，仁非禮弗明」〔註17〕之概念。而近溪此種概念源之於孔子。近溪說：

> 蓋孔子一生話頭，獨重兩個字面，一個是仁字，一個是禮字。兩個
> 字常相爲一套，卻乃各有重處，仁是歸重在易，禮則歸重在春秋。……
> 當時止是顏子一人，中行獨復，意味大約相近，故終日與言無所不

〔註14〕雖然《中庸》與《大學》各有所偏，但皆是「盡性、法聖」之學。見《羅汝芳集》，頁668。

〔註15〕復所〈羅近溪先生墓誌銘〉：「（近溪）會眾智以稽古訓，契《中庸》以歸《大學》，靈透洞徹，生德盎然，而其躬行密實，殆篤恭不顯矣。」《羅汝芳集》，頁924。

〔註16〕《中庸》與《大學》本身即含有内聖外王、盡性法聖之學，嚴格說來皆有「形上之說明」與「超越之說明」，無須它求。故近溪謂：「《大學》一篇，相似只是敷演《中庸》未盡的意義。」只是，前者偏重在「形上之說明」，後者偏重在「超越之說明」。就此而言，近溪認爲當以《中庸》爲先，《大學》爲後，有本末先後之關係。在近溪的觀點理，本末先後是一貫的。本末先後只是強調孰爲「優先」而已，並無價值之高低。不會說外王之價值高過内聖。吳震先生認爲近溪提出「《大學》一篇，相似只是敷演《中庸》未盡的意義。」是表示《中庸》的學術價值高過《大學》。此論斷明顯與近溪的哲學觀是衝突的。且近溪明確的指出：「吾人不期學聖則已，學聖則必宗孔子，而宗孔子則捨《大學》，奚以哉？」（28條）楊復所甚至認爲近溪之學盡在《大學》。其〈羅近溪先生墓誌銘〉說：「吾師之學至矣！蓋孔子求仁之旨的在《大學》……然則欲求吾師之學者，無如《大學》矣乎！」故吳說是有待商榷的。見氏著《羅汝芳評傳》，頁186～187。

〔註17〕見《羅汝芳集》，頁719。

悦，及問仁，而一日克復，天下歸仁，全部交付大易；及問爲邦，
而舜韶禹正，去淫絕殆，又全部交付春秋。（248 條）

對照近溪「非易無以見天地之仁、非復無以見天地之易」（36 條）二句來看。「仁、禮」一組概念關聯著「易、復」這一組概念。因「復」是見「易」之必要條件；而「易」是見「仁」之必要條件。換言之，「復」亦是見「仁」之必要條件。而復即爲復禮，故「禮」亦可說是見「仁」之必要條件。是以孔子雖以求仁爲宗，然「仁」一旦外於「禮」，仁則不成其爲仁矣！故仁非禮弗明，二者必然常相爲一套。其實「仁、禮」二字是孔子學問之大綱，然各有重處。仁是歸重在易，禮則歸重在春秋。很明顯地，前者著重在「天德」，後者著重在「王道」。〔註18〕而此中各有著重、先後，卻皆是生生之必然條件，二者本末一貫，相互爲用，缺一不可。故近溪謂：「孔孟立教，每以仁禮並言。蓋仁以根禮，禮以顯仁。」（89 條）「夫子之爲教，與顏子之爲學，要皆不出仁禮兩端。」（117 條）

近溪這裡不斷強調「仁禮兩端」是孔學之大綱，即要完成孔子聖學，既要見仁也要復禮，不可偏執一端。然「秦漢以來，悠悠千載，其間豪傑之士，聰明超悟者，或見性體矣，而未必盡合其矩式；高邁倬行者，或遵矩式矣，而未必能透夫性眞。〔註19〕」（623 條）是以，孔孟之後，聖門之眞血脈便失傳了。而此中之「見性體」、「遵矩式」即是「見仁」、「復禮」兩端之義。故惟有「仁禮兩端」兼得方能眞正完成聖賢之教。那麼仁禮如何相互爲用呢？尤其是禮在近溪這裡似乎有特別之涵義。以下便看近溪如何闡釋其義：

古今聖帝明王，綱維一代之乾坤世界，必有禮以綱維之；育養一代之民物生靈，必有禮以育養之；主張一代之教化風俗，必有禮以主張之。此一個禮，即天地之所以爲命，帝王之所以爲心，聖賢之所以爲學。天下治亂攸分，總在禮之立不立，而尤在立之善不善，與善之至不至也。天生夫子，爲萬世開太平，只有學、庸二書，其二書，只重仁，禮二端。蓋丈夫有生天地，頭頂腳踏，肩任念存，此身之與乾坤，渾然一體，而謂之曰：仁也者人也。欲完此仁，須是有禮，欲得此禮到至善去處，則非一己之聰明所可擬議，一己之力量所可強爲。如擬議、強爲，出自一己，則所定之禮，未必能善，

〔註18〕楊復所評論這段引文說道：「此篇仁禮二字，學問大綱，天德、王道，具見於此。」

〔註19〕這段引文雖是復所之言，然卻道盡近溪之心事。可參照第一章討論。

<u>縱或有善，亦恐非其至也</u>。故孔門立教，其初便當信好古先，信好古先，即當敏求言行，誦其詩，讀其書，又尚論其世，是則於文而學之，學而博之。……。大丈夫有生天地間，其中心之主持樹立，獨專乎此，而無偏倚，謂之正心；其發念篤切懇到，獨專乎此，而不他適，謂之誠意。此皆孟子所謂：射之勇力、樂之玉振，而非其所先者也？若夫開心明目，則惟千古聖神之言，定爲事物本末終始之格，至善而毫忽更無差失，知止而纖悉不可悖違。是則孟子所謂：射之精巧、樂之金聲，而不當或後者也。（243條）

不管是天地之命以綱維乾坤世界，或是帝王之心以育養民物生靈，乃至聖賢之學以教化風俗，皆是因有禮以成之。故禮之於乾坤世界，則乾坤合德，生生不已；禮之於民物生靈，則家家和樂，天下治矣；禮之於教化風俗，則知止其所止，可至善也。然而禮有善不善之分。〔註20〕即使是善之禮亦有至仁、不至仁之差別。是以如何「立禮」、「復禮」便是一門重要的工夫。在此近溪提出一個非常重要的概念，即「立禮」當是立「善」之禮，且是「至善」之禮。否則此禮焉能至仁呢？然而「至善」之禮要從何而尋呢？很明顯近溪反對在「擬議、強爲，出自一己，則所定之禮」，只承認在聖賢之言行中方能得之，〔註21〕故當「信好古先」，即當「敏求言行，誦其詩，讀其書，又尚論其世，是則於文而學之，學而博之。」故近溪非常重視孔孟遺留下來之經典，尤其是特別重視以「仁，禮二瑞」見長之《中庸》與《大學》二部經典，認爲其是悟得良知之重要之矩式，是「事物本末終始之格」，其至善而毫忽更無差失，知止而纖悉不可悖違。是以立「至善之禮」，即如射之精巧、樂之金聲，乃「覺悟」性體之事，是學道之最先者。故近溪接著說：「夫子言仁，每每先之以知，比其言禮，每每後之於仁。博學於文，約之以禮，亦可以弗畔矣。」（243條）故立「至善之禮」即是「格物」的工夫，是聖人「始條理」之覺悟事，其究極目的乃在於識得仁體。而此「仁」，從人開始，人又以親親爲大，

〔註20〕 近溪謂：「人之恒言，凡事務遇有善處，便多稱良，則良亦似只是善，而善亦似只是良，無大分別。然經傳中，又多以二字並舉言之，則又似不能無所分別於其間者。即今想像而言，善則博大於良，良則眞實於善。」（253條）復所認爲此引文中之「良善」二字，便是上文「仁禮」二字，聖人始條理，終條理只此耳。故仁即是良，即是根源；而禮即是善，以聖人之格則爲至善。惟以聖賢之格則爲至善，方能不虛此良。反之，良則眞實於善。

〔註21〕 這一點亦是近溪回歸孔孟的原因之一，可參見第二章討論。

推擴出去便是民物生靈、乾坤世界。凡此，皆是「仁以根禮，禮以顯仁」之一體互用。以上只是仁禮一體互用之概要說明，詳細的內容，可參照下一節格物論中「止於至善」之內容。

三、工夫合本體與本體做工夫

工夫與本體的關係一直是宋明諸儒關心的話題。而大體上無外是「本體即是工夫」與「工夫以復本體」兩種進路。〔註22〕那麼近溪是否有這個問題呢？其又是如何看待本體與工夫之關係呢？近溪說：

> 聖人之學，工夫與本體，原合一而相成也。時時習之，於工夫似覺緊切，而輕重疾徐，終不若因時之為恰好。蓋因時，則是工夫合本體，而本體做工夫，當下即可言悅，更不必再俟習熟而後悅。況朋來而樂？亦只是同此工夫，當心愜意，所以不徒己悅之而人亦悅之，亦不必俟道得其傳而後樂也。夫子嘗謂：默而識之，正是識得這個時的妙處，故愈學而愈悅，如何有厭？愈教而愈樂，如何有倦？故不慍人之不己知者，正其不厭而不倦處。蓋緣他識得時的根源真，執得時的機括定，雖間有一人不知，而未必人人之不知也；雖人有一時不知，而未必久久之不知也。（84條）

近溪認為聖人之學，工夫與本體必須是合一而相成的，不可為二。何以如此說呢？牟宗三先生的說法很可以幫助理解這個概念。其說：「儒家自孔孟立教，講本體必函著講工夫，即在工夫中印證本體；講工夫必預設本體，即在本體中領導工夫。依前者，本體不空講，不是一套懸空的理論，而是實理。因此，即本體便是工夫。依後者，工夫不漂浮而無根，而有本體以領之，見諸行事，所有行事都是事實，因此，即工夫便是本體。工夫與本體扣的很緊，永遠存在地融一以前進。〔註23〕」用近溪自己的話說，即是「本體之外無工

〔註22〕懷智問近溪曰：「世儒往往分本體工夫為二，何也？」《羅汝芳集》，頁425。這個問題可以在陽明弟子當中看到。王龍溪〈松原晤語〉：「夫聖賢之學，致知雖一，而所入不同。從頓入者，即本體為工夫，天機常運，終日就業保任，不離性體。雖有愁念，一覺便化，不致為累。所謂性之也。從漸入者，用工夫以復本體，終日掃蕩欲根，袪除雜念，以順其天機，不使為累。」《王龍谿先生全集》，頁192～193。唐君毅認為陽明之教法可分為兩種。即「悟本體即工夫」與「由工夫以悟本體」。前者如王龍溪，後者如錢德洪、聶雙江、李彭山。參氏著《中國哲學原論——原教篇》，頁366。

〔註23〕牟宗三《圓善論》，頁153。

夫，工夫之外無本體。〔註24〕」故本體與工夫是相互涵涉，彼此互通的。既然是彼此相通，即可以從本體做工夫，亦可以從工夫合本體。謂「本體做工夫」，是指當下即是道的體現，「當下即可言悅」，無須習熟，此刻必然同時達至「工夫之貫徹處」。謂「工夫合本體」，是指透過一段工夫使吾人悟良知，進而習熟於此工夫，則「愈學而愈悅」。如此方能漸漸體現道，此刻以達至「道體之精詳處」〔註25〕爲目的。雖然此兩個進路皆能夠成德成聖，但工夫明顯是不同的。前者乃本體自生，其不待反觀者，所謂「知」也，屬於「頓入」者；後者乃工夫所生，其待反觀者，所謂「覺」也，屬於「漸入」者。（425條）此二者雖皆能達至究竟，然明顯地，近溪似乎將重心擺在後者。〔註26〕即以「工夫合本體」爲其主要的工夫，進而提升爲「本體做工夫」。〔註27〕而近溪「工夫合本體」有一個重要的特質，就是做工夫時不可只按照工夫理論死板版的做去，當要以「時」而做，即同時要觀照「輕重疾徐」的環境條件，方能眞正近道。即《中庸》所謂的「知所先後，則近道矣！」故與其時時習之，工夫看似緊切，然終不若因時之爲「恰好」。所謂的「因時」必然要「識得時的根源眞，執得時的機括定」，如此可「愈學而愈悅」。而時的根源來自於「大易」，透過「復」以執定時的機括。〔註28〕透過不斷反觀之自覺，漸漸

〔註24〕　近溪謂：「本體之外無工夫，工夫之外無本體。藉令本體之外有工夫，則工夫未免礙心；工夫之外有本體，則本體未免支離。」參見〈近溪羅先生庭訓記言行遺錄〉，《羅汝芳集》，頁425。

〔註25〕　近溪說：「做工夫，是指道體之精詳處；說做道體，是指工夫之貫徹處。」（187條）

〔註26〕　近溪認爲能夠做本體工夫者，只有上上根之先知者。而上上根者可說是萬裡難以挑一。故近溪將重心放在適合大眾之「工夫合本體」之工夫上。另與其對現實人性之普遍不純粹性有關。關此在下一節會有討論。

〔註27〕　從上引文之前半段，近溪「工夫合本體」似乎就是「本體做工夫」之意。此合於近溪所謂的「本體之外無工夫，工夫之外無本體」。然若看完整段引文，近溪似乎有意檢別二者之異。另外，近溪謂：「非學，則日用而不知，能學則乘時以習熟。夫習熟乘時，則其妙運愈見，其妙運愈見，則其默契愈深。」（241條）且「悟而未信」良知（未過信關）之階段，如樂正子，近溪批評根本未至賢人境界，且有光景之疾。很明顯，在「本體做工夫」之外，當另有工夫。

〔註28〕　近溪後學劉一焜對這段引文中之因「時」的概念，做了一個補充。其道：「此個時字，始於虞歌：惟時惟幾，至大易一書，每拈時之一字，即吾夫子時中、時習源本。孟子願學精神，如闕里復作，故特地拈出時之一字以名孔子，而與清、任、和三聖異道。居今思之，除卻時字，名不得孔學，除孟子亦討不出此時字來。」而時的根源可以說來自於「大易」卦爻。關此可參照第二章第一節〈易之乾坤合德〉的部分。而有關「復」與「時」的關係，參見第三

達至習熟之階段，則道自然就體現了。然而「習熟」的過程一定有執持的過程，即一定不是自自然然的行爲，而且從「習熟」到「自然體道」當該有「放下」的工夫。故「執持」與「放下」亦是近溪工夫的基本綱維。以下便進一步討論之。

四、執持與放下

近溪七十四歲之絕筆書說道：「此道炳然宇宙，原不隔乎分塵，故人己相通，形神相入，不待言說，古今自直達也。後來見之不到，往往執諸言詮。善求者，一切放下，放下胸目中，更有何物可有耶？」（308 條）強調「一切放下」是否表示連工夫都放下，不需要任何工夫，一切平平常常，自自然然呢？其實「放下」對於近溪而言亦是工夫之一部份。不是晚年才有此論，其實在近溪講學過程即時有談到「放下」的意義性。所謂的「放下」是相對於「執持」而言。所謂的執持，按近溪的說法，凡是「以學以慮」，或是「非自然」狀態，皆屬之。（50 條）而「工夫合本體」即屬此類；反之，放下之目的就是爲了達至「不學不慮」之「自然」狀態，此即「本體做工夫」之當下即是。那麼在近溪的工夫過程當中何以會有執持的問題呢？首先，近溪強調學聖人之學當要有個宗旨，方好用工。〔註 29〕所以近溪認爲未嘗知學之人，須要發憤操持，以立其志相似，將已放之心，使反復入身來。（167 條）故不免要著力，點檢、操持。〔註30〕其次，近溪強調學道當先悟得良知之體，故「《中庸》教人原先擇善，擇得精，然後執得固」（37 條）。然而，這些並不是工夫之究竟，其只是工夫之一部分，或只是個過程而已。以「工夫合本體」來說，「執持」、「習熟」之正法是做工夫之必然過程。然最後連此正法都當捨去、放下，以達至天機自然之狀態。此可以從弟子與近溪的一段對話中得之。

羅子謂諸生曰：「近來意思何如？」曰：「允已見得知體不慮不學，而自能應用，今我只隨著他便是也。」羅子曰：「此個意思，自汝看

節。

〔註29〕參 80 條。有關「宗旨」對於學道的意義，在第三章亦有論及。其弟子便認爲當時主學貴宗旨，其目的就在於欲使吾儕有所憑據，好去執持用工。見 42 條。
〔註30〕近溪謂：「雖汝初學，不免要著力，點檢、操持，然較之竅路不明而粗蠻執滯者，自是天淵不類矣。」（48 條）若以近溪認爲要操持者爲「正法」，則竅路不明而粗蠻執滯者爲「非法」。二者確然是天淵不類。故近溪並不反對操持，甚至認爲是初學者之必然工夫。

來，已覺得力，但細味汝語，尚微有病，然其痛雖微，卻是學問一大關鍵也。《中庸》曰：其為物不貳，則其生物不測。今云：我只隨著他，分明以良知為他，隨著的為我，其為貳也亦甚矣。如是而求以生物且難焉，況能生物而不測也哉？」（431）

從近溪對弟子的答話當中，可以得之此弟子雖尚有病，然甚微也。何以甚微也呢？原因在其已「見得知體不慮不學，而自能應用」。此是近溪不斷強調的為學首工，以悟得良知為先。然何以仍有「微病」呢？蓋仍然停留在把良知當作一個悟的對象來看待、把捉的階段。使良知成為一個「光景」。故「悟得良知」只是一個工夫過程；「良知」亦只是個虛名；而工夫達至渾然一致而體用如如，隱然寸幾而靈明炯炯，亦只是自自然然，平平常常而已。近溪認為最後這一切都要放下。良知之實其實就在愛親敬長中自然的表現，如「解纜放舡，順風張棹」。故當良知能夠任天機為自然時，良知必然與天地萬物為一體，此時無任何的思、慮。然此時若有所貪執於「化境」，則「其所執者，或只意念之端倪，或只見聞之想象，持守益堅，而去心益遠矣。」（191 條）凡此一切，皆要剝落淨盡，不掛絲毫。

五、小結

以上是近溪工夫論之基本綱維。掌握到其工夫之基本綱維，則不會偏離其工夫理論，甚至可避免對其工夫論有誤解之發生可能。大體說來，近溪的工夫論可說是經中有權，權中有經。所謂經者，指的是其工夫有其一定的進路。工夫若非是「本體做工夫」，就是「工夫合本體」之進路。而不管是前者或後者，皆以悟得良知本體為優先。故先智後仁、先《中庸》後《大學》、先仁後禮皆強調此意而已。只是「本體做工夫」是頓入之方式，而「工夫合本體」是漸入之進路。而「工夫合本體」亦有其一定的進路，即從「悟良知」（格物）到「致良知」（致知）的過程。然而「工夫合本體」非常強調「因時」之制宜。此「時」不僅是指「時間性」，亦含有「空間性」。而空間性主要包含個人與學術環境之異。此「因時」就是所謂的「權」，而權中有經就是指「因時之權」有其超越之根源為依據，此根源就在生生之易，就在生生之仁。另外，有一定的進路，一定的宗旨以便用工，過程必然會產生某種「執持」。執持則不得自然，不得自然則非道矣！故必然要有「破光景」、「放下」之工夫。

以上近溪工夫之基本綱維其實有其哲學思想根源可尋。可從以下一段引

文窺其概貌。近溪謂：「若求仁而不於易，學易而不於乾且復焉，乃欲妄意以同歸於孔顏孟也！」（36條）工夫無非就是爲了求仁，而非易無以見天地之仁；非乾且復無以見生生之易。按前面討論可以得之：「乾」就是「經」原則，有其不變之理；而「復」當配合「因時」之原則，有可變之時，故可說是「權」原則。而「易」是「經與權」（乾與復）之超越根據。總的來說，易、乾、復是近溪求仁工夫之必要成素。以上是以分析的進路來說明近溪工夫之基本綱維，有其先後本末性，然在實踐之過程當中，先後本末可說皆是相互爲用、辯證的前進。

第二節　古今一大關鍵：格物工夫

上一節主要是討論近溪工夫論之基本綱維。而本節將在此基礎上進一步展開近溪工夫論之全貌。概要地說，就是「格物」與「致知」兩大工夫。首先要做「格物」的工夫。

近溪非常看重「格物」之工夫，認爲四書五經之旨皆在於「格物」。認爲其是「古今一大關鍵」。近溪何以如此說呢？其又是如何詮解格物之義呢？近溪弟子曾經質疑老師這個說法，即何以四書之章旨皆是格物？近溪回答道：

> 豈止四書，雖盡括五經，同是格物一義。蓋學人工夫，不過是誠意正心修身齊家治國平天下，而四書、五經是誠正修齊治平之善之至者，聖人刪述以爲萬世之格。《大學》則撮其尤簡要者而約言之，所以謂之曰在格物也。……此是古今一大關鍵，細觀古人，惟是孟子一人識得，其他大賢大儒，總皆忽略過了。蓋宇宙乾坤，聚精會神，纔生得一個孔子，孔子自十五志學，千辛萬苦，好古敏求，纔成得《大學》一書。其書乃仁天下萬世之極則，視其他泛論之言不同。孟子有見，所以把列聖群賢一齊推開，而只願學孔子也。故吾人不期學聖則已，學聖則必宗孔子，而宗孔子則捨《大學》，奚以哉？此格物，所以爲古人一大關鍵。（28條）

「格物」一義何以能夠盡括四書五經之旨呢？近溪的說法是，因爲四書五經皆是「學人」工夫之「至善」，意即皆「誠正修齊治平」之「善之至」者。而誠正修齊治平之本末、先後就是「格物」之義。換言之，「格物」就是要達至「誠正修齊治平」之「善之至」者。職是之故，四書五經可以說同是格物一

義。然《大學》一書則撮其尤簡要者而約言之，是孔子千辛萬苦，好古敏求，以爲仁天下萬世之極則。第二章有說道「仁天下萬世」是孔子聖學之終極關懷。而近溪在此明確指出《大學》是仁天下萬世之最高指導原則。而其之所以爲仁天下萬世之最高指導原則乃在於其「格物」論。就此而言，近溪認爲「格物」是古今成聖賢之一大關鍵。遺憾的是，自孔子之後，只有孟子一人識得，其他大賢大儒，總皆忽略過了。所謂的忽略過了，並不是指儒先完全沒有探究格物一義，〔註31〕而是不知格物眞正涵義，以及不曉格物是古今之一大關鍵。

　　近溪深悟格物是仁天下萬世之極則，是古今之一大關鍵。其實是經過一段「苦格物莫曉」的階段。近溪回憶這段期間可說是「錯綜前聞，互相參訂，說殆千百不同，每有所見，則以請正先君，先君亦多首肯，然終是不爲釋然。」（237條）不過經過三年的參悟，有一天忽然頓時悟得今說，內心感覺非常的痛快，半夜直趨臥內告訴其父。其父亦躍然起舞，曰：「得之矣！得之矣！」（237條）近溪自己回想起這段格物之悟的心路歷程，自言「誠爲平生大幸大幸也！」（237條）可見得「格物之悟」對於近溪學道之歷程來說是非常關鍵之一悟。〔註32〕甚至說，近溪要強調的是格物對於大人之學是一大關鍵。懷智、復所回憶近溪當初悟格物之時，說了以下一段極爲重要之悟言：

> 大人之學，必有其道，大學之道，必在先知，能先知之，則盡《大
> 學》一書無非是此物事；盡《大學》一書物事，無非是此本末終始；
> 盡《大學》一書之本末終始，無非是古聖六經之嘉言善行。格之爲
> 義，是即所謂法程，而吾儕學爲大人之妙術也。〔註33〕

很明顯「格物」關聯著「大人之學」，而「格物之悟」開啓了「大學之門」。近溪認爲要學習成爲一個大人一定要有一個方法可循。這個方法只能得之於「先知」者。所謂的先知者，即其能先知《大學》八條目之本末終始關係。而這些本末終始關係最後皆被記載於古聖六經之嘉言善行中。從近溪這段話可以有以下幾個結論。首先，大人之學一定有其方法、程序的，即有成聖成

〔註31〕近溪謂：「此個格物，二千年來，訓釋多多少少。」（245條）但皆未能得其本義。

〔註32〕觀近溪個人回憶學道之歷程，從未有像對「格物」此事之看重，以及像「格物之悟」之如此雀躍不已。可見得格物之悟對於近溪學道之影響是非常大的。

〔註33〕見懷智〈近溪羅先生庭訓記言行遺錄〉，《羅汝芳集》，頁405；楊復所〈羅近溪先生墓誌銘〉，《羅汝芳集》，頁920。

賢之「法程」。換言之，就方法而言，學大人並不是良知「不學、不慮」即可自然成就，當然更不是「不思、不勉」即得，其必須要有成大人之「規矩」；就程序而言，學大人並不是當下即中國為一身、萬古為一息，當知誠意、正心、修身、齊家、治國、平天下有其本末終始之先後「次第」。此「規矩」與「次第」非先知先覺之「至善」不敢法。故或當以先知先覺者為師，或以古聖六經之嘉言善行為師。然而，一般未能掌握近溪哲學之精神，或是其工夫論之基本綱維者，便會質疑或是誤解近溪如上之工夫。或有質疑，近溪不是強調不學不慮、赤子之心嗎？何以在此卻強調要「有學有慮」呢？另，求諸經書，並以之為師，是否有義襲於外，或他律道德之嫌疑。凡此，皆屬格物工夫之內容部分，將在下文一併討論。

一、覺悟為先

　　大人之學在大學之道，而大學之道就在依本末先後而行。其本在於「明明德」，其末乃在於「明明德於天下」。〔註34〕故大人之學當以覺悟明德為先。此在上一節亦已概要地說明其原因。以下便進一步剖析近溪何以如此強調「以覺悟為先」，並討論如何覺悟良知的問題。

　　弟子曾經對於近溪「我問你答，隨聲應口，則個個皆然，時時如是」的教學方式有所疑慮，認為如此似乎沒有宗旨好執持用工，則「雖至白首，終同凡夫，又安望其有道可得，有聖可成也耶？」（42條）近溪回答道：

> 吾子此疑，果是千古不決之公案，然卻是千聖同歸之要轍也。<u>其端只在能自信從，而其機則始於善自覺悟，如其覺悟不妙，難望信從而同歸矣</u>。蓋虞廷言道，原說其心惟微，而所示工夫，卻要惟精惟一，有精妙的工夫，方入得微妙的心體。孔子統括，卻言不止精微，而曰：潔淨精微，則是精微而更精微，即所謂：玄之又玄也。若如書舍所刊集說講說，則膚淺粗浮甚矣，世人無識，翻喜他有個宗旨，依循好去研窮踐履，謂：能到純熟，即便是聖賢。此正俗語：粗大麻線，而求透針關，壅灌稊稗，而望食佳餐也，惡可得哉？（42條）

弟子這個疑問其實是千古不決之公案。何以成為千古不決之公案呢？蓋世人帶著至拙至粗之習氣，自以膚淺粗浮之功當作為精妙之理。意即將聖學之集

〔註34〕此處之明德是指覺悟良知之義。其實在近溪這裡，明明德就已經蘊涵明明德於天下之義。見第六章。

說講說，妄肆探究。〔註35〕並從中翻喜個宗旨，研窮踐履，以爲久久純熟，自然便是聖賢。殊不知成聖不僅僅是久久純熟即可達至的問題，就如稊稗，不管如何的施肥灌溉，終究還是稊稗，焉能期待有豐碩的收成呢？近溪甚至認爲這種「妄談經旨」之淺劣行徑，不僅無益，反而害之。（500 條）其實近溪所要批評的不是「立宗旨」、「工夫純熟」本身是個問題。因爲有個宗旨好執持用工，而工夫純熟亦是成聖的必然過程。其所要批評的其實是「要以什麼爲宗旨」的問題。而這個問題必然關連到「宗旨之來源」問題。近溪反對以膚淺粗浮之見爲宗旨之資，而當以先知先覺者之宗旨爲宗旨，或以古聖六經之嘉言善行爲宗旨之資。如此成聖成賢之「靶的」（宗旨）方能眞正確認，工夫之純熟也才隨之有意義。而近溪強調必須以「先知先覺者之宗旨爲宗旨，或以古聖六經之嘉言善行爲宗旨之資」，乃因其攸關著入聖之端與入聖之機。入聖之端在於「信」，而入聖之機必須始於「覺悟」而入。換言之，先知先覺之宗旨，或古聖六經之嘉言善行是開啓吾人「覺悟之門」，意即是「入聖之機」。近溪特別提醒：若覺悟不妙、不眞切，便很難對良知本心有足夠的自信。要之，要同歸聖道便難矣。而在工夫踐履過程，若非先覺悟本根，會招致思慮起滅，隨物有遷，不得寧妥之困境。（75、258 條）況且，「孔門自顏子而下，鮮有不在此處作疑，故仁者人也，縱口說不倦，而未有人聽。」故近溪接著謂：「況無聖人親自呼覺，又可奈何！」（36 條）是以「覺悟良知」不僅是入聖之機先、一切工夫之最先，同時亦是本質工夫之根基。〔註36〕是以近溪惕勵衆弟子：「尋源之功，大家當共急之。」（131 條）而「明眼眞師之指點」與「觀先聖之嘉言善行」是「覺悟」不可或缺的工夫。

（一）明眼真師之指點

　　或問自家原有同天同地同聖人的心，個個人心有仲尼，反求諸心、求其放心不就好了嗎？何以還要拜明眼眞師呢？儒家傳統似乎沒有這種說法，只有道家才有。那麼近溪何以會提出這一種說法呢？近溪的說法是：「道固當反

〔註35〕近溪謂：「今世聖人之學，已被集說等書，妄肆探究。」（264 條）楊師祖漢認爲這裡所謂的集說等書，是指朱子四書集注。

〔註36〕近溪謂：「天下之事，惟恐其根芽種核之未眞，而不患其枝柯花果之不結。蓋種核入地，則生意自充，人雖不覺，而勢將難已。」（238 條）不怕枝柯花果之不結，就怕找不到「眞種」。而覺悟就是要讓我們先找到眞種，故覺悟是一切工夫之最先。同時覺悟亦是體仁之基礎。而體仁之本質工夫同時就是制欲，請見後論。

求諸心，非人指示，安知所謂心？又安知所以反而求之也耶？故曰：以先知覺後知，以先覺覺後覺。〔註 37〕」又謂：蓋物欲稍重者，被世界一切紛華物欲遮蔽本心善性；而世味淡薄、物欲輕少者，雖少紛華物欲遮蔽本心善性之病，然自幼年讀書，使用集說講解，其支離卻甚可鄙笑。故人之不悟、不信，或蔽於物欲者；或迷於聞見者；或下者渾淪難入；或高者便放蕩無疆。（80、141 條）故雖個個人心有仲尼，然卻被種種遮迷而不見自家珍寶。是以，近溪認為未有先知、先覺者說破是很難識透本心的。故近溪謂「孟子謂『以先知覺後知，以先覺覺後覺。』天下廣闊，其間自有先知、先覺的人，若不遇此等人說破，縱教聰慧過顏、閔，果然莫可強猜也已。〔註 38〕」又謂聖人路上「真個千層鐵壁，莫喻其堅，萬里霄雲，曷盡其遠，必遇至人，方才有個入路。」（250 條）是以，不僅智、愚、賢、不肖皆各有其所蔽，即使聰慧勝過顏回、閔子騫二位上上根之人，亦皆需要明眼真師之指點。當然，或許這只是近溪強調明眼真師之重要性。但是從近溪引孔子、孟子的一段話來看，可以知曉成聖賢的確並非只是根器好的問題而已。

> 孔子曰：我非生而知之者，好古敏以求之者也；孟子曰：規矩，方圓之至也，聖人，人倫之至也。（58 條）

> 吾夫子以時而聖，雖自孟子而始表揚，然究言其所由來，亦自三絕韋編於伏羲文王周公之易，苦心悉力而後得之。想象，當日祖述憲章，上律下襲，即其已然之遺，而反求於自然之心；復以所深造而自得者，於古人先得我心之同然而印證之。故能通古今，達變化，而成時中之大聖也，故曰：我非生而知之，好古敏以求之者也。（193 條）

近溪認為，孔子自謂其非生而知之者。抑不過是祖述堯舜、憲章文武、三絕韋編於伏羲文王周公之易，學不厭，誨不倦，隆古至聖而學之已矣！（242 條）此或是謙詞，然亦可看到孔子不離以先聖之成法為規矩；而孟子這句話與〈離婁章句〉上「離婁之明」章，皆強調成聖賢不僅是天資高、悟性好、乃至心

〔註 37〕 所謂的「明眼真師」或「明師」，是指「先知先覺者」。而能言之為「師」者，必然能「善天下萬世」（接上引文，65 條）者，即其能以天下萬世為心、為事。換言之，其即能為「天下萬世之師也」。（65 條）

〔註 38〕 見 80 條。引文中「聰慧過顏、閔，果然莫可強猜」這句話是借用於宋張伯端《悟真篇》第五十九句：「饒君聰慧過顏閔，不遇真師莫強猜。只為丹經無口訣，教君何處結靈胎？」明顯地，二者對於真師或明師的定義是不同的。近溪重在「悟知體」之師，而張伯端重在授口訣與修煉金丹之師。

地善的問題而已。即便是堯舜之道，一定要有「先聖之法」爲規矩方能究竟圓滿；然雖聖人，亦必待感觸覺悟，方纔受用得。（104 條）或許孟子這裡似乎較偏重在外王聖業的部分，但是近溪哲學強調的是如何成爲大人，即必然同時關涉內聖與外王兩部分。故不管是外王或內聖，皆必須要有「先聖之法」爲規矩。而「先聖之法」必無外於先知先覺者。以下再引兩段來進一步證成此義。

> 天之生人，蓋無有一理而不渾涵於其心，吾心之理，亦無有一時而不順通於所感，蓋自孩提之愛敬而已然矣。但行矣不著，習矣不察，天生斯民，必先知以覺後知，先覺以覺後覺。今學者爲學，其道術亦多端，使非藉先覺經書，啓迪而醒悟之，安能的知聖時之時，而習之也哉？然所覺習之時，又何嘗外吾本心之自然順應者，而他有所事也哉？（193 條）

> 欲明此心，須先見易，欲求見易，必在遇人。某（羅子）至冥頑，於世情一無所了，但心性話頭，卻是四五十年分毫不改。蓋緣起初參得人眞，遇得又早，故於天地人物，其神理根源，直截不留疑惑，所以擡頭舉目，渾全只是知體著見，啓口容聲，纖悉儘是知體發揮，更無幫湊，更無假借。（214 條）

人人本心本具眾理。此理其實從孩提日常之愛親敬長中即展露無遺。遺憾的是，百姓日用而不知，彷彿各各昏睡，雖在大道之中，忘其爲道。而近溪也發現，當今學者爲學，其道術多端，眞假難辨，各各昏睡。此時此刻，似乎不能自謂良知自足，無須外求。要之，「自力」不夠，必須尋求「他力」。此刻，「先知先覺」或「先覺經典」便是黑暗中之一盞明燈，沙漠中的甘泉。近溪認爲孟子「天生斯民，必先知以覺後知，先覺以覺後覺」這段話可以給我們一點啓發。上天生人，必有「智、愚」「賢、不肖」「中、不中」「才、不才」之別。而「中也養不中，才也養不才」不僅是孟子之思想概念，同時句中亦蘊涵著「養不中」是「中」者之天職定分，否則不成其爲中。〔註 39〕天地生人亦有「先知先覺」與「後知後覺」之別。而先知先覺者之天職定分便是爲未覺者之心靈導師，啓迪而醒悟之。〔註 40〕所謂「先知」者，其不待反觀，

〔註 39〕孟子曰：「中也養不中，才也養不才，故人樂有賢父兄也。如中也棄不中，才也棄不才，則賢不肖之相去，其間不能以寸。」（離婁章句下）
〔註 40〕先知覺後知乃先知者之天職定分。朱子集注中，程子之一段話如此說：「予天

即能使本心時常自然體現；而必須透過工夫，反觀自照，能使本心時常反觀自覺者，謂之「先覺」者。而先知先覺者，吾謂之聖人也。（193、425 條）是以，所謂的先知覺後知，便是以已經能夠先知者，去覺悟、感通還未能使其本心時常自然體現者；先覺覺後覺，便是以已經能夠先覺者，去覺悟、感通知體仍未能時常反觀自覺者。〔註41〕近溪認為捨此先知先覺者，或先覺經書，則「知體」（眞知之體或乾體）必然認之不眞。換言之，則無法以知爲主。知體做不了主，即乾知無法太始，當然亦無坤作成物之生生不已。（214 條）另外，吾人亦知，「易之生生」就是天地之心的生生大德。我們從「生生之德」得以見「天地之仁」。職是之故，非易便無以見天地之仁。換言之，欲明天地之心，就必須先見易。而近溪強調「欲求見易，必在遇人」。此人並非一般凡人，必是「先知先覺者」。遇此人，不求他物，即爲「識得知體」而來。近溪回憶自己的學道過程，幸遇人早，早得性命根源在於「知體」，且信而不疑，四五十年如一日。是以，近溪不僅從先聖之成聖歷程，甚至從個人的學道歷程當中，肯定拜明眼眞師在學道過程之必然性。〔註 42〕故近溪鼓勵有志豪傑欲學大人者，「須早覓明眼眞師」（264 條）、「必立師位」（387 條）；或欲化氣質以爲天性，率天性以爲萬善者，一定要「以先知覺後知，以先覺覺後覺。」（95 條）然後「趁此一刻之覺而延之刻刻，積刻成時，又延一時以至時時，積時成日，又延一日以至日日，久之，以至終身歲月，皆如此今相對立談而不異焉，則原泉涓滴，到海有期，核種纖芽，結果可待。生意既眞，便自久久不息，而至誠純一之境，只在此時一覺之功以得之，而無事旁求也已。」（171 條）要之，「他力」之啓蒙引導，只是一時的，其目的在讓我們識得知體。然

民之先覺，謂我乃天生此民中，盡得民道而先覺者也。既爲先覺之民，豈可不覺其未覺者也。」參見朱子《四書章句集註》，頁 310。

〔註41〕近溪謂：「此兩個炯然，各有不同，其不待反觀者，乃本體自生，所謂知也；其待反觀者，乃工夫所生，所謂覺也。今須以兩個炯然，合成一個，便是以先知覺後知，而知乃常知矣，是以先覺覺後覺，而覺乃常覺矣。常知、常覺，是爲聖人，而天下萬世，皆在其尚炯然中矣。」（425 條）。明顯地，近溪所謂的「知」，並非是耳目口鼻知覺之知，乃是本體自生之知，即並非 37 條中所謂的發狠去覺照，發狠去探求的人之知，而是天之知。

〔註42〕近溪謂：「知後乃方可入聖焉耳，非即聖人也。蓋良知心體，神明莫測，原與天通，非思慮所能及，道理所能到者也。吾人一時覺悟，非不怳然有見，然知之所及，猶自膚淺。此後須是周旋師友，優游歲月，收斂精神，以凝結心思。」（144 條）此中「周旋師友」便是謂學道過程中，時時刻刻皆需要明眼眞師的指點。

雖只是一時一覺之功，卻是如火之始燃，泉之始達，終將沛然而莫之能禦。

　　以上討論，我們可以得知近溪「古今一大關鍵」之要義。學道以覺悟、信從為先，覺悟以拜明眼真師為急務。悟得「知體」愈透，則信從愈切；信從愈切，則知體愈能發揮無遺。擡頭舉目、啓口容聲，纖悉儘是知體發揮，自自然然，全無幫湊、假借。可以避開思慮起滅，隨物有遷，不得寧妥之困境。若以植種為喻，首先要將核種植入土中，經過施肥灌溉等長期之培植，則核種纖芽，結果可待。而生意既真，自然久久不息。此喻中之「核種」便是「知體」之「真種」，將此「真種」植入聖人之田地：日用倫常之人情當中，而人情中尤以每戶每日必為之孝弟慈三事為先。以「愛親敬長」之「知體」為宗旨，經過長期之習熟工夫後，自然覺、信、致知，聖果可待。生意既真，自然生生不已。然這生生不已，亦當先識得「知體」之「真種」，蓋此是生生之源。而世人大都是不知不覺者，彷彿各各昏睡。惟有先知先覺之明眼真師方能知止「真種」之所在，方能喚醒人人沈睡的心靈。故拜明眼真師或以先覺經典為師便成覺悟之先、入聖之要。前面提到，孔孟當時已有類似之思想；發展到宋明儒學，對於先覺之經典或明師，在工夫過程中，有不同的目的。如象山將其作為「立乎其大之後的助緣工夫」〔註43〕；陽明為「去人欲而存天理之方」〔註44〕；而近溪作為「覺悟良知」之助緣。陽明「去人欲而存天理」的目的其實亦是近溪之目的的原因之一，只是進路不同（詳後論）。概言之，明眼真師之指點或以先覺經典為師，對於近溪工夫論而言，並非只是如象山、陽明做一般師友之道，而是成聖成賢過程中不可或缺的條件。蓋在工夫實踐的過程中，工夫必然是漸精漸微，明眼真師「隨材隨時」的指點，以及「學問之見證」是很重要的。故近溪謂「工夫雖同，然在學者深淺，各有

〔註43〕象山謂：「學者須先立志，志既立，卻要遇明師。」《陸象山全集》卷三十四，頁5B；「人之精爽，附於血氣，其發露於五官者安得皆正？不得明師良友剖剝，如何得去其浮偽而歸於真實？又如何得能自省、自覺、自剝落？」《陸象山全集》卷三十五〈右門人李伯敏敏求所錄〉，頁24B。然象山之拜明師之義與近溪不同。象山拜明師是在立乎其大之後的助緣工夫。而近溪拜明師是為本質工夫建立根基。

〔註44〕陽明謂：「務去人欲而存天理，則必求所以去人欲而存天理之方。求所以去人欲而存天理之方，則必正諸先覺，考諸古訓，而凡所謂學問之功者，然後可得而講。而亦有所不容已矣。夫所謂正諸先覺者，既以其人為先覺而師之矣，則當專心致志，惟先覺之為聽。」見〈示弟立志說乙亥〉，《陽明全集》卷七，頁259。

不同，須得一明師，隨材隨時指點，始得不謬。」（530 條）

（二）觀先聖之嘉言善行

上文已提到，除了明眼真師啟發我們悟得良知之體外，在覺悟良知之過程中仍不能離開古聖先賢所遺留下來之經典。一來四書五經備載過去古聖之言論、古聖之行履，或相為感通，而其機愈顯，或互為對證，而其益不可限量。（254 條）其次，透過聖賢經傳，可尚千古之明眼真師，以助覺悟本心。近溪認為，此經傳亦是孔、曾、思、孟，傳心真脈！（227 條）再則，聖賢經傳亦是覺悟良知之體不可或缺之「規矩」。近溪謂「大約吾人用功，須以聖賢格言為主」。（255 條）有關這個說法，在第一章近溪對宋明諸儒的批評中已有論及一二。以下進一步細論闡述之。

近溪認為「巧」與「規矩」，不可偏廢，當相互為用。雖相互為用，但是在「巧之不精，學之咎」之前提下，雖然要「胥求以巧」，但近溪指出，此刻「規矩弗先，教之訛也」。近溪這個理論，是站在實踐主體「人」之角度下提出的。即同時具有「無限心」與「有限身」下之「人」來立論的。雖然「無限心」是人之所以為人之價值所在，雖然「無限心」是道德動力之所在、是制欲之根本所在。然現實上之人如何可能自覺到「無限心」呢？這是陸王心學與程朱理學所要共同面對的課題。粗略的說，陸王主在「巧」，可謂聖門之智巧也，而程朱主在「規矩」，可謂聖門之大匠也；前者著重在論述「無限心」之即存有即活動之意義上，而後者則著重在如何認識「無限心」之存有上之意義。〔註 45〕近溪認為二者各有所偏執，當互相為用方能真正自覺到良知之體。然近溪留意到「規矩弗先，教之訛也」。故學道必先之讀書，讀書必先之六經為規矩。如此，聰慧之智方能有所矩度，也惟有如此，方能真正悟得良知，並達至「精至於無跡，妙入於難窮」之境地。

近溪格物工夫之終極目的固然在「悟得良知」，但其亦強調不能忽略經傳之規矩是輔助悟良知之不可或缺的資具，尤其是天資不夠聰慧者。要之，如何選擇「資具」，以及如何應用之，便成為很重要的課題。近溪強調說：

> 竊觀，今時同志極是眾多，但每談心性者，便<u>不肯小心看書，間一二肯讀者，又泛觀博覽，於子史諸家，便著精神，於《論語》、《孟子》</u>，反枯淡冷落，叩之則曰：此個章句，我幾久曉了，何待今日贅

〔註45〕有關陸王心學與程朱理學之特點，可參閱牟宗三《心體與性體》三大冊，以及《陸象山到劉蕺山》。

贅耶？（58 條）

《大學》一書，是孔子平生竭力六經而得的受用，如病人飲藥已獲
奇效，卻抄方遍施，以起死回生乎百千萬眾也。後世切不可只同其
他經書看過，當另作一般理會，久久有個獨復自知之時，方信予言
為不謬也已。」（35 條）

近溪在此指出當時志於學道者的一些為學弊病。或光談心性卻因此忽略要審
慎看書；或是博覽、精讀群書，獨冷落、淺讀論孟。在此近溪強調孔門遺留
下來的六經是首先必讀之經典，而《大學》更是孔子平生竭力六經而得的受
用所遺傳下來之經典，其可以讓百千萬沈淪生死之迷途羔羊，迷而知反。故
近溪明確的指出成聖成賢之不可或缺的資具就在六經，而《大學》一書可說
是六經感通良知下所成之經典。相對於其他經典，《大學》則更有其特殊之地
位，不可一般而論。然而當確定六經或四書五經在學道中的地位之後，卻衍
生出另一個問題。即四書五經被集說等書，妄肆探究，失其真諦。是以近溪
在此特別呼籲弟子探究四書五經之方法學，其說道：

諸友若要理會孔、孟經書，做孔、孟門中人品，先要曉得孔、孟之
書之言，與今時諸家講套集說不同。諸說所論的道理，另是一樣道
理；諸說所論的工夫，卻另是一樣工夫，與孔子、孟子所論的道理、
所用的工夫，真如天淵之相遠，又如水火之相反。決不可以今時諸
家集說，去解《論語》、《孟子》，亦不當謂《論語》、《孟子》，即是
今時諸家集說之所云云也。（204 條）

近溪對於孔孟之後諸儒對四書五經之解說、訓詁甚為不滿意。此不滿之意在
其《語錄》中隨處可見。〔註 46〕近溪認為這些集說所論的道理、工夫與孔孟
原典所論簡直是天壤之別。何以這些集說會離孔孟之旨愈來愈遠呢？近溪發
現原因出在，當學者不能從四書五經中捉摸不學不慮之良知良能時，遂「從
新去學問，以開明其心而求個知；從新去效法，以力作於己而成個能。其功
夫，比之不慮之初，更有許多意趣；比之不學之始，亦又更有許大執持，遂
的確信其為入聖途徑，以更相授受，傳至於今。」（262 條）如此的結果，使
先聖之深意漸漸失真。近溪便舉例說道：「既將天性、氣質兩平分開，又將善
惡二端各自分屬。殊不知，理至性命，極是精微，聖賢猶且難言，而集說諸

―――――――――――――――――――

〔註46〕相關之論亦可見於 42、80、95、262、264 條。

家，妄生分解，其粗浮淺陋，亦甚矣。又安望其妙契儒先之旨，而上溯孔、孟之宗也哉？」（95 條）所以近溪感嘆到「孔孟過後，宇宙中二千年來一個大夢酣睡，至今而呼喚未醒者也。」（236 條）

孔子公案遲遲不破，實乃或未遇明眼眞師之指點；或只求心性而不小心讀書；或知道讀書卻輕忽四書五經；或知聖賢經傳之重要，然卻肆意研究、妄生分解，或以此之類之集說講說爲訓，遂使無法妙契儒先之旨。是以若要契入孔孟大道，除了要拜明眼眞師之外，亦不離四書五經之嘉言善行爲格則。除此之外的所學所行，皆可能悖道愈來愈遠、沈淪愈來愈深而已！〔註 47〕如上之論點，頗有調和陸王心學與程朱理學之味道。若果如是，筆者認爲，近溪亦非爲調和而調和，其實隱含著自己學道之心路歷程。近溪說：「經書固在得其頭腦，然頭腦亦不易得。蓋今世有志講學者，多樂從易簡，謂：『六經註我』，不復更去講究；有稍知講究者，又舊時氣習已定，謾將聖賢精微之言，也同套話解去。予弱冠亦蹈此弊，後感天不擯棄，遇人折挫一番，方纔痛恨追悔，再不敢將聖賢之言輕易忽略。從是愈去探求，則愈有滋味；愈脫舊見，則愈有新得。及看人謾將經書，比做道理判斷，則每爲之寒心震股，而不能自安。於是漸漸有個入頭，亦漸漸各處通貫，乃知聖賢主宰乾坤，生化民物。只靠著數本經書，甚欲敬告同志：大家信古敏求，以莫負此生好時光也！」（41 條）

二、尊信德性

上文提到入聖之端在於「信」、入聖之機必須始於「覺悟」而入。然覺悟有妙不妙之別，即對善性有悟的透不透之異。若覺悟不妙，則難望信從而同歸於聖道。是以，良知是否覺悟透徹與信從良知之能的專精是相互關聯、影響的。在此只是分解的論述覺悟良知與尊信良知，以爲方便討論故。接下來便要進入尊信良知的討論。

按近溪的說法，尊信良知就是尊信德性，亦即就是尊信性之爲善。上文提到「知體」之「眞種」是生生之源，是道德實踐動力之來源。而尊信善性之精專與否，攸關道德動力之強弱。而此動力之強弱關聯著生生之仁能否「不已」的問題。換言之，尊信善性之精專與否攸關著內聖與外王能否充盡展開

〔註47〕羅子曰：「蓋學問最怕在意見的人，彼只患聞見不多，然聞見益多，覆蔽益重，反不如不曾讀書人，天性自然」（467 條）

的關鍵處。孟子提出性善說便是爲人類找到成聖之根據與道德實踐動力的來源。然世人大都從經驗上看到人有善、不善之行爲，從而懷疑性體本善之說，「或疑其爲惡，或猜其爲混，或妄第其爲性有三品，遂至肆無忌憚，而不加尊奉畏敬，敝則卒至於索隱行怪而反中庸矣。」（234 條）近溪視透性善之論若是無法尊信，道德動力便成問題，連帶著道德實踐便成虛而不實，實踐工夫便久久苦難，明明德之開展更是難以落實的。

　　弟子曾經向近溪提到友人「操持」、「覺察」的主敬工夫。雖不無功效，然卻「用功久久苦難，如心每多歇手」。經過近溪的教導而習得信從良知，始得天機原自活潑，受用不勝廣大。然弟子認爲「主持」、「防檢」的工夫不可盡廢，當兼用之，方爲完美。近溪回答道：

> 此語於性學，雖非甚遠，卻未甚透。試觀，<u>《中庸》之道問學，必先之尊德性，尊之爲言，即尊信也。故德性不尊，則所學將徒學矣，然尊而非信，則其尊又豈實尊也哉？</u>繼之曰：致廣大而盡精微，便是第一道問學處，即是第一尊德性處也。蓋廣大、精微，俱性體妙用，<u>非精微，安能主持廣大？非廣大，何以呈顯精微？二妙圓融，方成日用</u>。且看，一切人家，遇有非常喜慶、意外急迫，其男婦主僕，無論老幼賢愚，倉皇奔突，各逞其能，果是活潑廣大矣。畢竟步趨不至顛蹶，視聽不至錯亂，可謂：全無主持防檢於其間哉？此等廣大、精微，推而至於處處人家皆然，則德性便遍了四海，推而至於時時人家皆然，則德性便通了萬世。（496 條）

近溪認爲弟子於性學的理解「雖非甚遠」，當是指弟子知道信從良知，並體認到良知之天機原自活潑，受用不勝廣大。就此而言，近溪認爲弟子是不錯的。但是近溪認爲弟子對於善性的體認是不夠透徹的，究極的說，即對於善性並未完全信得及，故雖得天機原自活潑，受用不勝廣大，但是仍須把前面「主持」、「防檢」的工夫留下來，一起並用，方爲完美。殊不知，既得性體之天機自然活潑，豈需「主持」、「防檢」的有爲工夫。（詳後論）說到底，便是對性體悟之不透，信之不夠專精也。故近溪接著說「《中庸》之道問學，必先之尊德性。」而所謂的尊德性，是指「尊信德性」。既要以德性爲尊，也要堅信性體之妙用。而近溪弟子可以說只「尊德性」，而「信德性」不及也。故廣大、精微之性體妙用便無法完全啓動，必須把「主持」、「防檢」的工夫存而不廢。其實，當尊德性，並識得性體原自活潑廣大，便尊信德性下去，無須懷疑這

時候性體之活潑廣大會減殺,而必須持續前面「主持」、「防檢」的工夫。此刻其實要放下前面之主持、防檢的工夫,而主持、防檢自然就在性體之活潑廣大之中。此刻就如近溪所言的:「擡頭舉目,渾全只是知體著見,啓口容聲,纖悉儘是知體發揮,自自然然,全無幫湊,更無假借。」在此基礎上,方能將此德性,推至家、國、天下,甚至聯通萬世。

故聖學可以說就是「德性學」。所謂的「德性學」,首先必須要「尊德性」,即以德性爲尊,意即以「身心之本源」爲先。(240 條)換言之,「性善者,作聖之張本」(240 條);不明性善,則無成聖之根源與可能性。(245 條)除此之外,還要「信德性」方可。因爲尊德性只是明成聖之根源而已,若尊而不信,則此根源之動力出不來,則道德實踐如何可能呢?往往動力只能從性體之外去求而成爲他律道德,工夫亦只能是順取之工夫,如此必然久久苦難,難以恆之,焉能活潑廣大,焉能生生不已。故近溪說,有尊德性而不信德性者,其個個志凌物表,個個見出人群,然「叫他<u>盡己之性,則肯,叫他信己性之善以盡之,則不肯矣;叫他學爲堯舜,則從,叫他只把孩提之孝弟去學堯舜,則不從矣。</u>」(245 條)近溪甚至誇張地說:「未見有一人而肯信己性之爲善與人性之皆善也。」(240 條)故「盡己之性」與「學爲堯舜」皆只成蹈空之虛話,爲無根、無實之學而已。凡此種種,其關鍵皆出於對己性之善,或對於良知之自然愛親敬長之聖性有所懷疑,信從者寡。或遲疑本性皆善,或遲疑人人可以爲堯舜。近溪說:遲疑人性皆善,或聖賢可學者,則不敢擔當聖賢之志,如是,即便是聖賢之才,亦難有所成;反之,若肯擔當,則途人皆可以爲聖賢。是以,惟有相信人性皆善,聖賢可學,方肯承擔聖賢之志,如此自然便「精神意氣,忻躍奮揚。所性善端,如奇花端草,潤逢甘露,芬芳一時競發,雖欲罷而不能矣。於聖賢也,其何有哉!其何有哉!」(267 條)

遲疑人性皆善之主因,乃在於混淆了人之兩重性。即混淆了「自然之性」與「道德之性」。這個區分始於孟子。孟子如何說呢?爲何其要如此區分,其意義何在?爲了更清楚此兩重性區分之意義,以下暫且岔出去,討論孟子之〈性命對揚〉。

> 孟子曰:「口之於味也,目之於色也,耳之於聲也,鼻之於臭也,四肢之於安佚也,性也,有命焉,君子不謂性也。仁之於父子也,義之於君臣也,禮之於賓主也,知之於賢者也,聖人之於天道也,命也,有性焉,君子不謂命也。」(盡心下 24)

口之甘於美味，目之好於美色，耳之樂於音聲，鼻之喜於芬香，四肢思於安逸，孟子認為這是性，是生理官能種種欲望之性，但是孟子不以之為性，因為其非人生價值所在。且這些物欲之滿足，是孟子所說的「求之在外」的事，並非自己可以主宰之事。孟子所說的性，乃是表現在仁義禮智及天道之在父子、君臣、賓主、賢者及聖人之中。孟子認為此性才是人之所以為人之價值所在，是「求之在我」的事，我可以自己決定。孟子是以此層次之性來規定人性是善的。是以，孟子認為人性可以分為兩個層次：即「自然之性」與「道德之性」，或是孟子所謂的「小體」與「大體」。但因道德的位階有優先性，故孟子不以前者為性，而是以道德之性來規定人性。

　　孟子提出人性之兩重性，蓋有其歷史背景。〔註 48〕除了客觀的區分兩性之本質不同之外，更重要的是區分其道德優先性、道德主體性。明確的指出人之所以為人之根據不在「自然之性」，而在「道德之性」。並且「道德之性」（善性）是純而無雜的，是本善的，亦即絕無不善之成素。而人之為不善，與本性無關，乃受之環境的影響。故孟子說：「乃若其情，則可以為善矣，乃所謂善也。若夫為不善，非才之罪也。」（告子章句上 6），又謂「富歲，子弟多賴；凶歲，子弟多暴，非天之降才爾殊也，其所以陷溺其心者然也。」（告子章句上 7）關於人性有不善之說法，近溪認為是習慣養成之關係，而並非是性有善、不善之可能性。（316 條）果信得及此，則「信好愈益精專，敏求愈益奮勵，意以此而誠，心以此而正，身以此而修，齊治均平，亦以此而明明德於天下。」（242 條）然而宇宙間尊信德性者寡矣！或尊德性，然叫其尊信德性則不肯，這就是善人與聖人之別。以下進一步探討這個問題。

（一）何以善而不聖

　　近溪弟子皆知老師平日教人為學首在「得真種子」，以「定下做聖的盤子」。（245 條）即以「覺悟良知」、「尊此個德性」為首要工夫。然弟子卻不知如何進一步用工。在此，近溪提醒弟子們說：「知固不難，然人因其不難，故多忽之，便去多其見聞，務為執守，久之只覺外求者得力，而自然良知，愈不顯露。」凡此皆是信不及自家本有之至寶，而向外追求。〔註 49〕這種「尊

〔註48〕見《孟子》告子章句上「性無善無不善」章。就此章而言，可以明顯地發現，在當時除了孟子主張性善、告子主張性無善無惡之外，亦有人主張性可善可惡、有性善有性不善。

〔註49〕整理自 224 條。這段引文是友人與近溪的對話。其友復曰：「大人者，不失赤

德性」而不「信德性」者，孔、孟皆稱為「善人」。孔子謂這種人質美，然不能入聖人之室。〔註50〕何以不能入聖人之室呢？近溪如何解釋呢？

> 《論語》之於善人，再三稱許，總是夫子愛他資質之美，故惓惓致意，然嘆才之惜，每寓於中。至答子張，則明白說出，其曰：不踐跡，正是見他善處；其曰：亦不入室，卻又是惜他徒有善處。觀孟子之評樂正子一段，便可見矣。若以他因不踐跡，故不入室，則聖門學者無限，皆是踐跡，豈便皆可入室耶？要之，夫子之取善人，真為其可以入聖而然。觀其嘆：聖不可見，而及於善人，則善人原非不可以入室者，乃卒善而不聖，……後參對軻氏願學去處，把來一齊推倒，乃知所見不甚差，且知夷、惠、冉、閔諸公，總未跳出善人窠臼中也。今想要求跳出，則須是<u>先過信人一關</u>，蓋善則即為聖堂，廣大無邊，貫通不隔，萬物皆備，千載同然。<u>中間卻有一個門限</u>，所謂：善有諸己也。夫善而固有諸己，即孟子所言性善，只到此關，則人人生疑，信者萬無一二，既信關難過，則美大聖神，其深宮密室，又安望能窺其邃奧而享其榮華也哉？」（45條）

就《論語》來看，孔子曾再三致意善人，〔註51〕然何以孔子又要抑之曰：不

> 子之心，孟氏果已說定，但今日卻如何下手？」羅子曰：「知而弗去是也。」曰：「知之，似亦不難。」近溪曰「知固不難，然人因其不難，故多忽之……。」近溪這裡的「知而弗去」的工夫看似簡單，實非容易之事。此中之「知」，乃「真知」也。對照另一段引文會更清楚，近溪曰：「知而弗去，不是要他不去，只知得真時，便原自不曾去也。久久弗去，則細細密密，自然有許多節次，從從容容，又自然有許多文彩。」（163條）而所謂的「真知」，乃是「尊信德性」也，絲毫無遲疑。故一旦真正的尊信德性，便自然知而弗去，此乃徹始徹終之最好工夫。參 163 條。

〔註50〕孔子分別在〈述而第七〉、〈先進第十一〉、〈子路第十三〉（有兩處）、〈堯曰第二十〉等章有談到善人。當中孔子區分聖人與善人之別。尤其是〈述而第七〉、〈先進第十一〉這兩章。子曰：「聖人，吾不得而見之矣；得見君子者，斯可矣。」子曰：「善人，吾不得而見之矣；得見有恒者，斯可矣。亡而為有，虛而為盈，約而為泰，難乎有恒矣。」（述而第七）子張問善人之道。子曰：「不踐跡，亦不入於室。」（先進第十一）朱子在註解子張問善人之道這章時，指出善人，乃「質美而未學者」也。並引程子與張子之言補充道，「善人欲仁而未志於學。欲仁，故雖不踐成法亦不蹈於惡，有諸己也。由不學，故無自而入聖之室也。」朱子《四書章句集註》，頁 127～128。

〔註51〕子曰：「善人，吾不得而見之矣；得見有恒者，斯可矣。」（述而第七）子曰：「善人為邦百年，亦可以勝殘去殺矣。誠哉是言也！」（子路第十三）子曰：「善人教民七年，亦可以即戎矣。」（子路第十三）

入室呢？吾人皆知，眞正登堂入室，發揮本心本性，立己立人，成己成人，德性圓滿才是孔子對人性的理想。按近溪的了解是因爲子張有欣仰善人、劃地自限之意，故夫子揚而抑之。是以，善人本質上並非不可入聖，其不可入聖之關鍵乃在於停留在善人之窠臼中而未跳脫出來。雖然善人已通過「可欲之謂善」這個門檻，然卻未進一步通過「信有諸己」這一關，故「美大聖神，其深宮密室，又安望能窺其邃奧而享其榮華也哉？〔註52〕」故近溪謂樂正子以後，則孔孟此路眞脈斷絕不談，蓋因樂正子半疑半信，所以孟子說他只在善、信之間。〔註53〕此處既信不透，則隔礙阻滯，決不能得黃中通理。不能通黃中通理，則安可望乎大而化、化而神乎？（109、179條）

　　近溪認爲，孔子高足子貢、子路、原憲，以及孟子高弟公都、萬章，對於性體本善，皆尙在疑信之間。何謂也？除了混淆道德之性與自然之性外，就是對此二性之本質體之不深。近溪在在強調道德之性就是道德動力的來源，是純粹的，雖然在道德實踐中，不能離開自然之性，甚至必然的會受自然之性的影響，但是不能質疑道德之性的純善性，並且要堅信一旦道德之性挺立住，則自然之性必隨之而順從，即所謂的形色天性也。宋時諸儒先，直謂：孟子只說得一邊，須補以氣質方備。甚至有氣浮心粗者，逐外成性，不肯向裡掘求。非惟不肯去求，抑且有言不信。（40條）凡此皆不識道德之性的眞正本質。然而，不識道德之性的眞正本質，從而對於性有諸己遲疑，不就是受自然之性的影響嗎？站在實踐主體人的立場而言，不就是人性不免有惡嗎？其實近溪亦不反對這個事實。（222條）那麼問題之關鍵出在哪裡呢？追根究底就是對於道德之性與自然之性之本質識不清，以及其間之關係混淆不清所致。前面已稍有所述，在此只補充幾個要點。自然之性固然會影響「人」

〔註52〕關於善、信、美、大、聖、神之關係，近溪有進一步的解釋。其謂：「蓋此善字，即是性善善字。性爲固有，便是信有諸己；性本具足，便是美可充實；性自生，惡可已？便是大有光輝，性原不應不學而應用無方，便是化不可爲、神不可測也。只些些子善中，包涵無限造化，所以雖求不欲，自不能不欲也，故隨其所欲之淺深，而名其善之大小。信是以吾欲之而成其信；美是以吾欲之而成其美；大是以吾欲之而成其大；神化是吾欲之之極而成其神化也。」（215條）

〔註53〕浩生不害問曰：「樂正子何人也？」孟子曰：「善人也，信人也。」「何謂善？何謂信？」曰：「可欲之謂善，有諸己之謂信，充實之謂美，充實而有光輝之謂大，大而化之之謂聖，聖而不可知之之謂神。樂正子，二之中，四之下也。」（盡心下）近溪語錄當中有十幾處談到樂正子遲疑有諸己之說，亦可看出其再三強調「尊信德性」攸關著善人邁向聖人之重要關鍵點。

在道德之性的表現上，然卻無法改變「道德之性」之原有本質。換言之，自然之性影響的是實踐主體「人」，而仍不影響「道德之性」之本質表現。就如烏雲影響了天氣，卻無法改變太陽日照之原有本質。那麼道德之性有何本質呢？簡言之，是純善無惡的、是道德動力的來源、是實踐主體人之主人。換言之，其是人之所以爲人之價值所在。的確，站在實踐主體人之立場看人性，不全然是善的，也難免質疑人性本善的說法。近溪的格物、至善論其實也是看到這一點。其中近溪強調遇人亦是看到現實中人的確不易識透「道德之性之本質」。然近溪高人之處，在於知道人之「有限性」在哪裡，故需要「他力」之協助與指導；亦清楚人之「無限性」在哪裡，是成聖之根據所在，是道德動力之來源，是工夫之本質所在。而一般遲疑性善者，便是混淆不清如上之差別性，而致使有「逐外」之傾向。換言之，遲疑性有諸己者，除了造成工夫無法完全止於本心上，心有旁鶩，連帶著道德動力不彰，甚而逐外愈甚，終至「用功久久苦難，如心每多歇手」。雖然近溪說「性善一著，是聖凡之關，只一見性善，便凡夫立地成聖」（222 條）、「悟得透，信得及，則良知以爲知，若無知而自無所不知；良能以爲能，若無能而自無所不能。」（173 條）但是此「信關」亦如「千重鐵壁，若非眞正舍死拚生一段精神，決未許草率透過也。〔註54〕」是以近溪謂：「（今時）可以語良者，則千百而鮮一二也。」（254 條）

雖然「尊信德性」這一關如千重鐵壁般，非舍死拚生也難透過，但是這一關是聖凡之關，即透不過，則永難超凡入聖。近溪深知此關是入聖與否之關鍵，亦是千古有志入聖者最難識透、最難穿越之高峰，故近溪以最簡易、自然、親切的方式指點之，以冀其能信有諸己，邁向聖賢路上。

（二）赤子之心、不學不慮之指點

在近溪《語錄》當中，赤子之心、不學不慮是出現頻率很高的語彙之一，其在近溪哲學當中想必扮演不可或缺的地位。是其學術宗旨嗎？亦或表示其強調不需要工夫呢？或是其思想上之某些趨向呢？本論文討論至此，可以明確的說，不會是其宗旨，更非強調無需要工夫。其可以是其思想上之某些趨向。雖然此兩個詞彙之意涵大致上是可以相互涵蘊的。前者可以說是本體義，而後者是其作用義。以下將依此兩個面相來討論

〔註54〕 見 222 條。門人曾鳳儀評這一段時，特別指出近溪徹透此性體，亦是從苦心中得來。可見得尊信德性這一門檻還眞是聖凡之關。透不過則永難超凡入聖。

1、大人不失其赤子之心

近溪在《語錄》當中至少有四十處提到赤子之心。如此之頻繁，不知其在近溪思想上之旨趣何在？弟子便曾問道：「大人不失赤子之心，其說維何？」近溪說：

> 凡看經書，須先得聖賢口氣，如此條口氣，則<u>孟夫子非是稱述大人之能，乃是贊歎人性之善也</u>。蓋今世學者，往往信不過孟子性善之<u>說</u>，皆由識見之不精，其識見之不精，又皆由思致之不妙。觀孟子他章論君子所性，仁義禮智根於心，夫根本者，枝葉之所由生者也，不究其所由生之根本，又安能透得夫枝葉之所以爲善也哉？（206條）

孟子謂：「大人不失赤子之心」這句話之意義，近溪直接了當的說就是「贊歎人性之善」而已。〔註55〕何以要讚嘆人性之善呢？蓋因學者往往信不過孟子性善之說。信不過性善說，則對於「善之根本」（本心）便無法掌握；「善之根本」無法掌握則又如何能掌握「善之枝葉」呢？是以大人不失赤子之心這段話只是要讚嘆人性之善；而讚嘆人性之善是爲了使人們「尊信德性」；而尊信德性，不僅可以掌握到善之根本，同時亦能本末通貫，使善之枝葉皆能得其所分。然學者往往識見之不精、思致之不妙，混淆了「善之根本」與「善之枝葉」之意義與價值，並以爲「大人不失赤子之心」這句話是稱述大人之能。近溪接著說：

> 心性走一個神理，雖不可打混，然實不容分開。如曰：知得某事善，能得某事善，此即落在知能上說善，所謂善之枝葉也。如曰：雖未見其知得某事善，卻生而即善知，雖未見其能得某事善，卻生而即善能。此則不落知能說善，而亦不離知能說善，實所謂善之根本也。人之心性，但愁其不善知，不愁其不知某善某善也；但愁其不善能，不愁其不能某事某事也。類觀，夫赤子之目，止是明而能看，然未

〔註55〕近溪善以孩童赤子之心，見父知愛，見兄知敬之自然表現指點、讚嘆人性之善，渾乎其天者也。近溪謂：「所謂赤子之心，渾乎其天者也。孟子之道性善，則自其性無不善者言之，故知能愛敬，藹然四端，而曰乃若其情，則可爲善，蓋謂性雖無善，而實無不善也」（95條）；謂「人之初生，目雖能視，而所視只在爹娘哥哥……據他認得爹娘哥哥，雖是有個心思，而心思顯露，只在耳目視聽身口動叫也。於此看心，方見渾然無二之眞體，方識純然至善之天機。」（48條）

必其看之能辨也；赤子之耳，止是聰而能聽，然未必其聽之能別也。今解者，只落在能辨能別處說耳目，而不從聰明上說起，所以赤子、大人，不惟說將兩開，而且將兩無歸著也。嗚呼！人之學問，止能到得心上，方才有個入頭。據我看，孟子此條，不是說大人方能不失赤子之心，卻是說赤子之心，自能做得大人。若說赤子之心，止大人不失，則全不識心者也。且問天下之人，誰人無心？誰人之心，不是赤子原日的心？君如不信，則請遍觀天下之耳、天下之目，誰人曾換過赤子之耳以爲耳，換過赤子之目以爲目也哉？今人言心，不曉從頭說心，卻說後來心之所知所能，是不認得原日之耳目，而徒指後來耳之所聽、目之所視者也。此豈善說耳目者哉？噫！耳目且然，心無異矣。（206 條）

近溪在此指出一個重要的概念，此概念亦是常被學者所忽略。即儒家心性之學，有其一定之「神理」〔註 56〕。即有「善之根本」與「善之枝葉」本末之差異，然本末是一貫的。近溪在此批評學者往往落於善之枝葉，卻忽略了善之根本。雖然本、末皆有其存在之意義與價值，然就心性學而言，學者當該擔憂不知「善之根本」，而不該憂愁不知「善之枝葉」。意即當該擔憂不知原日赤子之心，而不該憂愁後來赤子之耳、目。然學者往往將重心放在赤子之耳、目之能辨能別處，而忽略其之所以能辨能別之聰明處，即赤子之心處。〔註57〕換言之，往往僅就其知能上說善，而輕忽從其所以然處說善。近溪借此要指出一個關鍵問題，就是學者遺忘了儒家本末一貫之神理概念。將大人與赤子之心二分，僅著重在「大人之能」上，而遺忘了大人之所以爲大人之根源：「赤子之心」。故近溪謂「今人言心，不曉從頭說心，卻說後來心之所知所能」。亦即人皆從事項上之善惡來說心，而遺忘了最原初的「本心」，殊不知「要存

〔註56〕近溪謂：「（子貢之多學與孔子之一貫）亦非二事也。蓋學之爲學，聖學也，聖之爲理，神理也，善會之則二而爲一，不善會之則一而爲二矣。」（66 條）神理在這裡是強調一個概念，就是本、末雖二，然卻是是一貫的。放在上引文之脈絡來看，近溪強調的是善之根本與善之枝葉有本末，且是一貫的。有關神理的相關內容亦可以參考李慶龍〈近溪「神理」與盡心盡性至命之儒家橫豎規矩〉，《羅汝芳思想研究》，頁 147～157。

〔註57〕楊復所〈近溪子集序〉：「惟見赤子之心者，爲能一以貫之，若目睹白黑，而耳接聲音，舌嘗甘苦，而鼻納香氣，皎然其昭察甚著也。嗟！夫學患不見赤子之心而已」。見《羅近溪先生語錄彙集》，頁 37。復所此段話頗能呼應近溪本末一貫之神理說。

今日既長時的心，須先知原日初生時的心。」（48 條）換言之，不可僅僅從事項上之善惡來說心有善惡，從而否定原初之善心。要知「豈其皆善於初，而不皆善於今哉？〔註58〕」

在此，近溪指出本、末是二又是一的概念。從本、末是二中說明其差異性，並強調「本」之優先性。以赤子之心讚嘆人性之善，實乃今學者往往逐其末而遺其本；重其然處，而遺其所以然處；不知大人之學當以赤子之心爲「入頭」。故大人不失赤子之心所要表示的並不是說大人方能不失赤子之心，卻是讚嘆說人人皆有個純然無雜，渾然無爲之「赤子之心」（150 條），而根據此「赤子之心」，人人皆有成爲大人之可能。近溪以孟子「大人不失赤子之心」這段話讚嘆人人皆有此善性，其最終目的無非是要學者「尊信德性」。蓋因「今世學者，於赤子之良知良能，已久廢置不講，於孟子性善一言，則成疑貳不信。」（261 條）

2、不學而知不慮而能

赤子之心就是人人具有的本心善性，即不學不慮的良知良能。「不學不慮」是良知良能之特性，或說凡從良知本身所發之每件行爲皆是不學不慮的。如「耳目之聰明、知能之活潑，孩提則均一愛敬，爹娘則均一撫抱，穿衣吃飯，日用往來」（235 條）皆是良知之不學不慮的體現。又如「吾人與天，原初是一體，天則與我的性情，原初亦相貫通；驗之，赤子乍生之時，一念知覺未萌，然愛好骨肉，熙熙恬恬，無有感而不應，無有應而不妙，是何等景象！何等快活！」（150 條）。近溪類似之指點語不勝枚舉，在此不打算逐一討論。〔註59〕因爲本節除了論述近溪從愛親敬長之不學不慮中指點人人本具良知之外，更重要的任務是要論述近溪如何令人尊信赤子之不學不慮與聖人之不思不勉渾是一個。（464 條）

不學不慮之良知良能孟子早已談過，只是被人遺忘、廢置不講而已矣。

〔註58〕近溪從天倫之親體證到人性之善，不因時空或事項上之善惡而有所改變。其回憶道：「芳自始入仕途，今計年歲將近五十，竊觀五十年來，議律例者，則日密一日，制刑具者，則日嚴一日，任稽察，施栲訊者，則日猛一日。每當堂階之下、牢獄之間，睹其血肉之淋漓，骸骨之狼藉，未嘗不鼻酸額蹙，爲之歎曰：此非盡人之子與？非曩昔依依於父母之懷，戀戀於兄妹之傍者乎？夫豈其皆善於初，而不皆善於今哉？及睹其當疾痛而聲必呼乎父母，覓相依而勢必先乎兄弟，則又信其善於初者，而未必皆不善於今也已。」（240 條）
〔註59〕如 42 條、48 條、80 條、95 條、235 條、240 條皆從愛親敬長之不學不慮當中指點良知良能。

今日近溪重拾之，並結合「大人者不失其赤子之心」、「聖人之不思不勉」，而推出赤子之不學不慮與聖人之不思不勉渾是一個的說法，其目的是要人人尊信德性，並相信人人可以成爲聖人。那麼赤子之不學不慮與聖人之不思不勉渾是一個是否表示赤子就是聖人呢？或意味著「不學不慮」與「不思不勉」有相同的境界呢？抑或另有所指？以下將逐一來釐清這些問題。近溪道：

> 反思，原日天初生我，只是個赤子，而赤子之心，卻說渾然天理。細看，其知不必慮，能不必學，果然與莫之爲而爲、莫之致而至的體段，渾然打得對同過也。然則<u>聖人之爲聖人，只是把自己不慮不學的現在，對同莫爲莫致的源頭，我常敬順乎天，天常生化乎我，久久便自然成個不思不勉而從容中道的聖人也。</u>（80 條）

> 孔子，大聖人也，萬世無及焉。然其實<u>非孔子之異於萬世，乃萬世之人，自忘其所同於孔子者焉耳。</u>孟子云：大人者，不失其赤子之心。（453 條）

近溪在此簡別赤子與聖人之異同。首先，赤子擁有赤子之心，而此赤子之心使得赤子見父自然知孝，見兄自然知弟，完全是不慮而知，不學而能，與天命之莫之爲而爲、莫之致而至的體段如同一般。故「赤子之心，純然而無雜，渾然而無爲，形質雖有天人之分，本體實無彼此之異。」（150 條）那麼，是否可以說赤子就是聖人呢？當然不是。赤子之不學不慮與聖人之不思不勉雖然皆表現天道之自然生化，然前者是不自覺的，如百姓日用而不知的，是沒有道德義的；而後者是超自覺的，是有道德義的。若果如是，近溪提出不學不慮之赤子之心之意義何在呢？首先，近溪要強調的是，人人皆有與天相同之本體，無雜無爲，不學不慮，是何等之神妙與殊勝。其次，近溪表示「赤子之不慮不學，與孔子之不思不勉，渾是一個」、「實非孔子之異於萬世，乃萬世之人，自忘其所同於孔子者焉耳」這兩段話之目的，是要強調成聖之「眞種」人人都有，只是人人皆忘記而已，即「人皆曉得去做聖人，而不曉得聖人即是自己」（235 條）。要之，聖人不思不勉之無雜無爲，吾人亦曾有之（只是不自覺）、吾人亦可成聖成孔子。借此來喚醒人們之信心，鼓舞人們要立志、要擔當，更要尊信德性而已。或有人會認爲近溪強調不學不慮，是指近溪已解消儒家工夫。即忽視德性培壅，強調「當下現成」，視工夫爲本體之障礙而加以拋棄，並直接把無心的自然流行當作本體與性命。其實不學不慮在此並非指解消工夫之意，其重點在指點人人皆有個與天道生生不已相同之本體，

與聖人不思不勉從容中道之相同本心。故並不把赤子之不學不慮當作是最高之道德理想境界，而只是成聖之「真種」描述。故近溪所謂的「不慮不學的現在」、「莫為莫致的源頭」皆只是在指點人人皆具有如赤子般之無雜無為之心，然此心之境畢竟只是個「現在」而不是「恆常」，只是個「源頭」而不表示「生生不已」。此皆還有賴於「常敬順乎天，天常生化乎我」之恆常工夫，方能成個不思不勉而從容中道的聖人。

或疑赤子之不學不慮、無雜無為之心，豈不是本心原貌，等同天道，不增不減，何以還要有個工夫呢？首先，不管是智、愚、賢、不肖，或男、女、老、少皆是一樣的心。即「自一人以及萬人，自一物以及萬物，自一處以及萬方，自一息以及萬載，皆是一樣知能，皆是一樣不慮不學。」（261 條）然赤子與聖人畢竟有其「分兩」之不同。〔註 60〕即赤子之不學不慮之知並非是逆以覺之之知，故無道德義，非真正之道德理想。其次，由於赤子之不學不慮是非自覺之知，故並非真知，往往有感物而動、為欲所迷之逐慮、執學之下墮過程，與聖人之不惑於外物，豈止是天淵之別。近溪說：

> 夫赤子之心，純然而無雜，渾然而無為，形質雖有天人之分，本體實無彼此之異，故生人之初，如赤子時，與天甚是相近。奈何？人生而靜，後卻感物而動，動則欲已隨之，少為欲間，則天不能不變而為人，久為欲引，則人不能不化而為物，甚而為欲所迷且蔽焉，則物不能不終而為鬼魅妖孽矣。……。難以用功，決須猛省，逆將回轉，說道：吾人與天，原初是一體，天則與我的性情，原初亦相貫通；驗之，赤子乍生之時，一念知覺未萌，然愛好骨肉，熙熙恬恬，無有感而不應，無有應而不妙，是何等景象！何等快活！奈何？後因耳目口體之欲，隨年而長，隨地而增，一段性情，初焉偏向自私，已與父母兄弟相違，及少及壯，則天翻地覆，不近人情者，十人而九矣。今日既賴師友喚醒，不肯甘心為物類妖孽，又不肯作人中禽獸，便當尋繹，我起初做孩子時，已曾有一個至靜的天體，又已曾發露出，許多愛親敬長，饑食渴飲，停當至妙的天則。豈如今

〔註 60〕近溪赤子之不學不慮與聖人不思不勉之異同，與陽明「成色分兩」說相類，故借之為喻。陽明謂：「故雖凡人而肯為學，使此心純乎天理，則亦可為聖人；猶一兩之金比之萬鎰，分兩雖懸絕，而其至足色處可以無愧，故曰：『人皆可以為堯、舜』者，以此。」見《傳習錄上》，頁 27。

年長，便都失去，而不可復見也耶？要之，物感有時而息，則天體
隨時而呈，不惟夜氣清明，方纔發動，即當下反求。(150 條)

吾人與天，原初是一體，天則與我的性情，原初亦相貫通。此中之「一體」
與「相貫通」指的不是赤子與天，而是吾人之赤子之心與天道。故本體實無
彼此之異，然赤子時，與天只能是甚為相近。因為赤子畢竟已落入形色之體，
難免有知覺萌動、耳目口體之欲之可能，赤子之心未必能如赤子「乍生」之
時，「一念知覺未萌」，愛好骨肉，熙熙恬恬，無有感而不應，無有應而不妙
之景象。」故赤子之不學不慮、無雜無為之赤子之心皆是赤子「乍生」，一念
知覺未萌時之景象與快活。然落入形色世界，耳目口體之欲必然萌動。從不
學為知，不慮為能，漸漸傾向逐慮為知、執學為能之階段。換言之，與聖人
不思不勉之景象與快活是漸行漸遠。如是，近溪所謂的「赤子之不慮不學，
與孔子之不思不勉，渾是一個」便不難理解其義了。所謂的「渾是一個」並
非是指赤子即聖人，或不學不慮就是取消工夫。實只是強調赤子乍生，一念
知覺未萌時，不學不慮之本心與聖人不思不勉之本心是同一個，只要「知而
弗去」即可成聖。〔註 61〕關鍵是如何去「知」(覺悟、自覺之)，如何不受形
氣之私與外物之蔽，能夠「常敬順乎天」而「弗去」，實「亦難矣哉！亦罕矣
哉！」(50 條)雖此，然人若不肯甘心為物類妖孽，便當理出何以沈淪的頭緒。
即從赤子之不學不慮、至靜天體之至妙的天則何以隨年長而失去了呢？從中
確認吾人生而有至靜至妙的天體、天則，雖不免感物而動，然物感有時而息，
只要當下反求，天體隨時皆能呈現、復見。

從上文之討論，大抵可以確定，近溪以赤子之不學不慮、赤子之心無
雜無為之至神至妙之景象與快活，皆只是要人尊信人人生而即有與天道相
同的本體、與聖人一樣有成聖之根源。尊信德性可以說是入聖工夫之最關
鍵處，通過此關，則後面之工夫就容易多了。(42 條)然近溪亦知曉要尊信
德性並非容易之事。其中如近溪所言「今世學者，於赤子之良知良能，已
久廢置不講，於孟子性善一言，則成疑貳不信。」(261 條)在此久廢性善
論之氛圍下，要推道訓俗，談何容易。近溪因時而教，以簡易、親切之倫
常日用情境，來指點良知良能。除此之外，近溪亦從良知須臾不離來當機
指點，使人尊信良知。

────────────────

〔註61〕見 113、163、224 條。

（三）良知須臾不離

雖然孟子主張性善論，近溪不斷地從日用倫常當中指點人性之善。然弟子之生活經驗似乎告訴自己，人真的是良善的嗎？在一次的講會現場，講說不便於聽聞，因而中多遷就予席之前後左右，致使今西北之席位虛曠，而東南之坐立雜沓，長幼失序，人己相妨。友人便質疑近溪方才之良善說。近溪回答道：

> 此等去處，語之以善，果是動容草率，然語之以良，則實爲意念真純。故雖未足以語其善，而亦可以言其良也。<u>蓋良字訓作易直，易也者，其感而遂通之輕妙處也，原不出於思量；直也者，其發而即至之迅速處也</u>，原雖與以人力。所以良知謂之不慮，良能謂之不學，卻是慮與學到不得的去處也。如今一時問辨親切，況復新美殊常！後進聞所未聞，即踴躍而前，急圖聽受，坐立少有參差，亦照料不及，正與孩提之不慮不學，稍稍相類，故不避忌諱，而輒許其近於良也。」（254 條）

近溪在此重新釐清「良善」之概念。長幼失序，人己相妨，果非善也。雖非善，然亦不失其「良」也。蓋良，易直也。即有感而遂通、發而即至之特性。近溪根據當時聽課之人事物，做進一步的解析與指點。其認爲因爲當時討論之主題，不僅切身，而且是過去聞所未聞之議題，故良知「易直」之特性當下不出思量的告訴自己：今天的議題很重要、很新鮮，要趕快注意的聆聽。故化爲行動便是迅速的找一個利於聽講之處。這是良知易直、不容已之表現。近溪在此提出一個重要的問題：既使有一些非善之舉，其背後可能是因爲有良知爲其動力根源。近溪藉此指點良知人人具有，且須臾不離的在吾人之左右作爲行動之動力因。

是以，「非善之舉」不必然是因爲本心是不善的，恰恰就是因爲其背後有良知的作用使然。甚至近溪認爲，即便是行「非善之人」者，如「毆父罵母之輩」，其必能自覺此舉乃定惡之事也。近溪從「惡人、惡行」中指點人心良知不昧，道不可須臾離。〔註62〕近溪這種指點方式近於康德從「惡習者」之

〔註62〕或問先生，道不可離、良知不昧之語，屢屢作疑處，起問曰：「誰能出不由戶？何莫由斯道也？如何孔子復有此歎？」子曰：「聖人比語，正是形容良知無須臾離處，如曰：人皆曉得由戶，則其終日所行，何莫而非斯道也！」其友復曰：「即是人人皆曉得，何爲卻有毆父罵母之輩也？」子曰：「此輩固是極惡，然難說其心便自家不曉得定惡也？」曰：「雖是曉得，卻算不得。」子曰：「雖是

行徑指點人人具有「理性」與「向善稟賦」。〔註63〕另外，近溪亦從吾人疑問
提出之同時，指點良知須臾不離。弟子便曾經提出「工夫如何會忘記而間斷」
的疑問。近溪回答道：

> 此則汝之學問，原係頭腦欠眞，莫怪工夫不純也。蓋學是學聖，
> 聖則其理必妙。子今只去照管持守，卻把學問做一件物事相看，
> 既是物事，便方所而不圓妙。縱時時照見，時時守住，亦有何用？
> 我今勸汝且把此等物事放下一邊，待到半夜五更，自在醒覺時節，
> 必然思想，要去如何學問？又必思想，要去如何照管持守我的學
> 問？當此之際，輕輕快快，轉個念頭，以自審問，說道：學問此
> 時雖不現前，而要求學問的心腸，則即現前也；照管持守工夫雖
> 未得力，而要去照管持守一段精神，卻甚得力也。當此之際，又
> 輕輕快快，轉個念頭，以自慶喜，說道：我何不把現前思想的心
> 腸，來做個學問？把此段緊切的精神，來當個工夫？則但要時便
> 無不得，隨處去更無不有，所謂：身在是，而學即在是，天不變
> 而道亦不變，安心樂意。豈止免得間斷？且綿綿密密，直至聖神
> 地位，而亦無難也已。（52 條）

近溪教導弟子可以透過一連串之「自問自答」，可逼近對超越之道體的體認。
如工夫會忘記而間斷，必然是因爲工夫「不純」；而工夫之所以不純，乃在於
聖學識之不眞。即將聖學當作是一客觀的對象來研究與分析，儘管時時照見，
時時守住，又焉能產生聖學必然體現之至神至妙之理？蓋聖學不是思辨的學
問，是活活潑潑、感而遂通的學問。然則，這種學問如何可能？其根源何在
呢？儒家傳統告訴我們，其不可能源自於思維或邏輯之主體，必然是源自於
寂然不動、感而遂通之道德主體，即良知本體。若果如是，如何能夠讓良知
本體作用呢？吾人會自答：就是放下一切人爲造作，讓良知自己作主。那麼

〔註63〕　算不得，卻終足曉得。可見，人心良知不昧，果是道不可須臾離也。」（352 條）
一般我們會認爲惡習者或犯罪者是沒有理智的，故方會有此「非理智」之行
徑。而吾人對此人必會加以指責與蔑視。康德認爲吾人內心上會對此人有「輕
視」，有時是不可避免的。然康德指出，此人背後若是沒有理性根據，此人焉
能做出令人痛恨的惡行呢？消極地說，若是此人無理性，如動物，其惡行是
否應該被譴責呢？積極地說，此人是否永遠不能被改善呢；這與一個本身（作
爲道德存在者）永遠不會失去一切向善稟賦的人的理念是無法統一的。參見
李秋零主編康德著作全集六，《純粹理性界限內的宗教、道德形而上學》（北
京：中國人民大學出版，2007 年），頁 474～475。

吾人自己進一步追問，如何能是良知作主呢？如這般之問題，近溪舉例說，當在夜深醒覺的時候，思想如何學問？如何照管持守我的學問的同時，吾人又可以自問：是誰在思想如何學問？如何照管持守我的學問？如此追問下去的結果，必然可以得知，此思維之最終主體，就是我們的良知本體。近溪進一步告訴我們，當有此轉念之後，雖然此刻學問並不現前，然要求學問的心腸即已現前，進而要求自己何不以當下之心腸來做學問，把此段緊切的精神，來當個工夫呢？其實此刻要求做學問之心腸，以及此段緊切的精神皆是良知所發。惟有純亦不已之良知所發方能綿綿密密而不間斷，亦方能直至聖神地位。近溪甚至就從「工夫間斷本身」這件事情指點良知現在，即吾人「俄頃變明白而爲恍惚，變快活而爲冷落」，是什麼東西讓我能有如此至神至速的改變呢？（153條）不就是良知本身嗎？故良知一直都沒有片刻離開我們，或有時物交物，而放失本心；或欲心作主，而良知退位。致使吾人「冒認本體」。〔註64〕只要我們放下對待執著，回到醒覺之「當下」，此當下儘管是「疑問的當下」，皆是良知之顯現。〔註65〕近溪此段對話雖然表面上重點放在工夫如何不間斷，但是近溪從工夫何以間斷，以及「思想如何」本身這件事情當中，指點良知現成。而惟有良知作主，方能「安心樂意」，感而遂通，以成聖學。換言之，尊信德性是工夫不間斷，以及達至聖神地位之首要工夫。

（四）孔孟堯舜的印證

近溪深知尊信德性是入聖之最關鍵、最首要之處，故近溪想盡辦法從各種不同的面相來使人們相信人性本善、人人皆可以成聖。然不管從哪一個面相，近溪皆以簡易、親切的方式指點人們相信。本小結所要討論的內容，其實在前面或多或少皆有所論及。然爲了要整理近溪哲學思想，所以在學問上盡可能保持其嚴整性，尤其在工夫論方面，筆者認爲越是嚴整，對於工夫實踐會有更完整的掌握。而孔孟堯舜等聖人之所以成聖之成素，在近溪教學過程當中是不可或缺的教材。〔註66〕而近溪之所以如此重視之，或可問其教學目的何在？其實不難發現，大體上之教學目的以啓發「尊信德性」這件事情

〔註64〕近溪謂：「不可盡信而苟信之，則冒認本體，此其所以無忌憚也。」（533條）

〔註65〕近溪這種指點，很像理性主義笛卡爾（1596～1650）所謂的「我懷疑，所以我存在」的說法。「懷疑」是一種「思考的方式」。當我思考「懷疑」這件事之時，一定有一個「思考懷疑的我」。以此證明「我存在」。

〔註66〕除了這四位聖人之外，顏回與曾子亦不少。然仍以這四位爲主，尤其在啓發尊信德性方面。

爲主要。〔註67〕當然本小結之任務不在此，而只是要強調近溪善於以孔孟堯
舜等聖人之所以成聖之成素，作爲啓發弟子「尊信德性」之重要資糧。尤其
更善於以簡易、親切之言語啓發之。如下近溪所云：

> 今即孟子七篇看來，那一句話曾離了孝弟？那一場事曾離了孝弟？
> 陳王道，則以孝弟而爲王道，明聖學，則以孝弟而爲聖學，管、晏
> 事功，則以孝弟而鄙之，楊、墨仁義，則以孝弟而闢之，王公氣勢，
> 則以孝弟而勝之。只弗去二字，所以能純全孝弟之妙，只孝弟二字，
> 所以能成就亞聖之名。（163 條）

近溪在此將成聖這件事情似乎看成是非常簡單的事情。或如前文錢穆先生所
批評的「從此卻把宋明幾百年各家各派爭辯歧見，只把孔孟孝弟兩字來統括
淨盡了。……。把古聖人古經典地位，都讓世間愚夫愚婦日常心情代替占盡
了」、「後來王門大致全如此，只拈一字或一句來教人。」錢先生批評的是否
有道理呢？吾人可以怎麼幫近溪回答這個問題呢？從本引文來看，近溪明顯
只以「孝弟」二字教人，甚爲簡易。然如此是否過渡化約孔孟之學問呢？就
思想上而言，近溪這個說法的確是有問題的。但是從哲學上來說，則不難理
解近溪的旨趣。覺悟良知、尊信德性是工夫之最首要，亦是其他工夫之基礎。
換言之，未能覺悟良知與尊信德性，則一切工夫皆是虛妄的。而拈一字或一
句來教人，不是工夫之結束或完成，而其實是工夫之開始。開始什麼呢？即
以一字或一句來使人們覺悟良知、尊信德性，以開啓通往聖學之路。而聖學
之路可說是非常艱難的，難就難在「知而弗去」。故上文提到，知或許不難，
但是知而「弗去」，實「亦難矣哉！亦罕矣哉！」換言之，這種知而弗得之知，
能夠說其知道嗎？抑或只是思辨上的知呢？故學者混漫了近溪覺悟與實踐二
者之異。近溪以「孝弟」啓發人人覺悟自己本有具足圓滿之良知良能或善性，
這只是工夫之開始。成聖的過程其實就是「弗去」本自具足圓滿之良知良能
的工夫，無須他求。如此說來，的確簡要。難道不就是如此嗎？孟子不就是
以「求其放心」概括了所有學道工夫嗎？然就細節來說，如何「知」，如何「弗
去」便不是三言兩語就可以交代清楚的。近溪對此非常注意，此亦是本論文
要處理的問題之一。

〔註67〕 其實看過近溪之語錄，吾人可以發現，近溪在啓發「尊信德性」（尊德性、信
德性）這件事情上著墨最多，就如近溪自己所言：「吾子只患不到此處，莫患
此後工夫。」（42 條）

　　近溪善於以如上之方式來給人們信心與啓發。可以說是近溪講學之特色，在《語錄》當中處處可見。以下再引兩段以爲證成。其一是近溪對懷智的勸勉，其一爲弟子問到學道入門下手之方何在？近溪謂：

> 子語智曰：孩提之愛，稍長之敬，不慮而知，不學而能，孟子所以道性善，言必稱堯舜；又曰人皆可以爲堯舜，夫執塗之人許其可以爲堯舜，誰則信之？而孟子獨信其必然而無疑。蓋以聖人有此愛敬，塗人亦有此愛敬，原無高下，原無彼此，彼非有餘，此非不足，人人同具，個個現成，互古互今，無剩無欠。以此自信其心，然後時時有善可遷；以此信人之心，然後時時可與人爲善；以此信千百世人之心，然後百世以俟聖人而不惑。（頁 426）

> 吾儒學術，原宗孔門，孔門之教，全是求仁。然自己解注，只說：仁者人也；說：仁者人也，親親爲大。至孟子又直截指出：天下之人，其初皆是孩提赤子然，不慮不學卻皆知得愛親敬長。此可證人即便是仁，亦可知仁必以親親爲大也。故曰：人皆可以爲堯舜，是見得人皆有此良知也；又曰：堯舜之道，孝弟而已矣，亦是見得堯舜也只是此個良知也。（217 條）

不管是對懷智之勸勉，或是回應弟子學道入門下手之方，近溪強調的重點無外乎，人人有個良知，而此個良知與堯舜之良知是相同無異的。然則，如何確定人人皆有有良知呢？而像塗人這般的人亦有成聖之可能嗎？凡質疑自己或他人有良知，或能否成聖者，近溪皆以人人具有愛親敬長之本質指點之。換言之，近溪以愛親敬長來規定良知。在此或許亦可以窺見爲何近溪要以愛敬規定良知，而不是追隨陽明以知是知非規定良知之因。從思想史的角度來看，陽明後學學派當中，泰州學派有傾向於以平民儒者爲主體所組成的平民學派，〔註68〕而其講學對象又是以平民布衣爲主。根據王心齋弟子之統計，王心齋當時的學生以庶民爲主，佔了八十二％；而王東厓之庶民學生更佔了九十八％。〔註69〕身爲泰州學派的近溪，講學亦是不分東西南北，賢愚老幼、

〔註68〕按《明儒學案》所記載，泰州學派二十九位成員中，官吏身份有十八人，佔六十二％；布衣身份者有十一人，佔三十八。而泰州學派中布衣身份者所佔的比例，相較於陽明門人其他各派，（除江右是十二％，其餘皆在七％以下）是遠遠超過。詳細統計可以參考黃文樹《泰州學派教育思想之研究》（高雄：師範大學教育學系博士論文，1997 年），頁 129～130。

〔註69〕心齋弟子身份收在〈弟子錄〉，《王心齋全集》；而王東崖門人之身份則記載於

貧弱富貴，到處講學。甚至包含監獄的囚犯。〔註70〕就此講學對象來看，如何令其尊信德性呢？執塗之人許其可以爲堯舜，誰則信之？非平常之道，何以信從？（245 條）故以知是知非來指點良知，恐不如知愛知敬來的平易、親切。因爲人人生來皆有父母。故近溪說，「以愛敬自信其心」，然後時時有善可遷；「以愛敬信人之心」，然後時時可與人爲善。而就哲學史的角度來看，孝弟、人、仁有其實踐、實踐主體上密不可分的關係。（詳後論）相同地，近溪回應弟子學道入門下手之方亦只是個「良知」，即孔子「仁者人也，親親爲大」、孟子「不慮不學卻皆知得愛親敬長、堯舜之道，孝弟而已矣」下之良知。換言之，近溪告誡弟子要從「愛親敬長」處體會良知、尊信良知，進而致其良知。

三、止於至善

自古自今，聖人之學之終極目的皆在於達至「善之至」也。那麼如何方能達至「善之至」之理想境界呢？近溪謂：

> 夫此道名之曰中庸，見天下萬世，惟此是個恒性，惟此是個常德，而定下做聖人的盤子，更不容你高著分毫，亦不容你低著分毫，而爲王道之平平、王道之蕩蕩、王道之正直也。初則推本其出於帝天之命，所以表其爲純粹之極，故首歎之曰：中庸，其至矣乎！中間，將古今許多聖賢、聖賢許大德業，或從天而體之於己，或從己而贊之於天，雖備稱其爲聖神功化之極，而實表顯其爲不慮不學之常。終則復歎曰：上天之載，無聲無息，其至矣乎！惟是此個中庸，首尾皆歎其爲善之至，所以《大學》便將此至善，欲人止之，以爲明德新民之規矩格則也。……古今聖人之學，所以爲學之大，聖人大學之善，所以爲善之至，吾人欲學其學之大，而可不求止其善之至乎？於其善之至，能知止之，斯於其學之大，自爾得之。……。古之聖人，欲明明德於天下，夫欲明明德於天下，是本末一物而終始一事也。他卻於所先而先之，治國齊家，而及於致知在格物也；於所後而後之，物格知至，而及於天下平也。（245 條）

〈門人姓氏〉，《王東崖先生遺集》。詳細統計可參考黃文樹《泰州學派教育思想之研究》，頁 129～137。

〔註70〕顏山農與近溪皆曾經對獄囚講學論道，且令其感激萬分，惻然流涕。參見黃宣民〈顏山農先生傳〉、〈又尚集鄉賢傳〉，《顏鈞集》，（北京市：中國社會科學，1996 年），頁 82～84。以及《羅近溪先生語錄彙集》，240 條。

本章第一節〈先《中庸》後《大學》〉中提到《中庸》與《大學》「均言人性之善，亦均言人須學聖人，以盡所性之善。」即《中庸》、《大學》皆教人學聖人，而學聖人當先自信其善性，以「定下做聖人的盤子」。進而盡所性之善，以達至善之至也。然二者同中有異，有其先後關係：「《中庸》多推原，古今聖人，由庸常以造極至，而其言渾融涵蓄；《大學》多鋪張，古今聖人，成德以爲行事，而其言次第詳明。」（245 條）如本引文所示，《中庸》初則推本其出於帝天之命，以表其爲「純粹之極」，故首歎之曰：中庸，其至矣乎！終則復歎曰：上天之載，無聲無息，其至矣乎！其首尾皆歎其爲「善之至」。那麼此「善之至」如何達至呢？近溪認爲這個使命落在《大學》身上，因爲《大學》多鋪張，將達善之至之次第明確的指示出來。所以《大學》便將此至善，欲人止之，以爲明德新民之「規矩格則」也。換言之，《中庸》主「善之至」，而《大學》主「止於至善」。《中庸》之「善之至」有二義，一義指人人皆有「**純粹之極之善性**」，原本之於天（天命之謂性），肯定人人皆有此「善之至」之本性是入聖之首要工夫。這一點已在上一節〈覺悟爲先〉、〈尊信德性〉多有論述。另一義是指「善**之至極**」，即達至聖神功化之極、不慮不學之化境。換言之，前一義主在對本體之描述與肯定，是工夫之最初關鍵；後一義主在本體之體現，即工夫之最高境界。故近溪謂《中庸》多推原，由庸常以造極至。而近溪特別強調，此善之至極，惟從《大學》之「知止」用工夫，方能成其大、成其至。然則如何能知其所止呢？近溪謂，惟以先聖之「規矩格則」爲「至善」之止，別無它法。這裡所謂的「至善」是指先聖之「規矩格則」，看似心外之物，有他律之嫌，然這些至善格則卻同時是每個人之天職定分，具有普遍性。如近溪所謂：「<u>不法先聖，則無規矩。然古先聖人，所以足爲作聖之規矩者，正以其只盡自己之性，只明己性之善，而更無纖毫之或取諸外也</u>。……。所引章句，一一俱出六經，所指德業，一一俱是帝王賢聖，序以循之，而條理之不繁，會以通之，而體統之可一。<u>學問格則，又果然是合於人心之公，極夫天然之善而至也</u>。」（245 條）即先聖這些格則皆合於「人心之公、更無纖毫之或取諸外也」，就如同是「天然之善而至也」。是以「止於至善」雖以先聖之格則爲至善，看似格物窮理於客觀之物，近於朱子，然近溪這裡之至善，是雖客觀而又主觀，似外在而又內在，此格則就如同是自己天職定分所給出的。〔註71〕

〔註71〕關於近溪之至善說，楊師祖漢有精闢之闡述。其同時比較了朱子與陽明對至

　　話雖如此，即先聖之格則就是人人本心所給出的律則，但是畢竟還是心外之物，豈不也是義外之說呢？以先聖為格則之同時，吾人之本心狀態為何？能主動的給出律則嗎？的確，若對近溪哲學不能貫通其義者，難免會有以上之質疑。近溪肯定心即是理，肯定陽明良知之提出，並認為悟得良知是工夫之首要。但是近溪亦反對「漫謂本心自足」（7條），此可以從第一章對陽明學之修正中得以窺見。而朱子重讀聖賢書，以之為格則，亦是有功聖門。朱子這一主張恰恰可以修正陽明學之偏失。但是近溪對於朱子學亦有所提醒。其謂「若只徒求書中陳跡，而不以知能之良，培植根苗，則支離無成，與徑信本心者，其弊固無殊也已。」（8條）即以先聖之格則為規矩，必須建立在覺悟良知之基礎上。換言之，近溪先驗地肯定心即是理，但一旦落入經驗世界，則不能徑信本心、漫謂本心自足。故需要先知先覺之指點，需要以先聖之格則為規矩。而近溪強調以先聖之格則為規矩，必須建立在覺悟良知為前提，此說有其義理性根據。近溪認為吾人之本性與聖人之本性無二，故近溪非常強調尊信德性之重要性；而吾人本性之頻率（本質）與聖人本性之頻率（本質）亦無二，既然無二，則二者可以產生「共鳴」。〔註72〕故可以透過先聖格則規矩之振動，誘發吾人本心之共鳴。即吾人本心雖未能發而為理，但是透過先聖之格則規矩，可以誘發本心內在之振動，即產生本心之自我的覺察。是以，雖然先聖之格則規矩是外來的，但是由於肯定吾人之本心與聖人無異，且先聖之格則規矩「合於人心之公，極夫天然之善而至」。故乍看有他律之嫌

善的詮釋。朱子將至善視為是事理之當然極則，然此理在心外；陽明反對朱子理在心外之說法，主張理在於心，只要此心無私欲之蔽便是天理；而近溪言至善，不只從本心上說，而亦從先聖的實踐所示之規矩，即實踐之最恰當的綱領格式及實踐之極致成效上說，故可以說是陽明之說之引申。而此先聖之實踐規矩看似外來，其實即本心良知自己給出的。參見氏著〈羅近溪思想的當代詮釋〉，頁151～154；〈羅近溪的道德形上學及對孟子思想的詮釋〉，頁65～98。

〔註72〕近溪謂：「此處極微，須譬喻方得！」（153條）同理，此處道理極微，須借用物理學「頻率」與「共鳴」之概念方得。任何物體之發聲，皆有其頻率。頻率相同的物體彼此可以產生共鳴。所謂的共鳴，在物理學常做的實驗，就是將震動的音叉靠近但不接觸相同頻率的音箱，此時原本靜止的音箱，便會因為音叉之震動，使得音箱亦產生震動而發聲。吾人之本心良知與聖人之本心良知完全一樣，具有相同的本質，皆有怵惕惻隱之心、羞惡之心、辭讓之心、是非之心、愛親敬長之心……。就此而言，筆者藉此物理學之概念，稱述凡人之本心與聖人之本心有相同的頻率（本質），既然有相同的頻率，則有產生共鳴的條件。

的格物工夫，其實是自己內心的自我要求。即內心有一種不容已的想要振動，只是缺乏一種誘發，先知先覺之誘發。故近溪反對「只徒求書中陳跡，而不以知能之良，培植根苗，則支離無成」之格物工夫。反之，近溪這種格物是當「知能之良」之眞種子種在人情之土上時，「知能之良」本該有自我培植根苗之能動性，即本心有自我振動的要求。在此前提下，能夠誘發其振動之先聖格則規矩對其而言，彷彿是義理之悅我心。故雖是心外之物，然卻是本心之自我要求，無任何條件與勉強之過程，完全是自發之行爲。即近溪所謂的：「然所覺習之時，又何嘗外吾本心之自然順應者。〔註73〕」

　　如是看來，近溪雖然肯定朱子的聞見格物之說，但是與朱子有關鍵性的不同。近溪之聞見不是其所批評的逐於事物之支離，而完完全全不離誘發良知之古聖之成法，故近溪謂「良知與聞見，原無二體」（435 條）、「仁禮兩端不可偏廢」〔註74〕。誠如第一小節〈覺悟爲先〉與第二小節〈尊信德性〉文中所強調，雖以尊信「良知」爲依歸，然過程亦不離〈觀先聖之嘉言善行〉，相輔相成；而本節〈止於至善〉雖以「聞見」爲主，但是近溪特別強調，聞見必須在良知作主之前提下方不致遮迷，亦才能相輔相成，多多益善。（446 條）本小結與前兩小節理論上有其先後性，但是就如近溪所說的，良知與聞見是一體的，中間有其交互之辯證關係。換言之，並不是百分之百尊信德性後方進一步止其至善（其實若眞的百分之百尊信德性，其同時必然已止於至善），而是在「尊信德性」與「止其至善」之過程中是可以相輔相成的。但是必須強調的是，尊信德性有其優先性。是以，本小節便是在尊信德性之前提下，進一步取先聖之規矩格則以爲止於至善。而所謂的「規矩格則」便是以先聖之成法爲規矩，以《大學》本末、先後之序爲格則。

　　以上只是簡要地論述「止於至善」是達「至善之至」之先行工夫。而止於至善便是所謂的知止。所謂的知止，其實就是知所本末、知所先後。然則，何謂其本？何謂其末？如何知本末、先後？凡此皆爲先聖之法程。〔註75〕故

〔註73〕即覺、習先聖之格則規矩時，其實就是本心之自然順應，完全自動而無勉強。見 193 條。

〔註74〕「良知、聞見」、「仁、禮」二組概念，在近溪哲學中近乎相同的概念用法。有關仁禮一組之概念，可參照本章第一節〈仁體禮顯〉的部分。

〔註75〕近溪謂：「明德親民之必得所止，如文王之仁敬孝慈信之浹洽於父子君臣朋友間也，然總是從知止至善中來，知止至善從知所先後來，知所先後又是從知立本以及其末來也。」（1 條）近溪這段話便概要地說明如何達到善之至之綱維與進路。

以下將討論先聖之法程，而從法程之中，進一步推衍出學道之本末、先後之序，最後再從學道之本末演繹出學者須先識仁。

（一）以先聖為法程

近溪格物之悟是了解近溪哲學非常重要的一段文獻。雖然本節一開始有引之以為討論，然討論的面相不同，且仍有未發之蘊。故再次引之於後，以茲便於討論。懷智、復所之記載如下：

> 大人之學，必有其道，大學之道，必在先知，能先知之，則盡《大學》一書無非是此物事；盡《大學》一書物事，無非是此本末終始；盡《大學》一書之本末終始，無非是古聖六經之嘉言善行。格之為義，是即所謂法程，而吾儕學為大人之妙術也。〔註76〕

近溪嫡傳弟子復所在〈羅近溪先生墓誌銘〉中提到「吾師之學至矣！蓋孔子求仁之旨的在《大學》。……。欲求吾師之學者，無如《大學》矣乎！」何以復所如此說呢？其實這不是復所各人之獨斷，從第二章、第三章中的討論不難發現此意，近溪個人更將《大學》視為是孔門求仁全書。〔註77〕此從弟子們編輯《語錄》的內容順序亦可窺見一二。〔註78〕當然從近溪悟格物之言，更是直接明瞭。近溪在這次格物之悟提出「學為大人之妙術」就在於「格物」。而「格物」之內容，若綜合的說，就是先聖成聖之方法與程序。換言之，就是學道之本末、先後，即大學之道也。故格物之格，在這裡亦有「規範」之義，即知至善之所當止於何處，近溪謂為「至善格子」。近溪說：

> （《大學》）其初說：明明德，親民，當止諸至善，如一破題相似，卻即接連說：但能知至善所當止，則其意自定，其心自靜，其身自安，以處家國天下而自得其平矣。此即一個承題相似，卻亦只是反說以見明親當止至善也。於是又申明如何是當止之至善。蓋明、親這個物、事，其末終貫徹天下，而其本初卻根諸身心，此是一定格則，<u>先知得停當，然後做得停當</u>。……。<u>總是每件物、事與他一個</u>

〔註76〕見懷智〈近溪羅先生庭訓記言行遺錄〉，《羅汝芳集》，頁405；楊復所〈羅近溪先生墓誌銘〉，《羅汝芳集》，頁920。

〔註77〕見3條。從近溪重視實踐、孝弟慈、格物、本末先後等觀念，不難看出，這些思想皆與《大學》有直接關係，故近溪謂其為孔門求仁全書。

〔註78〕〈近溪子集〉、〈羅近溪先生明道錄〉、〈近溪子四書問答集〉、〈盱壇直詮〉前面七條，有六條是論《大學》之內容，而重點皆落在格物之相關問題，由此可見《大學》之格物在近溪哲學的地位不容忽視。

至善格子，而爲學者所當知者也。（6 條）

舉凡明明德、親民之每件物、每件事，近溪認爲都有一個「至善格子」。而吾人爲每一件明明德、親民之事物，皆當止於該「至善格子」。例如「明、親這個物、事，其末終貫徹天下，而其本初卻根諸身心」，這一句話便說明了「明德、親民」之「至善格子」在於「其末終貫徹天下，而其本初卻根諸身心」。根據此「至善格子」，則吾人知道明明德當明德於天下而後止，且此不容已之擴充精神是源自於「本心」。是以，「至善格子」便可以是知止所在。而惟「知得停當，然後做得停當」。而所謂的「知得停當」是何旨呢？如何方是「停當」呢？其關鍵在於何謂「至善」？故近溪說，若明「至善」，則知所當止，則不難「知得停當」也。那麼何謂至善呢？近溪說：「所知不如聖人，其知非至善也。」（159 條）蓋要以「聖人生知的知作個格子。」（同上，159 條）合於此聖人所生知之「格子」方爲「至善」。否則「只隨己意爲之，則好知者其蔽蕩」也（同上，159 條）。故近溪謂：「明德、親民，必止於善，至善也者，聖之純、倫之盡，而古之極也」（374 條）、「規矩者，方圓之至也，聖人者，人倫之至也。只識得古聖爲明親之善之至，而明德親民者所必法焉。」（4 條）是以，欲明德親民者，當以古聖爲明親之至善格子爲法。

雖然近溪不斷的強調至善要在古聖身上求，但是弟子心中還是不免有所疑慮。其所疑慮的不是義外之問題，而是至善不就在自己身上嗎？何以一定要捨近求遠，往古聖身上求呢？近溪回答道：

> 孔子一生受用此個學字，所以曰：大學之道，蓋言學大人有個道，而其道則在明德、親民而止至善也。孟子道性善，言必稱堯舜，卻明白說出：規矩者，方圓之至，聖人者，人倫之至。此個至者，又是孟子善發孔手信好古聖之一副肝腸，如射之必設王鵠，樂之必治金聲，而曰：夷、惠，伊尹，皆古聖人，吾未能有行，乃所願則學孔子。然孟子之學孔，孔子學堯、舜，豈是捨了自己的性善去做？但善則人性之所同，而至善則盡性之所獨，故善雖不出於吾性之外，而至則深藏於性善之中。今一概謂：至善，總在吾心，而不專屬聖人，是即謂：有腳則必能步，而責扶攜之童，以百里之程，有肩則必能荷，而強髫垂之孺，以百勯之擔。豈知《中庸》初只言誠，而末後方言天下之至誠，初只言聖，而末後方言天下之至聖？此聖誠兩個至字，與無聲無臭至矣的至字，正好對面，所以謂：聖智不達

天德，不足以知。夫聖智猶且不足知天下之誠之至，況非聖智者乎？
（494 條）

近溪在這此釐清一個重要的概念。即「善」與「至善」是不同的概念。「善」是人人生而具有，但是「至善」便不是人人都能體現出來的。〔註 79〕因爲至善是「盡性之所獨」。換言之，「善」雖不出於吾性之外，但是「至」則深藏於性善之中。惟有充盡吾人之善性，方能達到「至善」之境。故「至」字有其深意，是境界字，甚至就是儒家最高的化境字。故《中庸》謂無聲無臭，至矣！至聖與至誠不同於聖與誠；《大學》所謂的親親長長，達之天下，就是至善，就是中庸其至的至處。（494 條）以孟子的話來說，善與至善之差別，就如「可欲之謂善」與「大而化之之謂聖」之不同境界。而這種差別可相類於近溪前面提到的「善人」與「聖人」的差異，關鍵在於是否有擴充其善。即這裡所謂的是否有「盡性」。故至所謂的「深藏」於性善之中，就表示至善與善是同一個本體，關鍵在於是否有擴充出去，即親親長長，達之天下。但雖是同一本體，表現出來的卻不相同。故扶攜之童雖亦有腳，但是不可不辨，其豈可行百里之程？雖人人皆有善性，但是不可不辨，豈人人皆已達至善之境。雖如弟子所謂的：至善在己，正如夜明寶珠，原懸衣帶。然近溪點出關鍵的問題，即雖在己身，然其「識」乎？（494 條）是以，近溪不是不確定人人本具善性，甚至不是不相信人人本具之善性可以擴充而爲至善之境。關鍵在於識不識的問題。若是不識，則雖有而實無。故近溪非常重視識不識的問題，這多少牽涉到其重視因才、以時之觀念。換言之，「如何」識得善性，以及至善之意義與價值，便具有更高的意義。近溪認爲先聖之聖訓與明眼眞師是至善的，亦惟有古聖之聖訓與明眼眞師是至善的。其中近溪認爲孔子之言極精極純尤爲至善。〔註 80〕是以，從先聖之聖訓或明眼眞師最容易識得善性，以及至善之意義與價值。即便如天縱之聖者孔孟，亦不敢漫謂自己本心自足，皆在自己善性之基礎上，信好古聖，以之爲至善格子。此即近溪所謂的，人人雖皆具有四端之心體，然非聖修作則，則善徒爲善，便終擴充不去而爲至善。（8 條）

〔註79〕 這裡所謂的「至善」不是人人具有，並非就存有論上而言，而是在工夫論上立論。

〔註80〕 見 249、387 條。明師者，先知先覺者，即善之至、立人之極者也。故明師亦是至善之表徵。

是以，以先聖之成法為規矩，是擴充善性以達至善之不二法門。按近溪的說法，有「學之成法」與「默識之成法」兩種。以下便依序討論二者之別及其內涵。

1、學之成法

所謂學之成法，簡單的說，是指學習成為聖人之既定的方法。意即學習先聖過去如何成為聖人之方法或程序。近溪認為先聖之成法可說是修道之必要條件。即使人人皆擁有上天賦予吾人之性體，但是若無明眼真師之指點，或以先聖之成法為規矩，則往往不自覺有性體，故雖有而實無。（160 條）換言之，先聖之成法可以開顯吾人之本心善性。近溪認為《論語》開卷第一義：「學而時習」之所學所習就是先聖之成法。「學而時習」不惟是勸勉弟子之言，其實就是孔子自己的學道精神。近溪謂：

> 吾夫子以時而聖，雖自孟子而始表揚，然究言其所由來，亦自三絕
> 韋編於伏羲文王周公之易，苦心悉力而後得之。想象，當日祖述憲
> 章，上律下襲，即其已然之遺，而反求於自然之心；復以所深造而
> 自得者，於古人先得我心之同然而印證之。故能通古今，達變化，
> 而成時中之大聖也，故曰：我非生而知之，好古敏以求之者也。（193
> 條）

近溪認為孔子之能「通古今，達變化，而成時中之大聖」，並非生而就如此者，不過是三絕韋編於伏羲、文王、周公之易，反求於本心，復以所深造而自得者。其中孔子成為孟子所謂的「時中之大聖」，近溪認為孔子有受到《易經》以時而變的影響。但是《易經》以時而變之特質，不必然是決定吾人通古今，達變化之資具。關鍵所在，還有賴於是否有反求於自然之本心，並深造而自得之。這個說法符合於前面之共鳴說。除了以上借用孔子之例子說明先聖之成法為成聖之必要條件外。另外，先聖之成法，即是「至善之格子」。透過「格子」可以檢視吾人之知能有否「過與不及」。換言之，透過格子之規範，可以使吾人盡可能合乎「中道」。近溪謂：

> 凡從前聞乎古聖之言論、見乎古聖之行履，備載於四書五經之中者，
> 或相為感通，而其機愈顯，或互為對證，而其益無方。如覺己所知
> 能，輕易而失之太過，則以聖賢之成法而裁抑之；如覺己所知能，
> 卑弱而失之不及，則以聖賢之成法而引伸之。務使五倫之綱常、百
> 行之酬應，皆歸純粹之中，而無偏駁之累，則良不徒良而可以言善，

且善不徒善而可以言至善矣。竊意，中庸之庸德庸言，多就知能之
本良處說；《大學》之至善物格，多就聖賢之成法處說；《論語》之
知及仁守，莊以莅之，而動禮未善，則多就聖賢之學，必求其至極
處說。良實以爲善之張本，善實以爲良之歸宿。若知能本良，格則
尤善，而學又必求造其極至，則是昆山粹玉而加以追琢之巧，麗水
精金而賁以文章之妙。（254 條）

近溪提出，四書五經之嘉言善行可以使吾人爲之「相爲感通，而其機愈顯」。
此何以可能呢？其根據又何在呢？其實不離上文已提及的共鳴原理。而共鳴
的條件，一定是四書五經中與如吾人身上有共同的頻率方爲可能。要之，除
了文字背後所隱含之「道」以及吾人身上之「性」，有共同之頻率外，別無可
能。前者就是先聖之至善格子，後者是人人本有之善性。惟有如此方有感通
之可能。一旦四書五經之嘉言善行與本心產生共鳴，使良知之機愈顯。這種
情形，就像孟子形容舜之聞一善言，見一善行，此「善」言「善」行誘發其
過去未萌的良知良能。而其善性一旦被誘發，如火燃泉達，沛然莫之能禦也。
是以，經中之道與心中之道可以互爲對證，凡視聽言動、行住坐臥、喜怒哀
樂，「輕易而失之太過，則以聖賢之成法而裁抑之；卑弱而失之不及，則以聖
賢之成法而引伸之。」一定要使「五倫之綱常、百行之酬應，皆歸純粹之中」。
要之，良而非善，非中也；善而非至善，亦非中也。就此而言，格物之「格」，
或此處之「格子」，皆《中庸》所謂喜怒哀樂中節之「節」。（86 條）故以「至
善」爲格子，無非是希望從良而善，從善而至善，以造其極至也。而近溪認
爲，「良」之所以爲「良」，有其「至善之格子」，即《中庸》庸德庸言之常道；
「善」之所以爲「善」，有其「至善之格子」，即《大學》至善物格之成法；「至
善」之所以爲「至善」，亦有其「至善之格子」，即《論語》知仁莊禮之聖學。
質言之，修道有其次第與不同的境界。近溪強調，每一部經典都有其一定的
「至善格子」可以幫助吾人「正心、誠意」，以臻善之至。聖人恐未來立志學
道之君子不得其門而入，苦心、用心著書傳世，吾人豈可廢先聖之成法而獨
謂良知自足。

2、默識之成法

學有成法著重在客觀上之成法，近溪認爲仍然是不夠的。主體上是否眞
正的以之爲規矩呢？文字中之「道」何以可爲吾心之「道」呢？是以，近溪
提出另一個成法，就是默識之成法。近溪謂：

學是學爲孔子，則吾人凡事，皆當以孔子爲法。孔子十五而志於學。
今日便當向半夜五更，默默靜靜，考問：自己的心腸，果是肯如孔
子之一心一意去做聖賢耶？或只如世俗之見，將將就就，以圖混過
此生也？將就混過，正是鄉愿的本事，孟子罵他做德之賊，賊字是
害字。蓋此個念頭，即是鴆毒刀兵，害了此一生也。以此做個的確
規模，十五則決要志學，三十則決要自立，四十則決要不惑，方才
謂之<u>學有成法</u>。五更半夜，以此去自考自問，便又謂之<u>默而識之之</u>
<u>成法</u>也。況子貢當時說：子如不言，小子何述？而夫子直告之曰：
天何言哉？天何言哉？正是斥子貢之不默而欲其默也。（160條）

近溪在此舉例說明學有成法與默識之成法的差異。例如孔子十五而志於學，
三十而立，四十而不惑，……。便告訴吾人學道從十五歲開始到七十歲皆有
其一定的學道目標與歷程，而每一個目標在每一個階段都有其特殊之意義。
簡要的說，這段話就是孔子成聖之程序與方法。吾人今天想學道，孔子成聖
之成法便是吾人學道之規矩。然而，這畢竟只是外在客觀之法程，就像一個
外在客體——鐘，不撞是不會不響的，撞越大力，則會產生更大之聲響。如
前面共鳴論所言，音叉是讓音箱產生共鳴之客觀對象，但是即使有音叉，但
是音叉不先振動，則音箱如何產生共鳴呢？同理，先聖之成法必須先讓其產
生「振動」。這裡所謂的振動，是指吾人一心一意想閱讀、參悟之，而背後之
動力來源，是因爲希望自己亦能產生共鳴，即希望自己能達到先聖之至善境
界，此即孔子十五志於學之「志」也。（容後論）是以，先聖之成法能否在吾
人之內心產生眞正的至善格子，以爲裁抑或引申自己知能過與不及之用，還
須有一個內在條件，就是自己必須要有希賢希聖之決心，即孔子所謂的憤悱
之心。是以，近溪在此提醒吾人，先聖之成法與默識之成法皆很重要，缺一
不可。而先聖之成法吾人得之不難，然若無默識之成法則亦難有成法可得，
知之不眞則行之必然不切。那麼，如何是默識之成法呢？簡要地說，就是時
時要「自考自問」：對於先聖之成法是否眞有了解？是否眞的想希賢希聖？是
否對道有所體悟？從孔子要子貢默識中，吾人可以明了，道不在客體上，而
在自身上。故仁者人也、人能弘道，非道弘人。四書五經就像一面鏡子，可
以將道呈現出來，好讓吾人識得之。然，不管鏡中之像如何的接近道，其畢
竟只是虛像，而不是實像。實像不在鏡中，而是鏡外的吾人身上。故孔子不
言，就是要子貢不要再執著於鏡中之虛像，要回光返照自身。

近溪自考自問之方法就是暮鼓晨鐘之惕勵精神。故近溪亦提醒孫輩、弟子要時常做自考之工夫。其云：「今汝當雞鳴時<u>自考</u>，從朝至暮，念頭果是好得人多，則生意滿腔，方叫得做好人：從朝至暮，念頭若是惡得人多，則惱怒填胸，就將近於惡人矣。」（302 條）「工夫得不間斷，方是聖體。若稍覺有間，縱是平日說有工夫，亦還在凡夫境界上展轉，都算帳不得。故學者欲知<u>聖凡之分，只在自考工夫間斷、不間斷耳</u>。」（152 條）

先聖之法程除了以上成法之外，前面亦提到一個非常重要的概念，就是學道之本末、先後之序，即有關工夫展開次第之問題。這個問題攸關如何成聖成賢之工夫次第，而孔子當時立著《大學》，就是為了解決這個問題。故近溪說，「《大學》一書，是孔子平生竭力六經而得的受用，如病人飲藥已獲奇效，卻抄方遍施，以起死回生乎百千萬眾也。後世切不可只同其他經書看過，當另作一般理會」（35 條）、「若非《大學》，指陳為千聖之成法、萬世之的訓，何以使人人奮厲，而必精造身心，大學之善之至也哉？」（245 條）由此可見，《大學》在近溪心中的地位是非常高的。以下之討論，將會明顯地發現，是以《大學》為主要討論內容，而又以格物為論述重點。

（二）學道之本末、先後之序

本章之目的是要建立近溪的工夫論。進一步說，筆者嘗試要建立近溪工夫之次第。而近溪工夫論之架構，基本上不離孔孟格則，尤以《大學》為法程。而工夫次第之綱維基本上亦不離《大學》所謂的格物。是以近溪才會說格物是古今一大關鍵，學大學者，必先於格物。（35 條）而格物對於學道之重要性，在本節一開始即有提到，在此就不再贅論。第一小節〈覺悟為先〉到第三小節〈止於至善〉其實就是格物之實質內容的一部份，但是著重在對己的部分。而本小節〈學道之本末、先後之序〉除了包含前者之內涵之外，更多的部分，是著重在從內聖通到外王之整個儒學之完成。是以，格物之「物」，小則包含個人之身心意，大則包括身、家、國、天下、萬物。而格物之「格」，除了有上文「格則」、「格子」等規矩之意外，另有「本末、先後」之意。如是，格物就表示這些物有其本末之關係；而從本末關係，自然就推出先後之次第關係。換言之，大人之學就是要讓身、家、國、天下、萬物皆各安其至善，最後達至萬物一體之境界。然而，要完成這項不朽之聖業，是有其學道之本末、先後之次第工夫，不可紊亂，此謂之格物。（35 條）而近溪認為其是古今一大關鍵，除了就客觀之先聖法程之要求外，就是格物之實義與重要性

已塵埋兩千年之久而成爲一個公案。故格物在近溪的講學當中扮演舉足輕重
之地位則不足爲奇。

前面提及近溪不滿先儒格物諸說。〔註81〕與泰州學派王心齋之「淮南格
物」說較爲相近，然亦有不同之處。所謂的相近，是指其皆將格物解釋爲身、
家、國、天下之間有其本末、先後之學道次第關係，即天下之本在國，國之
本在家，家之本在身。換言之，己身安了，方能安天下國家。但是近溪除了
強調其間之本末、先後關係性之外，格物之「格」有「至善格子」之意，即
近溪強調古聖先賢法程對於學道之重要性。另外，本末、先後關係，不僅只
用於身、家、國、天下，對於最根本之修身或安身，近溪亦認爲當有本末、
先後關係，即以覺悟爲先，實踐爲後。以上兩點可說是心齋淮南格物說之進
一步發展。那麼近溪何以如此強調學道之本末、先後之序呢？其義理性何在？
這個問題在近溪《語錄》之第1條即有明確的說明。近溪謂：

> 古之明明德於天下者，由本以及末而善斯至焉者也。故學大人以明
> 明德以親民者，其道必在止於至善焉。若爲圓必以規，爲方必以矩，
> 規矩者，方圓之至者也。學者於明親之至而能知所止焉，則有定向
> 而意誠，不妄動而心正，所處安而身修，由是而齊家治國平天下，
> 自可應之明而得其當矣。一知止，而大學之道得焉。是以明德親民
> 者，必貴知止於至善，然至善之所當知者謂何？物有本末，是意心
> 身爲天下國家之本也；事有終始，是齊治平之始於誠正修也。是有
> 物必有則，有事必有式，一定之格而爲明德親民之善之至者也。故
> 知所先後，即知止矣。道其不庶幾乎？（1條）

明明德於天下是儒家之最高理想。是所有儒者終其一生之職志。然，在有限之
生命當中如何使之可能呢？這是每一位有志於聖業者必然面臨的問題。近溪在
這裡著墨甚深，多方考量，提出一套可行之方法。而近溪所稟持之信念爲：「有
物必有則，有事必有式」。如是，明德親民當有其格式可循方是。故而近溪提出
以古聖之至善爲格子之論點。從而讓學道之人知道有個至善可止，即知道在明
德親民之事事物物皆有個至善格子可依循。果是依之，事事物物皆止於至善，

〔註81〕 朱子格物是從事事物物上窮其至理；陽明格物是去人欲存天理之爲善去惡。
可參考李沛思，〈前儒的格物說〉，《從工夫論看羅近溪思想之特色》。近溪的
格物強調的是學道之本末、先後之序。而近溪對於朱子與陽明之批評，在前
面已多有論述。

就是明德親民之善之至。而如是明德親民之擴充關係，就是一種由本到末之一種先後關係。是以，明明德於天下就是一種由本至末，依次止於至善的過程。故近溪特別強調學道者必然要清楚如此之本末關係，此謂之知止或知止於至善。而一旦知止，則「有定向而意誠，不妄動而心正，所處安而身修，由是而齊家治國平天下，自可慮之明而得其當矣。〔註82〕」換言之，能否知止攸關著意誠、身修、家齊、國治、天下平等內聖外王之開顯。是以，知止可說是徹始徹終的工夫。也難怪近溪會說「一知止，而大學之道得焉！」「蓋學大人者，只患不曉得通天下爲一身而其本之重大如此。」（1條）

從以上可以知道，學道必先知止（知止於至善），即知道本末、先後。意即知道以何者爲本，以何者爲終極目的；而從本末當中，即可推出以知本爲先，以致末爲後。不可本末顛倒、本亂且薄，如此身心家國決無停當之理。（6、245條）是以，「知止」，與從此而來之「知本」爲先，便成爲明德親民之關鍵。而「知止」其實就是「知禮」（知至善之禮），可以顯仁。從知止所推出之「知本」更是近溪所要強調的工夫。那麼，何謂知本呢？

走筆至此，吾人不難發現，知本可以說是近溪修養工夫最重要的一環。其謂格物爲古今一大關鍵，主要也是指知本這件事。知本在近溪哲學當中，在不同的脈絡當中，有其不同的涵義。首先，第三章〈以孝弟慈爲學問嫡旨〉中已證成，從實踐的層面，孝弟是爲仁之始，這一點是傳統的解釋，亦可以說是儒學的共識；而近溪除了從實踐面說孝弟與仁之關係外，其另外從實踐主體人的層次，說明孝弟是爲人（仁）之根源。這可說是近溪在孔子仁者人也，親親爲大之基礎上，進一步發揮的論點，此論點亦成爲近溪哲學思想之嫡旨。故「知本」，放在近溪整個哲學思想的脈絡來說，就是「知孝知弟」。從近溪對朱子的一段批評即可看出。近溪謂：「所謂格也，其旨趣自孟子以後知者甚少，宋有晦庵先生見得當求諸六經，而未專以孝弟慈爲本。」（1條）其次，從以下這段文字可以看出近溪強調的知本何所指。近溪謂：「故知所先

〔註82〕如是明明德親民之至善，其實就是格物之功。如近溪謂：「格之之功，到明白透徹，曉得意心身之所以能爲本，而果足以該乎家國天下之末：又明白透徹，曉得誠正修之所以當爲先，而自可及乎齊治均平之終。先後一貫，停妥不亂，使近《大學》之道，而知止乎至善也。由是所學，意可誠，心可正，身可修，家可齊，國可治，天下可平。視諸古先之明明德於天下者，其精蘊、其規模、分寸不爽，乃爲定靜安慮，能得至善以止焉，而後《大學》之事畢矣。」（227條）

後，即知止矣。道其不庶幾乎？觀夫古人之欲平天下治國齊家以明明德於民者，固必先修身正心誠意以明明德於己焉；欲人己之間悉得其當者，又貴先明諸心，知所往焉。」（1 條）首先，近溪告訴我們，要明明德於天下之前，必先要先明明德於己。此刻近溪強調「身」是家國天下之本；同時近溪更進一步提出身之本在「心」。

從以上近溪知本論中，至少可以結論出近溪強調的知本有三義。其一是「知孝知弟」，此是第三章之重點；其二是「知修身爲安家國天下之本」，此是第四章格物所強調之重點；其三是「知本心是修身之本」，此是第四章以覺悟良知爲先所證成者。而此三者若論其先後，又以知孝知弟爲先，因爲近溪強調以知孝知弟規定良知本心，從知孝知弟指點良知，在此意義下，說知孝知弟當爲知良知之先。此部份在第三章已多有論述，並在本章第五節會做總結，故在此暫不多論。

本章前面已論及覺悟良知爲先，但是以著重在強調「悟良知」之重要性與優先性，偏重在形式、分解的說明。就格物而言，偏重在「知本」（知體）。然這些工夫無非是要「求仁」，而「仁」之完成豈能只知本而遺其末呢？是以，格物之本末，其中不離「明明德於天下」、「萬物一體」之終極理想。就此而言，格物便不離「識仁」：即吾人與萬物爲一體。是以，識仁，除了有覺悟良知之意外，其同時有「識人」的面相，故兼有形式與質料。是以，「識仁」在此不僅僅只是強調始條理之「知本」（覺悟）、「識學問頭腦」，同時更著重在終條理之「能末」。同時，近溪格物明顯是以尊信德性爲先，而道問學後，然前面已說到這種先後亦只是分解的說，其實從實踐上說是一貫的，過程有其辯證關係，即前面提到的「良知與聞見，原無二體」之意。（435 條）而「識仁」（識人）可以說是綜合二者之結果，或如近溪所謂的「廣大、精微，一齊悟透」下之識仁。〔註 83〕是以，識仁亦可說就是格物之終極目的，同時也是起始點。故本小節與第一小節〈覺悟爲先〉前後呼應，作爲近溪格物說之結束，並在識仁之基礎上，做致良知（體仁）的工夫，從而進入到下一節致知。

（三）學者須先識仁

格物雖然強調本、末之差異，但是不可忘記本、末其實是一物的。近溪說：「蓋天下本末只共一物，未有枝葉而不原於根柢，根柢而不貫乎枝葉者也。

〔註83〕見 313 條。本節前兩小節其實著重在精微，後一小節著重在廣大。而識仁可以說是預設此二者一體下之結果而論說的。

天下終始只共一事，未有欲如此結束而不由如此肇端者也。」（245 條）然而，雖說是本末一物，終始一事，但是總有個本源，總該有個開始。從這一點區別本末之差異性，同時強調本之重要性與優先性。近溪接著說「於此用功，而先後分曉，則明德以親民，其道可以善，而善亦可以至矣。」故「肇端者」是一切可能的開端，知本是明明德於天下之開始，而當在本心下工夫的同時，自然如本開枝，先後分明，不僅可善，且透過格之以使之尤善，進而學之以達至善。吾想這是近溪的思維邏輯。「知本心」是成德之教的開端，捨此則焉能有成德之可能呢？而這種觀念並非首於近溪，其實亦可說是孔孟以下之傳統，而宋明心學尤為重視。明道「學者須先識仁」便有此意。近溪遵從心學傳統，尤推崇明道以識仁為本。蓋因明道此工夫符合近溪之工夫理念。那麼明道之識仁是如何引起近溪的關注呢？近溪如何理解其〈識仁篇〉呢？近溪說：「程子此語，其用功全在識仁，仁既能識，則其體可備萬物，其德可統萬善。」（409 條）姑且暫不論何為「識仁」之意，明顯地，仁一旦能識得（實踐下之肯認）〔註84〕，則「其體可備萬物，其德可統萬善」。所謂的「其體可備萬物」就是孟子言「萬物皆備於我」之意，〔註 85〕是仁者渾然與物同體之境界，即道與物無對的境界。而近溪謂此境界為：「我可人，人可天，不越一己而天地人物一以貫」（322 條）、「我之為我也，固盡品彙之生以為生，亦盡造化之靈以為靈。此無他，蓋其生其靈，渾涵一心，則我之與天，原無二體，而物之與我，又奚有殊致也哉？是為天地之大德，而實物我之同仁也。」（210 條）而所謂的「其德可統萬善」，即「義禮智信，皆仁也」之意。換言之，一旦識得其仁，則萬善即統攝在其中，不須窮索，不須防檢，可謂最為簡易之工夫。果是，「其體可備萬物，其德可統萬善」之理想不就是儒家之最高理想嗎？積極的說，明道在此提出一個直截而簡易之方法；消極的說，沒有此方法，是斷不能完成儒家最高之理想。而這個方法，就是「識仁」。那麼關鍵是，何謂識仁？

首先必須對於識仁之「識」要有恰當了理解。識仁之識並不是知識論下

〔註84〕識仁之「識」，非是知識論下之認識，而是實踐下的體認。近溪謂：「程子欲人先識者，識此仁也。仁者，天之生德，活潑潑地，昭著心目苟一加察，即真機見前，仁識而天地萬物，自在其中矣。」（127 條）

〔註85〕近溪謂：「有宋大儒，莫過明道，而明道先生入手，則全在學者先須識仁，而識仁之說，則全是體貼萬物皆備於我一章。」（210 條）這本是識仁篇中的文意，非近溪自悟。

之認識，或思辨理性（或知性）作用下之知覺作用。〔註 86〕近溪謂此識之知並非本然之知、聞見之知而已。儘管如子路識「從得如何勇往」？如子貢「識得如何穎敏」？近溪認爲，終是「人而非天，外而非內，離良知還很遠呢！」（20 條）故識仁之識非聞見之識，而是孔子「默而識之」之識。近溪謂：

> 孔子默而識之之識，即明道：學者先須識仁之識。（189 條）

> 仁體不易識，識之有要，惟在直信，良知原自明白。（407 條）

> 故窮天極地，萬萬其物，而畢竟無一物可以象吾此心；互古及今，萬萬其事，而畢竟無一事可以象吾此學。此心此學，眞是只可默識而不可言求，只可意會而不可形索，至簡而至妙，至易而至神者也。

> （121 條）

所謂的識仁，就是默識仁體。所謂的默識，便是默然、不言而識。因爲仁體不是經驗界的一個對象，其不可言狀，只可意會，如當初維摩詰居士當下默然便是不二法門。〔註 87〕故近溪在此特別強調仁體不可當作經驗對象來分析研究，若是以此進路斷不能識得仁體，故加「默」字以提醒學者。不能以分解的進路，只能以指點、直信的方式識得仁之實義。而指點、直信之所以可能，乃在於人人「良知原自明白」。如孔孟以不安、不忍來指點、直信仁體；近溪以知孝知弟來指點、直信仁體。了解識仁之進路後，吾人可以進一步探究何謂識仁？

> 易云：知始知至；語云：知德知命；《中庸》云：知天；孟子云：知性；程子曰：識仁，此與《大學》所云：格物，其義一也。且所謂物，孟子先言之矣，曰：萬物皆備於我矣。（507 條）

> 故孔子宗旨，只是教人求仁，而吾人工夫，只是先須識仁。……故聖人指點仁體，每曰：仁者人也；又曰：君子之道，本諸身，徵諸庶民。正説此堂，我是個人，大眾亦是個人，我是這般意思，大眾亦是這般意思。若識得此一段意思，便識得當時所謂天下歸仁者，

〔註 86〕即近溪所謂的：「窮索以爲知，分別以爲識，皆吾人之作而致其聰明者也。」（262 條）朱子不能理解明道「識仁」，以及反對上蔡之「以覺訓仁」，即是以認識論或分解之進路來理解明道與上蔡之識與覺。見牟宗三先生〈程明道之一本論〉，《心體與性體（二）》。

〔註 87〕舉凡超越之道體等，皆只能圓頓的表示，不可以分解的方式表現。而惟圓頓者始須默識，惟默識始顯圓頓。而仁體只能以默識之圓頓法方能體之。見牟宗三《心體與性體（二）》，頁 43。

是說天下之人，都渾在天地造化，一團虛明活潑之中也。此一團虛
明活潑之仁，從孩提少長，便良知良能，所謂：人之生也直，而無
或枉也，即愚夫愚婦，皆與知與能，所謂：用中於民也。（183 條）
近溪謂識仁與《大學》之格物是同一義的。換言之，可以通過格物來理解何
謂識仁。從前面的討論可得知，格物就是強調行仁之本末，以及行仁之先後
的問題。若參之以上二引文，可以得之識仁可以有兩個意思。其一，就是識
得仁之本（仁體），如易云：知始；孟子云：知性，皆是知本之意；其二，是
識得仁之末〔註88〕：「體乎萬物」（130 條）（體仁），如易云：知至；孟子曰：
萬物皆備於我。前者在指點仁體，後者乃透過仁者之境界來體現仁體底實義。
換言之，識仁不僅要識得仁體，同時亦包含識得仁體之實義，即惟有至萬物
一體之仁的化境方是仁也。故近溪謂：「此條（儒家眞正）命脈，原是兩頭都
管著，所以《大學》纔說：物之本，便連及其末；纔說：事之始，便要及其
終。」「知、意與心，原與天同體，人累於物，不免私小。今教之以《大學》，
正是欲其學乎大也，學大則必加意天下國家，方爲誠切，心統乎天下國家，
方爲中正。如此方是能知天下之大本，而爲物格，乃是能立天下之大本，而
爲身修。」（197 條）這就是知本、知末，格物的意義。然而如何識仁呢？近
溪提出一個親切、簡易的方法，即從孔子「仁者人也，親親爲大」中，即可
發現仁離我們不遠，就在我們每個人之身上，尤其可以從孩提之知愛知敬中
表露無遺。故「識仁」即「識人」，仁與人是一體的，二者可相互發明。離開
仁，則不成其爲人；離開人，亦識不得仁。故識仁必然不離識人，而人以親
親爲大，故近溪以愛親敬長來識仁。

以上概要地分解「識仁」之義。然吾人必然會追問：此識仁對於學道之
意義何在呢？爲何必須以之爲先呢？這個問題在第一節〈工夫論的基本綱維〉
中大體上已論述過此問題。簡單的說，學道就是要先識得「良知之體」，就似
掌握了射箭之「靶的」。換言之，就是掌握了工夫實踐之第一步的方向，不僅
掌握了第一步，其後工夫次第亦了然於心。（37 條）且若對性體之本源求個清

〔註88〕這裡區分仁之本、末是放在實踐的脈絡下的肯認。便是格物與致知的區分，
或是識仁與體仁之區分。廣義的說，識仁就同時是體仁。故有謂「仁識而天
地萬物，自在其中矣！」（127 條）然體乎萬物亦非容易之事，故近溪亦有謂：
「強識乎萬物之所以皆備焉爾也！」（210 條），即「強恕」之概念。準此，「識
仁」便可以分解爲二義。即「強識乎萬物一體」與「體乎萬物」。故而此處將
「識仁」再細分爲識得仁之本與末之別。

瑩，見得透徹，則把捉容易，感應自然安妥，否則一切的努力與習熟都可能只是背道而馳而已。（208 條）其次，不僅掌握了方向，同時亦掌握了道德動力之根源，以及成大人的根據。除此之外，就工夫而言，識仁其實就是立大體，並且可以使小者從之。近溪謂：

> 蓋伯子立論，主於默識性體，性體默識，而定自隨之。橫渠外物云云，正是此處欠透也。（408 條）

> 凡物有個頭腦，此默識而知，是學問的頭腦。二位公祖、父母，是一堂人的頭腦。學問無默識，便邪便亂，百姓無官長，便邪便亂。<u>不知在主宰上，先立其大，而惟末流治之，則雖盡戮莠人，而邊鄙終不得寧謐也已</u>。（189 條）

> 究其根源，也皆是各要出頭做人，但起初由身家一念嗜欲中來，末流遂不可救藥。此可見小體之必不可從，而小人一路，決不可不審擇防閑也。若吾心體段，則藏之方寸之間，而通之六合之外，其虛本自無疆界，其靈本自無障礙，能主耳目而不爲所昏，能運四肢而不爲所局。（169 條）

近溪這裡所討論的論題，是一個重要的哲學問題。即耳目口鼻四肢在道德實踐的中之定位，是惡的，或善的，亦或是中性的呢？小體之欲是否是對治的對象呢？否則，人何以會陷溺其心呢？是否要去人欲，方能存天理呢？這個問題暫時不打算在此討論，將放在下一節做更有系統的討論。這裡的重點是放在何以要識仁之意義上，即純粹就結果來討論。識仁就是孟子之立大體。以識仁爲先，就是「先立乎其大者，則其小體不能奪也。」（《孟子》告子上）故「能主耳目而不爲所昏，能運四肢而不爲所局。」或「性之發用，雖爲物遷，而明覺真體，畢竟廓然無累。」（407 條）近溪認爲凡物皆有個頭腦，這個頭腦就是一物之主宰。故凡要盡物，皆以識得其頭腦爲先務。家有家之頭腦，國有國之頭腦，棋奕有棋奕之頭腦。棋奕之頭腦就是主將。近溪說：主將不專，砲馬徒紛馳矣！而明德本心就如棋奕之主將，若不專，則本心必爲耳目口鼻所昏，爲四肢所限。〔註 89〕反之，本心作主，則定自隨之，便見不動心的工夫。〔註 90〕如近溪所謂的：「默識是定靜的頭，定靜是默識的尾。」

〔註89〕見〈報許敬庵京兆〉，《羅汝芳集》，頁 668。
〔註90〕孟子之不動心與告子出諸強制之不動心是不同的。而關鍵的不同就在於不動心的根源不同。近溪認爲關鍵出在識仁與否。近溪謂：「（孟子）不動心的工

（189 條）如此自然就無橫渠外物云云之擔心。近溪這個說法亦可在陽明這裡看到。陽明謂：「然有個主宰，故不先不後，不急不緩，雖千變萬化，而主宰常定：人得此而生。若主宰定時，與天運一般不息，雖酬酢萬變，常是從容自在，所謂『天君泰然，百體從令』，若無主宰，便只是這氣奔放，如何不忙？〔註91〕」

　　雖然近溪強調工夫之簡易、親切性，但不意味工夫本身就是容易的。近溪曾經說道「聖學原是難事。」（37 條）何以是難事呢？蓋因「識仁」不易。不識仁體，則「性命之脈絡不眞」（602 條），則焉能爲有聖學可言呢？而「識仁」不易，乃在於「道心惟微，微則難見。」（37 條）故縱有「千古聖藥，起死回生，卻是千聖秘方，微言久絕也！」（37 條）那麼，如何方能識得此千聖秘方呢？近溪說：「先須辨個必爲聖人之志。」（37 條）志意堅定，方好進一步去尋「眞師口訣。」（37 條）蓋眞師口訣方能使吾人擇善（至善），擇得精，然後執得固，方能奏效。反之若以庸師假口訣爲擇，擇處必然欠精，執處必然不固，即如病人「察脈不眞，藥更作疾，恐庸醫不免殺人也。」（37 條）

　　另外，識仁亦包含識得仁之末（體仁），即識得人當以「仁天下萬世爲心、爲事」。故不只是識得良知而已，當要尊信良知，進而致其良知。換言之，不只是識得人之本良，當要爲善；不只是善而已矣，更要止於至善，達至善之至爲止。故從識仁當中，必然會興發致其良知之心志，進入體仁的工夫。〔註92〕

四、結語

　　《大學》首章謂：大學之道，在明明德，在親民，在止於至善。此中已展現大學之道之本末、先後次序。而致知、格物可以概括這個意思。故近溪謂：「大學之道，必先致知，致知在格物也。」（143 條）故致知、格物亦是了解大學之道之入路。而致知就是體仁、踐仁的過程，是眞正的大人之學。（395 條）體仁一分，便成就仁者一分；而格物是識仁、悟仁之過程，是開啓大人之學之門的關鍵，近溪謂爲是古今一大關鍵、千聖秘方。不能識仁，焉能體

夫，非告子可同，而心不動的根源，尤非告子所可彷彿矣。」（249 條）

〔註91〕見《傳習錄上》，頁 30。雖然陽明亦強調頭腦之重要性，以及天君泰然，百體從令之觀念。但是爲何陽明仍有存天理，去人欲的說法呢？以致於近溪對此不滿。此問題見下一節的討論。

〔註92〕見 130 條。意即識仁之後（識得萬物與我同體）便當進一步體仁（反之於身，以體乎萬物）。

仁呢？焉能邁向大學之道呢？故「大學之道，必先致知，致知在格物也。」
亦即近溪所謂的覺悟爲本、爲先，實踐爲末、爲後之意。是以，格物之識仁
便是入聖學與否之關鍵。然而道心惟微，體仁不易，故有志於聖賢之人者，
當以先知先覺、明眼眞師爲師，或以先聖之嘉言善行爲師。然不只是識仁，
而要識之精。即不僅是良，而要善；不僅要善，還要至善。故不僅要尊德性，
更要「尊信德性」。故近溪善於以簡易、親切之方式指點，即以家家戶戶每日
必爲之愛親敬長來指點良知，以孩提赤子之不學不慮與聖人之不思不勉爲同
一體、孔孟堯舜之道孝弟而已矣，來令人人尊信德性，相信自己亦可以成聖
成賢。惟有「信」的及良知，方能跨過由善而聖之門檻，以進於至善之至。
而由善以至於至善便有本末、先後之次序，且每個階段、每個事物皆有其至
善可至，近溪謂爲皆有個「至善格子」。而此至善格子只能從先聖中求得，故
當以先聖爲法程。這些法程雖爲客觀外在之格則，然卻如自己天職定分所給
出者，看似義外，卻都是本心自我之要求，故吾人不僅莫之爲而爲地以聖人
之學爲成法，同時亦當默而識之，從而讓自己本心自覺、自醒、自發（共鳴）。

　　以上近溪格物說，可說是以陽明悟良知爲本、爲先，而輔之以聞見爲末、
爲後。然聞見非朱子支離下之聞見，乃良知與聞見一體下之聞見。近溪這種
格物說充分表現在以下弟子間對格物致知說之爭論中。

> 有謂：「聖賢之學，必考古證今，講習經書，以格物理，然後吾之良
> 知，乃得中正，仁始不流於兼愛，義始不流於爲我，而爲大學之道
> 也。」有謂：「<u>格之與知，原非兩件，知即格之靈曉處，格即知之條
> 理處</u>。如二人相對說話，問著答應，即我之知，而答應一句一句，
> 即是格也。<u>舍卻本心良知，以求諸經書，方爲格物，則便是義襲於
> 外，便是學術支離</u>。」久久不決，乃有即二說以詰問者。羅子曰：「皆
> 是也。觀之古語謂：言出由衷之謂信；又曰：矢口而成章，吐詞而
> 爲經，則格，果不出於言之外也。又觀古語謂：言堯之言；又曰：
> 非法言不敢道，必則古昔，稱先王，似考證講習，亦有出於言之外
> 者。故曰：二說皆是也。」（220 條）

近溪在此肯定二者格物之說法，就如同近溪肯定朱子之博文與象山之約禮，
然不可偏執一端。近溪一來肯定格物乃以古聖經典爲格則，以定立本舉末之
主意，即以之爲大學之道之本末、先後之序的說法；一來肯定格物與良知是
一件，並非二物。即「知即格之靈曉處，格即知之條理處。」換言之，格物

之本末、先後之條理分明乃得之於良知之靈巧。按近溪的說法，先聖之經典皆出於先聖之言，而其言皆本之於本心良知，即必近度諸心，遠取諸物，準憑有在，根本於心，擬議而動。〔註93〕故格之不出於言之外，即無不是出於先聖之本心之意。換言之，關鍵並不出在「言之外」與否的問題，乃在是否出於先聖之言。若是，則其言必同時就是知之條理處。故先聖之嘉言善行其實就是吾人良知條理之表現，只是先聖先得我心之所同然爾。故可以以先知來覺後知，先覺來覺後覺，即以「覺悟之竅而妙合不慮之良。」（50條）此之謂本心之妙合（共鳴）、本心之覺悟、仁體之默識。而此是古今入聖之一大關鍵。

〔註93〕這段話整理自同一條引文（220條）。乃近溪論述二者格物說合一之義理。此格物合一說，亦可參見495條，近溪闡述象山與朱子格物之異。

第五章　致知工夫與破光景、一切放下

第一節　致知工夫：復以自知

　　通過古今入聖之一大關鍵後，接下來就是體仁，邁向「美、大、聖、神」之致知階段。即如近溪所謂的「惟信而後能克，未有克而不始於信者。〔註1〕」意即邁向這個階段可以說方是眞正的踐仁，甚至說才是眞正的開始邁向大學之道。〔註2〕而這個階段在近溪這裡可統稱爲「致知」。蓋近溪謂：「勇以熟仁，仁以致知，以言乎身，則謂之修，以言乎天下國家，則謂之齊治平矣！〔註3〕」「誠其意者以後，則皆格物以致其知者也、修齊治平，節節爲格物致知。」（1條）是以，致知可以說就是陽明致良知之義，故近溪亦常用致良知一詞。但是當中亦有微妙之差異（詳後論），故本文取致知，而不用致良知一詞以作區分。近溪致知工夫是在「尊、信良知」後的進一步工夫，其實已至「本體做工夫」之階段。即「美、大、聖、神」之「體仁」階段。意即從個人之修身擴充到天下萬世萬物。而此體仁工夫，主要就是「復以自知」、「破光景」、「一切放下」等工夫。以下便依序討論之。

〔註1〕　見322條。這裡所謂的「克」，是指克己復禮之意。即近溪強調，若未能通過古今一大關鍵，即若不能尊信德性，則是不可能爲克己之工夫的。故致知在格物。

〔註2〕　近溪謂：「大學之道，必先致知，致知在格物也。」（143條）嚴格說來，格物只是致知的先前準備，而致知才是大學之道之開始。因爲格物偏重在覺悟，而惟有致知才是眞正的進入踐仁的階段。

〔註3〕　致知就是實踐仁德（力行近仁）之意。見384條。

　　「復」以自知可以說是近溪體仁之最主要工夫。故近溪說：「學易，所以求仁也。蓋非易無以見天地之仁，故曰：生生之謂易，而非復無以見天地之易，故又曰：復其見天地之心。……。若求仁而不於易，學易而不於乾且復焉，乃欲妄意以同歸於孔顏孟也，亦誤矣哉！亦難矣哉！」（36 條）此義在第二章〈回歸孔孟〉處已略有討論。基本上是從本體論的角度說明求仁之所以可能之超越根據。而這裡將進一步從工夫論的角度探討如何落實求仁。按近溪的說法，「乾且復」是求仁之充要條件。而乾與復可以說是體用之關係，即「乾以復爲用」（322 條）。蓋因「乾之善，神妙不可見，而幾見於復。〔註4〕」（322 條）而所謂的「乾」，就是識仁之「仁」、尊信德性之「德性」。此是上一節格物工夫主要的討論內容，即透過「工夫」以知「本體」。而「復」是體仁〔註5〕、顯仁、致知的工夫，即直接從「本體」做「工夫」。區分「格物、致知」，或說「乾、復」，皆是分解的說。其實二者是相互涵涉的。區分「格物、致知」有先後亦只是強言，蓋「初先知時，自然已不住修，末後盡時，自然更妙於知。」（205 條）」就如本章曾引用到牟宗三所謂的「工夫與本體扣的很緊，永遠存在地融一以前進。」故「體仁」工夫固然以「本體做工夫」爲主，然過程亦是「熟仁」之階段，故不無「工夫合本體」之工夫；相同地，「識仁」固然是以「工夫」來合「本體」，然當知本體時，也已不住修，即「本體」自然會開出工夫。差別只在於「美、大、聖、神」之程度之別。是以，說「復」，其實必須預設「乾」之存在，否則復如何可能？故說「非復無以見天地之易」，或「非乾且復無以見天地之易」皆可。前面格物說著重在「識得乾體」，而本節致知說則著重在「復以自知」。即「復個乾體」原原本本。故近溪謂：

　　乾曰：元亨利貞，復則是元之初，初起頭處，融和溫煦，天下萬事萬物，最可喜可愛，而爲卦之善者也。然孟子形容這個善，卻云：可欲之謂善，而孔子指點這個乾元，則又云：元者善之長。是復在六十四卦，豈不是第一最善者哉？今要解得復卦的確，須說：復是復個善也。（266 條）

〔註4〕「乾以復爲用」的概念亦見於 266 條。近溪謂：「故今說復，也要乾來應照。蓋復之爲候，是一年至日，於四時則其時爲春首，於六氣則其氣爲煴煖。乾曰：元亨利貞，復則是元之初，初起頭處。」

〔註5〕體仁之體，並不是認識論上「體察」之意，而是以「仁之生機」爲體。體仁，即將生生之仁推擴到天地萬物，渾然與物同體。參見 128 條。

謂之復者，正是原日已是如此而今始見得如此，便天地不在天地而
在吾心，所以又說：復以自知。自知云者，知得自家原日的心也。（80
條）

復是復卦的復。復卦在宋明儒學的工夫論的譜系中，佔著一個相當獨特的地
位。〔註6〕復卦對於近溪而言，亦是復禮的主要根據。所謂的復，就是「復個
善」、「復個乾元」，即復個「自家原日的心」。而復此乾元，即復「善之長」；
而「善之長」之「長」可以是「生」之概念。故近溪說「浩浩其天，了無聲
臭，伏羲畫之一，以專其統；文王象之元，以大其生」。然近溪認為伏羲「一
之統」、文王「元之生」，皆不若孔子「乾知太始」的用法為好。蓋因「乾知
太始」同時表達了「天地之真心」（天根）、「天心之神發」（生生不已）、以及
「復見天心」（復功）的涵義。（83 條）而近溪認為，唯有同時具有這幾個涵
義方能全幅地將生生之仁、求仁的意義展現出來。另外，近溪這種詮釋，同
時表達一個涵義，就是「天地之真心」（天根）、「天心之神發」（生生不已）
以及「復見天心」之間有其內在關聯性。準此，復之全幅意義，當不能獨立
來理解。按近溪的說法，復之涵義，是指「原日已是如此而今始見得如此」
之意，不是失而後復得之興復、恢復義。復就如近溪所喻一顆夜明寶珠，原
懸衣帶，從未遺失，而今方識得之意。（494 條）蓋因自家原日的心本然具足。
復並未增加其任何內容，分定固也。（266 條）故復關涉著乾元、良知本心而
謂為「復以自知」，並以此為「第一最善者」。故近溪謂：「此復字，從知處說
起。」（266 條）就此而言，復可以是一個而可兩分，蓋因知有兩種知。此意
其實不離近溪「以知言復」〔註7〕的說法。近溪謂：

知有兩樣，有本諸德性者，有出諸覺悟者。此三個知字（生而知之、
學而知之、困而知之），當屬覺悟上看，至於三個知之的之字，卻當
屬之德性也。蓋論德性之良知、良能，原是通古今、一聖愚，人人
具足而個個圓成者也。然雖聖人，亦必待感觸覺悟，方纔受用得。

〔註6〕復卦在《易經》有其特殊之地位。之所以特殊，在於其卦象（上坤下震）極
　　　為特別。而將復卦賦予心性修煉意味的學者，按楊儒賓教授的研究指出，當
　　　是北宋邵康節（1011～1077）。隨後的伊川與朱子亦甚感興趣。而明代中葉之
　　　後，陽明後學將復卦作為工夫的實踐根據者，有愈來愈多的趨勢。有關復卦
　　　詮釋的思想史，楊氏有詳細的說明，此非本論文之重點。故可參閱氏著〈一
　　　陽來復——《易經‧復卦》與理學家對先天氣的追求〉，收在氏編《儒學的氣
　　　論與工夫論》，頁103～159。
〔註7〕弟子曾鳳儀評此段引文（266 條）時說到近溪是「以知言復」。

> 即如帝舜亦謂：聞一善言，見一善行，沛然若決江河而不能禦，可
> 見，也是從感觸而後覺悟。但以其覺悟之速，便象生成使然，其次
> 則稍遲緩，故有三等不同。至謂及其知之一也，則所知的德性，皆
> 是不待學而能，不待慮而知。〔註8〕

> 汝輩只曉得說知，而不曉得知有兩樣。故童子日用捧茶，是一個知，
> 此則不慮而知，其知屬之天也；覺得是知能捧茶，又是一個知，此
> 則以慮而知，而其知屬之人也。天之知，只是順而出之，所謂順，
> 則成人成物也；人之知，卻是返而求之，所謂逆，則成聖成神也。（50
> 條）

> 復是一個而可兩分，雖可兩分而實則總是一個善也。但性善則原屬
> 之天，而順以出之，知善則原屬之人，而逆以反之。（266條）

近溪在此明確指出知有兩樣。有本諸德性的天之知，其不慮而知；有出諸覺
悟的人之知，其以慮而知。是以這兩種知有其不同之意義與內涵。前者是本
體論意義下的知，屬超越義之知，不學而能，不慮而知，故只要順此天之知
（天命之性）以出之，自然可成人成物；後者必須透過經驗感觸之攝受與本
心之覺悟，即須以學而能、以慮而知。而以學以慮無非要「逆之」、「知之」。
所謂「逆之」，就是要從人之知（覺悟）返回天之知、性善。這個過程就是「知
善」之舉，達之則成聖成神；而不管生而知之、學而知之，或困而知之，其
「知之」亦只是透過覺悟而「知個善」而已，其中之別只在知之遲速而已。
是以，知有兩樣，「以知言復」便有兩分之復，然雖可兩分，而實則總是一個
善。即不管是天之知之善，或是人之知之知善，皆順此善性，亦或是逆反此
善性而已。故復雖兩分，但卻只是一個復以自知──復以「己之性」之知，
即「昭然已自知了，心上更不能以不善昧之，而且頃刻不能容之也。」（266
條）

　　知有兩樣，然近溪認為孟子之後，混淆此二知，即混淆了超越義之知與
經驗義之知，進而將超越義之知向下拉，從而減殺超越義之知，即減殺道德
性。故「遂於德性也疑，說有氣質之雜，而孟氏性善之言更無一人信得過。」
（104條）是以近溪強調知有兩樣，除了釐清人之知與天之知之差異，以之釐

〔註8〕 這段引文是近溪回答弟子以下之問話：「人資稟不同，有生而知之，有學而知
　　　 之，又有困而知之。今說不待培養而自生，此恐生知乃能，若吾人則雖困、
　　　 學猶未得也，安敢便謂不待培養而自生發也耶？」（104條）

固孟子性善論之外，同時從「以知見復」之概念當中，提出「復是一個而可兩分」的說法。而此兩分是指何兩分呢？近溪在此似乎並未明確的指出是哪兩分，若是順「知」有人之知與天之知二分來看，復亦可以有「天之復」與「人之復」之二分。雖是二分，卻都是一個「復」。即復，見天地之心。然而吾人不免懷疑，天之知本身已是天地之心，本體就是工夫，何以還要復呢？要解決這個問題，關鍵在於必先釐清近溪提出天之知之哲學意涵。

第二引文近溪提出「童子日用捧茶，是一個知，此則不慮而知，其知屬之天也。」童子捧茶確然是不慮而知的行為，而不慮而知屬天之知，亦當無疑也！然是否表示童子已「自知」、已「見天地之心」呢？非也。童子之不慮而知與聖人之不思而得是不同的境界，亦有不同的意義指涉。童子之不學不慮與聖人之不思不勉卻渾是一個之「本體論」的解釋進路，在本章前面已有論及。在此要從工夫論的面相做進一步的討論。童子之不學不慮與聖人之不思不勉渾是一個，是指童子與聖人皆含有相同的性善、德性，即天之知也。這是從本體論上言之；然聖人之所以為聖人，乃其感觸覺悟到此良知，逆而返之，回到天之知的不學不慮之自然狀態，於人則為不思不勉之聖賢境界。換言之，即便是天縱之聖或是生而知之者，亦須透過感觸覺悟的過程，即以不學不慮之天之知為超越根據，做逆而返之之復功，以見自家原日的心。是以，童子捧茶之不慮而知的天之知，只是本體論的存有，並非自覺，或是透過逆而返之下的知之，故雖存有天之知，或如天之化育流布，其機自然順當，然並未有反觀內照之「知之」、「知善」。可謂百姓日用而不知，或所謂的「民可使由之，不可使知之」（313 條）。即日用倫常皆以此天之知為行為之根據，但是卻不知這就是自家原日的心。故百姓日用而不知者，雖存有天之知，然卻不知為有，故當復之。此且謂之「天之復」，此一分也；另一分，乃是有志於聖賢者，欲逆而返之以知善者，此且謂之「人之復」。準此，「復」可分為百姓日用不知之復與知善之復，雖可兩分而實則總是一個善而已。以下便依序討論之。

一、百姓日用不知之復

除了上文提到童子捧茶是不慮之知外，居家出外，穿衣吃飯，甚至不管是善或非善之舉，乃至疑慮的本身，近溪皆認為是吾人良知須臾不離的體現。然對此「良知須臾不離」，百姓往往是日用而不知的。然而吾人或許會遲疑，

用之即可，何以還要知、要復呢？近溪謂：

> 道體既人人具足，則豈有全無功夫之人？道體既時時不離，則豈有
> 全無功夫之時？故孟子云：行矣而不著，習矣而不察。所以終身在
> 於道體、功夫之中，儘是寧靜，而不自知其爲寧靜，儘是戒懼，而
> 不自知其爲戒懼，天下古今，蓋莫不皆然也。伊尹謂：以先知覺後
> 知，以先覺覺後覺。吾輩安敢謂有所知、覺？但復吾公祖，暨郡邑
> 父師，聯此嘉會，決非是來爲汝諸士子，講說章句，期望利達。止
> 因爲汝諸士子身心，具有此個光明至寶，通晝徹夜，照地燭天，隨
> 汝諸士子居家出外而不捨，替汝諸士子穿衣吃飯而不差，相似寧靜
> 而又戒懼，似戒懼而又寧靜。常常在於道學門中，亦久久在於聖賢
> 路上，卻個個不肯體認承當，以混混沌沌，枉過一生。從今便好豎
> 起脊梁，肩起擔子，將聖賢學問，只當家常茶飯，實實受用，以無
> 負朝廷作養之功，不忝父母生育之德。（187 條）

道體人人具足，須臾不離。吾人終身在於道體、工夫之中，相似寧靜而又戒懼，似戒懼而又寧靜。近溪謂爲「常常在於道學門中，亦久久在於聖賢路上。」既然是於道學門中、聖賢路上，何以又接著說「個個不肯體認承當，以混混沌沌，枉過一生」呢？近溪是否有矛盾之處呢？抑或有其深意要表達呢？其實近溪這裡所要表達的口氣，與前文「赤子之不學不慮與聖人之不思不勉渾是一個」的口氣是相同的。皆是在本體論上肯定人人皆有成聖之條件，而日用倫常當中之舉手投足無非就是道體、工夫的體現。但是從工夫論的面相來看，雖看似在道學門中、聖賢路上，但是卻從未眞正的在道學門中、聖賢路上。何以說呢？蓋在道學門中、聖賢路上必然是以「仁天下萬世之心爲心，以仁天下萬世之事爲事」，而非只停留在個人之日用生活而已。故在本體論上，或人人皆在道學門中、聖賢路上；但是從工夫論上看，卻可能是混混沌沌，枉過一生。蓋因「個個不肯體認承當」。是以，在此已不是從日用之合法性（合於法則）的問題立論，而是從人之所以爲人之價值義來看，即以明明德於天下爲己任。故非仁之生生不已焉能常知常行而達成之呢？而此生生不已之動力豈非君子「乾乾」可爲、可成呢？而此乾乾之剛健不息的動力，未有不從天性良知而發；反之，吾人日用生活之所知所行，或日用而不知，或以人力之知而行爲，皆無法乾乾而剛健不息。〔註9〕故就人之所以爲人之存在

〔註 9〕近溪謂：「未有乾乾而不知、行，卻有知、行而非乾乾者。」（37 條）此前後

意義而言，不可停留在百姓日用而不知的階段，當如近溪所謂的「體認承當」、「豎起脊梁，肩起擔子，將聖賢學問，只當家常茶飯，實實受用，以無負朝廷作養之功，不忝父母生育之德。」

　　停留在百姓日用不知的階段，除了無法彰顯人之所以為人之存在價值之外，消極的說，若不知之、復之，則其人生終將難以善終。近溪謂：

> 夫此道，根諸命，顯諸性，普諸教，則天與吾人，更無一息之可離，而吾人與天，又可一息之不畏也哉？但可惜，百姓卻日用而不知。故其庸常知能，原雖孩提皆良，後來無所收束，則日逐散誕，加以見物而遷，可好而喜樂輒至過甚，可惡而哀怒輒至過甚，貪嗔橫肆，將由惡終矣。惟是君子顧諟天之明命，性靜時，惺惺然戒慎；性動時，惶惶然恐懼。（245 條）

吾人雖然具有孩提之良，然可以「良而未善」（254 條），只因日用而不知本良。何以說呢？積極的說，良知本良，是道德動力的根源，是收束身心之主人，是人之所以為人之超越根據。是以，良知不只是良而已，是善，乃至於是至善之動力因。故若知之、復之，則良而必善；消極的說，不知身心主人何在，必將漸漸無所收束身心，進而日逐散誕，如此必然物交物引之而已矣。從而喜怒哀樂皆發而無法中節，生活終將流於貪嗔癡三毒之苦，如此下去，生命必然以惡行惡名結束矣！如此焉能報答國家作養之功、父母生育之德，以及天地大德之生。是以，當顧諟上天賦與吾人之天性與使命，戒慎恐懼於此天性與使命。誠惶於天性本心之起心動念，誠恐於仁心無法遍潤四方萬物。而非百姓日用不知下之「相似寧靜而又戒懼，似戒懼而又寧靜。」近溪認為這種百姓日用不著不察之行徑，正好說明孔子所謂的「道不能弘人」，而只能是以人來弘道。然人要能弘道，必先要知之、復之。即當識仁、體仁。故近溪說：「眾人卻日用不著不察，是之謂道不能弘人也。必待先覺聖賢的明訓格言，

兩個知有不同的涵義。前面一個知，是指天之知，後面一個知，是指人之知。而此處人之知的涵義與前面以「知善」來規定人之知有些許的不同。在此或許可以把「人之知」再細分為二義。其一，人之知是「自覺地」往「知善」的方向走，即以天之知為依歸；其二，是出自人力之強探力索之覺照、探求，非「自覺地」往「知善」的方向走。故「發狠去覺照，發狠去探求，此個知、行卻屬人。」（37 條）故人之知可有二義：前者逆之，可成聖成神；後者順氣性所為，則與聖賢將如冰炭之別。故恐不宜如李沛思先生將人之知全然歸為以「知識」從事道德實踐而已，其亦有證體的一面。參見氏著〈「復」的工夫〉，《從工夫論看羅近溪思想之特色》。

呼而覺之,則耳目聰明,頃增顯亮,心思智慧,豁然開發,眞是黃中通理,
而寒谷春回。」(36 條)

二、知善之復

復可以兩分爲百姓日用不知之復,以及知善之復。近溪特別強調雖是兩
分,但卻是一個復、一個善而已。這一個復,其實就是要「復以自知」、「復
其見天地之心」,[註10] 意即自我明瞭良知之善、天地之心之仁,可概括爲知
「善」之「復」。而前面提到的百姓日用不知之復,其實就是要回歸到知善之
復。故眞正說來,復以自知之工夫就是知善之復。筆者特別提出百姓日用不
知之復,只是強調百姓日用雖不離「天之知」,看似是道德的行爲,然實只是
一個不自覺、不知善的、合乎常道文貌的行爲,並非是自覺的道德行爲。是
以,從道德之要求而言,「知善」是必要的,意即必然要「復」的。而復以自
知之主要工夫就是「克己復禮」。其中「克己復禮」關涉到近溪體仁與制欲之
重要哲學問題。而「克己」、「體仁」又關涉到近溪另一個重要的命題,就是
「敬畏天命」之問題。以下便依序討論這幾個主題。

(一)克己復禮

「克己復禮」之理解與詮釋是明代以來頗爲重要的一個哲學問題。[註11]
而其之所以能爲重要的哲學問題,除了因「克己復禮」是孔子告訴其衣鉢傳
人顏回體仁之重要工夫之外,更重要的是因爲其直接關聯著如何理解儒家工
夫論的問題。不同的理解與詮釋給出不同的工夫進路,同時必然影響成德之

〔註10〕〈繫辭下〉「復以自知」與〈周易・復卦〉「復其見天地之心」二句義是相涵
的,但略有不同。復其見天地之心,是從天地之心處說,即從道體之存有上
說;復以自知,是從主體之自覺上說。言復以自知,更顯工夫義。參見楊祖
漢〈羅近溪的道德形上學及對孟子思想的詮釋〉,頁 65～98。楊師之義,即近
溪所謂的:「究竟陽之初動爲復,而曰:復見天地之心,是天之復,則明統乎
地之姤;曰:復以自知,是坤之能,則又果屬乎乾之知也已。」(88 條)復以
自知,著重在「復」工,故屬「坤之能」,然復工之所以可能之根據,不離「乾
之知」,即不離「天地之心」。故復以自知,當見天地之心。

〔註11〕根據林月惠教授的研究顯示,「克己復禮」的理解與詮釋,從明代中葉之後便
受到熱烈的討論。主要可以區分爲兩大派,即支持與反對朱子「克去己私」
的詮釋。詳細內容請參見氏著〈陽明後學的「克己復禮」解及其工夫論之意
涵〉,《詮釋與工夫》(臺北:中央研究院中國文哲研究所,2009 年),頁 217
～275。與吳震〈羅近溪的經典詮釋及其思想史意義──就「克己復禮」的詮
釋而談〉,《復旦學報》第 5 期(2006),頁 72～79。

教的開顯與否。而當中最大的爭議點在於對「克己」二字的詮釋。這個爭論
筆者在此不考慮做深入討論，主要原因是本論文是要建立近溪哲學，且此議
題已多有討論，故無須贅論。筆者關心的是近溪如何理解與詮釋「克己復禮」？
其為何要如此理解？而如此理解在其哲學思想當中之意義何在？

1、克己復禮的詮釋

克己復禮的詮釋在明代中晚期產生了轉變。這種轉變亦代表著明代中晚
期儒學思想的轉化，尤其以陽明後學為主。雖然陽明後學對於克己復禮的詮
釋不盡相同，但是皆以王陽明「致良知」為理據，並反對漢儒以「克去己私」
〔註12〕詮釋「克己」。〔註13〕近溪便是其中之一。其將「克己復禮」作為最本
質的工夫，以致於有學者將其視為其學之宗旨。〔註14〕由此可見「克己復禮」
在近溪哲學之重要性。然而近溪是如何詮釋「克己復禮」呢？何以其要如此
詮釋呢？

> 復本諸易，則訓釋亦必取諸易也。易曰：中行獨復，又曰：復以自
> 知。<u>獨與自，即己也，中行而知，即禮也</u>。惟獨而自，則聚天地民
> 物之精神而歸之一身矣，己安得而不復耶？惟中而知，則散一己之

〔註12〕 按近溪弟子的説法，當時漢儒皆將「克己」訓為「克去己私」。據林月惠教授
之考據，此説當本於漢儒揚雄（子雲，53B.C～A.D18）《法言》所言「勝己之
私之為克」。參見氏著〈陽明後學的「克己復禮」解及其工夫論之意涵〉，頁
252。而根據吳震先生的考據，其認為語錄中所謂的「漢儒」，嚴格而言，當
是指馬融（A.D79～166）和王肅（A.D195～256）之流。蓋因在《論語》的
解釋史上，以「約身」釋「克己」，創自馬融，而「訓己為私」則濫觴於王肅。
吳氏此立論乃根據於程樹德《論語集解》〈顏淵問仁章〉。參見氏著〈羅近溪
的經典詮釋及其思想史意義──就「克己復禮」的詮釋而談〉，頁77。筆者認
為，若按思想史來看，此詮釋當是來自於揚雄。但是近溪弟子所謂的「漢儒
皆作此訓」，是説當時這種解釋是漢儒的普遍説法。若是，則此三位皆可證
成弟子的説法。吾想近溪弟子此説當無特指，只是陳述漢儒的普遍説法。

〔註13〕 陽明後學，如王龍溪、鄒東郭、羅近溪等皆在陽明「致良知」之基礎上詮釋
克己復禮，即將「己」釋為道德實踐之行動主體，反對朱子將「己」釋為「己
私」，「克己」理解為「克去己私」。詳細討論，可參見林月惠〈陽明後學的「克
己復禮」解及其工夫論之意涵〉，頁217～275。而吳震認為陽明後學除了王龍
溪、鄒東廓、羅近溪之外，像王東崖（1511～1587）、王一庵（1503～1581）
都在「克己」問題上對漢儒以及宋儒的傳統解釋提出質疑。參見吳震〈羅近
溪的經典詮釋及其思想史意義──就「克己復禮」的詮釋而談〉。而這種思想
轉向，龔鵬程先生亦注意到。參見〈克己復禮的路向：晚明思想的再考察〉、
〈羅近溪與晚明王學的發展〉二文，收入氏著《晚明思潮》。

〔註14〕 龔鵬程《晚明思潮》，頁17。

精神而通之天地民物矣，復安得而不禮耶？故觀一日天下歸仁，則
可見禮自復而充周也；觀爲仁由己而不由人，則可見復必自己而健
行也。是即孟子所謂：萬物皆備於我，反身而誠，樂莫大焉者也。
宋時儒者，如明道説：認得爲己，何所不至！又説：仁者，渾然與
物同體，義禮智信皆仁也，似得顏子此段精神。象山解克己復禮作
能以身復乎禮，似得孔子當時口氣。（34 條）

孔子求仁之學的終極目的可以説就是「復禮」。就工夫而言，就是一個「復」
字。故近溪認爲「孔子點化顏子，只是復禮一個復字。」（358 條）要言之，「復」
是體仁之關鍵工夫。而此「復」義必取之於《易經》復卦方能明其實義。蓋
因「非易無以見天地之仁」、「非復無以見天地之易」。而《易經》又曰：「中
行獨復」、「復以自知」。其中援引《易經》復卦之訓釋，作爲克己復禮詮釋之
輔助性的論據，其實在陽明後學中已有所見。而近溪與他們不同之處，在於
近溪不僅僅將復卦當作是輔助性之論據，甚至可以説根本是易客爲主，直接
從「復」之深義切入，認爲《論語》「克己復禮」之「復」義若非《易經》復
卦不能明其義。〔註15〕爲何近溪要如此來詮釋呢？是否有其特殊之哲學意涵
或目的嗎？筆者認爲除了復卦象曰：「復其見天地之心」、《易經》繫辭傳：「復
以自知」與復有直接義理上之關聯外。另一方面，復卦六四之「中行獨復」
不僅可以完整地解釋《論語》「克己復禮」的意涵，並且符合近溪「仁者人也」
一體觀之哲學思想。換言之，可以避開形色與天性打爲二橛之問題，從而有
「克去己私」之詮解發生。近溪此處之用心，在《語錄》當中隨處可見，在
此不一一徵引，在後文會陸續證成此説。

　　復的概念，其實在上文已多有討論。在此不打算重複論之。只是藉由「復」
的概念撐開近溪「克己復禮」之哲學意涵。誠如弟子所問：「復不徒復而必曰
復禮，不徒曰復禮而必曰克己者。」（34 條）故復必關聯著「克己」與「禮」
的概念。近溪是如何理解這些概念呢？尤其是最受爭議的「克己」二字。其
中「己」是要理解爲「己私」，還是要理解爲「爲仁由己」之「己」呢？近溪
認爲「克己」之「己」就是「爲仁由己」之「己」，亦是「中行獨復」之「獨」、
「復以自知」之「自」，也是「聚天地民物之精神而歸之一身」之「身」。而

〔註15〕在克己復禮的詮釋上，鄒東廓與王龍溪都曾援引《易經》復卦作爲輔助性的
　　　　論據。但是他們仍以《論語》之「克己復禮」爲講論之主題。參見林月惠〈陽
　　　　明後學的「克己復禮」解及其工夫論之意涵〉，頁 250。

「己」、「獨」、「自」、「身」這些相類概念，皆可收攝在近溪「仁者人也」之「人」的解釋中。蓋因「仁者人也」之「人」在第二章第二節至少整理出有四個涵義：分別是形色之人、善性之人、「形色」與「善性」一體下之全人、萬物一體之仁之大人。而此四個涵義皆是求仁之必要條件，缺一不可。故近溪接著謂：「此人字不透，決難語仁，故爲仁由己，即人而仁矣。」（34 條）若果如是，「己」便是踐仁之必要條件，何以能夠「去之」呢？故近溪接著提出「克己」之「克」不可作「去」解，而是同《大學》「克明德、克明峻德」之「克」，作「勝」、「能」解。是以「克己」當解作「己之能與勝處」。而「復」工夫實踐之所以可能亦落在「己」之實踐主體上。故近溪謂「復字又只是由己一個己字」（358 條）、「今有將克己己字，必欲守定舊解，殊不知認己字一錯，則遍地荊榛，令人何處安身而立命也？」（502 條）而象山以「身」訓「己」，以「能身復禮」〔註16〕解釋「克己復禮」，意即謂「用全力之能於自己身中，便天機生發而禮自中復也。」（413 條）若是，則「身」當是個實踐主體，非只侷限在道德主體之超越義，這就是近溪修正陽明學，以「生」代「心」的一貫信念。要之，「能身」之「能」，也無須限定爲只是「良知的能力」。〔註17〕按近溪的說法，當是形色天性一體呈現下之「踐形」之能。故近溪方會稱讚象山「似得孔子當時口氣」。〔註18〕接著要來討論「復禮」之意涵，以及「復禮」何以爲「仁」。

　　近溪謂『『中行』而『知』，即禮也。」吾想這是了解近溪如何理解「禮」的一段重要文獻。「中行」是「中行獨復」之「中行」，故可以說是「獨復」工夫後之結果。「中行」之義可以解釋爲「能夠踐形中道，即依中道而行」。據「復以自知」之義而論，這裡的「知」是指逆以反之的「知善」之「知」。又近溪謂：「此復字，從知處說起。」（266 條）換言之，「獨復」之所以可能，

〔註16〕 「能身復禮」之「身」，在此明顯是「實踐主體」之義，與「仁者人也」之「人」具有相同意涵。故此「身」亦可表示爲「大人之身」。此可說是近溪的「身觀」，請見下一章之專論。

〔註17〕 這是吳震先生的說法。見氏著〈羅近溪的經典詮釋及其思想史意義——就「克己復禮」的詮釋而談〉，頁 77。

〔註18〕 從第一章近溪的口氣，或孔孟之口氣，吾人可以確認，「仁者人也」、「形色天性也」之一體觀是孔孟與近溪之心事。即不僅僅只重視道德主體之天性，同時必關聯著形色，意即形色天性一體觀下的「實踐主體」。故「能身」之「能」若單單指心體的能力、良知的能力，是違背近溪哲學最核心的思想。故吳震先生將「能身」之「能」詮解爲心體的能力、良知的能力，是有待商榷的。

根據在「知」；而「中行」是「獨復」工夫後之結果；是以，「知」便成為是「中行」之根據。意即，逆而返之的「知善」是中道而行之所以可能也。而近溪謂將此合於中道的行為謂為「禮」。以下是近溪對於「禮」的進一步闡述。

> 所謂：復以自知，而文理密察，以視聽言動而有禮者也。故從此而美在其中，從此而暢於四肢，發於事業，便是以所可欲而先諸己，施諸人，通諸天下，及諸後世，方可以望乎大而化、化而神也。（179 條）

> 夫子所以語之曰：克己復禮；又曰：一日克己復禮，天下歸仁。信哉，復其見天地之心矣乎！蓋一陽元氣，從地中復，所謂由乎己，黃中通理，正位居體也。由是視聽言動，一之於禮，由是其為父子兄弟足法，而天下國家，視諸掌，則美在其中：暢四肢，發事業，是美之至，善之極。顏氏之子，真聖於復，復而聖者乎！下是唯孟軻氏可欲之善，信有諸己。夫惟信而後能克，未有克而不始於信者，一信乎已，即而美而大而聖神，斯可言克之全功也已。（322 條）

人之視聽言動之所以合於禮，蓋因人的復以自知，能文理密察故也。而由「復」而「禮」之所以可能與過程，即近溪所謂的：「乾知太始處，便名曰復，復也者，即子心頓覺開明，所謂：復以自知者也。子心既自知開明，又自見光輝愈加發越，則目便分外清朗，耳便分外虛通，應對便分外條暢，手足便分外輕快，即名中通而理（即「黃中通理，正位居體也。由是視聽言動，一之於禮」），所謂：天視自己視，天聽自己聽，己身代天工，己口代天言也。頃刻之間，暢遍四肢，則視聽言動，無非是禮，喜怒哀樂，無不中節。」（180 條）要之，「視以禮視，聽以禮聽，非禮則勿視聽；言以禮言，動以禮動，非禮則勿言動，是則渾身而復乎禮矣。」（34 條）如是，視聽言動，不僅是「美在其中」，必然是「美之至，善之極」的體現。然「美之至，善之極」之境界，並非是「克己復禮」之全功，克己復禮要達至大、聖、神的境界方是克之全功。即若非達至「天下歸仁」不能說吾人已克己復禮也。即「苟一人不孝，即不得謂之孝、以天下之孝為孝，方為大孝」（91 條）的概念。蓋因「克己」之「己」並非只是「自己」而已，同時包含天下萬世、萬物。故先諸己而後施諸人，進而通諸天下，及諸後世。即從己而人，進而擴大至天下人，並且不只這一世，而是萬世。如此便不只是充實之謂「美」而已，同時亦能進一步達至大、聖、神之境界。此方是克己復禮之全功：天下歸仁也。而近溪強調此是「禮自復而充周」的究竟結果。

從「禮自復而充周」以達至「天下歸仁」這個意義來看。能己復禮之「禮」，不單單只是止於「自己」，必然是「充周」於「天下」而後止。此時「復禮」即「復仁」、「歸仁」之義。故近溪謂：「能復，即其生生所由來；歸仁，即其生生所究竟也。」（244 條）換言之，復要復到歸仁方是復之全。論述至此，近溪「克己復禮」或許可二分。其一是「自己之歸仁」：「復禮」之「禮」還未達至「天下歸仁」之境界。〔註19〕此時停留在「暢遍四肢，則視聽言動，無非是禮」之「美在其中」的階段。從以上二引文，吾人可發現，若以孟子善、信、美、大、聖、神之境界次第來看，「美」似乎是克己復禮之必然結果，而從「美」到「大、聖、神」，仍須有一段「熟仁」之工夫。從「能復，即其生生所由來；歸仁，即其生生所究竟也」這一段話，亦可看出克己復禮之「復禮」有究竟與不究竟之別。故近溪方有「克之全功」之話語。若果如是，克己復禮達至「美之至」的境界，可謂是克己復禮之功；其二是「天下之歸仁」：就是達至大、聖、神之化境，即天下皆歸仁。此時「復禮」即「復仁」，復生生之仁、萬物一體之仁。此時可謂克己復禮之全功。然從克己復禮之「美」，至克己復禮之「大、聖、神」是本心之必然要求。即「從此而美在其中，從此而暢於四肢，發於事業，便是以所可欲而先諸己，施諸人，通諸天下，及諸後世」、「散一己之精神而通之天地民物矣，復安得而不禮耶？」、「禮之復，雖在一己，而陽和發育，天下萬世，又豈有一人不生化者哉？」（413 條）然此本心之自我要求，強調的是一種合目的性，而此目的性還有賴工夫之擴充方能達至。也難怪近溪接著說「方可以望乎大而化、化而神也。」此中「望乎」二字即表達了從克己復禮之「美」，至克己復禮之「大、聖、神」仍是有距離的。而這種距離亦表現在「自己能復」與「各各有所歸」之差別上。近溪謂：

> 歸之一字，乃是天下大眾本心，第人不能復，則天下不歸。所以保
> 合太和，全在自己能復，己立人立、己達人達，各各有所歸也，所
> 以曾亦曰：歸厚。（366 條）

近溪這裡明顯表達了由近而遠，由親而疏，從「一本到一體」的儒家傳統思想。〔註20〕這個距離亦表達了工夫進程之次第。即從忠而恕，由內聖而外王，

〔註19〕近溪區分「自己之歸仁」與「天下之歸仁」。如其謂：「仁心體也，克復便是仁。仁者，完得吾心體，便合著人心體，合著處便是歸。此只在我心體上論，不足說天下皆歸吾仁。」（376 條）

〔註20〕「一本」強調的是「愛有差等」。所謂的從「一本到一體」就是從親親、仁民到萬物一體的親疏過程。即己立立人，己達達人的推恩過程。此一體觀可以

或如上文的從暢於四肢到發於事業的過程。故近溪謂：「由是邇而可遠，卑而可高，禮與天地，而同其中，樂與天地，而同其和，萬民賴之以立極，萬物藉之以完生，而吾自己一腔之中，亦將同體乎萬方萬世，而希乎踐形惟肖之歸矣。」（180 條）

　　從孔子「克己復禮爲仁」之義，吾人可以說「復禮」即「歸仁」。在此意義下，禮與仁可謂是名異而實同。〔註 21〕既然禮與仁名異而實同，何以孔子不直接說「克己復仁」即可，爲何多此一層呢？筆者認爲此實同仍有微異，當需檢別。仁與禮之間基本上就如體用關係。如近溪所謂的「仁以根禮，禮以顯仁。」（89 條）即仁是禮之存在根據，而禮是仁之外顯行爲。按易傳復卦六四「中行獨復」之義，工夫在「獨復」，而在「中行」之外顯上體現。「復禮」當是「中行」之外顯體現，故此時以「復禮」說明「克己」之結果會更爲恰當。而仁、禮可說是一體兩面之關係，故「復禮」〔註 22〕即「爲仁」。是以，近溪謂：「夫子之爲教，與顏子之爲學，要皆不出仁禮兩端。」（117 條）

　　近溪詮釋「克己復禮」之思路，基本上是根源於孔子「仁者人也」之義理思維。甚至就是放在「仁者人也」之框架上詮釋「克己復禮」。就工夫而言，求仁之進路是「人而仁」。前面提到，「人」可以是「形色天性」一體之人，亦可以是「萬物一體」之「全人」。從前者之人到後者之全人所成就之仁，是己達、達人，忠、恕以求仁之擴充與推恩之歷程。前面已提及，「克己」之「己」與「仁者人也」之「人」是完全相同的，是就實踐主體而言。加上「復禮」即「仁」的解釋，吾人可說「克己復禮」即「仁者人也」之義，如此，「己」豈可以解釋爲「己私」而欲去之呢？另外，「仁者人也」之「人」可以有其是否是「全人」之異；同樣地，「克己復禮」之「克」解釋爲「能」義。而「能」亦可以有程度之差異。故「能己」亦可區分爲人與全人之異，「復禮」便有充周不充周之別。故就「克己復禮」而言，近溪亦區別「自己能復」到「各各有所歸」之擴充與推恩的歷程。

　　　　說是儒家的傳統。參見林月惠〈一本與一體：儒家一體觀的意涵及其現代意
　　　　義〉，《詮釋與工夫》，頁 1～31。
〔註 21〕參見林月惠〈陽明後學的「克己復禮」解及其工夫論之意涵〉，頁 250。
〔註 22〕按近溪的說法，禮有善、不善之禮；而善亦有至善與否之分，以至善之禮爲
　　　　最。參見 243、254 條。故嚴格說來，「復禮爲仁」之「禮」當是「至善之禮」
　　　　時方是爲「仁」。此時可寬鬆的說「禮即仁」。

2、克己復禮工夫之歷程

上文主要是討論近溪如何詮釋「克己復禮」之義。接下來，吾人要探討近溪是如何做克己復禮的工夫。按近溪謂「孔子點化顏子，只是復禮一個復字」而言，可以透過「復」來開顯克己復禮的工夫。而近溪是透過《易經》之復卦來解釋「克己復禮」之「復」。換言之，透過近溪復卦之詮解可以管窺其克己復禮之工夫。對於復卦卦辭，近溪尤重「反復其道」一詞。其曰：「蓋復生道也，復則生，生則惡可已，惡可已則於時為春夏秋冬，於物為生長收藏，其始也有所自來，其終也有所必至。」（233 條）春夏秋冬四時之替換，萬物生長收藏之不息，皆天地生生之德。此「生生」近於恆卦彖辭之義，曰：「恆：亨，無咎，利貞；久於其道也。天地之道，恆久而不已也。利有攸往，終則有始也。日月得天而能久照，四時變化而能久成，聖人久於其道，而天下化成。」萬物之生生不息，蓋因天地有「道」，恆久不已，以創始成終。然道之恆久不已並非是指靜態下之恆常不變，而是像四時之生生，是在變化中而成其恆久的，即是《易經》「變通以趨時」之原理所成。而這一切之所以可能的根據在於「天道」。換言之，生生之所以可能，不可須臾無道也。然如何可能呢？近溪提出「復生道」的概念，其實就是「反復其道」的意義。是以，復是天道生生之必要條件。此即近溪所謂的「生生之謂易，而非復無以見天地之易」（36 條）之義。四時行焉，百物生焉，此天道生生本是自自然然之行為，復必然就在其中，乃不復之復。強調「復生道」之「復」，是說明天道生生之所以可能的內在義理變化過程。象曰「復亨、剛反」即有此意。然就現實之人而言，生生之大德便不是生而本有的。即人與天道是有距離的。此距離並非指吾人無生生之道，關鍵出在因吾人不知復也，即不知「復其道」。故道雖在自身，只因不識之、體之，故無法弘道。是以，吾人必須「復其道」，即「復其天地之心」。而問題關鍵在於能復與否。弟子便曾經請教老師：自古賢聖，如何便皆能復？我輩如何便不能復？今須去其不如聖賢，以就其如聖賢者，而惶恐乃釋也。近溪回答道：

> 君今此意，又是遠以求復，而非反身近取矣。譬則一株樹，有枝葉，有根本，枝葉則愈尋而愈遠，根本則愈探而愈近。君謂：去其不如聖賢，以就其如聖賢，此則何年乃能去得盡？何年乃始如得來？此之謂愈遠而愈難也。<u>若能反身密察，今時坐而飲食，此個惶恐何自而生？豈非天機自動而為復耶？又豈非復自吾身而不遠耶？又豈非</u>

雷在地中，己力莫之能與，而己見莫之能窺也耶？君若從此直信不疑，則持循之力，且可放下，便是商旅不行而外者不入矣。炯然之功，亦將無用，便是后不省方而內者不出矣。<u>物欲無擾，意見不萌，君身不渾是個復，而君復不渾是個身也耶？</u>」（233 條）

弟子所謂的「去其不如聖賢，以就其如聖賢」之思維是走知識分析的進路。即從經驗中分析，凡不如聖賢者，即當去之；凡聖賢有之者，吾當追求之。近溪認爲這種以知識的進路追求聖賢之道，只是在枝枝葉葉上用工夫，反是「愈尋而愈遠」，不僅不能復其道，反是「遠以求復、愈遠而愈難」的作爲。非《易經》復之本意。復卦爻辭初九「不遠復」之義，是指復就在不遠之自身之中。近溪指點弟子道：今時坐而飲食，此個惶恐何自而生？且如此之行爲態度皆非己力、己見所能與、所能窺也。是以，此背後豈非有個天機自動、一陽來復，故而莫之致而至，莫之爲而爲嗎？是以吾人當「反身密察」或「反求諸身」（233 條）於此天機。而當吾人「反求諸身」之時，自然「把柄在手而樂莫大焉！」（233 條）這裡所謂的「把柄在手」是指掌握到「一陽來復」之「一陽」或「純陽」；而「樂莫大焉」是指「復之爲卦，學者只一悟透，則此身自內及外，渾是一團聖體。即天地，冬至陽回，頑石枯枝，更無一物不是春了。」（266 條）

若從細部分解復的初爻之義而言，復卦是由上卦坤爲地，下卦震爲雷所組成。而雷在地下之中，震雷爲陽，坤地爲陰，當陰陽相互激發時，才能產生雷。然復卦一陽剛剛返回，生於地中之時，由於力量不足以激發雷，尚待培養醞釀，可謂「道心惟微、陽明幾微」，故忌「欲有所得、欲有所見」。一旦「欲得之心泯，而外無所入；欲見之心息，而內無所出。如此則其體自然純粹以精，其功自然潔淨而微，其人亦自然誠神而幾，以優入聖域，莫可測識也已。」（31 條）此即復卦象曰：「先王以至日閉關，商旅不行（外無所入），后不省方（內無所出）」〔註23〕或近溪所謂的「蓋雷潛地中，即陽復身內，幾希隱約，固難以情意取必，又豈容以知識同窺」之概念（233 條）。近溪認爲此時此機：外無所入、內無所出，是「聖人學問喫緊第一義也」（31 條）。是

〔註23〕雷在地中，是復卦的象徵。先王在值冬至的節氣的時候，關閉關口，讓全國休息，以息老慈幼，工商旅客皆不在外面行走，享受父母子女夫婦兄弟，過年團聚之樂，而國君也不朝見群臣不省察四方的事情。君王此政令之推動，皆應季節決定，以人合天，使天人合一。見徐芹庭《細說《易經》六十四卦（上）》（臺北：聖環圖書股份有限公司，2000 年），頁 355～356。

以，欲反復其道，當先「不遠復」，即當以「反求諸身」為先，即當先回到「根本」來修身，枝枝葉葉皆暫且放下，否則必有助長之害。〔註 24〕換言之，此時此刻，「持循之力，且可放下」、「炯然之功，亦將無用」。惟有先回到本心良知之根本處，方能有生機可言。故此時當摒除一切物欲之干擾，意見思慮的考量，回到一陽之真，即「情忘識泯則人靜天完，而復將漸純矣。」此爻辭六二「休復，吉」之義，即停止過去的錯誤，而回復本真處，或禮下仁德之人，如此良知真種子必然「生長順適」。（233 條）

繼之「復之頻」（爻辭六三，頻復）。即君子終日乾乾，憂勤惕厲，進而又進，義氣奮厲，直至「中行獨復，而惟陽道之從矣！」（233、266 條）除此之外，欲能夠踐行中道，允執厥中，亦當「敦復」。所謂「敦復」，意指要「敦復崇禮，又能考究百王，會通典禮，直至吻合聖神，歸於至善而後已焉。」（322 條）即以先王「至善之禮」為「自考」，惕勉自己當合於先聖「至善格子」，從而藉先王之禮以顯仁、復仁。其次，即當戒慎恐懼地復回善道，意即時時警醒自己對於天命之性的敬畏，是否二六時中皆能「盡人以奉天」地來體現天道。若果能此，則必能復歸於道，成聖焉能難矣！即「陽明之復」無時不刻就在吾人身上，且吾人亦終身由之，只要能夠反復其道，則可體道而成聖。只是世人大都「行矣而不著，習矣而不察，是以終身由之，而不知其為道也。」近溪謂此為「復而自迷」者也。即「人在復中，又何嘗頃刻而不自迷也耶？」如此必然如爻辭上六所示：「迷復，凶，有災眚」。而迷復之凶是出自於「反君道也」。即學問無頭腦、不知復之故也。近溪謂：

> 至上爻，決無不復之理，其云迷復，正對知復而言，所云：終身由之而不知其為道也。要之，復之為卦，學者只一悟透，則此身自內及外，渾是一團聖體。即天地，冬至陽回，頑石枯枝，更無一物不是春了。樂正子，只緣未過這關，所以美大聖神，竟無他分。（266 條）

〔註 24〕關於「不遠復」即「修身」之義，近溪如此說：「蓋乾陽至健，更無止息。剝之上爻曰：碩果不食，茲復之初爻，即剝終過來者，故曰：不遠復也」、「身即自也，即所謂：道不遠人，近取諸身；反身而誠，樂莫大焉者也。然則復之不遠，非修身，如何？」（266 條）所謂的「不遠復」即是說復之初爻（一陽）是從剝之上爻（一陽）過來的，即所謂的「剝極必復」。而「不遠復」所強調的重點其實就是此「一陽」，此是生生之仁的根據。修身即修自，修自即修己，修己之己，即為仁由己之己，即是復之初爻（一陽）也。故象曰：不遠之復，以修身也。

> 君子之學，原自有個頭腦。所謂頭腦者，即江西一省之有都台，而君家合宅之有主人也，<u>將帥登壇，然後卒伍自肅，家翁正位，然後婢僕自馴。若頭腦一差，無怪學問之難成矣！今君不能以天理之自然者爲復，而獨於心識之炯然處求之，則天以人勝，眞以妄奪。</u>君試反而思之，豈嘗有胸中炯照，能終日而不忘耶？事爲持守，能終日而不散耶？即能終日，夜則又睡著矣。（233條）

有關爲學當該有個頭腦，在前面言「識仁」的部分已有論及。若從復卦之向度言之，識仁、識得學問頭腦，皆是指「知復」之義；反之，「迷復」便是「不知復」，即學問無頭之義。近溪認爲凡物皆有個頭腦，這個頭腦就是一物之主宰。故凡要盡物，皆以識得其頭腦爲先務。家有家之頭腦，國有國之頭腦，棋奕有棋奕之頭腦，只要頭腦正了，其物自然就聽令而順從。故「將帥登壇，然後卒伍自肅，家翁正位，然後婢僕自馴。」聖人之學亦有個頭腦，若不先識得頭腦，則學問難成矣！此個頭腦乃天命之所性也，即「天理之自然者」也。惟有回到天地之心，方能剛健順行，生生不息。若是不能復見天地之心，則必然主將不專，砲馬徒紛馳，眞以妄奪，勢必危矣！縱然胸中時有炯照、時有持守，亦只是短暫而已矣！故此迷復之行徑，焉能不凶且災呢？按近溪的說法，樂正子未過「信」關，即「迷復」而不「知復」之徒也。如此學問無頭，必然眞以妄奪。不僅蔽於物欲、迷於聞見，且美、大、聖、神之樂與之絕緣，如此不凶且災焉？

從上面對於近溪復卦爻辭之概述中，吾人可以大致了解其克己復禮工夫之歷程。首先，復禮之所以可能，乃在於「克己」；而「克己」之根據又在於「己」。故孔子謂克己復禮爲仁。接著說：爲仁由「己」。故「己」是復禮之根據所在。是以「識己」或「識仁」便成爲復禮之先決條件。故以「反求諸身」之「不遠復」爲修身，而此修身亦可謂近溪稱象山「能身復禮」之「能身」義。是以克己復禮之首要工夫便是要「識仁」，要識得學問之頭腦，如此方有把柄在手。反之，若識不得惟微之仁體，即終身由之，而不知其爲道，則爲「復而自迷」，必然蔽於物欲、迷於聞見，妄以奪眞，背道而馳，離聖道則遠矣！故克己復禮首功乃在於「知復」。然復卦一陽剛剛返回，生於地中之時，由於力量不足以激發雷，尚待培養醞釀，故必然要休復、頻復、敦復，以達至中行獨復。就休復而言，在消極方面，即停止過去錯誤的行爲；積極而言，當就有道而正焉。故明眼眞師之指點或研讀先聖經典便十分重要。然

如此「復禮」是否就能夠復的完完全全呢？近溪認為此攸關著「克己」能否克的完完全全。其中是否克的「完完全全」是表示能否皆止於「至善之禮」。就前者而言，克（能）己之克（能）有程度之別，這種程度之別出於吾人對「己」之敬畏程度。愈敬畏自己的天職定分，則愈能歸會於仁體，則愈能夠克己之全功。故「終日乾乾，憂勤惕厲，進而又進，義氣奮厲」之「頻復」便十分重要；就後者而言，禮有善不善，甚而有至善之別，此在本章第一節已有論及。立「至善之禮」是「格物」的工夫，是聖人覺悟之事，其究極目的乃在於識得仁體。故先聖「至善之禮」對於克己復禮亦有起共鳴之效。是以，象曰：「敦復無悔、中以自考也」，此「中」即「中道」義。可以是先聖「至善之禮」，亦可以是先聖至善之禮所引發吾人之「中體」。故「中以自考」，是表示以先聖「至善之禮」為「格子」，即所謂的「敦復崇禮，又能考究百王，會通典禮，直至吻合聖神，歸於至善而後已焉」；或表示要時時自考自問：對於先聖「至善之禮」是否真有了解？是否真的想成聖成賢？是否對道有所體悟？此自考自問之「自」，有「中體」義，即自考自問是本心之自我要求。是以，只要識得本心，本心自然會漸漸不容已地時時警惕自己當「盡人以奉天」地來體現天道。近溪認為這是敬畏天命之性的自然表現，對於克己復禮亦甚為重要，詳後論。

　　以上從復卦爻辭依序分疏近溪克己復禮工夫之內涵，復卦六爻六復皆代表著不同的意義與工夫內涵。分解地說，可說是智、勇、義、仁、禮的表現。「知復」而不「迷復」是「智」的表現，即如朱子所謂的「陽微而不亂於群陰」〔註25〕之智；錯而能改之「休復」是「勇」的表現；義氣奮厲之「頻復」是「義」的表現；實踐中道之「獨復」是「仁」的表現；崇禮以自考之「敦復」是「禮」的表現。準此，克己復禮之完成是仁、義、禮、智、勇的綜合表現。而以「知復」之智為工夫之先，與近溪以覺悟、識仁為先的哲學思想是一貫的。是以，六復之功可說就是格物、致知之功，六復之功的完成，方是克己之全功。然要盡六復之功，「習乎其時」是不可或缺的條件。故而近溪弟子對於「孔子之時」與「顏子之復」之關聯性甚為關切。近溪回答道：「顏

〔註25〕《易經》繫辭傳下第七章，有道：「《復》，小而辨於物」。朱子解釋其意為「陽微而不亂於群陰」。意即復卦初九陽爻不為上五個陰爻之蒙蔽，能分辨方向，走該走的正道。此可說是能辨是非善惡之智的表現。參見朱子《周易本義》卷三，繫辭傳下，第七章。或韓康伯著《周易二種》〈臺北：大安出版社，1999年〉，頁261。

子之一日復禮，是復自一日始也，自一日而二日三日，以至十百千日，渾然太和元氣之流行而融液周遍焉，即時而聖矣。故復而引之純也，則爲時；時而動之天矣，則爲復。<u>時，其復之所由成，而復，其時之所自來也歟</u>！」（33條）以下將進一步深入的討論「時」對於「反復其道」之意義。

3、習乎其時以生生

近溪謂：「孔子一生，只受用一個時字」（157條）、「孔子至善，只是個時，孔子時中，只是個易」（249條）。可見得近溪認爲「時」在孔子仁學中扮演著舉足輕重的地位，且與易有所關聯。其後學劉一焜亦是如此理解近溪的。〔註26〕關於「時」在孔學的特殊地位，與其說是近溪對孔學的理解，不如說是近溪個人賦予「時」特殊的地位。〔註27〕何以近溪要如此做呢？其意義何在呢？追根究底，不離開仁道生生之德。

> 今吾人欲學時習，則亦求之易而已矣。蓋天道人心，總原是一個生
> 理，天以生生而成時，心以生生而習乎其時，故生生之謂易。易也
> 者，變通以趨時者也。六十四卦，聖人示人習時之大綱，三百八十
> 四爻，則其節次也。以大象推之，如曰：天行健，則統論其時，君
> 子以自強不息，則統論習乎其時也；以爻象推之，如曰乾之初九，
> 則詳言其時，潛龍勿用，則又詳言習乎其時也。（193條）

近溪幼時即立志這一輩子要尋找一個「不歎氣事爲之」。（292條）此不嘆氣之事，並非滿足於世間之功名利祿，而是效法孔子，以仁天下萬世爲心、爲事。〔註28〕即以仁道生生之德爲其終極理想。而生生之德如何可能呢？此千年之

〔註26〕劉一焜在近溪語錄84條之註，說道：「除卻時字，名不得孔學。」

〔註27〕近溪謂：「吾夫子平生得力，全在於此（以時），惟孟氏獨能知之，乃特稱之曰：孔子，聖之時者也。」（32條）「即吾夫子以時而聖，雖自孟子而始表揚，然究言其所由來，亦自三絕韋編於伏羲文王周公之易，苦心悉力而後得之。」（193條）「願學只孔子一人，至表揚孔子，則又只聖之時也一句」（262條）近溪藉著孟子表揚孔子爲聖之時者也，來凸顯「以時」對於生生之重要性。其實或當如此說，近溪深知「以時」是生生之必要條件，從而藉著「聖之時者」來表示「以時」是成聖之必要條件。孟子雖然在表揚孔子爲「聖之時者也」之際，對「時」之詮釋不無「變通以趨時」之義，即孔子仕、止、久、速，皆各當其可。然孟子並未對「時」賦予如此特殊之意義，即未直接將其與「易之生生」關涉一起。然而近溪將「時」視爲孔子如此重要之哲學概念，此可說是近溪個人之詮釋。然時與易之生的確有重要之關聯性。放在近溪整個哲學來看，復禮、生生、時有其內在關聯性，且義理相當一貫。詳後論。

〔註28〕近溪一生立志爲聖賢，並以孔子爲典範，此意充分表現在其對弟子的勉勵當

孔子公案一直是近溪念茲在茲之心事。天地生生之大德自然成爲近溪理想的
典範。其根據在於「天道人心，總原是一個生理」、「天之時即吾之時，吾之
時即天之時」（同上引文）。天道以生生而成時，意即天道能變通以趨時，故
而萬物能生生不已。換言之，天道若不能變通以趨時，則萬物便不能生而又
生。是以，萬物之生生不息，是在春夏秋冬四時之變當中成就的。而「易」
即專門演繹變通以趨時者也。舉凡六十四卦、三百八十四爻皆聖人示人習時
之大綱與節次也。而《易經》要示人習時之大綱與節次，無非是要吾人之心
以生生而習乎其時，意即透過天道之生生而成時。吾人習得其時，以使吾天
地之心能起生生之仁。例如於天道，則示吾人「天行健」，以此統論其時；而
吾人當效法天行健，謂之「君子以自強不息」，此則統論「習乎其時」；又如
以維天之命，於穆不已，說天之時者；以聖人純於天道亦不已，說明習者（人
之時）。（193 條）此即稟持「天之則」而「習諸己而訓諸人」〔註29〕之原理。
是以，「習乎其時」是吾人達至生生之仁之不可或缺的工夫，而仁天下萬世是
吾人效聖法賢之終極目的。故近溪在此引文最後共勉道：「凡此皆吾夫子平生
精神心髓，盡底吐露，以與後學共透天關而躋聖域，所謂仁天下萬世而無疆
無盡者也。有志學孔者，幸共深省。」（193 條）此共勉之語頗能傳達近溪所
謂的不歇氣之事。

　　由此可見，「習乎其時」是極爲重要的工夫，故近溪時常勖勉弟子：善學
《論語》者，當先「時習」一章。（193 條）然而其實際內容爲何呢？吾人又
當如何時習呢？以下我們來看近溪如何詮釋「時習」之義。近溪謂：

> 聖人之學，工夫與本體，原合一而相成也。時時習之，於工夫似覺
> 緊切，而輕重疾徐，終不若因時之爲恰好。蓋因時，則是工夫合本
> 體，而本體做工夫，當下即可言悦，更不必俟習熟而後悦。況朋
> 來而樂？亦只是同此工夫，當心愜意，所以不徒己悦之而人亦悦之，
> 亦不必俟道得其傳而後樂也。夫子嘗謂：默而識之，正是識得這個
> 時的妙處，故愈學而愈悦，如何有厭？愈教而愈樂，如何有倦？故
> 不慍人之不己知者，正其不厭而不倦處。蓋緣他識得時的根源眞，

　　　中。參見〈晌明德堂諸生四條〉，《羅汝芳集》，頁 713。

〔註29〕近溪謂：「乾行之健，即時也，自強不息，即習諸己而訓諸人也。初九以至上
　　　九，即時也，潛而勿用以至亢而有悔，即習諸己而訓諸人也。推之六十四卦、
　　　三百八十四爻，皆時也，皆所謂天之則也，亦皆是習諸己而訓諸人。」（86
　　　條）

> 執得時的機括定。……。當時只有一個顏子，氣候與他相似，其告
> 之：一日而復，天下歸仁，已是全付家儅交與他，故語之不惰，已
> 有不厭之意；門人日親，已有不倦之意。不幸短命，而慟心喪予者，
> 正謂時之一脈之弗延也，豈想後來卻得吾孟夫子走來，將他家儅盡
> 數搬出。（84 條）

關於《論語》「學而時習」一句，近溪認為「學必貴習」，此固然不錯，然習
若離開時來看，習之效果必然不彰，故「習必貴時」。（157、321 條）是以近
溪謂「孔門學習，只一時字，天之心以時而顯，人之心以時而用。」（259 條）
而近溪詮釋「時習」二字時，不從舊解：「時時習之」〔註30〕，而是釋為「因
時習之」。可見得「因時」之習，比「時時」之習的成效更佳。何以說呢？蓋
因學習之成效與學習的時間並不一定成正相關，當然這裡所謂的學習成效並
不是指一般知識性的學習，而是指大人之學的學習。然大人之學之得成並非
只是習熟、工夫間斷的問題，在習熟之前，當該確認學問是否得其頭腦，否
則會產生磨磚以當鏡，煮沙以成飯之虛工。故以覺悟為先，踐履為後，乃為
學之本末、先後也。而為學之先，當在有個「學問頭腦」，或有「實落處」。
此即近溪強調成聖成賢之先決條件：主體因地與客體因地。前者指學者須先
識仁，後者指仁體當落實在日用倫常之中體現。惟有此主、客二因地結合，
方能體現仁道生生之德之果地。是以「因時」之「因」是帶有「條件性」的。
簡要地說，即當參合「時的妙處」、「時的根源」、「時的機括」而言。而此三
者並非「時時習之」即可得之也。而近溪認為要得此「三時」明顯，則又須
從天命之性說來，即不離「知天地之化育」而言。〔註31〕而此亦不離「乾知
太始」、「乾道變化，各正性命」的概念。

　　蓋聖人於上古曆元，鉤深致遠，有以洞見其根柢，而悉達其幾微，

〔註30〕 根據程樹德的研究發現，唐朝以前認為凡學有三時：一是就人為時，二就年
　　　　中為時，三就日中為時也。「身中」為時者，乃謂「凡受學之道，擇時為先」。
　　　　時過然後學，則勤苦而難成也；「年中」為時者，乃謂「學隨時氣則受業易入」。
　　　　如春夏學《詩》《樂》，秋冬學《書》《禮》；「日中」為時者，乃前身中、年中
　　　　二時，而所學並日日修習不暫廢也。孔子「時習」之時，乃指日中為時之時。
　　　　參見氏著《論語集釋》，頁 2～3。朱子四書集註詮解「時習」當是從「日中為
　　　　時」，即「時時習之」之意。朱子並引上蔡語：「時習者，無時而不習」。
〔註31〕 參 85 條。此條引文在上引文 84 條之後，觀其語氣，85 條當是接著 84 條之內
　　　　容而追問的。故從 85 條弟子之問話，吾人可推論，弟子的提問其實含藏著近
　　　　溪的義理。

故於其運行躔度，可以千載而必之今日，亦可以此時而俟之百世。……。故復以自知，而天之根，即禮之源也，所謂：乾知太始，統天時出者乎！黃中通理，暢達四肢，而禮之出，即天之運也，所謂：乾道變化，各正性命者乎！顏氏博文約禮，感夫子之循循善誘，是則三百三千，而著之經曲之常者也；如有立卓，嘆夫子之瞻忽末由，是則天根自復，而化不可爲者也。（117條）

復者，陽而明者也。黃中通理，正位居體，是身之陽所自明也；暢於四肢，發於事業，是陽之明所必至也。故禮曰：天理之節文，而又曰：禮時爲大，順次之。夫復則天，天則時，時則順而理，順而理則動容周旋，四體不言而默中帝則，節而自成乎文矣。復在乎己也，夫安得不動之而爲禮也耶？是以孔孟立教，每以仁禮並言。蓋仁以根禮，禮以顯仁，則自視聽言動之間，而充之仕止久速之際，自將無可無不可而爲聖之時也已。（89條）

前面提到近溪以復卦之復解釋克己復禮之復。如此，復禮之復便可說是易之「天機妙用」下的作用。換言之，三百三千之禮非人爲擬議而成，而是在天機妙用之下所生。是以此禮便有普遍、必然性，且千年不易。對此，近溪弟子有所不解，故問之於老師。第一段引文便是近溪的回應。近溪在此提出「天」、「禮」、「時」之關係，即「天之根，即禮之源」、「禮之出，即天之運」、「禮，時爲大」、「禮，天理之節文」、「復則天，天則時，時則順而理」。意即禮之產生，非人爲思慮、擬議而成，乃聖人鉤深探賾，洞見天道之根柢，悉達天道之幾微，充分掌握天道生生之理，亦即在掌握「時的妙處」、「時的根源」、「時的機括」之基礎上制訂三百三千之禮。是以此禮之制訂，皆是聖人在復以自知天地之根的基礎上爲之，故「禮之源」如同是「天之根」。即復，以見「天地之心」（復則天），而此天地之心（乾元）主管宇宙之始，亦即萬物之本源，其創生一切，必然「統天時出者」（天則時），且必然是順理而出方謂之「天時」。是以，於天地，是四時井然有序，萬物並育而不相害；就人而言，此「順理而出」便是「依禮而行」：動容周旋中禮，四體不言而默中帝則。凡此「禮之出」即如天之運之以時以序。此即「黃中通理，正位居體」、「乾道變化，各正性命」之謂也。

不管是人，或是人之外的萬物，從結果來看，欲自強、生生不息，必然要得其「正位」、「正命」（中禮、成序）。然人與萬物得其「正位」之進路當

有所檢別。蓋「天之體物無不周，而人之奉天多不悟」，故「物可以皆春，而人則難以皆聖」。〔註32〕明顯天道體萬物無不遺，只因吾人百姓日用而不知，故萬物皆能統天時出者，意即無物不順其性、得其時而長，無所謂「因時」，或「工夫」的問題；然萬物之靈的人類有其獨特性，即人有自由意志，可順天時，亦可不順天時。固有「因時」以合天時的概念。所謂的「合天時」即「合本體」之義，故吾人之體仁工夫，亦不離「工夫合本體」。故人之得其「正位」、「正命」必然是「合其時」，即「時止時行，時動時靜」，發而皆能「中節」、或合於「至善格子」，否則必然不成其為禮（理），即失禮（理）也；就根源來說，「合其時」之「時」乃天時也，即順著生生之易的理而變通以趨時。換言之，「天之根」是「禮之出、時之宜」之根據。同理而言，「乾體」可說是萬物「各正性命」之根據。是以，若不先識得本體（乾體），則必然不得正位，即必然失禮、亂其序。由此便不難理解，何以近溪要強調說，若要識得「時」明顯，還須從「天命之性」分析。從這個推論，吾人可知，回到「天命之性」是求仁之第一義工夫。故「復以自知」，或「復則天」之「復」功，則是本質工夫。而「復禮」之功，除了在「克己」上說外，亦從「因時」、「習時」層面上說，蓋因「禮，時為大」、「禮也者，合於天時」。而此概念終究不離近溪「仁禮兩端」的核心概念：即仁是禮之根源，而禮的表現就是仁的體現，此與上文「天之根，即禮之源」、「禮之出，即天之運」的概念是一致的。然當留意的是，這裡的「禮」是「合於天時之禮」，是先聖制訂之「至善之禮」、「至善格子」，非一般之禮。按近溪的說法，此二禮是等質的，即雖「至善之禮」是人為所制訂，但卻是「洞見天道之根柢，悉達天道之幾微」而成者，故合於天時之禮。此二禮皆可謂「仁」也。故「復禮」即「歸仁」也。

　　分解的說，克己復禮之「克己」，即「能己」、「體仁」之義，有克全、不全之別；在此意義下，克己復禮之「復禮」亦有二義。其一，即克己之全功下之「歸仁」；其二，在未能克之全功下，須透過從「復」或「因時」之工夫來合得此「天之根、禮之源」，使「克己」之功更全。故實踐的說，按近溪的詮解，「克己」、「復禮」可以是辯證之關係，即如「仁、禮」兩端，當是一起前進的。在克己之全功下之「體仁」，當如「天之運」，統天時出者，自自然然，不學不慮，無再須「習熟」、「習時」的漸進過程。「天之運」即「禮之出」。然當克己無法盡其全時，不管在「美、大、聖」任何階段，「天之根」與「禮

之源」是有距離的。如在美而未能大之際，合於「美之禮」即未能合於「大之禮」。依此類推，凡未能克己全功之前，吾人皆可說視聽言動未必皆能合於天根所發（即未至聖人發皆中節）。然吾人知道先聖「至善之禮」等同於「合於天時之禮」，則此刻吾人當告訴自己：何不以「至善之禮」（禮之源），即從格物之「至善格子」推至「天之根」呢？意即暫時以先聖之法程來悟信「天之根」，然後再從「復」或「因時」之工夫來合得此「天之根」，此合得就好像是從「天之根」統天時而出者一般。近溪這種思維其實皆已預設了「心即理」、「心理是一」的義理形態。在近溪這裡亦可名為心即禮、仁即禮、天即禮。是以，近溪認為，既然心即禮，禮即心，在「道心惟微」之現實困境下，何不反過來「以禮來悟心」呢？當然此禮必然是先聖「至善之禮」方能謂禮即心，方能工夫「合」本體。在共鳴之原理基礎上，因此心同，此理（禮）同，故吾心當為之醒悟，識得本心。進而為體仁之實踐工夫，以期天下歸仁。然克己有全功之差，復禮有至善與否之別。是以「體仁」有「熟仁」，即「美、大、聖、神」之別，雖皆可「當下言悅」，然在此不斷擴充的階段，亦不離「以時」、「習熟」之「復禮」工夫。當中亦可「愈學而愈悅」。從「愈學而愈悅」亦可知其愈來愈近於「道」（本體、天之根）。是以，在體仁之過程中，漸、頓是辯證地前進的。以下且再引一文以為討論。

> 以時而習之，習能，則心自悅之。蓋天人雖遠，機則潛通，故視聽言動、食息起居，其施諸四體，而應乎百感，自孩提以至老耄，固皆時時變通，亦皆時時妙運。但非學，則日用而不知，能學則乘時以習熟。夫習熟乘時，則其妙運愈見，其妙運愈見，則其默契愈深，而晦庵先生所謂：其進自不能已者，固足形容其悅懌之機，而亦可想像其當可之妙矣。吾夫子平生自述其學而不厭者，不開卷而即了了也哉？夫學則乃爾，而為教亦然。……。德雖天然自有，然以時出之，乃稱懿美，而人之好之，也自同一秉彝也已。懸想吾夫子，初去博學於文，而忽悟《易經》時習去處，極其懼忻踴躍。（241 條）

上文提到，悅有「本體做工夫」之「當下言悅」，以及「工夫合本體」之「習熟而後悅」。此二種悅近溪亦分別稱為「本體而得」與「用功而得」之樂。〔註

〔註33〕近溪謂：「孔、顏之樂，雖未易知，而孔、顏之言行，則具在也。竊意，此樂有自**本體而得**，則生意忻忻，赤子愛悅親長處是也；有自**用功而得**，則天機感觸，理義之悅我心是也。」（131 條）

33）就工夫而言，近溪著重在「習熟」之悅。而「習熟」之可能，關鍵並非在習之，或時時習之，而是在「習能」。所謂的「習能」是指學習能有成效，此成效與否之憑藉在於能否依順心之本質而習之，如理義之悅我心之理義即是心之本質，故能悅心。而「習能」之關鍵，又在於能否以「時」而習之。若只管努力，而不以時而習之，必不得「中道」而行，故必然習有不能；反之，若是能依時而習之，則可事半功倍而順天時而行。故近溪謂「所以夷、惠、伊尹只管努力，而只管偏有不能；孔子只管隨時，不費些力，而只管能不可及。〔註34〕」故以時而習之，不僅可以合於中道，且可以省時省力，眞可謂「易簡」工夫。

另外，近溪很強調「乘時以習熟」之概念。這個概念不離「復禮」之哲學義理。「復」即復卦之義，有六爻之變，與時推移，有時機之要；「禮」非一成不變之禮，以時爲大，故趨時而變通方爲禮。「乘時」強調的是「時」機，即「以時出之」。既然名爲「以時出之」，顧名思義，此「時」是「變通不拘」的。故天道時時變通，時時變通方能時時妙運，時時妙運，萬物方爲生生不已。本心本性雖然本具萬德，然當以時出之，乃稱懿美；若非以時出之，執中無權，而失之中道，恐有「豺狼、賊道」之害。〔註35〕可見得「時」（變或權）對於「體仁」之關鍵。能以「時」體現天道之德，方稱爲善德也。要之，近溪懸想孔子忽悟《易經》「時習」去處，極其懽忻踴躍；而「習熟」，除了強調要熟於習時，進而達至如天時而出，亦強調工夫是漸進的，而非頓悟。準此，吾人可說近溪克己復禮的工夫，非常強調「乘時以習熟」的過程。復要乘時而復，方爲眞復，蓋惟有「乘時」其根源方能「溥博而時出」（157、504條）。而此時亦可名爲天時。故「復而引之純也，則爲時；時而動之天矣，則爲復。」然不可忘記，「復禮」之所以可能之根據在於「己」，故近溪強調「復以自知」、「乾道變化，各正性命」、「復則天」、「不遠復」的本末、先後概念。

以上「習時」之概念，主要是強調個人學道、體仁的部分。而欲天下個個歸仁，積極的作法，便落入講學或教學。此講學或教學，近溪亦強調要以時。近溪謂：

〔註34〕 見 235 條。抓到風大揚帆之幾，可說是「隨時」而爲，可不費些力而使船動。此即孟子所謂的天時也。

〔註35〕 見《孟子》離婁章句上「嫂溺不援」一章，以及《孟子》盡心上「執中無權」一章。禮若不以時出之，則禮不成其爲「理」。

> 君子動靜不失其時，其道光明，而隨時變易以從道也。吾夫子平生
> 得力，全在於此，惟孟氏獨能知之，乃特稱之曰：孔子，聖之時者
> 也。是以其立教乎人也，則曰：當其可之謂時；其悅諸乎心也，則
> 曰：學而時習之。惟其教之當可也，故自不覺其倦；惟其習之以時
> 也，故自不覺其厭。（32 條）

君子動靜不失其時，視聽言動不失中道。就個人學道而言，學若能以時，則其心必能自悅；悅，惡可已，故能學而不覺其厭；以教學而言，若能教之以時，即教之「停當」，則教學之功效方能「時措而皆宜」，意即依據受教者之程度而給予不同的教材與教導。故近溪謂「工夫雖同，然在<u>學者深淺，各有不同，須得一明師，隨材隨時指點，始得不謬</u>。」（530 條）這種教法之權變，可謂孔子之「因材施教」，亦是「以時」而教。所謂的「以時」，是指「時動時靜、時語時默。〔註 36〕」這個教學法不僅始於孔子，亦承繼於近溪。就孔子而言，其以「天何言哉？斥子貢之不默而欲其默。」（160 條）到近溪這裡，近溪則提出「學之成法」與「默識之成法」二種教學法。〔註 37〕前者為動為語，後者為靜為默。此二者在學道之過程中皆是不可或缺的工夫。學道者既然需要此工夫，當然教學者亦需教導此二種工夫。換言之，學者以時而學，教者當以時而教。惟以時而教，學者方能契機受用，而教者方能誨人而不自覺其倦。在此，近溪亦強調明師「<u>隨材隨時指點</u>」的重要性，以及學者在學道過程中並非至始至終只有一種工夫。故學要以時，教亦要以時。此「時」關涉的成素，至少有智愚的差別、工夫進程的不同，而此同時必然關聯教材、教法的問題。〔註 38〕

　　克己復禮的工夫不能離開「習時」是確定的。甚至直言「時，其復之所由成」（33 條）。可見得「時」是體仁的必要條件。近溪更提出孔子、顏回、孟子一脈相傳之心法便是「時」。近溪謂「當時只有一個顏子，氣候與他（孔

〔註 36〕近溪這裡「時動時靜、時語時默」或是指學者時而以動以語，時而以靜以默。尤其「以默」之義，是指默而識仁體、默而識時的妙處。故在工夫上有其存在之必要性。學者既然需要，師者豈能不指導之。見 157、321 條。

〔註 37〕「默識之成法」即上文「敦復自考」之概念，可參之。

〔註 38〕近溪簡要地區分「學」與「教」的差別。個人學問善否，只繫在一己，故簡易也；教則及諸大眾，則繁難也，蓋因人人之「乘時」不同。個人學可求善，然教不必然人人可求善，故以求良為的。參見 254 條。但是，若教學只授與一人，則不僅是求良而已，亦可以針對個人之學道狀況而給予最佳之指點，令其學善，乃至至善。

子）相似，其告之：一日而復，天下歸仁，已是全付家儅交與他，故語之不惰，已有不厭之意；門人日親，已有不倦之意。不幸短命，而慟心喪予者，正謂時之一脈之弗延也，豈想後來卻得吾孟夫子走來，將他家儅盡數搬出。」（84 條）孔子的「全付家儅」交付給顏回，後由孟子將他家儅盡數搬出。由此看來，此家儅是個「時」，故近溪謂孔孟此一脈爲「時之一脈」。然吾人會質疑近溪是否將「時」的意義擴大，且將孔孟聖學過於簡化呢？近溪詮釋「時」的意義性，的確有擴大原初之意義。不過若是深入了解近溪的用意，或許可以理解之。近溪敢如此斷言孔孟就是「時之一脈」，主要有以下幾個根據。首先是孟子讚揚孔子爲「聖之時者」，與伊尹等之聖有區別，由此凸顯「時」的特殊性；其次是從「克己復禮，天下歸仁」來看。「天下歸仁」是儒家之終極目的，而此終極目的，孔子直接明瞭告訴其衣缽之傳人顏回，就是「克己復禮」。可見得「克己復禮」的工夫有其特殊之意義。近溪以復卦之復詮解復禮之復，準此，復禮之復便有「趨時而變」之必然發生。而禮，時爲大，亦說明「時」是禮之爲禮的重要成素。換言之，「復禮」皆扣緊著「時」而言。再則，「天下歸仁」必然是在仁天下萬世而無疆無盡者也，落在工夫上而言，必是學不厭，誨不倦的不息精神。此生生不息，必然是依天時而出方能完成，故「習時」亦成爲吾人體仁之必要工夫。當然，此生生之仁的完成，幾乎在易之六十四卦與三百八十四爻中展現無遺，而此又不離「變通以趨時」的特性。綜合以上幾點，近溪以「時」來代表孔孟學脈之相承，是扣緊、關聯著著「天下歸仁」之終極目的而言。若果如是，則無簡化孔孟哲學的危險，且近溪從工夫論的路徑凸顯「時」的重要性，有其特殊之存在價值。就此而言，近溪或亦可謂爲孔顏「時之一脈」。〔註39〕

（二）體仁即制欲

上一小節著重在克己復禮的探討，而從近溪對「克己復禮」之創造性詮釋中，以「能己」取代過去「克去己私」的解釋，吾人略可知近溪體仁工夫是不走「制欲」的進路。雖然如此，不代表近溪否定有「己私」之事實存在。

〔註39〕從〈近溪的心事〉一節看來，近溪已然自認爲承繼了孔孟學脈。而近溪尤推崇顏回「復」工。而近溪的體仁工夫，亦是以「克己復禮」爲本質工夫。也難怪龍溪會讚嘆說道，近溪「眞顏氏子復出也。」（見趙志臯〈近溪羅先生墓表〉，《羅汝芳集》，頁 928。）要之，謂近溪爲「時之一脈」當不違近溪之本意方是。

只是近溪不走「制欲以體仁」的進路，而改之爲「體仁即制欲」，此可說是近溪「體仁制欲之辨」。近溪如此之轉變，有其思想史與哲學史的不同層面之影響。就前者而言，是發生在近溪二十六歲（1540 年）。按《明儒學案卷三十四泰州學案三》的記載是：

> （近溪）少時讀薛文清語，謂：「萬起萬滅之私，亂吾心久矣，今當一切決去，以全吾澄然湛然之體。」決志行之。閉關臨田寺，置水鏡幾上，對之默坐，使心與水鏡無二。久之而病心火。偶過僧寺，見有榜急救心火者，以爲名醫，訪之，則聚而講學者也。先生從眾中聽良久，喜曰：「此眞能救我心火。問之，爲顏山農。山農者，名鈞，吉安人也。得泰州心齋之傳。先生自述其不動心於生死得失之故，山農曰：「是制欲，非體仁也。」先生曰：「克去己私，復還天理，非制欲，安能體仁？」山農曰：「子不觀孟子之論四端乎？知皆擴而充之，若火之始然，泉之始達，如此體仁，何等直截！故子患當下日用而不知，勿妄疑天性生生之或息也。」先生時如大夢得醒。明日五鼓，即往納拜稱弟子，盡受其學。

近溪「拜山農爲師」這段記載，在近溪《語錄》（237、541 條），以及《顏鈞集》皆有記載。〔註 40〕只是內容上強調之重點稍有不同。而《明儒學案》可以說是描述最爲詳細，其中將近溪病心火之源由亦做個交代。近溪病心火之原因，雖然在 237、541 這兩條中未明確說明當時起病之因，只知道當時近溪在做「不動心」的工夫。但按《語錄》538 條之記載，近溪從十七、八歲即做「屏私息念」的工夫。《語錄》云：「辛卯（1531 年），學憲東沙張公（張時徹），刻頒《二子粹言》。師悅玩之，內得薛義清公（薛瑄）一條云：『萬起萬滅之私，亂吾心久矣。今當一切決去，以全吾澄然湛然之體。』若獲拱璧，焚香扣首，矢心必爲聖賢，立簿日紀功過，寸陰必惜，屏私息念，如是數月，而澄湛之體未復。壬辰（1532 年），乃閉戶臨田寺中，獨居密室，几上置水一盂、鏡一面，對坐逾時，俟此中與水、鏡無異，方展書讀之，頃或念慮不專，即掩卷復坐，習以爲常，遂成重病。」（538 條）按此看來，近溪早年受薛文清語的影響是個事實。〔註 41〕要之，《學案》的推論是合理的。蓋從「屏私息念、

〔註 40〕《顏鈞集》〈急救心火榜文〉、〈著回何敢死事〉亦有記載。見黃宣民標點整理《顏鈞集》，頁 1、43。

〔註 41〕薛瑄（1389～1464）字德溫，號敬軒，諡文清。工夫基本上是朱子「主靜」

心如止水」的工夫來看，其實就是「不動心」之工夫。當時近溪告訴山農，謂其自己已達至「生死能不動心、得失能不動心」的境地，山農回應其如此這般的不動心並非是體仁，實只是「制欲」而已。近溪其時不否認自己的工夫以制欲為入手，只是近溪不解，若「非制欲，安能以遽體乎仁哉？」近溪這種哲學思維，實是近溪之前先儒「存天理，去人欲」的通義。〔註42〕由此可見，近溪當時做的是制欲而體仁的工夫。而如此所達至之「不動心」近於後來其自己批評告子之不動心。

近溪認為告子的不動心是出於強制。所謂的強制，是指透過外來的力量來勉強、克制，使心不為所動。由於工夫的目的是放在如何使心不動，其實動的根源在於心，不在心之外，故近溪認為告子的不動心，是在心外做工夫之結果，雖然表面上似是已不動心，甚至比孟子的不動心得之更早，然事實上二者之不動心相去甚遠。就如茅草屋與鋼筋水泥屋。外表上可說相近，皆如如安住。然一旦狂風驟雨，則茅草屋恐就難以如如安住了。二者之別，在於此水泥屋有打地基，並且在水泥之內有鋼筋支撐著。而此房子真能如如不動，關鍵在於內在之「地基、鋼筋」。故告子與孟子，外表上看似皆如如不動心，然卻如黑白冰炭之異。二者之異，關鍵出在告子未探得「心不動的根源」（地基）。（249條）某種程度說，橫渠外物之說，亦是未探得「心不動的根源」。然以上會以「制欲」為首要工夫者，大體皆是視物與己為二或視形色之體為動心之源，故而以惡歸之，進而力以伐之。然此皆非孔、顏宗旨，而是原憲「克去己私」之宗旨也。〔註43〕近溪早期可說就是犯了相同的毛病。受了山農的指點之後，轉向為「體仁即制欲」的進路。而「體仁即制欲」之意義與進程又是如何呢？近溪謂：

> 好仁者，惡不仁者，孔氏之訓，本並舉之，則二端誠不可偏廢矣。
>
> 但先言：好仁者，後言：惡不仁者，亦孔訓也，則二端又可無次序

的進路，其《讀書錄》中云：「心如鏡，敬如磨鏡，鏡纔磨，則塵垢去而光彩發，心纔敬，則人欲消，而天理明。」（卷五）、「水清則見毫毛，心清則見天理。」（卷二）

〔註42〕「存天理，去人欲」可說是宋明儒者們之通義，只是工夫進路不同而已。近溪經過這次的體悟，明顯的不走「克去己私」的「制欲」進路。而這當中與陽明便有所不同，詳後論。

〔註43〕一般認為原憲克去己私是受孔子肯定的，如朱子即如此詮解。但是近溪不從此解，理由與詮釋「克己復禮」相同，在此不贅述。為此，其將「為難」之「難」解成難易之難，而非難能可貴之意。關此請參見244條。

也哉！細玩此章曰：好仁者，無以尚之，則不仁之惡，自不待言；
曰：惡不仁者，其為仁矣，不使不仁加乎其身，則非為仁之外，另
去惡不仁，而不仁之惡，好仁故足以該之也。故仁為萬善之長，識
仁為學者之先。程伯子得宗孔、孟，其最的是此一個先字。蓋仁心
之端，原只不忍，物且不忍，況己身哉！不忍親以其身為不善，便
叫做體仁，又叫做制欲，但中間暗藏次序，視之學問無頭者，其難
易順逆，萬萬天淵，譬之奕棋，只先一著，便成勝局也。（503 條）

近溪透過孔子「好仁即惡不仁」的概念來說明「體仁即制欲」。首先近溪認為「好
仁」必然蘊含「惡不仁」，即仁與不仁是不能共存的。要之，好仁豈能又不仁呢？
故好仁者同時必然是惡不仁者，否則必為矛盾。故好仁與惡不仁是分析關係。
同理，仁與欲（不合理之欲）亦是不能共存的。故一旦仁體呈顯，焉能有不合
理之欲產生呢？故體仁之下所表現之欲，必然是合理之欲，故體仁同時必然就
是制欲。然體仁之前，必然要先識仁，即學問一定要有頭腦。譬之奕棋，只先
一著，便成勝局。這裡之「一著」是指「主將」得其正位。即「將帥登壇，然
後卒伍自肅」；反之，「主將不專，砲馬徒紛馳矣！」故心之動不動、性之定不
定，皆非「思慮」之事，乃「心體」識得透不透的問題。只要識透本心，不須
窮索，不須防檢，不惟從前散漫、紛擾之病，可以盡消，而天聰天明之用，亦
將旁燭而無疆矣。（100 條）此即近溪所謂的「天下事理，當先本根，本根既正，
則末節無難矣。今度所論工夫，原非思慮之不寧，實由心體之未透也？蓋吾人
日用，思慮雖有萬端，而心神止是一個。過萬念以滯思慮，則滿腔渾是起滅，
其功似屬煩苦。就一心以宰運化，則眾動更無分別，又何起滅之可言也歟哉？」
（258 條）進而自然達到若「泉源雖不導而自流，果種雖不培而自活」（173 條）
之境地。即孟子「火之始然，泉之始達」之擴充。

　　然值得注意的是，近溪主體仁即制欲，並非完全反對制欲，而是強調若
未先體仁，制欲是很辛苦的，甚至是無用的。故近溪謂「克伐怨欲而不行，《論
語》重惜其用力之難，而非惻隱之良，雖學者全功，均所不廢，然老農之於
田也，佳禾既植，始事刈草之圖：場師之於圃也，芳株已樹，乃勤培灌之力，
如或次第少差，畢竟徒勞無益。」（316 條）是以近溪未全然否定制欲之消極
工夫，只是強調其本末、先後。且從自然經驗來看，一棵大樹之根附近是長
不出雜草的，蓋養分皆為樹根所吸收，但若樹長的不好，是會長雜草的。故
積極的說，體仁即制欲；消極的說，體仁與制欲工夫可以並進，不相衝突。

故近溪如此之理念，並非反對人之以慮，實因人之慮皆受私欲之弊，故思慮皆非中道之發、率性之為。要之，以此思慮所做之工夫，恐難合於仁體，甚而離道越遠。（173 條）是以，惟有從仁體所發，方是真正「發人之慮」（100 條）。且不惟發人之慮，同時非理之慮必然同時湮滅不彰。此即近溪所謂的「太陽一出而魑魅潛消也哉」的信念。而近溪這個概念用法是取之於陽明。然內在義理並非全然相同。在探討其間的差異之前，吾人必先瞭解陽明這句話的內在義理為何。

> 凡人言語正到快意時，便截然能忍默得；正到發揚時，便翕然能收斂得；憤怒嗜欲正到勝沸時，便廓然能消化得；此非天下之大勇者不能也。然見得良知親切時，其工夫又自不難。緣此數病，良知之所本無，只因良知昏昧蔽塞而後有，若良知一提醒時，即如白日一出，而魑魅自消矣。〔註44〕

以上言語、意氣、憤怒嗜欲等病，陽明認為皆是良知昏昧蔽塞而後有。要之，只要識得良知親切，意即良知一旦醒覺，即如白日一出，言語、意氣、憤怒嗜欲等「魑魅」便自然消失。很明顯，陽明亦是「體仁即制欲」的進路。若果如是，何以近溪對於陽明「致良知」工夫有微詞呢？除了前面提及近溪對陽明以知是知非規定「良知」有意見外，其實對其良知擴充之進路亦有不同的看法。近溪認為良知之擴充（致良知）並非是「格其不正，以歸於正」之進路，此並非合於孟子盡心上「良知章」原意。近溪認為，孟子「致良知」的進路，當是「直而養之，順而推之」。（94 條）在細究二者致良知之異前，吾人當先瞭解陽明是如何規定致良知的。陽明謂：

> 格物，如《孟子》「大人格君心」之「格」，是去其心之不正，以全其本體之正。但意念所在，即要去其不正以全其正，即無時無處不是存天理，即是窮理。天理即是「明德」，窮理即是「明明德」。又曰：知是心之本體，心自然會知：見父自然知孝，見兄自然知弟，見孺子入井自然知惻隱，此便是良知不假外求。若良知之發，更無私意障礙，即所謂「充其惻隱之心，而仁不可勝用矣」。然在常人不能無私意障礙，所以須用致知格物之功勝私復理。即心之良知更無障礙，得以充塞流行，便是致其知。〔註45〕

〔註44〕見〈與黃宗賢．丁亥〉《陽明全集》卷六，頁219。
〔註45〕王陽明《傳習錄上》，頁6。

就本體論而言，陽明亦肯定「知是心之本體，心自然會知：見父自然知孝，見兄自然知弟，見孺子入井自然知惻隱。」就此而言，陽明當亦肯定致良知之「致」是「直而養之，順而推之」之義，與近溪當無異。然二者之異當是在工夫論的部分。蓋因既然需要工夫，即表示工夫未必合本體，或還無法在本體上做工夫。凡此皆是吾人仍有「私意障礙」之故。故天理無法昭彰。是以必然要做格物窮理的工夫，即「去其心之不正，以全其本體之正」，意即「勝私復理」之義。如此心之良知更無障礙，得以充塞流行，便是致其知。如此之義理，符合陽明詮解「克己復禮」為「勝私復理」。如其謂「以顏子『有不善未嘗不知，知之未嘗復行』為證，豁然若無疑，卻又多了『格物』工夫。又思來吾心之靈何有不知意之善惡？只是物慾蔽了，須格去物慾，始能如顏子未嘗不知耳。」(《傳習錄下》，頁 90。)「蓋顏子是個克己向裏、德上用心的人，孔子恐其外面末節或有疏軮，故就他不足處幫補說。」(《傳習錄上》，頁 38。)「君子之學以明其心。其心本無昧也，而欲為之蔽，習為之害。故去蔽與害而明復，匪自外得也。心猶水也，汙入之而流濁，猶鑒也，垢積之而光昧。孔子告顏淵『克己復禮為仁』。」〔註46〕由此看來，陽明將復禮的工夫放在「勝私」而不是「能己」上面。這一點明顯與近溪不同。

再則，陽明主張「勝私」的說法，背後似乎隱含者「心物」是二不是一的問題。此與其一貫主張「心外無物」的說法看似乎是衝突的，其實不然。蓋因前者是從工夫論的角度，即在仁體未體現之時，或有「欲為之蔽，習為之害」，故心物的關係，猶如鏡面光明與塵垢的關係。而後者是從存有論的角度說，仁體完全體現時，心與萬物是一體的，心物是一。就工夫論的角度說有「欲為之蔽，習為之害」，近溪是不反對的，近溪反對的是，將「欲為之蔽，習為之害」之「心迷」，與經塵垢決去後的「心覺」，視為有兩個。近溪謂：

> 觀之孟子，謂：知皆擴充，即一知字，果是要光明顯現。但吾心<u>覺悟的光明，與鏡面光明，卻有不同，何則？鏡面光明，與塵垢原是兩個，吾心先迷後覺，卻是一個，當其覺時，即迷心為覺，則當其迷時，亦即覺心為迷也。夫除覺之外，更無所謂迷，而除迷之外，亦更無所謂覺也</u>。故浮雲、天日，塵埃、鏡光，俱不足為喻。若必欲尋個譬喻，<u>莫如即個冰之與水，猶為相近也</u>。若吾人閒居放肆，

〔註46〕見〈別黃宗賢歸天臺序〉，頁 233。亦可參見〈矯亭說〉，頁 263；〈書王嘉秀請益卷〉，頁 272。

一切利欲愁苦，即是心迷，譬則水之遇寒凍，而凝結成冰，固滯蒙
昧，勢所必至。有時共師友講論，胸次瀟灑，即是心開朗，譬則冰
之遇煖氣，消融而解釋成水，清瑩活動，亦勢所必至也。（166 條）

近溪明確指出，孟子良知之擴充即是「覺悟的光明」之體現，而非「鏡面光
明」的體現。蓋因後者將「鏡面光明」與「塵垢」分割開來，形成分裂的狀
態。如此造成的結果便是有二體，即光明之鏡面為一體，遮蔽鏡面之塵垢為
一體。但在現實經驗中，吾心從迷到覺的過程中，卻總是一個，意即「當其
覺時，即迷心為覺，則當其迷時，亦即覺心為迷」，如此焉有二體呢？故「浮
雲、天日，塵埃、鏡光，俱不足為喻」。近溪認為若是非得尋個譬喻，則「冰
之與水，猶為相近也」，蓋因冰之為水，或水之為冰，先後只是一體而已，並
無增加，或減損一物。近溪這種思想，似乎有祖師禪與圓教的思想概念於其
中。就前者而言，筆者直接聯想到的就是神秀與惠能二者覺悟境界之偈語。
神秀的偈云：「身是菩提樹，心如明鏡台，時時勤拂拭，勿使惹塵埃」；惠能
的偈云：「菩提本無樹，明鏡亦非台，本來無一物，何處惹塵埃。」按吳汝鈞
先生對此二偈的詮解，其認為神秀將心看作為一清淨的主體性，將其置定於
一超越的位置，而造成這一清淨心體與現象界的事物有一分隔，造成主體性
與現象世界，或是身、心之間的一種決裂，甚至可說是把主體性對象化。而
惠能沒有把主體性放在一個超越的位置，從而使它與現象界種種事物、經驗
的事象分割為兩截，甚至認為心靈不是一個固定的對象被你去處理。惠能禪
法不走神秀「捨妄歸真」〔註 47〕，或「息妄修心」〔註 48〕的實踐路向，而是
強調平常心是佛或即一念妄心是佛。〔註 49〕

　　近溪這種表示方法的確有惠能祖師禪的味道在。尤其近溪亦主道在日用
倫常、即妄而悟，其學渾淪順適，一洗理學膚淺套括之氣，當下便有受用，

〔註47〕 所謂的「捨妄歸真」是透過分解的方式去設定一清淨心，把他看作為成佛的
　　　　基礎，而現實的人之所以有種種執著及顛倒見解，乃因其清淨心為後天的虛
　　　　妄成素所覆蓋，以至清淨的光輝無法顯露出來。是以必然將後天之污染成素
　　　　捨棄，回到清淨的真心真性上。見吳汝鈞《中國佛學的現代詮釋》（臺北：文
　　　　津出版社，1995 年），頁 153。
〔註48〕 神秀禪屬於息妄修心宗。所謂的息妄修心是斷念的工夫，與惠能不斷念頭之
　　　　「不斷斷」有異。見牟宗三《佛性與般若》下冊（臺北：臺灣學生書局，2004
　　　　年），頁 1056～1062。
〔註49〕 吳汝鈞〈惠能禪：無之智慧的開拓〉，《中國佛學的現代詮釋》（臺北：文津出
　　　　版社，1995 年），頁 159～162。

與祖師禪之一切佛法一切現成亦甚爲相近，故黃宗羲謂近溪眞得祖師禪之精者。〔註50〕而當代學者錢穆先生亦謂近溪是儒學中的禪。從近溪當時的交友情形來看，當時近溪與禪僧確有交往，受祖師禪之影響是不可避免的。〔註51〕然是否便可說近溪是禪呢？按牟宗三先生的說法，近溪圓頓的化境何必是佛法。牟先生不反對有得於「祖師禪之精」，然不必說專從佛法而來。蓋凡眞實生命者，主重踐履以至理想人格之完成者，無論其目標爲成聖，抑或成佛，此皆其應有之義，無所謂誰來自誰。〔註52〕與其說是誰來自於誰，不如說是「靈活透脫的中國心靈」之喜境。〔註53〕況且儒家（或近溪）的渾淪順適與佛法的一切現成有其根源上的不同。儒家化境的背後是個道德創生的實體，而佛教的實體是非道德創生的，此牟先生論之甚詳，在此便不贅述。〔註54〕

　　回到近溪本身之哲學義理來看，其實冰水之喻不離其「一體觀」之哲學思想，而吾人亦知近溪此思想的根源是孔子「仁者人也」、孟子「形色天性也」之義理思想。這也是何以近溪要以實踐主體代替超越性之道德主體的原因。此從近溪以生言心、以大人之身取代大人之心便可知曉。從孟子的形色天性來看，形色與天性是一體而化的，皆無法單獨存在。就如根葉之關係。長了善的果實，根葉一起皆善方有可能；長了惡的果實，根葉一起皆惡方造如是。焉有一個惡之塵垢與善之鏡面。要不就是一起皆善或一起皆惡；同樣地，仁之完成，並非只是個人德業之完成而已，仁者人也之「人」，當是包含天下萬世之人，即天下萬世之人皆爲仁者，方是自己德業之完成。吾人可說，此人必爲大丈夫，其心以天下萬世爲心，落在道德實踐來說。近溪以大丈夫之「身」來表達以天下萬世之心爲心，以天下萬世之仁爲仁，則更能表達實踐義或生生不息的概念。此萬物一體無二的概念，亦表現在近溪的「一體觀」，或「身觀」〔註55〕。

〔註50〕　《明儒學案》卷三十四泰州學案三。

〔註51〕　近溪德無常師，善無常主，時常訪於四方高賢宿德，此第三章已有論及。其當時與禪師的交往狀況，至少有建昌廬山蘊空常忠禪師、永覺元賢禪師。分別見於道盛撰《建昌廬山忠公傳》，道霈重編《永覺元賢禪師廣錄》第四卷。以上可參見趙偉《羅汝芳與祖師禪》（普門學報）第二十一期（2004.5），頁207～208。

〔註52〕　牟宗三《心體與性體（二）》，頁123。

〔註53〕　牟宗三先生稱道，祖師禪之禪境，如「無法可說」之禪境，雖是佛教內部之共義，然亦是儒釋道三教之所共。參見氏著《佛性與般若》下冊，頁1041。

〔註54〕　牟宗三《心體與性體（二）》，頁117～131。

〔註55〕　近溪所謂的大人之身之「身」，就是前面提到克己復禮之「己」，亦即象山能身復禮之「身」。此「己」或「身」是相同的概念，乃聯天下國家爲一身之身。

是以，近溪冰水之喻或有禪宗即妄而悟，或處處展現出祖師禪的思維方式，然並不可說儒學無這種思維方式，況且近溪回歸孔孟一體之仁、生生之仁，以體仁為制欲工夫，是個不諍的事實，同時近溪晚年告誡弟子後嗣禁禪歸《大學》孝弟慈，除了說明其非禪之外，亦表示其世界觀或實體觀絕非佛教緣起性空的思想。另外，近溪「冰、水之喻」亦有圓教之思想成分。〔註56〕根據牟宗三先生對於圓教的規定是「無明與法性若是異體，則雖依而不即，由各自在，這是別教；若是同體，依而復即，純一他住，並無自住，方是圓教。同體者同一事體之謂。〔註57〕」無明與法性可以類比這裡鏡面與塵垢的關係。鏡面與塵垢明顯是異體的關係，即依而不即，由各自在；反之，冰與水則是同一事體的關係，即依而復即，純一他住，並無自住。換言之，離開水無所謂的冰，離開冰亦無所謂的水。要之，離開「利欲愁苦」，即無所謂的「胸次瀟灑」，意即吾心之「胸次瀟灑」，必然在吾心之「利欲愁苦」中尋得。怎麼說呢？「愁苦」是心在愁苦，「瀟灑」亦是心在瀟灑；迷是心在迷，悟也是心在悟。近溪並不否認「愁苦」與「瀟灑」，或冰與水之異，〔註58〕就如「煩惱」怎麼會是「菩提」呢？這種說法是經驗實在的論述，吾想沒有人會反對。但是從修行或工夫的向度來說時，近溪是反對這種「斷煩惱即菩提」的看法。「斷煩惱即菩提」的看法，仍有能所之別，故必須離此岸以達彼岸。這裡的「即」是分解方式下的即，與圓教下所謂的「煩惱即菩提」之「即」是不同的。圓教下之即，是詭譎的即。此二即之異，就是「依而不即」與「依而復即」之別。

是以，圓教之圓說，按牟先生的說法，並非分解說下所謂的「斷煩惱即菩提」，或「迷即煩惱，悟即菩提」，或「本無煩惱，元是菩提」。〔註59〕若依牟先生此分判，惠能祖師禪甚能符合天台圓教「不斷斷」之思想。牟先生這個分判是有其根據的。此可以從六祖對臥輪禪師的批評見之。按《六祖壇經》〈機緣品第七〉所示，臥輪的工夫是：能斷百思想。對境心不起，菩提日日

近溪此身觀有其特殊重要的地位，請見第六章之討論。

〔註56〕這個想法啟發自楊師祖漢之指導。相關討論，請參閱謝居憲〈羅近溪圓教思想研究〉，《中央大學人文學報》第 43 期（2010.07），頁 141～184。

〔註57〕牟宗三《圓善論》，頁 274。

〔註58〕近溪雖謂冰、水為同體，然不意味冰與水（善與惡）無異，否則焉須工夫呢？故近溪謂「不可遂謂無善惡之雜、無昏明之殊也，只能覷得此個知體到手，則便憑我為善去惡，而總叫做率性；盡我存明去昏，而總叫做直養無害也已。」（201 條）

〔註59〕牟宗三《圓善論》，頁 273～274。

長；而惠能反對這種工夫，其謂「惠能沒伎倆，不斷百思想。對境心數起，菩提作麼長。」惠能如此之無念無住無相，於日常生活中即事而真，當下即是，既不須斷絕，亦不須隔絕，不壞世間而證菩提的「不斷」思想，與圓教之「不斷斷」甚能相應。〔註60〕而近溪「冰水、迷覺」同體之圓說，以及日用倫常是道之天道流行，亦同惠能祖師禪，有天台圓教之思想成分。亦同於胡五峯「天理人欲同體而異用，同行而異情」之模式。〔註61〕

　　反觀陽明四句教，便不是究竟圓教，〔註62〕蓋因爲善去惡之工夫，使得本心與私欲爲異體而非同體，此即近溪批評致良知之進路不當爲「格其不正，以歸於正」，而是「直而養之，順而推之」。「直而養之，順而推之」就如「冰之遇煖氣，消融而解釋成水」之一體而化。而非撥浮雲以見天日之「格其不正，以歸於正」之作法。然前面亦提到陽明亦主「白日一出，而魑魅自消矣」的理念。且陽明「心外無物」〔註63〕，或「萬物一體」〔註64〕觀亦有

〔註60〕雖然説惠能祖師禪與天台圓教之義理不能完全等同。但是牟宗三先生認爲祖師禪「無念無住無相」之精神與天台圓教「一念心即具十界法」是相應的。只是惠能未經「經院式」的訓練，大體是粗略的漫畫式的語句，故出語不甚嚴格。然當不以辭害意，否定惠能有天台圓教之思想。參見氏著《佛性與般若》下冊，頁 1056～1069。從思想史的層面來看，天台圓教的思想與魏末至隋初北方禪學不無關係。蓋因天台宗祖師智者大師之先師：慧文、慧思（亦有謂之爲天台初祖、二祖）亦是修禪之師。然當時或以達摩如來禪爲主。參見湯用彤《漢魏兩晉南北朝佛教史》下冊（臺北：台灣商務印書館，1998 年），頁 791～793。

〔註61〕牟宗三《圓善論》，頁 324。牟先生接著説道「形色天性也，唯聖人爲能踐形。」能踐形，則統是天理；不能踐形，則統是人欲。這裡的「統」即是「形色天性」一體之表現，符合近溪的説法。

〔註62〕牟先生認爲陽明四句教只是究竟圓教之事前預備規模。究竟圓教乃在王龍溪提出之「四無」。見牟宗三《圓善論》，頁 316。就圓教之規定來看，的確龍溪四無説屬之圓教系統。然若按牟先生《宋明儒學的問題與發展》的説法，龍溪重在「形上的證悟」，在「超越的證悟」上是不足的，故「圓熟」度是不及近溪的（參第一章）。若離開大人之踐仁而空談天道，便是玩弄光景之歧出之教。（《圓善論》，頁 310）故楊師祖漢認爲龍溪悟「無」之本體爲工夫是有問題的。見氏著〈羅近溪思想的當代詮釋〉。是以，四無説是否能落實圓教，是令人質疑的。

〔註63〕「先生游南鎮，一友指岩中花樹問曰：『天下無心外之物：如此花樹，在深山中自開自落，於我心亦何相關？』先生曰：『你未看此花時，此花與汝心同歸於寂：你來看此花時，則此花顏色一時明白起來：便知此花不在你的心外。』」《傳習錄下》，頁 107～108。

〔註64〕見王陽明《大學問》，《王陽明全集》，頁 967。

心物同體的概念，是否陽明亦有圓教之系統呢？筆者認為圓教之圓說或同體，是建立在工夫論之「不斷斷——即九法界而成佛」下之肯認，而上面已提到陽明「白日一出，而魍魎自消矣」的說法主要還是落在「存有論」、或「境界」上的肯認。就工夫上而言，陽明仍是「格其不正，以歸於正」之進路，非「不斷斷」之思維。故牟先生從「四句教」來分判陽明並非是究竟圓教。接者筆者嘗試從近溪對陽明詮解《孟子》〈盡心章〉之不滿，進一步討論近溪與陽明工夫的差異，並藉此比較以彰顯近溪的工夫進路。以下是近溪與弟子的問答：

> 問：「盡心一章，說有不同，何如？」羅子曰：「此章之說，如陽明先生，極於初學助長精神，然孟夫子口氣，似覺未妥；如晦庵先生，雖得孟夫子口氣，然分析又覺稍多層節。某竊敢作一譬喻，謂：其初二條，似一泓春水，其終條，則似一片寒冰也。蓋心性密藏，微妙深遠，其研窮精徹而知之真者，則是水影天光，空澄浩渺，而了無底止也。至於心性涵育，生化圓通，其因依順適而養之完者，則又是波流畔岸，宛曲縈回，而了無窒滯也。如此以知，如此以養，則心之與性、人之與天，極是活活潑潑，渾渾融融矣。然知入於天，則愈探而愈微，養徹於天，則益純而益泯，是即水性之浮游渺漠，不至寒冰，何從堅定？故吾此身，即心性之堅冰也。若善知善養以顯著修為，使心運乎身，身體乎性，亦即沍寒其水而凝成乎冰也。蓋知以通天而養以奉天，久之而身斯可以同天，同天則無始無終，我命在我，而壽夭更何足言也哉？」（57 條）

《孟子》〈盡心章〉是《孟子》哲學中相當重要的一章，攸關內聖工夫的開展。故研究儒學豈能跳過此章，甚至應該積極的說，皆當用心參悟此章。朱子、陽明亦不例外。而當時陽明對朱子的解釋便有所批評。如今，近溪對二者的詮解亦皆不能滿意。近溪認為「陽明先生，極於初學助長精神，然孟夫子口氣，似覺未妥；如晦庵先生，雖得孟夫子口氣，然分析又覺稍多層節。」那麼《孟子》此章之口氣、心事到底為何呢？何以陽明於《孟子》口氣似覺未妥呢？又何以朱子得孟夫子口氣呢？為了釐清此問題，有必要將陽明詮解此章之內容列出，以茲為下行文之討論。

> 陽明曰：「盡心、知性、知天，是生知安行事；存心、養性、事天，是學知利行事；夭壽不貳，修身以俟，是困知勉行事。朱子錯訓『格

物』，只爲倒看了此意，以『盡心知性』爲『物格知至』，要初學便
去做生知安行事，如何做得？」愛問：『「盡心知性」何以爲『生知
安行』？』陽明曰：「性是心之體，天是性之原，盡心即是盡性。『惟
天下至誠爲能盡其性，知天地之化育。』存心者，心有未盡也。知
天，如知州、知縣之知，是自己分上事，已與天爲一；事天，如子
之事父，臣之事君，須是恭敬奉承，然後能無失，尚與天爲二，此
便是聖賢之別。至於『夭壽不貳其心』，乃是教學者一心爲善，不可
以窮通夭壽之故，便把爲善的心變動了，只去修身以俟命；見得窮
通壽夭有個命在，我亦不必以此動心。事天雖與天爲二，已自見得
個天在面前；俟命便是未曾見面，在此等候相似：此便是初學立心
之始，有個困勉的意在。」（《傳習錄上》，5～6 頁）

陽明視盡心知性知天，是生知安行事；存心養性事天，是學知利行事；夭壽
不貳修身以俟，是困知勉行事。牟宗三先生認爲如此之比配全無意義。對陽
明此扭曲的說法，牟先生亦百思不解，只能說是賢者一時之糊塗。〔註65〕然
不可否認的是，陽明將「盡心知性知天」、「存心養性事天」、「夭壽不貳修身
以俟」，視爲三個不同階段的工夫。盡心知性知天之「天人是一」，乃「至誠」
者方能爲之的工夫，成之可爲聖人；次而不能盡心者，己尚與天爲二，故當
行存心養性事天之工夫，成之可爲賢人；再次之者，未知有個天在前，故修
身以等待之，此初學立心之始。是以，一個初學道者一開始便爲盡心知性之
功，以之爲首功，可謂先後倒置。此即陽明所謂的「倒看了此意」。朱子以「盡
心知性」爲「物格知至」便是陽明所批評的「倒看了此意」。值得一提的是，
陽明此處批評朱子「倒看了此意」，與牟宗三先生批評朱子注此文「全顚倒」
之意是不同的。〔註66〕然則，以盡心爲首功是否便如陽明所說的是「倒看了
此意」呢？依近溪而言，恐非朱子倒看了此意，而是陽明自己倒看了此意。
陽明將《孟子》〈盡心章〉區分爲三種不同層次的工夫，以盡心知性知天爲究
竟工夫，而以修身立命爲初學之首要工夫，楊師祖漢先生認爲是孟子此章之

〔註65〕牟宗三《圓善論》，頁 135。
〔註66〕牟先生批評朱子注此文全顚倒，是指孟子原文是盡其心者，知其性也。盡心
　　　　爲因，知性爲果；然朱子訓盡心爲知至，知性爲物格。換言之，按物格而後
　　　　知至的說法來看，則變成知性爲因，盡心爲果。此牟先生所謂的朱子注此文
　　　　「全顚倒」之意。與陽明「倒看了此意」的意旨是不同的。況且陽明對於朱
　　　　子「盡心由於知性。致知在於格物」的說法表示認同。《傳習錄中》，頁 43。

「別解」，不符合孟子之原意。〔註67〕而從陽明對朱子之批評，以及對此章之詮解來看，陽明明顯將此章之核心概念，放在「初學」之修身立命處。對陽明這種區分，近溪認爲是不切於孟子的。故近溪謂陽明「極於初學助長精神，然孟夫子口氣，似覺未妥」。那麼孟子此章之口氣爲何呢？近溪是如何理解的呢？

　　首先，近溪認爲〈盡心章〉孟子要表達的其實是「人如何知天、養天，以同天的進程」。而這當中便牽涉到「身、心、性、天」如何達至上下一貫的問題。近溪的理由是「知入於天，則愈探而愈微，養徹於天，則益純而益泯」，意即性出於天，知性便可入於天，然天道微妙深遠，故愈探而愈微，無底止也；然性不只是知而已，必當涵育以生化圓通，故益純而益寂然，了無窒滯。換言之，知性、養性雖然使吾人之心性通向天道，廣漠無際，然心性若無身以體之，則心性易流爲虛浮不實，就如水性之浮游渺漠，不至寒冰，何從堅定？故近溪謂「其初二條，似一泓春水，其終條，則似一片寒冰也」、「吾此身，即心性之堅冰也。」是以，身是心性之實落、凝聚處。故盡心存心、善知善養之修爲豈能離身而爲之呢？必然是「心運乎身，身體乎性」。如此知以通天、養以奉天，工夫久之，自然道不離身，身不離道，視聽言動、行住坐臥無非天性之所發。故而如天道之生生不已，同天之無始無終，如此壽夭又何足言也？是以孟子「盡心知性知天」章，並非區分三階段工夫，亦非如李慶龍區分階位之別。〔註68〕

　　《孟子》「盡心知性知天」章所要闡發的奧旨是「身、心、性、天」如何達至上下一貫的問題。此不離儒學極高明而道中庸、既超越又內在之形上形下一體觀思想。然陽明並非不知這個道理。問題出在其以生知、學知、困知

〔註67〕楊師祖漢認爲，陽明爲了扭轉朱子心與理爲二，及先知後行，先窮理然後踐履之說，便以知性知天之「知」，爲已涵行在內的「知行合一」之知。又以盡心爲聖人之境界，而以生知安行，學知利行，困知勉行比配盡心知性知天、存心養性事天及夭壽不貳修身以俟之，他如此詮解「盡心知性知天」章，是十分曲折而彆扭的。見氏著〈朱子〈盡心章注〉與胡五峰思想之關係〉，《國立中央大學人文學報》第二十四期（90.12），頁235～237。

〔註68〕李慶龍認爲近溪區分儒家爲「盡心知性知天、存心養性事天、修身至命」三階超越之本體與工夫。其根據語錄57條，認爲近溪強調盡心知性而存心養性，是下一階位；修身而立命，是上一階位。見氏著《羅汝芳思想研究》，頁175～182。如此之解釋同樣未得孟子、近溪口氣。若果如是，李氏以此三階撐開儒學或近溪之工夫，恐有待商榷。

比配盡心知性知天、存心養性事天、夭壽不貳修身以俟。如此之比配的結果就是將「身、心、性、天」割離了。故近溪謂其未得孟子口氣。然不可就這一點說「陽明學」未得孟子口氣。恐如牟先生所謂的，只是「賢者一時的糊塗」。相對地，亦非「朱子學」皆得孟子口氣，只是就此章而言，朱子未刻意將「身、心、性、天」割離。〔註69〕然其重分析的研究進路，使心性割裂爲二，此豈是一時糊塗即可帶過之事。〔註70〕然從此比配當中，吾人或許可如此說，陽明依孔子將學者分爲生知、學知、困知，顯然有爲「困知」者立教之用心，而暫且放下盡心盡性之積極工夫。此從上文，或上文陽明解「克己復禮」，即可見一斑。而此觀點才是上文近溪主要批評陽明的地方。以下一段引文甚可證成這個說法。

> 天下道理，自有本源，而聖賢工夫，亦自有頭腦。今言：心也、性也、天也、命也，一理也，雖意思渾融得好，然沒個頭腦，卻教學者如何用工？今看孟子著此一章書，大非小可，而一章之言精神最吃緊者，又是盡其心者一句，只一句認得眞的，則一章首尾貫徹，迎刃更無難事。如《中庸》論：惟天下至誠，能盡其性，則直至參天贊化，總是盡此性，而直窮到底也。蓋吾心分量，即天地之廣遠，而其併包，民物之眾盛，亦相融液，其並包融液之體，又皆玲瓏剔透，潔淨微巧，總是一團神明也。所以盡之功，最是爲先，亦最是爲大，然卻最是爲難也。所喜人有恒言，隨事勸人，皆云：盡心盡心！而況此學，獨不當先盡其心乎？故古之善言聖人者，惟曰：天聰明之盡者也。心之聰明，果能不憚劬勞，不計歲月，到得心思既竭，神明自來，那時許大乾坤，俱作水晶宮闕，即是說性說天，已是強爲區別，如何存之與養、知之與事？又豈不一齊俱到也哉？奚止曰知曰事？就是最後立命一著。雖云神聖之所極難，只是他年深

〔註69〕朱子注此章云：「不貳者，知天之至；修身以俟死，則事天以終身也。」很明顯，就此部分而言，朱子未像陽明將此章做三種不同層次的工夫區分。就此而言，近溪謂其得孟子口氣。筆者認爲其謂朱子得孟子口氣，是相對於陽明之錯誤而言，不意味朱子學眞正得孟子口氣。

〔註70〕此注是朱子成熟之作，如牟宗三先生所言，此絕非一時之偶然。朱子固然未犯陽明的錯誤，但卻犯了過渡分解的毛病。如將實踐哲學做知識性的分解。從而認爲「盡心盡性之盡，不是做工夫之謂也」。牟先生認爲朱子這種解法是「認知地盡」。而朱子之所以如此解，背後是因爲朱子將「心、性、情」三分之故。關此，請參見氏著《心體與性體（三）》，頁437～447；464～485。

> 歲久，歡欣浹洽，我即是天，天即是我，而天人之間，別覓之了不
> 可得，天人已是兩忘，壽夭又更何有？故初則必言盡心，而終則果
> 然心盡而已。（252 條）

此引文很明顯亦是對陽明而發。然而吾人不免懷疑，難道陽明不知道「心也、性也、天也、命也，一理也」、「沒個頭腦，卻教學者如何用工」的道理嗎？非也。要之，這些亦是陽明所主張者，相信近溪不會不知。〔註71〕若果如是，何以近溪還要批評之呢？實則因近溪認爲陽明工夫主在爲初學者「修身立命」。〔註72〕而輕忽了「盡心盡性」之功。並且工夫落在「立命」上，而不自覺地與「心性天」割裂。準此，便不難理解近溪何以要糾正陽明此說。蓋儒學若非「盡心之學」，若非「心性天命」一體之學，則人之價值義如何呈顯呢？故上文明顯是扣著「盡心」在批評陽明之沒有頭腦。而「古之善言聖人者，惟曰：天聰明之盡者也」這段話恐是借陽明語來反問陽明。（陽明曾說道「善念發而知之，而充之。惡念發而知之，而遏之。知衆充與遏者，志也。天聰明也。聖人只有此。學者當存此。」（《傳習錄上》，頁22）意即聖人之所以爲聖人，乃是盡其天聰明，即盡其心而已。而盡其心的同時，必然是天人兩忘，超越壽夭對待。離開盡心，焉能有修身立命呢？

　　以上近溪的批評對陽明是否公平呢？筆者認爲近溪學之於陽明學的確有轉向，近溪亦是站在自己的哲學立場在批評之，然對陽明的批評恐有過於嚴苛之處。首先陽明認爲「聖人之學，心學也。學以求盡其心而已。……。人之求盡其心也，以天地萬物爲一體也。吾之父子親矣，而天下有未親者焉，吾心未盡也；吾之君臣義矣，而天下有未義者焉，吾心未盡也。〔註73〕」陽明並非不知聖學就是盡心之學而已，只是陽明認爲「人心自有知識以來，已

〔註71〕陽明良知之主觀義、客觀義、絕對義即有心、性、天、命，一理之義理。見牟宗三《宋明儒學的問題與發展》。另從近溪肯定陽明單說個良知之有功不少，及從良知擴充至萬物一體（見244條），甚至「學問頭腦」之詞恐近溪是取之於陽明的。見王陽明〈與楊仕鳴（辛巳）〉二（癸未），186頁、〈寄鄒謙之（丙戌）〉五（丙戌），206頁。

〔註72〕陽明謂：「吾儕用工，卻須專心致志，在夭壽不貳、修身以俟上做，只此便是做盡心、知天工夫之始」。陽明以喻明此意，其謂：「譬之行路，盡心、知天者，如年力壯健之人，既能奔走往來於數千里之間者也：存心、事天者，如童穉之年，使之學習步趨於庭除之間者也。夭壽不貳、修身以俟者，如繈褓之孩，方便之扶牆傍壁，而漸學起立移步者也。」《傳習錄中》，86頁。

〔註73〕〈重修山陰縣學記〉乙酉，《王陽明全集》，頁256。

爲習俗所染，今不教他在良知上實用爲善去惡功夫，只去懸空想個本體，一切事爲，俱不著實。此病痛不是小小，不可不早說破。〔註74〕」而陽明以走路爲喻，認爲初學道者「如繈褓之孩，方便之扶牆傍壁，而漸學起立移步者也。」（《傳習錄中》，頁86）只能爲「夭壽不貳、修身以俟」之功，無法像「既能奔走往來於數千里之間」的「盡心、知天者」。陽明明確的指出「三者人品力量，自有階級，不可躐等而能也。」（《傳習錄中》，頁86）如是觀之，陽明的工夫論是從爲「習俗所染」之人立論的。而此習染之人若直接做盡心、知天的工夫，則如不能起立移步，而卻想奔走於千里之間，必然工夫間斷，且不眞切，反爲盡心、知天之病。〔註75〕此便犯了陽明所謂的「欲速求效，此便是助了」。而助的結果便工夫有時而斷，「此便是忘了」。故陽明提醒要勿忘、勿助。而勿忘、勿助並非「懸空去做」：「如燒鍋煮飯，鍋內不曾漬水下米，而乃專去添柴放火」，而是時時去做「必有事」的工夫。即「隨時就事上致其良知」之「格物」。〔註76〕故陽明雖重勿忘勿助之境，然是落在「事上磨練」之落實工夫下「致良知」。一旦工夫熟練，「良知之體洞然明白，自然是是非非纖毫莫遁」〔註77〕，勿忘勿助之工夫自然在其中。〔註78〕

以上花了一些篇幅討論了陽明的工夫論，吾人可以發現，陽明工夫非常強調「有事」，反對「懸空去做」工夫。以「格物」爲工夫之實落處。〔註79〕也難怪陽明重在「修身立命」，而不敢輕率行盡心、知天的工夫，以防助長之害。其實近溪亦知做盡心工夫之不易，蓋因盡心必先覺悟良知，而覺悟良知非容易之事。故陽明與近溪的差異點，當不在「盡心」的內容上。就此而言，近溪對陽明的同情理解是不夠的。其實二者關鍵之異，應是在「體仁」之進路不同，意即格物工夫之同。二者皆主悟良知爲先，然陽明之良知以「知是知非」來規定之，故四句教便有「知善知惡」的良知明覺。一旦知善，即當充之；有惡，即當遏之。故陽明的良知仍主在「與物有對」

〔註74〕《王陽明全集》，〈年譜三〉，頁1307。
〔註75〕《傳習錄中》，頁86。
〔註76〕《傳習錄中》，頁83。
〔註77〕《傳習錄中》，頁83。
〔註78〕鍾彩鈞先生以「事上磨練」來貞定陽明工夫是非常恰當的。相較於「存天理去人欲」之說法，如此更能表現陽明工夫的特色。參見氏著《王陽明思想之進展》（臺北：文史哲出版社，1983年）。
〔註79〕做了格物工夫，同時也就做了致知誠意正心的工夫。見鍾彩鈞《王陽明思想之進展》，頁133。

下的良知。〔註 80〕與近溪「與物無對」下的良知是有基源上的差異。故同
樣主悟良知為先，主「太陽一出，而魍魎潛消也」，但是陽明仍有「責志之
功，其於去人欲，有如烈火之燎毛，太陽一出，而魍魎潛消也」〔註 81〕之
主客二元對立，意即把人欲當作是對治的對象來看待；而近溪則無「去人
欲」之表象可慮，只有無法體仁之憂，故沒有將人欲當作是對治的對象。
從而近溪認為只是盡心一事，同時便是修身立命。固然陽明亦認為聖學只
是盡心一事，但是陽明是從修身立命、勝私復禮來言盡心，此微妙之別不
可不察，此恐陽明未至究竟圓教之關係。

（三）戒謹恐懼，以保天命

　　體仁即制欲之工夫，看來是非常簡易的。蓋因「形骸之念、物欲之私」
皆無須對治，只要專注於體仁即可制欲，「猶太陽一出而魍魎潛消也哉！」或
如近溪引孟子之言曰「凡有四端於我者，知皆擴而充之，若火之始燃、泉之
始達，苟能充之，足以保四海。看他受用，渾是白日青天，何等簡易？又何
等方便也？」（166 條）對如此簡易工夫，弟子不免要遲疑，蓋因何以「世人
卻皆不能盡如孔孟者耶？」（166 條）儘管說「習染太深，聞見混雜」是影響
之原因之一，但是追根究底，這些問題何以會產生呢？按近溪的理論，黑暗
之所以產生，是因為光明消失了。要之，仁體不能體現，乍看是因為「習染
太深，聞見混雜」之原因，實則出在未能充盡地體仁。〔註 82〕故如何體仁便
成為最重要的本質工夫。然則在經驗中，吾人會發現，如何常保此無善無惡
之心體，而沒有邪思邪念，亦是一大工夫。弟子便曾經問到：「此時此心，果
是起滅無從，而渾然妙體，但不肖邪思，安保終無竊發？不知將更作何對治？」
近溪回答道：「君子兢業以過一生，此意豈容暫忘？」（258 條）關此兢業精神，

〔註 80〕　李得財先生認為陽明規定的良知，仍是在漸教中與物有對而自覺義之道德主
　　　　　體。見氏著《羅近溪哲學之研究》，頁 81。
〔註 81〕　陽明非常重視「立志」，其謂：「夫學，莫先於立志。志之不立，猶不種其根
　　　　　而徒事培擁灌溉，勞苦無成矣。……然後此志常立，神氣精明，義理昭著。
　　　　　一有私欲，即便知覺，自然容住不得矣。」參見〈示弟立志說乙亥〉《陽明全
　　　　　集》卷七，頁 259。
〔註 82〕　相同地，「耳淫於聲，目亂於色，口體饕餮，四肢狠縱，便墮坑塹荊棘，反自
　　　　　戕其身而為凶人惡人，以至於禽獸異類而莫可紀極者矣。」凡此種種惡行，
　　　　　皆非耳目口鼻四肢等小體之過，蓋在吾人虛靈不昧之大體不顯。否則，「其虛
　　　　　本自無疆界，其靈本自無障礙，能主耳目而不為所昏，能運四肢而不為所局。」
　　　　　（169 條）

近溪亦曾經惕勉衣缽傳人復所：

> 我從千辛萬苦，走遍天下，參求師友，得此具足現成，<u>生生不息大</u>
> <u>家儅</u>。往往說與諸人，奈諸人未經辛苦，不即承當？今一手付與吾
> 子，吾子篤信弗疑，安享受用，即是討便宜了。<u>雖然創業者固艱，</u>
> <u>守成者不易，若不兢兢業業，物我共成，雖得之必失之</u>。古之守成
> 業者，致盛治端，有望於吾子矣。」（520 條）

此段引文頗有師傳衣缽與弟子的叮嚀與告誡。近溪教學以覺悟良知爲先，此
承孔孟以智、巧爲先的工夫。然如孔子所惕勵的：「知及之，仁不能守之，雖
得之，必失之。」〈衛靈公〉近溪歸會孔孟聖學，將孔孟仁學徹上徹下、極高
明而道中庸的開展出來。其實要將孔子仁學全幅地展開，是必須經過一段千
辛萬苦的心路歷程而證悟、徹悟的，與陽明告誡弟子「良知之說，從百死千
難中得來」〔註83〕如出一轍。如今弟子門不費力氣的得此心法，然若不知「兢
兢業業，物我共成」，則必然失之。畢竟這些僅止於理論的部分，弟子或可能
有所信受而解悟，然未必落實於體仁之徹悟，尤其體仁之工夫是無窮無盡的
過程。此即近溪所謂的「大家儅」〔註84〕：即「生生不息」、「物我共成」的
概念。而此綿綿聖業若非「兢兢業業」之「守成」是斷不能有成的。這裡所
謂的「兢業」、「守成」皆是就每個人的「天命」而言。近溪曰：「舜之兢兢業
業，禹之祗台德先，湯之慄慄危懼，文之小心翼翼，皆畏天命也。」（442 條）
值得注意的是，此畏天命之所「畏」，非有畏於外來之人格神。此畏之所由，
可說是「莫之致而至」之「天命」所爲。即上天賦與吾人之天職定分故也。
近溪謂：

> 夫此道，根諸命，顯諸性，普諸教，則天與吾人，更無一息之可離，
> 而吾人與天，又可一息之不畏也哉？但可惜，百姓卻日用而不知。
> 故其庸常知能，原雖孩提皆良，後來無所收束，則日逐散誕，加以
> 見物而遷，可好而喜樂輒至過甚，可惡而哀怒輒至過甚，貪嗔橫肆，

〔註83〕根據年譜記載，先生（陽明）曰：「我此良知二字，實千古聖聖相傳一滴古血
也。」又曰：「某於此良知之說從百死千難中得來，不得已與人一口說盡。只
恐學者得之容易，只把作一種光景玩弄，不落實用功，負此知耳。」見《王
陽明全集》，〈年譜二〉，頁 1279。

〔註84〕近溪謂：「一日而復，天下歸仁，已是全付家儅交與他（顏回）」（84 條）「全
付家儅」即是儒家之終極目的：仁天下萬物萬世，使萬物一體。此目的非生
生不息之精神焉能完成。

> 將由惡終矣。惟是君子顧諟天之明命，性靜時，惺惺然戒慎；性動
> 時，惶惶然恐懼。於潛隱而常若昊天之現前；於微暗而常若上帝之
> 臨照。慎獨既無須臾之或間，則道體自能恒久而不遷，率其簡易之
> 知以為知，而日夕安常處順；率其簡易之能以為能，而隨處有親有
> 功。（245 條）

兢兢業業、戒慎恐懼是體現綿綿聖業之必要工夫。而此兢兢業業、戒慎恐懼
非因襲於外在之責成力量，而是來自於上天賦與吾人之天職定分故也。即所
謂的「蓋天地之靈明洞徹，則身心之敬畏自嚴」（205 條）。蓋因來自於外在的
力量不可能自強不息，必有時而斷。關鍵在其「不知天命」，即「無本」也。
此即孟子所謂的「源泉混混，不捨晝夜，盈科而後進，放乎四海。有本者如
是，是之取爾。苟為無本，七八月之間雨集，溝澮皆盈；其涸也，可立而待
也。」《孟子》離婁下）是以「知本」與否便成為通向君子或小人之關鍵點。
故近溪謂：「君子只知得這個天命，便嚴恭寅畏，時中以成君子；小人只不知
得這個天命，便無所忌憚，反中庸以成小人。君子、小人，兩種學術，其根
源皆分自此。」（234 條）意即只要能知得此天命、敬畏此天命則能「時中」，
即「溥博淵泉而時出之」。時時中出，即是「浩費無疆，寶藏無盡，平鋪於日
用之間，而無我無人，常在目睫之下，而無古無今，果真如巨富之家，隨眾
穿也穿不了，隨眾吃也吃不了，隨眾受用更也受用不了。」（同上引文，234
條）；以時而用，自然「時則平，平而了無造作，時則常，常而初無分別」（259
條）。如此無我無人、無古無今，自然順遂，離仁天下萬物萬世之聖人當不遠
矣！

　　而小人呢？不知得這個天命，故無所兢兢業業，縱然具有天性之良，終究
會「無所收束，則日逐散誕，加以見物而遷」。如此其心則著在外物上，隨物而
轉，心無法宰身，心自然就放失矣，「如放於有痒之放，便視不見，聽不聞，食
不知味，而心不在矣。」（26 條）是以，見物而遷，七情失節，三毒橫肆，皆
是未得「真體」之故。（26 條）或是雖得真體之良，然若「悟處不透」與「好
處不真」，則面目雖露，則終將隨物有遷。（75 條）要之，惡的根源並非在心外
之物，只要識得真，悟得透，自然戒慎恐懼於起心動念，無須臾之或間。意即
不管性靜、性動，皆二六時中，惺惺然戒慎、惶惶然恐懼對之，彷彿於「潛隱
而常若昊天之現前、微暗而常若上帝之臨照」。如此戒慎恐懼之心，非有所恐怖
於心外之物而為之，而是心體之所自發自律。即「君子敬畏天命之實理實功，

與有所恐懼不同處也。〔註85〕」故君子以「顧諟天之明命」爲首功。亦惟有以如此易知、簡能之功，方能隨處隨時有親有功，綿綿聖業方有可能、可成之日。

　　然弟子對於以上「戒謹恐懼」說，仍有些許之疑慮。即「戒謹恐懼，不免爲吾心寧靜之累也。」（187 條）蓋就本體而言，性體本自清靜。故「禮記謂：『人生而靜，天之性也』；孟子曰：『大人者，不失其赤子之心者也。』」初生之赤子除表示性善之外，亦顯性體之寧靜。（150 條）就工夫而言，夜氣，或靜中可以養出端倪。〔註86〕若果如是，則戒謹恐懼豈不與吾心寧靜相衝突嗎？可見得當時近溪弟子中不乏其人有靜坐之工夫。（259、436 條）然而近溪似乎不太主張靜坐。其謂：

> 今欲學爲聖人，而非特立堅志，親就良朋，且卻脫塵煩，專居靜地，以博學審問，慎思明辨，其能有成者，蓋百無一二矣。（259 條）

> 今世上千百萬人，難得一二個思爲聖賢，及講求作聖之方，輒復草草，如考論幾場事物，貫串幾段經書，便云是明理要；如執持一點念頭，滯著方寸胸襟，便云是存心體。至於咸儀行止以彷彿儒先動履，靜坐端凝以希圖聖神境界，及至終無成就，反委咎聖爲絕學，卻不思起初種子一差，末後何有果結。（265 條）

> 天地生機，原自流通，原自停當處多，吾人用工不善，卻反有礙。看孟子論宋人處，苗在田中，縱不耘灌，亦有些收成，若揠而助之，則生意蔑如矣。然則吾子動時愜意，或是相忘之益，而靜中擾擾，寧非助長之害耶？（414 條）

按近溪之意，靜坐並非是儒學之本質工夫。蓋儒學之本質工夫是落在日用倫常以顯本體，而一般之靜坐大都是「卻脫塵煩，專居靜地」，或是「端凝（心體）以希圖聖神境界」，甚至「靜中擾擾」。然此靜皆非性體自然之眞靜，或只是外在之事靜，或只是把抓一個光景，反是干擾性體之本靜而已。近溪認爲眞正的寧靜，非「以閉戶靜坐爲寧靜，以矜持把捉爲戒懼」（187 條），而是回歸到天命之性體，其表現出來自然就是寧靜。而當回歸天命之性體時，吾人性體之戒謹恐懼亦是自然平常的體現。只是「儘是寧靜，而不自知其爲寧

〔註85〕見〈勗明德堂諸生四條〉，《羅汝芳集》，頁 714。

〔註86〕「靜中養出端倪」是白沙重要工夫之一。然近溪是否肯定這個工夫，不得而知。不過對於靜坐，大體上是反對的。（詳後論）但是對於白沙「直指人心固有良知，以爲作聖規矩」是非常肯定的。近溪謂爲「曠古盛事」。（179 條）

靜，儘是戒懼，而不自知其爲戒懼」而已。(187 條)

第二節　破光景與一切放下

　　上一章〈工夫論的基本綱維〉一節已將工夫的綱維展示出來。基本上，近溪之工夫是從「以學、以慮」之有爲、不自然狀態，到「不學不慮」之無爲、自然化境。亦可言從「執持」到「放下」的過程。以近溪爲學路徑的區分而言，就是「工夫合本體」之「習熟」到「本體做工夫」之「當下即是」。是以，有初學者之「著力、點檢、操持」之「習熟」階段，亦有「解纜放舡，順風張棹」之「自然」體現。若以《中庸》之語來說，便是有「誠之者」之「擇善固執」到「誠者」之「不思不勉」階段，甚而達到「至誠」能化之禮運大同理想。近溪謂：

> 不觀《中庸》說誠，便細分幾樣。有曰：誠之者，有曰：誠者，又有曰：天下至誠者。配而論之曰：誠之者，人之道，即所謂在誠其意，而擇善固執，有許多著力去處說也。既須著力，便好樂憂患，不免微有方所，須是涵養既久，思勉漸消，方是意誠心正，而近乎誠者天之道矣。夫知及仁守，心純天理，所學豈不精熟？然光輝之發，未即盛大，則莊莅動禮，難說不假歲月，以條達而宣暢之也？由是而明著動變，則身修家齊國治天下平，斯爲至誠能化，而大人之事畢矣。(47 條)

這段引文極能說明近溪的工夫論是從「誠之者、人之道」到「誠者、天之道」的「下學上達」進路；亦可說近溪的工夫論不爲上根人立法，而主要是爲一般志於學道者立論。故工夫明顯是從「漸」入「頓」的過程。固有「著力、好樂憂患、方所、涵養」之「思勉」工夫，以進「不思、不勉」之誠者、天之道。此時可謂「心純天理」，已至孟子「充實之美」之境。然可進一步擴充爲「大、聖、神」的化境，實爲「至誠」之道、大人之成哉！準此，近溪豈無工夫！豈只有「漸」的工夫，或只有「頓」的工夫。然而由於近溪有泰州學派主平常、主自然、全無學究氣的學風，甚至晚年強調「一切放下」。從而以爲近溪主「當下即是工夫」，便無須「執持」之先前工夫。對此，其弟子耿天台認爲是有失近溪工夫論之旨的。〔註87〕是以，分解的說，工夫從「格物」

〔註87〕見 219 條之評語。耿天台謂：「指點當下即是工夫，解脫執持之苦，果是良藥。今人先未執持懇切，藉以當下即是工夫，則失先生旨矣。」

而「識仁」；由「識仁」而「體仁」；而「體仁」的具體內容，仍有「美、大、聖、神」之不同化境。以近溪的話來說就是「熟仁」到「成仁」的過程。「《中庸》教人原先擇善，擇得精，然後執得固」（37 條）便是工夫合本體（人道合天道、人之知以合天之知）的階段工夫。然此階段雖已「見得知體不慮不學，而自能應用」（431），但近溪認爲此仍有「微病」。之所以有「微病」乃在於仍然停留在把良知當作一個悟的對象來看待、把捉的階段，以致於使良知成爲一個「光景」。若以射箭爲喻，即仍然有一個「靶心」爲目標、爲對象，無法「從心所欲」而不踰靶的，時時中節。然欲破此光景，使道體順適平常與渾然一體而現，按牟宗三先生的說法，此義理已非一「致良知」足以盡其蘊。必須經過光景之破除，以無工夫的姿態來呈現。〔註88〕

一、光景的產生與拆除

近溪「絕大的工夫」（牟先生語）主要就是「破光景」的工夫。然欲掌握「破光景」工夫，當先明瞭「光景」之何以產生。此問題，牟宗三先生可謂論之甚爲精詳，筆者嘗試以牟先生論近溪光景說，來打開此工夫之序幕。牟宗三先生謂：「順王學下來者，問題只剩一光景之問題：如何破除光景而使知體天明亦即天常能具體而眞實地流行於日用之間耶？此蓋是歷史發展之必然，而近溪即承當了此必然，故其學問之風格即專以此爲勝場。此亦如禪宗之出現乃承擔了佛教發展史之必然，蓋義理分解，綱維張施，前人已言之備矣，到禪宗時已實無可再言者。近溪絕不就每一個概念之分解以立新說，他的一切話頭與講說皆是就『道體之順適平常與渾然一體而現』而說，並無新說可立。〔註89〕」牟先生這裡隱含著幾個意思。首先是，光景似乎是王學工夫必然產生的問題，故此問題有歷史之必然性。其次，近溪承當了此必然，且其學問之風格專以此爲勝場，並無「新說可立」。

「光景」之問題在陽明，以及陽明之後，皆有學者注意到此問題。〔註90〕

〔註88〕 牟宗三《從陸象山到劉蕺山》，頁 291。近溪「光景論」的確並非「致良知」可以盡其蘊。除了牟先生所說的光景問題外，另有在「悟而不信」下產生之光景。

〔註89〕 《從陸象山到劉蕺山》，頁 290～291。

〔註90〕 陽明、龍溪、聶雙江、羅念菴，乃至朱學羅整庵對於「光景」問題皆有所注意。只是皆傾向於對治靜坐中光景，並未以破光景爲其主要工夫。直至近溪，光景問題才眞正獲得重視。見魏月萍《羅近溪「破光景」義蘊》（臺北：政治

近溪或許亦有「光景」之問題，然其光景問題是否是承繼著陽明學而來呢？
若並非如此，則其光景論又是如何呢？其次，近溪是否以「破光景」為其學
問之風格，並且無新說可立呢？筆者認為這些問題皆有待釐清。而要釐清這
些問題，必須掌握近溪整個工夫脈絡，蓋光景的產生一定與其工夫論有關係。
要之，必須回到近溪工夫論之體系下方能真正解決此問題。

　　近溪「光景論」之討論不乏其人，然對其「光景論」之討論大體上皆不
是放在其整個工夫論之體系下為之，而是孤懸地討論其「光景論」。一般之研
究方法或態度，或認為近溪的工夫就是「破光景」而已矣，故亦無所謂的工
夫論體系；或是建立在陽明學之基礎上論近溪「光景論」；或未完整掌握其工
夫論，而將破光景視為其「盡性」之基礎；或依據相關文獻之整理與爬梳，
未有深入義理之探討。〔註91〕凡此論述，筆者認為皆有失近溪光景論之全貌。
甚言之，是誤解了近溪的光景論。要之，筆者將從近溪工夫論之體系下來掌
握其「光景論」，並完整地建立其工夫論。

　　近溪拆穿光景之工夫絕非是在其哲學體系之外，或是工夫論體系之外，
空降而下的一個工夫。吾想這是必先確認的部分。故必須在近溪工夫論體系
下來理解其何以要有「破光景」的工夫。而在討論此問題之前，當先探討何
以有「光景」〔註92〕的問題。此問題學者們多有討論，而以牟宗三先生的解

大學中文所碩士論文，2000 年），頁 25～50。

〔註91〕學者們對於近溪之拆穿「光景」的說明，大體上，沒有多大的問題。即揭示
　　　本心本自「靈妙、渾淪」，只須當下「順適」而無須「把持」，更不能以「湊
　　　泊」、「見識」去臆測妄想。簡言之，便是「破妄顯真」之工夫。此意在近溪
　　　語錄，或黃宗羲《明儒學案‧泰州學案》中論之甚詳。就此而言，學者們是
　　　沒有歧異的。而當中的差別，在於放在不同的脈絡下理解。從而造成對於近
　　　溪「光景論」有不同的詮釋。如陳來與岡田武彥便是將「破光景」孤懸於近
　　　溪工夫論之體系外所造成之誤解（見第一章）。又如牟先生便是在陽明學之下
　　　言近溪哲學。然若近溪學有其獨立之系統，此是否便如李得財所謂的「其詮
　　　釋效力不無疑慮」。見李得財《羅近溪哲學之研究》，頁 152～167。又如古清
　　　美與其學生魏月萍，雖然是放在近溪工夫論下論之，然或因受限於當時文獻
　　　不足之故，從而對近溪哲學未能有全面之理解，故將破光景放在錯誤的工夫
　　　論體系下理解之。故其以為近溪以生言心便是在破光景後的工夫。換言之，
　　　破光景成為體現生生之仁的先前工夫。此實誤解近溪「以生言心」之意義。
　　　有關古氏與魏氏之論，分別參見〈羅近溪悟道之義涵及其工夫〉，《慧菴論學
　　　集》、〈羅近溪「破光景」之提出及其內涵〉，《羅近溪「破光景」義蘊》。而吳
　　　震先生則單純做思想之研究，即將「破光景」、「全體放下」之相關文獻作基
　　　本之爬梳，未有深入的義理探討。見氏著〈良知說〉，《羅汝芳評傳》。

〔註92〕所謂「光景」者，光和影子之謂。此光和影子非真實本體，卻又依附於本體

釋最爲精要。牟先生如此解釋：

> 良知自須在日用間流行，但若無眞切工夫以支持之，則此流行只是
> 一種光景，此是光景之廣義。而若不能使良知眞實地具體地流行於
> 日用之間，而只懸空地去描畫它如何如何，則良知本身亦成了光景，
> 此是光景之狹義。我們既須拆穿那流行底光景（即空描畫流行），亦
> 須拆穿良知本身底光景（空描畫良知本身）。這裡便有眞實工夫可
> 言。〔註93〕

> <u>光景之產生，乃在於「良知心體圓而神，譬如一露水珠，眞難把握。</u>
> <u>然如不悟此良知，還講什麼順適平常，眼前即是？眼前即是者，焉</u>
> <u>知其非情識之放縱恣肆耶？故必須先對於良知本身有所悟解。但一</u>
> <u>經悟解，良知即凸起而被投置於彼，成了一個對象或意念，而不復</u>
> <u>是天明，這便是良知本身所起的光景。</u>光景者影子之謂也。認此影
> 子爲良知則大誤也。〔註94〕

雖然近溪哲學有其獨立之系統，工夫論亦有其獨立之體系。然光景之產生，似乎是心學付諸實踐中所不能避免的問題。〔註95〕是以即便牟先生是在陽明哲學體系下來詮釋近溪「光景論」，或無法完整地呈現其全貌，然光景說大體不離牟先生光景之「廣義」與「狹義」的說法。故牟先生此光景論有助於理解「光景」產生之問題。那麼何以會產生「良知本身底光景」呢？蓋因識得良知是心學第一義工夫。是以必然地要先悟此良知。而造成的結果是「一經悟解，良知即凸起而被投置於彼，成了一個對象或意念，而不復是天明，這便是良知本身所起的光景。」這是悟良知會產生的問題。故此問題並非近溪工夫才會發生的，可說是心學的通義；亦非他人不知光景之須破除，只是在發展此學之過程上，他人多重義理分解以立綱維，故心思遂爲此分解所吸住，而無暇正視光景問題。〔註96〕而此「重義理分解以立綱維」之學術氛圍或許

而生，是吾人於體證本體中最容易產生之虛妄之物。參見李得財《羅近溪哲學之研究》，頁152。
〔註93〕牟宗三《從陸象山到劉蕺山》，頁287。
〔註94〕同上，頁291～292。
〔註95〕李得財《羅近溪哲學之研究》，頁153；魏月萍《羅近溪「破光景」義蘊》，頁34～49。
〔註96〕牟宗三《從陸象山到劉蕺山》，頁290。亦可參見參見魏月萍〈明代心學的危機與「光景」問題的產生〉，《羅近溪「破光景」義蘊》。

亦是近溪所批評之處。〔註 97〕積極地說，重視光景問題是近溪一體而化的學問特質表現。另外，何以有「流行底光景」發生呢？蓋因良知自須在日用間流行方是良知之實義，即所謂的良知必含良能。然若無眞切工夫以支持之，則必然會產生「情識而肆」。即如陳來先生所謂批評的「僅強調身心自然妥貼而忽視德性培壅」；或如岡田武彥所批評的「尊奉心之自然，無視工夫，知解任情，終而導致蔑視道德淆亂綱紀的惡果」。是以，良知未眞實地具體地流行於日用之間，而只懸空地去描畫之，則良知本身則成了光景；反之，爲了讓良知眞實地具體地流行於日用之間，而無眞切工夫以支持之，即僅僅空描畫流行，則此流行亦只是一種光景而已。然若良知眞實地具體地流行於日用之間，而非懸空地去描畫之，則不僅沒有「良知本身底光景」，同時由於良知眞實地具體地流行於日用之間，故亦無「流行底光景」問題。〔註 98〕是以，只要良知眞實地具體地流行於日用之間，則「廣義」與「狹義」之光景頓時潛消。但是若工夫不夠切實，而放肆地去空描繪一個化境，則此化境亦只是個「光景」。

以上牟先生之光景論，雖然是在陽明學體系下所理解的，然已將「光景」產生之因由交代清楚。行文至此，吾人不免會問，近溪是否有此光景的問題？如果有的話，其產生的原因爲何？此問題不難解決，原則上只要將光景產生之因由，放在近溪工夫之脈絡下檢驗即可知道。首先，吾人可問，近溪工夫中是否有「良知未眞實地具體地流行於日用之間，而只懸空地去描畫之」的情況？或者是否有「爲了讓良知眞實地具體地流行於日用之間，而無眞切工夫以支持之，即僅僅空描畫流行」的情況呢？筆者認爲近溪之工夫不必然會產生光景，然亦有可能會產生之。〔註 99〕就「良知本身底光景」而言，由於近溪強調「覺悟、踐履，功固不缺而序實不容紊」（231 條）即聖學之功，覺悟與實踐缺一不可。然覺悟爲先，實踐爲後之次序是不容紊亂的。是以，近溪不斷強調爲學之道必先要得「眞種」。意即只要得良知之眞種，自然能克己復禮，戒愼恐懼於天命，工夫自然不會間斷，進而工夫習熟，以時而合於本

〔註97〕近溪批評孔孟之後，皆慕仁義之名，而忽略仁義之實，強調道德主體之超越義，而忽略了其實踐義的部分。凡此皆可說是偏重義理分解以立綱維所造成的問題。

〔註98〕雖無牟先生「工夫不眞切」下造成之「情識而肆」，即「流行底光景」，但是有可能會因「勿忘」之錯認，而執持於「境界」而產生的「光景」。詳後論。

〔註99〕此是人病，而非法病的問題。見唐君毅《中國哲學原論──原教篇》，頁 442。

體，自然順快而不悅乎！然悟得良知本不易也，而從「悟」良知進而能「信」良知，此「信關」，亦如近溪所言，如「千重鐵壁，若非眞正舍死拚生一段精神，決未許草率透過也。」是以，「悟」良知到「信」良知中間有一大斷距離。而這段距離在工夫上有何特殊意義呢？按近溪的說法，悟而不能信良知，如樂正子、原憲之類，如此對良知之體識而不透，自然「頭腦欠眞，莫怪工夫不純」（52 條），俄頃「變明白而爲恍惚，變快活而爲冷落」（153 條）。此惡因惡果所產生之負面影響，是更加地對善性聖體沒有信心，從而有氣質之惡、去除己私之說以彌補孟子性善說。而在此悟而不信階段，自然無法進入「充實之謂美」之「體仁」階段，則良知自未能眞實地具體地流行於日用之間，而只懸空地去悟個良知。如此所悟之良知則可能只是個良知之影子而已。那麼，近溪的工夫是否會落入「悟而不信」良知的困境呢？

　　從百姓日用之不知「不覺」，到「自覺」要悟良知。前者無所謂的悟良知的問題，故亦無良知影子的發生；後者自覺到良知的存在，可以有兩種狀況。若「自覺」並非是良知自己覺自己，則「良知」只成爲一個意念「知覺」下的一個物，即「以良知爲他，隨著的爲我」（420 條）；反之，若「自覺」是良知自己覺自己，則此良知必然是與人、物一體的良知。進一步說，前者如在心外要一物之「要得」，而後者是在本自具有的本心上「著力」。〔註 100〕近溪認爲初學道者不免要「著力，點檢、操持」（48 條），此即「誠之者」之「擇善固執」階段。〔註 101〕而近溪所謂的「執持」是就「著力」而言，並非是「要得」下之「執滯」而言，此二者看似相近，實則不同。近溪說此二者可謂「天淵不類」〔註 102〕，不能不辨。若是「要得」之下的「執滯」，使良知成爲一對象，則良知仿若成爲由「瞪目而生」的「空中之花」，即使良知成爲一個「光景」。故「若見有他，即有對，有對即有執，對執既滯，則愈攻而愈亂矣。」（529 條）反之，「能覺一切是我（良知），則立地出頭，自他既無，執滯俱化，是謂自目不瞪，空原無花也。」換句話說，「著力」與「要得」工夫不同之微妙差異，在於良知是否眞實地具體地流行於日用之間。何以說呢？蓋「著力」

〔註 100〕問：「學問在人，難說不要著力？」羅子曰：「著力自要著力，然卻不是要得。」曰：「我今儘力去要，尚多不得，若不去要，如何可得也？」羅子曰：「若不去要，便可得，止因子去要，所以多不得也。」（101 條）
〔註 101〕近溪謂：「「中庸教人原先擇善，擇得精，然後執得固。」（37 條）
〔註 102〕近溪謂：「雖汝初學，不免要著力，點檢、操持，然較之竅路不明而粗蠻執滯者，自是天淵不類矣。」（48 條）

不只是孤懸地在良知上用力，其實也無一物叫良知的東西，此皆只是「強立」
而已，「後人不省，緣此起個念頭，就會生個識見，因識露個光景，便謂吾心
實有如是本體。」殊不知「天地生人，原是一團靈物，萬感萬應而莫究根原，
渾渾淪淪而初無名色。」（259條）是以，「著力」要在良知與日用倫常之物境
一體、不離之下來著力。換言之，若是支離了良知與日用倫常之物境一體關
係，而孤懸地著力在良知上，自以為有個良知可以把抓，如此便使良知成為
「虛妄不實」之「光景」而已。要之，若要使良知不成其為光景，則最好識
得良知的方式，便是將「良知與物境」一體而觀之。即識得的良知是「與物
無對」的良知。此問題便直接牽涉到吾人當如何識得良知的問題。

　　近溪以「知孝知弟」之歸本於仁的方式識得良知，的確在這個問題上，
是比陽明「知是知非」來識得良知，較為穩當。〔註103〕雖然說陽明反對「懸
空想像本體」〔註104〕、「光景玩弄」，〔註105〕主張致良知當在「事上」磨練，
勿忘勿助長。話雖如此，然如牟宗三先生所言，陽明畢竟以「知是知非」規
定良知，「智」的意味強，而「仁」的意味稍弱。換言之，陽明在仁體下工夫
少，於良知明覺下功夫多。如此之學風造成王學末流只順明覺去玩弄，忘掉
精誠惻怛義，忘掉是非之心與羞惡之心之合一義。此雖非陽明本意，然客觀
上來說，明覺之作用本於精誠惻怛之仁體，即良知本仁體，但是當說「無善
無惡心之體」時，便容易引起遐想、起誤會。〔註106〕故陽明對良知之規定，
的確容易產生蕩越而較不易實落的問題。〔註107〕故近溪方會批評陽明對於「孟

〔註103〕光景問題何以在陽明身上未成為重要論題，唯獨在近溪身上特別凸顯呢？李
　　　　得財認為問題在於陽明之工夫少有光景的問題，而近溪有光景之問題。其謂：
　　　　「陽明以近溪所謂的「用功為先」之工夫進路為入手處，依良知教法如實用
　　　　功，便少有光景問題。而近溪以「性地為先」（先悟存有）為其工夫進路，有
　　　　光景問題。」參見氏著《羅近溪哲學之研究》，頁 154～155。筆者認為陽明
　　　　與近溪皆以性地為先（覺悟良知為先），此在近溪《語錄》已明言。亦可參見
　　　　第四章。
〔註104〕《王陽明全集》，〈年譜三〉，頁 1307。
〔註105〕《王陽明全集》，〈年譜二〉，頁 1279。
〔註106〕陽明雖然不因「形上的證悟」而忽略了「超越的證悟」，可說是致良知於事事
　　　　物物。然「無善無惡心之體」的提出，的確容易落在此「靈明」之體上用工
　　　　夫；順明覺去玩弄，的確也較容易忘掉精誠惻怛義。見牟宗三《心體與性體
　　　　（三）》，頁 279；以及《宋明儒學的問題與發展》，頁 292。是以，儘管陽明
　　　　良知學對於陽明個人是沒有問題的，但是重「智」弱「仁」之提出，的確容
　　　　易走向「虛玄」，而落入「鬼窟」。
〔註107〕楊祖漢〈羅近溪的道德形上學及對孟子思想的詮釋〉，頁 65～98。

子所言良知，卻未暇照管，故只單說個良知，而此說良知，則即人之愛親敬長處言之。其理便自實落，而其工夫便好下手。」（94條）準此，近溪以知孝知弟來說良知比陽明以明覺來規定良知更爲直接、本質（良知本於仁體），而理更容易實落。使「良知與物境」容易一體而觀地呈現，而不是直接落入明覺之是非、善惡之二元關係中。或如牟先生所言「當說『無善無惡心之體』時，表明此乃直指仁心覺情說，則便可擋住那些遐想與誤會，而亦可使良知教更爲正大與健康。〔註108〕」換言之，以見父自然知孝，見兄自然知弟來規定良知，當是更爲「正大與健康」的，比較不易產生光景之心疾。

　　陽明晚年之得意弟子王龍溪，可謂深得陽明密傳而提出四無說，重在說明良知本身，即喜對良知之虛靈明覺作「形上的說明」。相對地，常不能扣緊超越的證悟而言之。即容易不實落在對治經驗的意之超越的證悟上用工，此不免有「虛玄而蕩」之譏。〔註109〕此雖然悟得良知，然或如復所所批評的，只是「<u>錯認主人而迷失赤子者也</u>」。〔註110〕故唐君毅先生曾說道：「龍溪只言於此靈明上參究，而近溪則謂此靈明之心，乃渾融於吾日用生活之生生之中，唯於此見心體性地，方得免於光景心疾也。〔註111〕」近溪以知孝知弟來說明良知之實，並且強調「人情者，聖王之田」。在在顯示近溪是從日用倫常的生生之中，尤其以民間孝弟慈三事爲先，來見心體性地，如此當可免於光景之心疾。就此而言，近溪之工夫不必然會產生光景。若是會產生光景，除了心體性地無法完全實落在日用倫常之生生之外，就是如上文所言，必然是落入「悟而不信」良知的困境當中。而前者其實就是良知與物境無法一體流行之情形。這種「爲貳」之情形，可以因爲執持某些「學問脈路」，而使有無窮後退之光景問題。〔註112〕後者「悟而不信」良知的困境，近溪個人便曾經落入此中而產生光景。近溪自己回憶道：

　　　余舟過臨清，忽遘重病。一日椅榻而坐，恍見老翁，自稱泰山丈人，

〔註108〕牟宗三《心體與性體（三）》，頁279。
〔註109〕牟宗三《宋明儒學的問題與發展》，頁261～278。
〔註110〕見〈近溪子集序〉，《羅近溪先生語錄彙集》，頁36。
〔註111〕唐君毅《中國哲學原論──原教篇》，頁338。
〔註112〕「學問脈路」（524條）是近溪語。簡要地說，就是立於言說、文字之學問方法，可使學者有跡可尋。例如「良知不能離開日用事物，孤懸地致之」這句話，便是告訴吾人如何致良知的一個方法，不能違背之。然若是連「這句話」皆執持而不敢放下，則這句話便成爲產生光景的一個「執持」。如此下去可以產生無窮後退之光景問題。詳後論。

言曰：「君身病稍康，心病則復何如。」余默不應。翁曰：「君自有生以來，遇觸而氣每不動，當倦而目輒不瞑，擾攘而意自不紛，夢寐而境悉不忘，此皆君心錮疾，今仍昔也，可不亟圖瘳耶？」余愕然曰：「是則余之心得，曷云是病？」翁曰：「人之心身，體出天常，<u>隨物感通，原無定執，君以宿生操持，強力太甚，一念耿光，遂成結習</u>，日中固無紛擾，夢裏亦自昭然。君今謾喜無病，不悟天體漸失，豈惟心病，而身亦不能久延矣。蓋人之志慮，常在目前，蕩蕩平平與天地相交，此則陽光宣朗，是為神境，令人血氣精爽、內外調暢；如或志慮沈滯胸臆，隱隱約約於水鑑相涵，此則陰靈存想，是為鬼界，令人脈絡絆纏、內外交泥。君今陰陽莫辨，境界妄靡，是尚得為善學者乎？吾固為君懼矣。」余驚起叩謝，伏地汗流，從是執念漸消，血脈循軌矣。〔註113〕

姑且不論泰山丈人是真實的，抑或只是個光景、神話。〔註114〕大體說來，討論近溪哲學皆不會放過這段引文。蓋因這是近溪自撰其拆穿光景的過程，其內在之哲學義理非常值得注意。吾人可問，近溪自撰此段引文是在反省什麼問題？其又突破了什麼困境？細讀此文，吾人可發現，「宿生操持，強力太甚」是近溪先前所用的工夫，並且若有心得。然不知此工夫卻造成天體漸失，身心失調，嚴重的話，恐性命不保。那麼此意是否表示只要隨物感通，無須定執工夫呢？換言之，近溪這段引文是否否定過去所用的一切工夫，而只要隨物感通即可呢？非也。若是如此理解之，則不能體會近溪之深意。筆者認為關鍵句在於「隨物感通，原無定執，君以宿生操持，強力太甚，一念耿光，遂成結習」。吾人當先追究「一念耿光」產生之真正原因何在。其實不出在

〔註113〕 見〈泰山丈人〉，《羅汝芳集》，頁582。

〔註114〕 有關是否有泰山丈人一事，大體上學術界著墨的不多。除了因為近溪自述「恍見」之之外，考究是否真有其人，對於工夫實踐似乎無本質的關係。學者們關心的是內文之哲學義理。固有的不去究其真假，如古清美先生；有的認為類於學道人之神話而忽之，如牟宗三先生；程玉瑛先生依據文獻，如復所〈墓誌銘〉，不否認有此人；而對此問題著墨稍多者，當屬楊儒賓先生。其認為泰山丈人當是外道「異人」。以上詳細內容，請依序參見古清美《慧菴論學集》，頁131～132；牟宗三《心體與性體（二）》，頁125；程玉瑛《晚明被遺忘的思想家——羅汝芳（近溪）詩文事蹟編年》，頁20～21；楊儒賓〈王學學者的「異人」經驗與智慧老人原型〉《清華中文學報》（2007.9），頁171～210。關此真假問題，就近溪義理而言，筆者認為不甚相關。故暫不打算深究。

「執」，而是在「定執」。而之所以「定執」，乃因未能「隨物」。換言之，離開「物境」而強力操持「良知本身」，遂使「一念耿光，遂成結習」。即認「耿耿一念以爲光明，執住此念以爲現在，不知此個念頭，非是眞體」（515 條）。而之所謂的「執」，是隨物而感，是「不執之執」：即不定執於良知本身，而是良知隨物感應之執。要之，問題的關鍵並不出在「悟良知」本身，而是悟良知之「良知」，是與物爲一，還是爲二的良知。當悟的良知是與物境爲二之良知，即不能「隨物」而感通，必然產生「光景」。此即近溪所批評的「心中炯炯，卻赤子原未帶來」，意即「炯炯當有個落處」。（257 條）而近溪「以生言心」，便是強調不能單單說個超越義的本心（良知）而已，雖然說本心（良知）可以有超越義與內在義，然若以陽明重智弱仁地方式言良知，固然說非法病，然的確容易產生人病。近溪自己便是一例吧！故以「生」來代替「心」的說法，可說是心學發展上的一個轉向。即直接以「良知與萬物」爲一體之「生生」來規定「道德主體」（謂爲實踐主體），如此便不會有偏於「道德主體的超越義，或形上的證悟」的遐想與誤會。

當近溪放下強力操持於良知本身的同時，「執念漸消，血脈循軌」，身心恢復了生機。近溪這段體悟經驗代表著重要的里程碑。該年當是 1553 年，近溪約三十九歲。〔註115〕在此之前，近溪之工夫有數次之轉折。從制欲而體仁，到遇山農改爲體仁即制欲之進路。然如前面已討論過的，此時之「體仁」仍僅僅是外貌上的，還未眞正進入精神上之「體仁」。大約至 1552 年「格物之悟」，大致就是近溪「孝弟慈」思想建立之始，以見父知孝，見兄知弟之親切體現來規定良知。然如第二章所言，此悟還未到徹悟之階段，恐只是解悟或證悟而已。故雖以孝弟見得良知，然良知未必能全然地實落下來，故不無有悟良知本身之光景產生。然這些工夫所得之境，近溪自得其意，不以爲病。直至次年泰山丈人之遇方知病之不輕。隨後不久，近溪便眞正從知孝知弟之良知，擴充到萬物一體之良知。而此從不知心體，到執持心體，再到以萬物爲體之種種工夫轉進。近溪在一次弟子問到「心性」工夫時，便依據自己實際的工夫轉化，具體而微地表示出來：

予初年也將自己本心，勉力探討：於生來氣性，亦強力調攝。及弱

〔註115〕關於遇泰山丈人的確實時間，按程玉瑛先生的考據，當在 1553 年，而學術界大體上亦無異議，筆者從之。見氏著《晚明被遺忘的思想家——羅汝芳（近溪）詩文事蹟編年》，頁 20～21。

冠乃覺心地頗得光明，性質漸次和順，日用欣欣，也想聖賢或可有
分。久之，乃遇高人相見，痛加呵斥，謂：賢輩為學，儘在辛勤，
但此所認者，不是心體，所用者不是真功，乃妄意欲希聖賢。此何
異吹噓螢火以燃燈燭，滿蓄汞銀以供灌溉？徒竭心神而後悔莫免
也。予時聞言，亦為稱謝，然以其來自外道，甚不甘心。因思，聖
賢去我雖遠，而所作經書，則於今見在。於是搜索簡編，繼日以夜，
見我孔子之言心，則曰：心之精神之謂聖；孟子之言性，則曰：知
其性則知天。夫吾人尋常說聖，是何等神妙？說天，是甚麼高遠？
乃茲謂心則即便是聖，謂性則即便是天，其神妙高遠，原是何物？
而輒敢以粗浮之氣、淺露之衷，妄自比擬，其癡愚罪譴，永世何從
消滅？驚惕慚惶，汗流浹背，從是迷悶，鬼神暝漠，若無可出活然
者。專切久久，始幸天不我棄，忽爾一時透脫，遂覺六合之中，上
也不見有天，下也不見有地，中也不見有人有物，而蕩然成一大海，
其海亦不見有滴水纖波，而茫然只是一團大氣，其氣雖廣闊無涯，
而活潑洋溢。（399 條）

此引文除了表達其心性工夫之轉進外，亦可看出，近溪以上種種所悟，乃以
孔孟為精神，並獨自「專切久久」以後，乃所獲得的人生及智慧的體驗，非
「來自外道」的影響。〔註116〕而近溪三十八、三十九歲其間這幾次接連之開
悟絕非偶然，這當中應有其關聯性。按先前的討論，三十八歲悟得「古今一
大關鍵」，即以《大學》「孝弟慈」悟得「格物」之旨。換言之，即以知孝知
弟識仁。經過前面三次之歸會孔孟，此時可說是近溪悟格物之旨，即識仁。
此悟使近溪得「真種子」，以「定下做聖的盤子」，故近溪甚為雀躍。從二十
六歲山農體仁之教到三十八歲之間，雖然名為心學體仁的進路，然恐非真能
體仁，故曾有「東奔西走而幾至亡身」之經歷。期間雖多次歸會孔孟，然對
於良知之體悟恐未必親切。筆者認為三十八歲孝弟慈格物之悟當是首次以孝
弟慈悟得良知。然是否表示先前從未悟得良知，此亦難說。〔註117〕故近溪有
操持心體的一段時間。而三十八歲孝弟慈格物之悟，當有從悟良知本身轉向

〔註116〕關此，吳震先生有詳細的論述，可參閱之。見氏著《羅汝芳評傳》，頁 127～
130。

〔註117〕從其父前鋒「授以陽明王先生《傳習錄》，指以致良知之旨，日玩索之，此重
病方有好轉。」到後來拜山農體仁之教，不可說全無致良知的工夫，只是切
不切的問題。

孝弟慈之對象上之可能。換言之，良知本身之光景問題，相對地必然是減少
的。而此悟恐是泰山丈人「醒悟」之「機」（或預備之道路）。從而進一步悟
得良知與萬物爲一體，深得「生生」之仁之義。故而提出以生言心之論。此
時此刻可說是近溪對孔孟「仁」學有較成熟的看法，亦是近溪哲學轉向，並
建立其自己哲學的轉捩點。何以說呢？回歸孔孟求仁之學以爲聖賢，一直是
近溪一生之職志。故行「工夫」以「求仁」是其基本思維。而一切工夫以得
「眞種」爲先，進而體仁、擴充之於四海，此是儒學工夫之基本進路，亦可
說是儒學之共義。然這當中確有個「陷阱」，即吾人會以爲先悟個良知，再從
良知擴充到四海。然此時良知似乎成爲一個「對象」，甚至是超越地對象。要
之，悟良知便成爲悟良知本身，則使良知成爲一個光景。故近溪雖然強調以
覺悟良知爲先，踐履爲後，然其亦不忘叮嚀謂：「不分聖賢以至吾人，均以知
性爲先，所謂智之事；均以盡性爲後，所謂聖之事。先後二字，亦只強言，
其實，初先知時，自然已不住修，末後盡時，自然更妙於知。」（205 條）由
是，吾人可說，近溪經歷了悟良知，到以知孝知弟見良知，再到與萬物一體
之良知。這當中良知的影子是不斷的減少，同時「生生」之義不斷的增加。
更重要的是，良知雖然包含天下萬世之生生，然此良知又必然地是從「愛親
敬長」萌芽、茁壯。準此，以生言心，不僅可以減少光景（良知本身之光景，
或情識而肆下之流行光景）之發生，同時更能表現仁之實義。而「生生」又
當以「孝弟」爲本，故近溪以孝弟之「樂惡可已」表達「生生」之義。

　　近溪這種以孝弟言心、生生之說法，不僅不失儒學「等差之愛」說，同
時可以減少「光景心疾」，並且含具「生生之仁」，故有「孝與仁無別」之說
法，此亦是近溪以知孝知弟規定良知的特色。如是，三十九歲前後是近溪核
心思想建立之關鍵期。而從二十九歲至三十九歲這十年之間，是近溪棄舉業
入聖道之關鍵十年。此十年之四處問學、尊德性而道問學，所幸終於有所成
就。故該年近溪出聖關，再次赴廷試。然此次與十年前之不赴廷試有截然不
同的心境。前者可說是「見山不是山」之心境，而後者可謂是「見山又是山」
之心境。故該年可說是近溪「拆光景」，使良知與流行無隔之年，而此心境是
否是其重回廷試之幾呢？〔註118〕

〔註118〕近溪謂：「凡舉業不專心致志，則不能精。即此便是爲學工夫，但不免著在一
　　　　物上耳，若能將此工夫在本體上用，則不著於物，而物自無不照，於舉業何
　　　　有？」見〈近溪羅先生庭訓記言行遺錄〉或〈晜從姑山房諸生四條〉，《羅汝

　　以上吾人可以看到近溪個人工夫之層層轉進，而每個階段工夫皆有其存在之意義，不可僅以為近溪只有「破光景」之工夫，從而認為近溪不需要工夫。凡此皆未得近溪工夫全貌而斷章取義。以下筆者便引幾段學者們容易誤解之文獻以為討論。如下所云：

> 問：「向蒙指示謂：不必汲汲便做聖人，且要詳審去向，的確地位，方得聖，不徒聖，做成個大聖人也。承教之後，日復一日，翻覺工夫再難湊泊，而心胸茫無畔岸也，苦將奈何？」羅子曰：「此中有個機括，只怕汝或不能身自承當爾。」曰：「教我如何承當？」羅子曰：「汝若果然有大襟期，有大氣力，又有大大識見，就此安心樂意而居天下之廣居，明目張膽而行天下之達道。工夫難得湊泊，即以不屑湊泊為工夫，胸次茫無畔岸，便以不依畔岸為胸次。解纜放舡，順風張棹，則巨浸汪洋，縱橫任我，豈不一大快事也耶？」（67 條）

一般吾人讀到此段，直覺上會認為近溪不主張工夫，如岡田武彥先生。為了證成近溪不主張工夫，往往會佐之以相關文獻，如近溪謂：「此心之體，極是微細輕清，纖塵也容不得。世人苦不曉事，卻使著許多麤重手腳，要去把捉搜尋。譬如一泓定水，本可鑑天徹地，纔一動手便波起明昏。世人惟怪水體難澄，而不知原是自家亂去動手也。」（424 條）如此看來，似乎工夫反是干擾本心之清靜自然之元兇，當順任天機之自然為是。果是如此嗎？當然，從第四章、第五章工夫論看來，吾人可明確地說，近溪不僅有工夫，而且是徹上徹下、徹始徹終，易簡久大之工夫。若此，何以在此還要討論呢？蓋因此段引文是最常被誤解之文獻，故在此特以此文為題。所謂的解鈴還須繫鈴人，既然「結」起之於此，就從此處解開吧！上引文常被擷取之一段內容為「工夫難得湊泊，即以不屑湊泊為工夫，胸次茫無畔岸，便以不依畔岸為胸次。解纜放舡，順風張棹，則巨浸汪洋，縱橫任我，豈不一大快事也耶？」並據此認為近溪順任天機自然，而無須工夫。然若依上引文之全貌來看，恐非此意。弟子依近溪之教「詳審去向，的確地位」，然奈何工夫做久之後，卻「工夫再難湊泊，而心胸茫無畔岸」！似乎已失去修道之「方向」，不知所措。而近溪回答道「此中有個機括，只怕汝或不能身自承當爾」。從弟子按師之教拳拳服膺，到遇阻礙，再到近溪之解惑。可見得近溪恐未將所有工夫一次道盡，此中隱含著工夫次第，或近溪強調「明師隨材隨時指點」弟子的重要性。當

芳集》，頁 420、713。近溪此刻可說已至「見山又是山」之境界。

弟子發覺「工夫再難湊泊，而心胸茫無畔岸」時，表面上是遇到瓶頸，然就近溪而言，不必然是壞事。蓋此時是「回心向大」〔註119〕之機。何以說呢？蓋因「工夫再難湊泊，而心胸茫無畔岸」之問題不全然出在工夫本身，即並非「以不屑湊泊為工夫、以不依畔岸為胸次」便可解決此問題。此問題之關鍵出在「心」量上，即「承擔」上。故近溪語帶保留的說道「只怕汝或不能身自承當爾」。

從近溪此口氣來看，吾人可以發現，在工夫之外，恐有比形式上之工夫更為關鍵的成素，而這個部分並非師教的問題，而是其個人主觀上願不願意「承擔」的問題。而所謂的「身自承當」是指要有「大襟期，有大氣力，又有大大識見，就此安心樂意而居天下之廣居，明目張膽而行天下之達道」。

我們可以進一步追問，何以「回心向大」與「工夫再難湊泊，而心胸茫無畔岸」有關呢？此問題不離近溪當初「泰山丈人」之「當頭棒喝」。意即良知當以天下萬物為體。即「明德」之本質，當以明明德於天下為目的。如此方能免於「光景心疾」。「大襟期、大氣力、大大識見」方是真正的「詳審去向」的確地位。有此萬物一體之大大的志願，即有「無一物不容，無一息不貫」之大心，如此方是真正的天明，方能真正的「物來順應」，合於天心。(150條)也惟有此，方能為「解纜放舡，順風張棹」之本體做工夫。此意思可佐之另一引文。

> 一日微儒（曹胤儒）新功，儒對以理會「無思無為」之本，使此未發時，澄澄湛湛，則隨時隨手，順達將去。羅子曰：「此一幾，於併歸一路甚好！然有所見，莫不是妄否？無思無為，莫不是著想，成一光景否？亦果能時時澄湛否？隨時隨手，果能動中否？」儒不能對。羅子曰：「如吾子所見，則百歲後易簀時，欣欣瞑矣。吾則以為真正仲尼，臨終不免欠口氣也。」次早，梳洗頃，羅子顧儒大聲，曰：「<u>大丈夫須大放些志氣，莫向鬼窟裏作活計！</u>」(292條)

弟子曹胤儒可說是犯了相同的毛病。故所見、所想，無非妄見、光景。而此問題之產生，追根究底亦是自身「擔當」不夠之問題。故近溪謂：「大丈夫須大放些志氣，莫向鬼窟裏作活計！」而一般學道者，表面上雖效聖法賢，然

〔註119〕「回心向大」又名「回小向大」，即把本來的小乘心迴轉過來以趣向於大聖的佛道。參見《佛學常見詞彙》（臺北：文津出版社公司，1998年），頁207。在此借用此語，以表示從悟良知本身，擴充到致良知於天下萬世。

骨子裡恐「志氣」不夠，深怕任重道遠，死而「不已」。故近溪謂：「眞正仲尼，臨終不免歎口氣」，便是強調孔子「以仁天下萬世爲心、以仁天下萬世爲事」之職志，終其一生亦未能完成也。〔註120〕然近溪要訓勉弟子的是，「聖人之心，只因他自不以爲了，所以畢竟可了。若彼自以爲了，則所了者，又何足以言了也？」（91 條）否則「不以天明爲明，只沈滯襟膈，留戀景光，幽陰既久，歿不爲鬼者亦無幾矣。老丈方謂得力，豈知此一念頭，翻爲鬼種，其中藏乃鬼窟也哉？」（257 條）是以，良知當以天下萬世爲體，良能當以仁天下萬世爲事，如此良知不僅不會無實落處，同時工夫不間斷，合於本體。終將達至本體做工夫之當下即是，此時方是「以不屑湊泊爲工夫、以不依畔岸爲胸次」之絕大工夫。而此化境之完成並非只是如上分解式的說法可以窮盡、完成，還需要一些非分解式的遮撥方能成就。此便是近溪「一切放下」之工夫。

二、一切放下

> 州衛，及諸鄉士夫，復請大舉《鄉約》於演武場，講聖諭，畢。父老各率子弟以萬計，咸依戀環聽，不能捨去。予（羅子）呼進講林生而問，曰：「適才汝爲諸人講演《鄉約》，則善矣。不知汝所自受用者，復是何如？」林生曰：「自領教來，常持此心，不敢放下。」予顧諸士夫歎曰：「只恐林生所持者，未必是心也。」林生竦然曰：「不是心，是何物耶？」予乃遍指面前所有而示曰：「汝看此時環侍老少，林林總總，個個反著足而立，傾著耳而聽，睜著目而視，一段精神，果待汝去持否？豈惟人哉！兩邊車馬之旁列，上下禽鳥之交飛，遠近園花之芬馥，亦共此段精神，果待他去持否？豈惟物哉！方今，高如天日之明熙，和如風氣之暄煦，藹如雲霞之霏密，亦共此段精神，果待他去持否？」林生未及對，而諸老幼咸躍然前曰：「我百姓們，此時懽忻的意思，眞覺得，同鳥兒一般活動，花兒一般開發，風兒日兒一般和暢，也不曉得要怎麼去持？也不曉得怎麼去放？但只恨不曾早來聽得，又只怕上司去後，無由再來聽得也。」羅子曰：「汝諸人所言者，就是汝諸人的本心；汝諸人的心，果是就同著

〔註120〕仁於天下萬世，乃無窮無盡之工夫歷程。近溪謂：「無窮盡，無方所，道體如是，工夫亦如是也。」見〈勸當塗昊教授良治〉，《羅汝芳集》，頁 719 條。

> 萬物的心：諸人與萬物的心，亦果是就同著天地的心。蓋天地以生
> 物為心。今日風暄氣暖，鳥鳴花發，宇宙之間，渾然是一團和樂。
> 今日太祖高皇帝教汝等孝順和睦，安生守分，閭閻之間，亦渾然是
> 一團和樂。和則自能致祥，如春天一和，則禽畜自然生育，樹木自
> 然滋榮，苗稼自然秀穎，而萬寶美利，無一不生生矣。」（191 條）

弟子於地方敷宣高皇六諭，提倡孝弟慈之道可謂不遺餘力，且使百姓「咸依
戀環聽，不能捨去」，可見此演說必然扣其「心」弦，發其「愛」苗，令百姓
感動不已。故近溪謂之「善」矣！對此，弟子林生亦不敢稍有懈怠，自謂其
「常持此心，不敢放下」。怎知近溪卻回答弟子「所持者，未必是心也」。近
溪此質疑，無疑對弟子是很大的驚懼，蓋因弟子認為自己是秉持師教而拳拳
服膺，且並非謹守著良知本身而已，而是讓良知實落到與百姓為一體。此可
以從百姓「咸依戀環聽，不能捨去」之現況可見一斑。然何以近溪仍說「所
持者，未必是心也」。按近溪的說法，「心」本來就沒有離開我們，並非因執
持而有，反倒是越執持之，離心越遠。近溪從大自然生物之自然表現、活動
中，包含百姓今懂忻至此聽課、所言所行，指點道這些自然表現，皆是天地
之心所發，其又何曾執持？既不知如何執持，焉所知放下一事。吾人之所以
有個心可以時時執持，而不敢放下，是因為吾人將人之心與萬物之心為二，
殊不知「諸人與萬物的心，亦果是就同著天地的心。」此即所謂的「天地以
生物為心」。即當言天地之心時，必然已含天地萬物在內，若是離生物言心，
則此心便不是天地之心，其只是心之光景而已。然林生對近溪的回應不能滿
意，其道：「公祖謂：諸老幼所言，既皆渾是本心，則林生所言者，又何獨不
是心耶？」以下是近溪進一步的回應。其嘆息的說道：

> 謂之是心亦可，謂之不是心亦可。蓋天下無心外之事，何獨所持而
> 不是心？但既有所持，則必有一物矣。諸君試看，許多老幼，在此
> 講談，一段精神，千千萬萬，變變化化，倏然而聚，倏然而散，倏
> 然而喜，倏然而悲，彼既不可得而知，我亦不可得而測，非惟無待
> 於持，而亦無所容其持也。林子於此心渾淪圓活處，曾未見得，而
> 遽云持守而不放下，則其所執者，或只意念之端倪，或只見聞之想
> 象，持守益堅，而去心益遠矣。故謂之不足心亦可也。（191 條）

就天下無心外之事而言，天下焉有一事在心之外。如今近溪不從此存有論上
之有無立論，而是從實踐的層面言之。蓋既曰有所「持」，則必有一「物」為

所持焉。若說此物是良知與萬物為一體之物，則可。蓋此時「汝諸人的心，果是就同著萬物的心；諸人與萬物的心，亦果是就同著天地的心」。此時之持，必然是不持而持。然百姓之聚散、喜悲，吾人豈能時時而知、時時而測呢？若未能見得而遽云：吾「常持此心，不敢放下」。此時所持之心乃是「未能見得百姓」之「心」。若是，則此心非同著萬物的心為心，而是與物境為二之心。故此時所執者，「或只意念之端倪，或只見聞之想象，持守益堅，而去心益遠矣。」故近溪言「謂之不足心亦可也！」近溪在此明顯已區分「心」與「意念」之別。而前者「渾淪圓活」非執持可得。故亦無法以言語道破。故近溪謂「若使某可得用言指破，則林生亦可得以用力執持矣。」（接上引文，191條）

前面有討論到光景之所以產生，與如何拆除光景的論述。避免光景產生，就是要讓良知與物境為一，即良知當實落於物境上。然在此或破除了一個光景，但實產生另一個光景。說是另一個光景，其實是同一個光景問題。何以說呢？蓋因當吾人時時刻刻執持此心：「吾人要讓良知與物境為一，否則會產生光景」時，其實此時此刻所執持的不是「良知與物境為一」之心，而只是個「意念」或「見聞之想象」而已。此時已落入思辨之想像，而非良知與物無對之當下體現。故何以近溪最後會嘆然言道，這個問題不可再用言語道破了，若是能夠用言語道破，必然還可再被執持，如此下去，無窮無盡的「言語道破」，無窮無盡的「用力執持」，無窮無盡的「拆除光景」。如此下去必然是無窮的後退。說到此處，便不是思辨的、分別的問題，而是實踐、非分別的問題。換言之，不可停留在前面之分解方式，而是消化分解說所建立的那些觀念，然後用辯證、詭譎的方法把它統一起來。〔註121〕林生恐就是未消化近溪先前分解說所建立的那些觀念，故停留在分解說之概念，以致於最後是無窮的後退。近溪這種辯證之融通淘汰亦展示在以下引文：「我的心，也無個中，也無個外；所用工夫，也不在心中，也不在心外。只說童子獻茶來時，隨眾起而受之，已而從容啜畢，童子來接時，又隨眾付而與之。君必以心相求，則此無非是心；以工夫相求，則此無非是工夫。」（255條）

工夫經過融通而去執之後，自然工夫漸能合於本體而沒有良知本身之光景。弟子一日自述其工夫後之化境，謂：「近覺中心生意勃勃，雖未嘗用力，

〔註121〕牟宗三先生稱此種方式為「辯證的統一」。參見氏著《中國哲學十九講》（臺北：臺灣學生書局，1983年），頁331～355。

而明白洞達，自可愛樂。」即有本體做工夫之當下即悅。弟子問近溪是否可以「不忘失」此本體工夫之當下即「明白洞達，自可愛樂」呢？近溪回應道：

> 忘原與助對。汝欲不忘，即必有忘時，所謂引寇入屋者也。故孔孟
> 設科，不追其既往，不逆其將來。豈止以此待人？亦常以此處己。
> 看他寬洪活潑，涵蓄熏陶，眞是水流物生，任天機之自然而充之，
> 以至於恒久不息，而無難矣。（219 條）

既然「中心生意勃勃，雖未嘗用力，而明白洞達，自可愛樂」，本已是心地光明，更無須欠，可謂「增也增不得，減也減不得，不增便不助，不減便不忘，渾是一團妙理，又渾是一團生機，而叫做集義所生。」（249 條）何以還須「不忘失」的工夫呢？近溪稱這種作法根本是「引寇入屋」。即本來本體就是工夫，就是勿忘勿助而集義所生，渾是一團妙理，又渾是一團生機，明白洞達，自可愛樂。然只因有所懼怕於「忘失」此境，故「追其既往，逆其將來」，如此便又落入前文所謂的良知與物境爲二之窘境，即犯了「助長」之病。換言之，本來無一物，卻因爲執持於化境，而惹得一身塵埃。故不可執持於化境，即便心地已覺無任何一物，亦不可將此「覺無物」識爲一心覺，蓋此心覺亦是一光景。故「覺無物」固然是心中之風景，然亦描繪不得，蓋此描繪勉爲其難是學術中之「學問脈路」，是讓吾人有個格則好依循、下工夫。然畢竟心地風光是自我天明之事，「無勞多談，只是人行我行、人歇我不歇」，老實去做而不立文字、言說等事。只要如是做去，五六年便熟了，便是「聖人路上人」了。（524 條）

　　經過以上層層的工夫轉進，吾人可以明確地知道，儒學就是生命的學問，屬實踐哲學的範疇。故惟有切實地致良知於事事物物，方能邁向「聖人路上」。而「光景」之產生，亦如空中之花，是虛妄的。只要「自目不瞪，原無空花也」。即當下順此眞心本體之生生大化而不起妄執，原亦無所謂的光景之問題。光景只是此永恆純淨遍在之心體之一時之妄心起動而生之「迷執相」，並非獨立存在之「對象」，亦不須要一工夫歷程加以對治或還滅。〔註122〕故近溪謂「此段光景，原從妄起，必隨妄滅。」（259 條）是以，拆除光景並非指有一「光景」之物以爲吾人所拆除。若視「光景」爲一對治的對象，則必然產生執滯，故「破光景」之同時，已然產生另一個「光景」，若如此下去，亦將產生無窮的後退。準此，拆穿執持境界所生之光景，固然可說是最後之工夫，

〔註122〕李得財《羅近溪哲學之研究》，頁 158。

然連最後「破光景」之「破」亦要「破除」。即連最後「破光景」之意念亦要破除。如何破除呢？此時不可再落入「意識」之思維「破之」，必然要跳脫「意識」，否則必然無窮後退。故只能「一切放下」。當一切放下的時候，離開一切概念分解，勿忘勿助之，則自然回歸本體之天明。故近溪絕筆書特別叮嚀到，要「一切放下」。其道：

> 此道炳然宇宙，原不隔乎分塵，故人己相通，形神相入，不待言說，古今自直達也。後來見之不到，往往執諸言詮。善求者，一切放下，放下胸目中，更有何物可有耶？願同志共無感無感焉！盱江七十四翁羅汝芳頓首書。（308 條）

一切放下，除了指最後工夫也要放下之外，連「最後工夫也要放下」這個意念皆要放下。即一切「有思、有慮」皆當放下。故近溪謂「無功之功，其眞功乎、無體之體，其眞體乎、無思無慮者，良知之體，儻以有思慮致之，猶方底而圓蓋，必不合矣。」（519 條）蓋「道炳然宇宙，原不隔乎分塵，故人己相通，形神相入」。惟有一切放下，本體方能如天道之「大虛」，而惟有「大虛」，其用方能如天道之莫測，神感神應。故近溪亦說「一切都且放下，到得坦然蕩蕩，更無戚戚之懷，也無憧憧之擾。此卻是能從虛上用工了，世豈有其體既虛而其用不靈者哉？」（137 條）「一切剝落淨盡，不掛絲毫。」（601 條）然近溪亦特別提醒道「此段道理，最要力量大，亦要見識高，稍稍不如，難以驟語。」（137 條）意即「一切放下」並非是容易之事。按近溪的用法，有「情忘識泯」〔註123〕以復自知之放下；有一切工夫之放下；有一切執持、思慮之放下。而儒學「一切放下」之「無」與釋道之「無」是不同的。儒學之「無」，是「有而無，適得乎中正」，釋道之「無」，是「無而無，始墮於偏空」。（519 條）釋道皆非實有形態，分別以「觀空破執」、「自然無爲」爲工夫。尤其道家反對把持及人爲造作等工夫。〔註124〕故釋道之「放下」（無），並非

〔註123〕近溪謂：「是因象以爲事，而實盡人以奉天也。蓋雷潛地中，即陽復身內，幾希隱約，固難以情意取必，又豈容以知識同窺？故商旅行者，欲有所得者也：後省方者，欲有所見者也。不行不省則情忘識泯，情忘識泯則人靜天完，而復將漸純矣。」（233 條）

〔註124〕儒釋道三個系統最後所指向之處都屬於同一個層次：終極的形態。然釋道皆非實有形態。佛教主無自性，不言創造萬法，而只言保住萬法；道家所說的創生，是「無生之生」。惟有儒家有一個創生實體可以創生萬物。見牟宗三《中國哲學十九講》，頁 421～431。以及楊祖漢〈從王學的流弊看康德道德哲學作爲居間型態的意義〉，《鵝湖學誌》第 33 期（2004.12），頁 164。

如儒學是從「實有」，以及「執持」中而來，而是從「空、無」中得來，故甚
為虛玄而不實在，且不易實落。

　　近溪以上這個說法甚能相應於楊師祖漢先生所謂的「對無條件地實踐的
事情的認識，須由法則開始，不能由自由開始」。即對於無心無為、不執著、
無煩惱之化境，皆可以「虛無」來說。然只有從儒學義理契入，才能真正見
得虛無的本色。〔註125〕釋道便是以「自由」（無）來契入、體現聖人般之生命，
是很有問題的，應不合於實踐的次序。實踐的次序當以認識之根據之法則為
先，而非存在之根據之自由為先。〔註126〕雖然近溪說以悟性地為先，但是「對
無條件地實踐的事情的認識」，卻是以先聖之「成法」、「至善格子」為先。許
多學者從近溪晚年之語誤認近溪主自然而無工夫，皆是「討便宜了」，殊不知
近溪之工夫「細密緊切，方得到此」。〔註127〕即不思不勉之無為工夫，也是從
以學以慮之有為工夫而來。換言之，從先聖之成法一旦能夠通過「尊、信良
知」之關卡，便走進「聖人路上」。經過「工夫合本體」之「習熟」〔註128〕
工夫之後，漸漸便能達至「本體做工夫」之階段。如此便能勿忘勿助，任天
機之自然而體現。此即近溪所謂的：「雖汝初學，不免要著力，點檢、操持」
（48條）、「吾人學問，如舟車，然車輪之發，舟帆之上，**必費些力**，比至中
途，**輪激帆揚，何須致力**！」（524條）近溪最後達至之「自然」，並非赤子之
心之不學不慮下之「不自覺」，或「原始和諧」而已，而是經過「自覺」到「超
自覺」之「不思不勉」，或「二度和諧」。故近溪所主之自然化境，並非是本
能上之自然反應，而是經過融通淘汰之過程。即已經過「見山不是山」到「見
山又是山」之辯證、詭譎過程。〔註129〕

　　綜合上論，近溪不是只有「無」的工夫而已，而是說，近溪「無」的工夫

〔註125〕楊祖漢〈從王學的流弊看康德道德哲學作為居間型態的意義〉，頁167～186。
〔註126〕同上，頁174～175。
〔註127〕楊復所謂：「今人只見先生晚年，學到從心不踰矩處，便以無功夫訾之，不知
　　　　先生功夫細密緊切，方得到此。」（237條評語）
〔註128〕在成聖成賢之路上，近溪認為必然有「習熟」之執持工夫。近溪謂「如子所
　　　　說，都是學問脈路，想是明白，無勞多譚，只是人行我行、人歌我不歌，如
　　　　是做去，五六年便熟了，便是聖人路上人了。」（524條）亦可參見鍾彩鈞先
　　　　生〈羅近溪的性情論〉。
〔註129〕青原惟信禪師曾對門人說：「老僧三十年前未曾參禪時，見山是山，見水是水。
　　　　後來參禪悟道，見山不是山，見水不是水。而今個休歇處，依然見山是山，
　　　　見水是水。（「指月錄」卷二十八）

是建立在「有」之融通淘汰下。當代一些學者或對於「破光景」或「放下」有所著墨。但是對此工夫了解的不夠深切。此之所以不夠深切，乃在於對於「有」的認識不夠深切。例如古清美先生雖專論近溪「破光景」工夫，然其卻無法恰當地理解之。其謂：「近溪通過了參求心體、破除心體、和銷歸日用的證道歷程，回到人群中，他將如何帶領人們走向他所悟入的境界呢？也就是說，對於他的證道之境，他要教人從何處切入呢？在《盱壇直詮》和《羅近溪先生全集》裡，收的都是他向弟子或群眾講學之記錄，看到許多並不一致的說法，想來他必得隨聽眾的性質和根器之異而個別指點，但我們仍然可以尋到一些共同的原則。」這些共同原則是「當下面對」與「講學之助」。〔註 130〕以上是古氏研究近溪哲學後的心得，大體上掌握了近溪哲學之外貌，然對於近溪哲學之內在義理，恐未有深入的研究。故其未能回答近溪教人是從何處切入的。其理由是近溪《語錄》當中有許多不一致的說法，故難以貞定。儘管其最後歸納出兩點共通的原則，然此二點實非本質之關鍵點。〔註 131〕由此可見其對於近溪之「漸法」（有），如格物工夫，可以說是著墨甚少的，至少在〈羅近溪悟道之義涵及其工夫〉一文是看不到的。蓋因古氏誤以為近溪證「無」之後即反「有」，故而其難以體會近溪在證道之境後，他要教人從何處切入的問題。而此從其歸納出之兩點亦偏重在「放下」（無）之工夫，亦可見一斑。

再借用楊復所之言，其謂學者們往往不是「逐其末而遺其本」，便是「逐其本而遺其末」。借用此語，吾人亦發現，許多學者亦只留意近溪的「無」（頓）而遺其「有」（漸）。同樣地，有「逐其寧靜而忘其戒懼」者；有「逐其高明而遺其中庸」者；有「逐其破光景、放下而遺其擔當」〔註 132〕者。是以，一切放下，隨處體現天理，豈能將「戒慎恐懼」於天命亦放下而快哉？

曰：聞論天命之性，見得我此身隨時隨處皆是天矣，豈不快暢？又何所不順適也哉？」羅子曰：「子若如此理會天命之性，是之謂失，

〔註 130〕參見氏著〈羅近溪悟道之義涵即其工夫〉《慧菴論學集》，144～145。

〔註 131〕「當下面對」是近溪講學技巧之一，藉此指點良知。「講學之助」亦只是其傳道之工具，最多有其所謂的「師友談論之功」。二者不可說與「悟道」沒有關係，然古氏並未道出其與「悟道」之本質相關性（請參見第四章「格物」的討論）。其實應該如此說，古氏以近溪證道之最高境界，如一切放下，來否定之前「有」的工夫。故古氏才會難以回答「對於他的證道之境，他要教人從何處切入呢？」

〔註 132〕光景的產生，往往是因為「擔當」不夠所產生的。故「大丈夫須大放些志氣，莫向鬼窟裏作活計！」見上論。

而非所謂得也。」曰：「如何卻反是失？」羅子曰：汝既曉得，無時
無處不是天命，則天命之所在，即生死禍福之所在也。不知悚然生
些懼怕，卻更侈然謂可順適，則天命一言，反作汝之狂藥矣。」曰：
「弟子聞言，不覺渾身局促，不能自安。」羅子曰：「此即便是戒慎
恐懼，而上君子之路矣。所以曰：君子之中庸也，君子而時中，小
人之中庸也，小人而無忌憚也。」（122 條）

近溪晚年一再提醒弟子、子孫後輩要一切放下，以達至任天機自然之體現。
且近溪亦有此話：「天命之性，即是天生自然，率性而行，即是從容快活也。」
（184 條）如今弟子其身「隨時隨處皆是天」，難道這不是近溪最後之理想境
界嗎？何以又有問題呢？也難怪弟子不覺「渾身局促，不能自安」。其實從弟
子之「局促、不安」當中，吾人亦可推論，此人「隨時隨處皆是天」之化境
恐怕非實踐下的體認，而只是思辨下的解悟。若此人果是實踐下之體認，且
當有「仁者不憂、智者不惑、勇者不懼」之修身三要。又何以會「局促、不
安」呢？另外，近溪反對的不是「隨時隨處皆是天」之化境，而是反對此人
自謂「豈不快暢？」蓋因「隨時隨處皆是天」之化境並非肆無忌憚於天命可
成也。反之，此境必然是「戒慎恐懼」於天命方有之化境。換言之，天命之
性固然自然活潑，吾人悟得此性，固然能夠自然順適，然欲悟得此天命之性
卻非「自然順適」即可得之，是要時時敬畏於自己的天命。其謂「豈不快暢？」
或許有化境下之「從容快活」義，然近溪明顯不是如此理解，近溪是往「工
夫」實踐看，且或如筆者所言，此人此語恐是思辨語，而非徹悟語。故近溪
批之「卻更侈然謂可順適」。這種敬畏是當自己尊信良知時良知自己不容已會
給出之道德情感，而此敬畏之情感，實爲「破光景」之實功。〔註133〕故近溪
說，捧茶童子過許多門限階級，幸未打破一個鍾子，是既戒懼又寧靜、自自
然然，沒有良知與流行之光景可生。而這種輕忽敬畏天命者，在當時亦甚爲
普遍。故近溪接著說：「近時同志先達，其論良知學脈，果爲的確，而畏敬天
命處，未加緊切，似庸而未中，故學之往往無所持循。」（122 條）意即，深
知不可孤懸地守著良知，良知當要在日用間流行，然因爲過於注重「流行」，
反而忽略了對「天命之性」的敬畏，從而無所循持，此恐會產生流行底光景。
筆者認爲近溪這裡所謂的「同志先達」恐是泰州學派之學者。〔註134〕準此，

〔註133〕魏月萍《羅近溪「破光景」義蘊》，頁 115。
〔註134〕這裡指稱是「泰州學派」，只是個推測。此在近溪語錄當中是沒有根據的。蓋

當時近溪亦意識到過於重視流行而忽略眞切工夫的問題。故近溪謂「卻總是諸大儒，先初起志，向愛好便宜，於日用尋常中，妄作識情。」（250 條）而不知聖人路上「眞個千層鐵壁，莫喻其堅，萬里霄雲，曷盡其遠，必遇至人，方才有個入路。」（同上引文，250 條）是以，近溪晚年告誡衣缽傳人復所：「今一手付與吾子，吾子篤信弗疑，安享受用，即是討便宜了。雖然創業者固艱，守成者不易，若不兢兢業業，物我共成，雖得之必失之。」（520 條）

因近溪出於泰州學派，且泰州之學風，主平常、自然、灑脫、樂。較不遵守陽明底軌範。牟宗三先生便認爲心齋父子特重此家風，隨後遂演變成「狂蕩」一路，即蕺山所謂的「情識而肆」。參見氏著《從陸象山到劉蕺山》，頁 282～287。

第六章　孝弟慈通貫內聖外王學：
大人之學的完成

第一節　孝弟慈縱開內聖之學

一、如何邁向「聖人路上」人

　　如何邁向「聖人路上」人，其實前文大體皆有論述，以下只是綜論之以便下文討論。近溪自謂其良知學乃經過「千辛萬苦，走遍天下，參求師友」而得。亦嘗謂要尊信良知，亦如「千重鐵壁，若非真正舍死拚生一段精神，決未許草率透過也。」可見得要邁向「聖人路上」人，恐不易也！雖然如此，然近溪不僅自己立志要邁向「聖人路上」人，同時也是要同攜天下萬世之人同登「聖人路上」。此乃近溪效法孔子以天下萬世之事為事，以天下萬世之心為心。是以，孔子「因材施教」、「有教無類」，以及「學不厭、誨不倦」之精神，亦成為近溪心性修養，以及講學特色。而根據前面討論的結果來看，近溪教人為學有其教學目標。簡單的說，依序為良、善、至善三個不同層次。所謂的「良」，是要告訴百姓，人人皆有個「赤子之心」；所謂的「善」，是要將本良之善表現出來，如愛親敬長；所謂的「至善」，是將「善」擴充到「親民、止於至善」，即將善擴充到天下萬世。故「至善」之「善」，可說是既廣大又精微。而「至善」可謂聖人之境界。另外，從《中庸》的分類上，近溪之教學目標大致上亦可分為「誠之者、誠者、至誠者」之不同層次。而此三

種層次亦可說是在修養上有三種不同的境界。是以，首先要突破的關卡是要自覺吾人有個「本良」，進而依據本良而爲善。然此時充其量也只是個「善人」而已，即孟子「可欲之謂善」之層次。欲從「善人」提升到「聖人」的層次，便不能停留在只是尊個良知而已，而是要提升到「信良知」。只是這一「信」關，就如近溪時常說到的，如「千重鐵壁，若非眞正舍死拼生一段精神，決未許草率透過也。」近溪最常舉例的對象，就是樂正子，其介於善與信之間，可謂是「善而不信」。而孔子弟子，除顏回、曾子、子思、孟子之外，大體上皆是未能過信關而通聖域。（20、45 條）此「尊、信」二關，近溪謂爲古今一大關鍵。此關鍵是「超凡入聖」關，或是「識仁」關，過了此關方能邁上「聖人路上」人。

近溪突破此關之工夫爲「格物」。故當近溪悟格物時，可說是空前未有的雀躍。蓋其已悟得古今一大關鍵，即已邁向「聖人路上」人了。然邁向「聖人路上」不意味能到達終點。「識仁」不過是「踐仁」、「體仁」之開始，即近溪所謂的「知後乃方可入聖焉耳，非即聖人也」（144 條）之意。蓋「體仁」仍有「美、大、聖、神」之不同境界，過程猶須「周旋師友，優游歲月，收斂精神，以凝結心思。」（144 條）而近溪之「體仁」工夫，主要就是「克己復禮」。而「克己」之「己」並非只是個人之己身而已，此「己」同時包含天下萬世。是以，方能謂「一日克己復禮，天下歸仁焉！」以上是概要地將近溪工夫做一個陳述。這當中有許多的細節，比較值得一提的是，「格物」之目的是要使人「尊信良知」，然「道心惟微」，要能識透此心有如「千重鐵壁」般的困難。即近溪所謂的，眾人要讓其相信本良千百而鮮一二，何況要讓其良而善、善而聖。是以，要如何使人能認得眞、識得透呢？簡要地說，就是要從「擇善固執」做起。蓋因一般人皆非不思不勉之「誠者」，而大都是「誠之者」。而所擇之善乃要以先聖之「至善」爲格子，以之爲成法。透過「共鳴」原理，亦得使吾人「自覺良知」之存在。然既然有「執」，便不免會有「光景」之產生。故而有「破光景」與「一切放下」之工夫。

上文只是原則性的將近溪工夫論做個概述。然吾人可以發現要邁向「聖人路上」之幾個關鍵點。即如何令其「尊良知」、「信良知」、以進而「致良知」呢？近溪既然以「孝弟慈」爲其思想嫡旨，想必是不離此「核心問題」而立論方是。若是，孝弟慈與之的關聯性何在？以孝弟慈爲嫡旨是否有其獨特之殊勝處呢？

二、徹始徹終、徹上徹下之工夫

　　的確，近溪以孝弟慈爲嫡旨，終極目的就是爲了成聖這件事，就是爲了「不嘆氣」這件事而已。而「不嘆氣」這件事惟有落在工夫方能成之。所成者，「成仁」也，即成人之所以爲人之「成人」也。故工夫當落在如何「成仁」，更具體的說，如何「成人」這件事便成爲主要的課題。故孔子謂：「仁者人也，親親爲大」。「仁者人也」，可以就存有論的部分說，說明人之所以爲人之意義、價值所在；而「親親爲大」，是就工夫論的部分說，要完成人之所以爲人之意義、價值的方法。是以「仁者人也，親親爲大」這句話便成爲近溪詮釋孔子仁學最重要的文獻。而此「孝弟慈」親親之提出，除了儒學義理之要求外，近溪個人、家學、師學，以及學術環境，皆有其影響之層面。從而近溪提出「仁、人、孝」三者一體之理論。即人若是樹，孝便是根，而仁是使人成其爲人之超越根據。意即從實踐主體人之基礎上，提出「孝即人即仁」的說法。是以，孝便成爲識仁、體仁中，再親切、自然、易簡、可信不過的進路。〔註1〕故近溪謂：「（孔孟）二夫子乃指此個人身爲仁，又指此個人身所根、所連、所帶以盡仁，而曰：仁者人也，親親長長幼幼，而天下可運之掌也。是此身纔立，而天下之道即現；此身纔動，而天下之道即運，豈不易簡！」（70條）。

　　近溪回歸孔孟，提出以孝弟來識仁、體仁，關鍵在於其理「易實落」，其工夫「好下手」。而「易實落」、「好下手」有其先驗之根據。近溪謂：「夫赤子孩提，其眞體去天不遠，世上一切智巧心力，都來著不得分毫，然其愛親敬長之意，自然而生，自然而切，濃濃藹藹，子母渾是一個。其四海九州，誰無子女？誰無父母？四海九州之子母，誰不濃濃藹藹渾是一個也哉？夫盡四海九州之千人萬人，而其心性渾然只是一個天命，雖欲離之而不可離，雖欲分之而不能分。如木之許多枝葉而貫以一本，如水之許多流派而出自一源。」（216條）而此先驗根據落在經驗上，便可看到「赤子出胎最初啼叫一聲，想

〔註1〕朱子、牟宗三、唐君毅等先生皆有此意。朱子釋〈道在爾求諸遠〉章時，說道：「親長在人爲甚邇，親之長之在人爲甚易，而道初不外是也。」又釋〈仁之實〉章時，亦說道：「良心之發，最爲切近而精實者，不越於事親從兄之間。」。見氏著《四書章句集註》，頁282、287。牟先生亦指出「心覺之成全生命爲存有，最基本的倫常生活，父母最直接、最親切。」參見氏著《五十自述》（臺北：鵝湖出版社，1993年），頁156。而唐先生更直接指出，孝乃「一切生命相通處之開始點、對於一切人盡責任之開始點、一切人心流行之泉源與根本。」參見氏著《中國文化之精神價值》（南京：江蘇教育出版，2006年），頁135～138。

其叫時只是愛戀母親懷抱，卻指著這個愛根而名爲仁，推充這個愛根以來做人，合而言之曰：仁者人也，親親爲大。」（80 條）而此「易實落」、「好下手」既然是建立在「天性」之基礎上，自然是「親切、自然、簡易、可信」的。相對於客觀的「道心惟微」，以及主觀上「非眞正舍死拚生一段精神」尊信良知等雙重困境，「親切、自然、易簡、可信」的進路，便成爲邁向「聖人路上」之殊勝入路。故近溪曾經勖勉學堂諸生，說道：

> 學問與做人一般，須是平易近情，不可著手太重，如粗茶淡飯，隨時過日，心既不勞，事亦了當，久久成熟，不覺自然有箇悟處。蓋此理在日用間，原非深遠，而工夫次第，亦難以急迫而成，學能如是，雖無速化之妙，卻有雋永之味也。〔註2〕

近溪透過「粗茶淡飯」之日常所行來指點學生如何學道、做工夫。其謂吾人每日吃飯、喝水，是如此平常、簡易、親切，故雖日復爲之，而不厭不倦，從不間斷。自然「心既不勞，事亦了當，久久成熟，不覺自然有箇悟處」。而學道要有所成，豈能是一朝即有所成，若非自強不息，如「吃飯喝水」，不厭不倦，無有間斷，豈能「有箇悟處」呢？故近溪在此借「粗茶淡飯」之日常所行，來說明學聖賢之道難以急迫而成，或有速化之妙。當以「平易近情」爲則，如此方能不息、久、悠遠、博厚而「有物」。而近溪此「平易近情」之實，不重「速化之妙」之理，可說不離《易經》「易知簡從、有親有功」〔註3〕之原理。近溪謂：

> 率其簡易之知以爲知，而日夕安常處順：率其簡易之能以爲能，而隨處有親有功。（245 條）

> 有親有功，可久可大，而又何厭、倦之有哉？（154 條）

> 孔子，易知有親而爲賢人可久之德；易能有功而爲賢人可大之業，
> 分明謂吾之知能，即天之知能也。（264 條）

《易經》透過「乾坤合德」之道來說明天地生生之義。而乾坤之所以能夠生生不息，乃在於其「易簡」之道。即作爲創生萬物之乾，當平易而容易爲人

〔註2〕 見〈晶明德堂諸生四條〉，《羅汝芳集》，頁 713。

〔註3〕 《易經繫辭上傳》第一章：「乾以易知，坤以簡能。易則易知，簡則易從。易知則有親，易從則有功。有親則可久，有功則可大。可久則賢人之德，可大則賢人之業。」徐芹庭《細說易經》（臺北：聖環圖書股份有限公司，2001年），頁 139。

所知；而作爲終成萬物之坤，當簡約而容易見其功能。萬物生生而不相害，看似繁難，然其原理是非常「易簡」。可謂「以簡御繁」之道也。而人與天地並稱三才，人亦常以天地爲法。識天地因「易簡」之道而生生萬物；人亦當以「易簡」之道來成就德業。蓋易簡則容易使人了解與遵從；容易了解與遵從，自然讓人容易親附。容易遵從，自然行之有功；容易親附，自然可以長久；行之有功，自然德業日盛；而可以長久者，乃賢人之德也；德業日盛者，乃賢人豐豐之事業也。故「易簡」之道自然「有親有功，可久可大」，生生不息。故近溪苦心極力指在赤子孩提處見良知，常言堯舜之道、孔孟之業皆孝弟而已矣，皆只是在強調「易簡」之道。〔註4〕而提倡易簡之道，主要的目的是要吾人「尊信良知」。一旦能夠尊信良知，自然能夠「易而可該難，簡而可該煩」，一以貫之，徹始徹終，而爲聖學之全者也。（261條）近溪尊「易簡」之哲學思想，可從耿天臺奠近溪文中得知：「天道本易，易則易知，人多忽易，而驚險奇。天道本簡，簡則易從，人顧厭簡，煩縟是崇。惟公知德，學宗易簡，敷衷而語，語不爲選。信心而行，行忘押檢，不思不慮，直躋聖域。」（619條）

　　率此易簡之知、能，平易近情，雖無速化之妙，卻有「雋永之味」。此「雋永之味」就是「自然而然、從容快活」之「樂」也。近溪謂：

> 依著孔門三章書看來，則是樂先於好，而好先於知也。夫世之所謂樂者，不過是自然而然、從容快活，便叫做樂也。今細看，天命之性，即是天生自然，率性而行，即是從容快活也。《大學》謂：不待學養子而後嫁；孟子謂：孩提無不能愛其親。汝試想像，人家母親抱著孩兒，孩兒靠著母親，一段嬉嬉融融的意思，天下古今，更有何樂可以加此也哉？此便叫做民之秉彝。孔子說詩，謂：民有秉彝，故好是懿德，則好實由樂而有也；又曰：百姓日用而不知，則知又由好、樂而有也。故舜稱大知，便是能知，而其知原於好問好察，然所好者，卻是邇言，所用者，卻是庶民之中。淺近庶民，卻正是率性自然而不慮不學者也。（184條）

引文所謂的「孔子三章」是指：天命之性一章、舜其大知一章、知之者不如

〔註4〕近溪謂：「人皆可以爲堯舜，是見得人皆有此良知也；又曰：堯舜之道，孝弟而已矣，亦是見得堯舜也只是此個良知也。學者入道，從此處起手。」（217條）

好之者一章。近溪在這裡提出創造性的詮釋。按傳統的解釋，知先於好，好先於樂。即好至樂有一段積累工夫的過程。而近溪的詮釋剛好相反，是樂先於好，而好先於知。近溪舉例說道，人家母親抱著孩兒，孩兒靠著母親，一段嬉嬉融融，乃天生自然，率性而行，從容快活之「樂」也。然此「樂」之所以然，百姓是日用而不「知」也。由此可知，於生活之中，「樂」與「知」相較，「樂」是先於「知」於我們的。而此天倫之「樂」必然是天性之自然所發，故以樂當最能直指吾人心性。況且此「樂」乃「淺近庶民」之中，故「好問好察」而易「知」。此舜稱「大知」之故也。以《詩經》之話而言，「民之秉彝」之「樂」，可開出「好是懿德」之「好」。以上近溪之創造性詮釋，當是根據「君子三樂」一章，以及「事親之樂」一章而來。第二章已論及近溪以事親之樂「惡可已」來解釋易之「生生」。根據此天性之自然體現，雖始於事親之樂，然此「惡可已之樂」必然能如火之始燃，泉之始達，最後使家邦天下咸歸乎仁。故近溪雖謂「非易無以見天地之仁」。然從近溪「孝弟慈」哲學看來，「非孝弟慈之生生，無以見天地之仁」，恐更貼近近溪從生生言仁之義。

以上這個意思，若對照近溪詮解「君子三樂」章，將更為清楚。其謂：「蓋父母俱存，是樂於盡孝；兄弟無故，是樂於盡弟。能以孝弟為樂，方仰無愧於好生之德，所謂在家邦為孝子，在天地為仁人也；方俯不怍於人，而孩提無不愛親，無不敬長，不失赤子之心，而名為大人也。方是老吾老以及人之老，長吾長以及人之長，幼吾幼以及人之幼，家邦自此而無怨，天下自此而歸仁，家邦天下咸歸乎仁，則可盡得一世明睿之賢才，覿德觀風，踴躍興起，以與人為善，而歸於大同也。不曰：人人皆可以為堯舜而何哉！」（179 條）而當近溪說完這段話之後，合堂貴賤，凡千百之眾，皆同聲感歎謂：「果然，我等人人皆可做得。」（179 條）而近溪更復申而告曰：「此時諸人各各信得，極是古今希有之事。當時孟子一生之言，未曾得一個相信，有個樂正子，雖是見得此個東西，可欲可愛，然問他是自己性生的，便不免有疑。」（179 條）由此可知，近溪以知孝知弟來指點良知，並非只是個空理論。在其自己的經驗現實中，的確也使百姓信得良知，故近溪對諸人各各信得，謂為「極是古今希有之事」。而從近溪的話頭當中，亦隱含者近溪對自己從「平易之情」、「孝弟之樂」來指點良知，甚為滿意與自信。當然這背後近溪已預設此樂是本體自然所發，故當下即可言悅。故近溪從天倫之樂來尋根源、真種子乃最為直

接了當。故其謂「此樂有自本體而得，則生意忻忻，赤子愛悅親長處是也。」（131條）

以上是綜合地說孝弟慈在工夫論上，有徹始徹終之效。以下再利用一些篇章分解地說明「孝弟慈」與「格物」、「致知」、「破光景」等工夫之關係。首先就格物而言。近溪謂：

> 所謂格也，其旨趣自孟子以後知者甚少，宋有晦庵先生見得當求諸六經，而未專以孝弟慈為本；明有陽明先生見得當求諸良心，亦未先以古聖賢為法。芳自幼學即有所疑，久久乃稍有見，黽勉家庭已數十年，未敢著之於篇。惟居鄉居官，常繹誦我高皇帝聖諭，衍為鄉約，以作會規，而士民見聞處處興起者，輒覺響應。（1條）
> 豈止四書，雖盡括五經，同是格物一義。蓋學人工夫，不過是誠意正心修身齊家治國平天下，而四書、五經是誠正修齊治平之善之至者，聖人刪述以為萬世之格。《大學》則攝其尤簡要者而約言之，所以謂之曰在格物也。今觀其書，通貫只是孝弟慈，便人人親親長長，而天下平。孟子謂：其道至邇，其事至易，予亦敢謂：其格至善也。（28條）

近溪這裡的思維邏輯是，「誠正修齊治平之善之至者」，盡書之於四書、五經之中，而四書、五經又是以「孝弟慈」為本。故近溪說「一切經書皆必歸會孔、孟，孔、孟之言皆必歸會孝弟」。是以，「孝弟慈」便是「格物」之本。換言之，「孝弟慈」是「識仁」之本。近溪認為這就是孟子「其道至邇，其事至易」之義。故以至易至簡之孝弟之道來「尊信良知」，乃最為根本的方法，亦是通過古今一大關鍵「格物」之不二法門。一旦通過「格物」一關後，便是要「體仁」。而「體仁」的工夫最主要就是「克己復禮」，即在本體上做工夫。按第二章、第三章的討論，氣質或外物雖然對於「定性」不無干擾，但是只要「默識性體，性體默識，而定自隨之」。而「默識性體」或是「定性」的工夫，近溪認為就是「孝弟」而已矣。另外，近溪曾就「父母恩重」之層面立論：

> 賢只目下思量，父母生我千萬辛苦，而未能報得分毫；父母望我千萬高遠，而未能做得分毫，自然心中悲愴，情難自己，便自然知疼痛。心上疼痛的人，便會滿腔皆惻隱，遇物遇人，決肯方便慈惠周恤溥濟，又安有殘忍戕賊之私耶？（17條）

> 若做人的常是親親，則愛深而其氣自和，氣和而其容自婉，一些不
> 忍惡人，一些不敢慢人，所以時時中庸而位天育物，其氣象出之自
> 然，其功化成之渾然也。（80 條）

近溪從父母恩重難報的視域來言「體仁即制欲」。即「父母恩重難報」的恩情
最能提掇吾人之惻隱之心。而惻隱之心一旦被引發出來之後，自然能夠慈惠
周恤溥濟，如此又安可有「殘忍牧賊之私」呢？同時，對於父母恩重之報答，
近溪認爲是「現現成成，而不勞分毫做作，順順快快，而不費些子勉強，心
心念念，言著也只是這個，行著也只是這個，久久守住也只是這個。」（178
條）或「一舉足而不敢忘父母，一出言而不敢忘父母，便謹而信也。愛親者，
不敢惡於人，敬親者，不敢慢於人，便是泛愛眾而親仁也。立身行道，斐然
成章，其爲父子兄弟足法，便定餘力學文，以顯親揚名於天下後世也。」（348
條）即從對父母之恩重難報之心，轉成對自我之「身、心、言、行」之要求，
轉成「惻隱、羞惡、辭讓、是非」之心的體現。如此之仁心之體現，必然慈
惠溥濟、氣和容婉，又安敢有殘忍牧賊之私、惡人慢人之心呢？身心言行自
然不勞分毫做作，不費些子勉強地體現仁心。此即孔子一生不「踰矩」於「孝
弟慈」之故也。〔註5〕

　　另外，這種體仁型態，比較不易產生光景的問題。蓋愛親敬長之良知與
物境必然是爲一的。即孝心必然是落在父母身上，弟心必然是落在兄長身上，
慈心必然是落在子女身上。此孝弟慈之心皆天性之自然所發，故而無良知本
身或流行之光景問題。故近溪曾對心中烱烱卻無實落處提出批評：「聖賢之
學，本之赤子之心，以爲根源，又征諸庶人之心，以爲日用。君纔言常時是
合得，若坐下心中烱烱，卻赤子原未帶來，而與大眾亦不一般也？」（257 條）
心中烱烱當不離日用而言。而日用尤以「奉父母、處兄弟，養妻子」爲主。
即近溪所謂的「民間一日只有三場事」之事爲主。若離此而單悟良知，恐有
陽明「簸弄精神、斷滅種性」之危也。〔註6〕此即近溪所謂的「適纔烱烱，渾

〔註5〕近溪謂孔子不踰矩之心，只是在「孝弟慈」而已。意即從此心出發，身心言
　　　動皆能合於中道，而不「踰矩」。其謂「所論心不踰矩，只是孝弟慈，通之天
　　　下。夫孔子與二子言志之日，去七十當亦無幾，而所言終不出此。可見道邇
　　　而求諸遠，事易而求諸難。」（274 條）

〔註6〕陽明自述道：「陽明洞中，行導引術。久之，遂先知。一日坐洞中，友人王思
　　　與等四人來訪，方出五雲門，先生即命仆迎之，且厯語其來跡。仆遇諸途，
　　　與語良合。眾驚異，以爲得道。久之悟曰：『此簸弄精神，非道也。』又屏去。
　　　已而靜久，思離世遠去，惟祖母岑與龍山公在念，因循未決。久之，又忽悟

非天性而出自人為。今日天人之分，便是將來神鬼之關也。」（257 條）

　　以上大致論述了孝弟慈在工夫上，既是格物之本，亦同時可成就可大可久之德業，並且亦能避開光景之心疾。故孝弟慈可說是徹始徹終的工夫。而在徹始徹終的同時，依中國文化的特質，必然亦是天人一貫，徹上徹下的。〔註7〕從存有論而言，近溪說道：「吾人與天，原初是一體，天則與我的性情，原初亦相貫通；驗之赤子乍生之時，一念知覺未萌，然愛好骨肉，熙熙恬恬，無有感而不應，無有應而不妙，是何等景象！何等快活！」（150 條）換言之，吾人赤子乍生之時，吾人之性與天道是相貫通的。即如近溪接著說道的「我起初做孩子時，已曾有一個至靜的天體，又已曾發露出，許多愛親敬長，饑食渴飲，停當至妙的天則。」（150 條）故近溪看到的人性是赤子乍生之時，與天道相貫通的「性善之體」。而此「性善之體」即是天道生生不測之所在。近溪謂：

> 想當初孟子只是從赤子孩提此處覷破，便洪纖高下、動植飛潛，自一人以及萬人，自一物以及萬物，自一處以及萬方，自一息以及萬載，皆是一樣知能，皆是一樣不慮不學。豈不皆是一個造化知能之所神明而不測也哉！故曰：盡其心者，知其性也，知其性則知天矣。今世學者，於赤子之良知良能，已久廢置不講，於孟子性善一言，則成疑貳不信，又安望其潛通默識而上達乎乾坤之知能也哉？（261條）

盡其心者，知其性也，知其性則知天矣！這句話是最善能表達孟子天道性命相貫通之思想。就工夫而言，必然是落在「盡心」處言之。要之，如何盡心便成為最關鍵處。近溪在此提出一個重要問題，就是孟子性善論何以「成疑貳不信」呢？而「成疑貳不信」之結果必然是無法盡心。如此又何以能潛通默識而上達乎乾坤之知能也哉？近溪這裡隱含著一個話頭，就是如何講良知良能方能令人尊信不二呢？蓋惟有無疑無二地尊信之，方能言「盡心」，亦方能「為物不二，生物不測」。否則焉能謂之「盡」呢？而從「赤子孩提此處」最能名狀「善心善性」，同時從「事親」之「盡心」最能善狀「盡心」之抽象

　　　日：『此念生於孩提。此念可去，是斷滅種性矣。』〈年譜一〉，31 歲，頁 1225
　　　～1226。
〔註 7〕唐君毅先生謂：「中國文化能使天人交貫，一方使天由上徹下以內在人，一方
　　　亦使人由下升上而上通於天。」參見氏著《說中華民族之花果飄零》（臺北：
　　　三民書局，2002 年），頁 143。

義。﹝註8﹞故識良知良能，未有能如赤子之良知良能，令人無疑無二，未有如
愛親敬長之能充盡其心。一旦充盡其心，自然「一人以及萬人、一物以及萬
物、一處以及萬方、一息以及萬載」，如天道之生生不息。故近溪謂：「此孔
門當初，作書本意也。蓋《中庸》根源，聖人本得自乾坤生生謂易一句，而
生生面目，最好輕快指點者，再無如母之養子、子之慕親而姊妹弟兄之和順
敬讓也。」（239 條）是以，愛親敬長雖然看似卑近，與天地之生化不測，是
何其之遙遠。然一旦尊信赤子之良，充盡地體現之，則天道就在盡心的當下
體現。即近溪所謂的「君子之高遠，原自藏在卑近處也。何謂高遠？汝今日
光輝發越，是心知之充廣者也。何謂卑近？汝原日赤子出世，是心知之萌動
者也。……。走則至卑至近之中，而至高至遠的道理，何嘗不悉寓於其內
耶？……。由是邇而可遠，卑而可高，禮與天地，而同其中，樂與天地，而
同其和，萬民賴之以立極，萬物藉之以完生，而吾自己一腔之中，亦將同體
乎萬方萬世，而希乎踐形惟肖之歸矣。」（180 條）是以，近溪從赤子愛親敬
長之不學不慮中指點良知良能，亦從對事父母之盡心當中，來體現天道之生
生不測。進而親親長長，由一人而萬人皆能從盡心孝親當中體現天道生生之
妙。此亦近溪所謂的：「必須到天下盡達了孝弟之時，方才愜快孔子志學的初
心、孟子願學的定見，卻渾然是造化一團生生之機，而天即為我，我即為天；
亦嬉然是赤子一般愛敬之良，而人亦同己，己亦同人。如此則父母俱存，兄
弟無故，固是大幸，間或未然，亦終身思慕而成大孝。」（181 條）

　　是以，孝弟慈是通往天道的一把鑰匙。而這把鑰匙，很明顯地，必然具
備「生生之大德」特性，否則如何能由近而遠地貫通天道呢？此即所謂的「苟
無至德，至道不凝焉！」故而近溪將此把鑰匙謂為可立天下之「大本」。此「大
本」義乃依據「孝弟也者，其為仁之本」而來。以下是近溪與弟子的問答：

　　　問：「有子其為人章，意何如？」羅子曰：「此有若之言語，所以似
　　　孔子也。孔子云：仁者人也，蓋仁是天地生生的大德，而吾人從父
　　　母一體而分，亦只是一團生意，而曰：形色天性也，故色容溫，沒
　　　有一毫干犯的氣象，口容止，沒有一毫干犯的言詞。蓋由他心中有

──────────

﹝註8﹞　牟宗三先生認為存心養性以事天之「事天」，是表示養體天道生物不測之無邊
　　　義蘊而尊奉之而無違之意。此「事」字，即如「事父母」之事。「盡心」之「盡」，
　　　是充分體現之義。參見氏著《圓善論》，頁 132～136。牟先生雖未明言此盡如
　　　同盡心孝父母之盡，但吾人當不反對以「事親之盡心」來名狀「盡」意。

個生生大德，立了天下之大本，自然生可惡已，生惡可已，自然不
知足之蹈之，手之舞之，皆是此本。如是則人固以仁而立，仁亦以
人而成，在父母則爲孝子，在天地則爲仁人，方不負父母生我一番，
故曰：其爲人也。然則下之爲仁，寧非即仁者人也意義哉？」或曰：
「既云：孝弟本矣，復言：道生，豈非本自本而道自道？」師曰：「既
云：仁者人也：又曰：形色天性也，寧可分而二之也。蓋孝道，至
大至久，塞天地而橫四海，淪草木而及禽獸，有許多大的道理，皆
是此個本子，非本之外又有道也。故孔子是孝的人，自言其爲人，
發憤忘食，耐以天下一家，中國一人，稱回之爲人，擇乎中庸，只
要庸德之行，復禮，天下歸仁。甚矣！有若之言似孔子也。」（346
條）

人之所以爲人，乃在於人有「仁」也。即人當以「天地生生之大德」挺立於
天地之間，方能稱爲「人」也。故「人以仁而立」。換言之，吾人必有「生生
之德」之超越根據，以爲天下之大本。此超越根據必然是吾人之良知、眞種
也。然則此「生生之德」必賴「人」而顯。而吾人最容易表現此「生生之德」，
就在事親之樂惡可已處展現。要之，良知之眞種最易發芽者，乃愛親敬長也。
換言之，「生生之德」乃始於「事親之樂惡可已」。就此而言「孝弟」是爲仁
之本也。而所謂的「本立則道生」之「本」，即「人」也，或謂人之根：「孝
弟」也；而所謂的「道」是指「仁」也，或「生生之德」也。此處近溪所要
說明的是，「本」與「道」不可爲二也，即如「仁」與「孝」，或「仁」與「人」
是一也。此第三章論之甚詳，此不贅述。相對前面的討論，近溪在此提出一
個新意。即「孝」即「本」即「道」也。故近溪說：「蓋孝道，至大至久，塞
天地而橫四海，淪草木而及禽獸，有許多大的道理，皆是此個本子，非本之
外又有道也。」故「孝」在此有「道德的形上學」之意，即從「孝」保住一
切的存在。而天下一家，中國一人之所以可能，皆始於「庸德之行」，即以孝
弟爲本，進而復禮以使天下歸仁。近溪謂孔子、顏回皆孝之人，放諸天地則
爲仁人。「孝」道已然成爲儒學傳心眞脈。故近溪謂「又如孔子，只因一本《孝
經》，得一個曾子英才，曾子、子思傳至孟子，卻把《大學》、《中庸》孝弟慈
的家風手段，演說成七篇，仁義之言，恢張炳耀，與日月爭光彩，與宇宙爭
久大。」（181 條）

近溪曾經說道：「今日吾人之學，則希聖而希天者也。既欲求以希聖而

直至希天，乃不尋思自己有甚東西，可與他打得對同，不差毫髮，卻如何去希得他而與之同歸一致也耶？反思，原日天初生我，只是個赤子，而赤子之心，卻說渾然天理。細看，其知不必慮，能不必學，果然與莫之為而為、莫之致而至的體段，渾然打得對同過也。」（80 條）儒學乃天人之學，是下學上達、盡心知天之學。而此之所以可能，在於人有與天道「不差毫髮」之性體。然人若未能識得此虛靈之神體，焉能希天，而與日月爭光彩，與宇宙爭久大呢？近溪自謂其學乃「希聖希天」之學，以赤子之良貫通天道，徹上徹下。此乃近溪極高明而道中庸之特色也。故復所稱近溪之學乃「平常而通性命，易簡而該神化，自孔子以來，未有吾師者也。」（623 條）復所此言甚能得師精髓。

最後，筆者想以一段引文做總結。蓋這段引文，道盡近溪從孝弟慈之「平常而通性命，易簡而該神化」之工夫過程，徹始徹終，徹上徹下。近溪自謂這是一條「平平正正，足以自了此生的大路」。其道：

> 聖人於其脫胎初生之際，人教不得、物強不得時節，渾然冥然之中，卻指示出一條平平正正，足以自了此生的大路，說道：大人者，要不失這一點赤子時，曉知愛爺、曉知愛娘，伶伶俐俐，不消慮、不消學的天地生成真心也。此個真心，若父母能胎教，姆教常示毋誑，如古之三遷善養，又遇著地方風俗淳美，又且有明師為之開發，良友為之夾持，稍長便導以遜讓，食息便引以禮節，良知良能，生生不已。知好色而不奪於少艾，有妻子而不移於恩私，則一舉足而不敢忘父母，一出言而不敢忘父母，將為善，思貽父母令名，必果；將為不善，思貽父母羞辱，必不果。一生為人，若果千緣萬幸，上得這條程途，方可謂之做人的大路。禮經所謂：置之而塞乎天地，通乎民物，推之東海而準，推之南海而準，推之北西海而準，推之前乎千古而準，後乎百世而準。是則聯天下國家以為一身，聯千年萬載以為一息，視彼七尺之軀而旦夕延命者，何如耶？故只不失赤子之心，便可以名大人，而大人者，便可與天地合德，日月合明，四時合序，而鬼神合吉凶也。孟氏從其大體為大人，真是格言至訓，簡易直截，惟在乎審所從而已矣。（169 條）

儒學乃大人之學。意即《大學》「格物、致知、誠意、正心、修身、齊家、治國、平天下」之學。近溪謂「誠意、正心、修身」，是所謂學也；「齊家、治

國、平天下」，是所謂仕也。此二者看似有兩件事，然通貫實為一事。意即「仕、學，原是一事，但自成己處言，則謂之學；自成物處言，則謂之仕。」（102條）要之，成己即成物，成物即成己。同理可言，內聖與外王似是二事，然通貫實為一事。蓋明德當明於天下而後止。然落實言之，通貫之所以可能，乃繫之於「孝弟慈」。故「只是個孝者所以事君、弟者所以事長、慈者所以使眾，上老老而民興孝，上長長而民興弟，上恤孤而民不悖。細細說，似有兩件，貫通實為一事。」（175條）換言之，聖門立教，就是個「大人之學」，意即「內聖外王」之學。並非有內聖、外王兩段工夫。（102條）其實，上一章討論工夫論時，其工夫就是以完成「大人」而後已。即以明明德於天下而後已。而「孝弟慈」徹始徹終，便是一以貫之以完成內聖外王之學。故就大人之學而言，並非有內聖、外王兩段工夫，所謂的「立必俱立，成不獨成」。（167條）只是本節著重在內聖學之建構。為了更縝密、整全地建立近溪哲學，以下且進一步探討近溪外王學，以及孝弟慈如何橫開外王聖業。

第二節　大人之學

一、近溪「身」觀：恕以求仁

大人之學即求仁之學。而求仁工夫就在於「己欲立而立人、己欲達而達人」。而欲立欲達，便學不厭；立人達人，便誨不倦。近溪謂不厭、不倦就如輮著兩輪以載一仁車。就此而言，立己亦要立人，達己亦要達人。（155條）要之，「立必俱立，成不獨成」。而這種精神就是「恕」的精神。近溪謂：

> 反求諸己，即謂之恕，恕得快，即謂之仁，所謂：己欲立而立人，己欲達而達人者也。」（276條）

> 孔門宗旨，惟是一個仁字。孔門為仁，惟一個恕字，如云：己欲立而立人，己欲達而達人。分明說：己欲立，不須在己上去立，只立人即所以立己也；己欲達，不須在己上去達，只達人即所以達己也。是以平生功課，學之不厭，誨人不倦，其不厭處，即其所不倦處也，其不倦處，即其所不厭處也。（103條）

> 試觀聖人口氣，說：克己復禮，只己字未了，便云：天下歸仁？說：己所不欲，亦己字未了，便云：勿施於人？真是溥天溥地，

渾是一個仁理生生，便渾天渾地，合成一個大大的人，而更無彼
此也。（194 條）

從「孔門為仁，惟一個恕字」這句話當中，吾人可知「恕」與「為仁」有直
接關係。這種關係吾人可從《論語》中找到解答。「恕」與「仁」有關之文獻，
在《論語》中主要有以下三段文獻。曾子曰：「夫子之道，忠恕而已矣！」（里
仁篇）；子曰：「夫仁者，己欲立而立人，己欲達而達人」（雍也篇）；子貢問
曰：「有一言而可以終身行之者乎？」子曰：「其『恕』乎！己所不欲，勿施
於人。」（衛靈公篇）孔子一貫之「道」，實難言之，然卻表現在四時運行，
百物生長之中。此難言之道，在吾人身上，或名之為「本體義的仁」。而此難
言之「本體義的仁」，曾子以「工夫義的仁」，即以「忠恕」二字詮解之。〔註
9〕其中「恕」與「仁」有何相關性，使得「恕」即「為仁」呢？按「恕」是
一種「人、己」之關係面向而言。「為仁」應該就是一種良好的「人、己」關
係。按孔子的說法，「己欲立而立人，己欲達而達人」者，即是仁人。當中「己
立立人、己達達人」並非是說「己立」之後，再去「立人」；「己達」之後，
再去「達人」。如上所云，「立必俱立，成不獨成」。換言之，「人、己」是一
起立，一起達的。然此如何可能呢？儒家不是強調推恩、擴充之愛嗎？按近
溪的說法，「人」與「己」是一體的，己立必要立人，人不立便是己之不立。
近溪這裡不從工夫之次第立論，而是從存有化境立言，需當檢別。故近溪謂
「己欲立，不須在己上去立，只立人即所以立己也」。

其實，不僅「人、己」是一體的，人與萬物亦是一體的。合此萬物一體
方為一個「大大的人」，或「大大的己」。故「己所不欲」就是「大大的己」、
「大大的人」所不欲。換言之，當言「己所不欲」之時，這個「己」已包含
「人」。要之，「己所不欲」就是「己人所不欲」。如是，怎會有「施於人」之
事發生呢？反之，「施於人」就是「施於己」。如是推論，豈有「己所不欲」
又「施於己」的道理。故吾人說「己所不欲」，便云「勿施於人」，是仁者之
風範，此中「不欲」與「勿施」是一件事。然若「己字未了」，則「己」非「大
大的人」，即「己」、「人」非一體而為二，如此「己所不欲」便可能會施之於
人了。是以，反求諸己之「己」，不是孤懸的個人，而是「人、己」一體下之
「大大的己」。惟有在此前提下反求諸己，方能謂之恕也。而這種恕道精神，

〔註 9〕 曾昭旭〈論忠恕與仁的本質關連——從本體論到工夫論〉，《鵝湖月刊》第 356
期（2005.2），頁 21～25。

就是儒家「廓然大公、萬物一體」之最高化境。近溪曾言道：「孔門家法，以恕求仁，正不自私其身，而以萬物爲體。以身之疾痛而譬諸人，以人之疾痛而反諸己，眞是惻然關切，心安能而不公？應安得而不順耶？」（132 條）近溪自己便有這段「廓然大公、萬物一體」之體驗。其謂：

> 芳（羅汝芳）自知學，即泛觀蟲魚，愛其群隊戀如，以及禽鳥之上下，牛羊之出入，形影相依，悲鳴相應，渾融無少間隔。輒惻然思曰：何獨於人而異之？後偶因遠行，路逢客侶，相見即忻忻，談笑終日，疲倦俱忘，竟亦不知其姓名，別去，又輒惻然思曰：何獨於親戚骨肉而異之？噫！是動於利害，私於有我焉耳。從此痛自刻責，善則歸人，過則歸己，益則歸人，損則歸己，久漸純熟，不惟有我之私，不作間隔，而家國天下，翕然孚通，甚至髮膚不欲自愛，而念念以利濟爲急焉。<u>三十年來，覺恕之一字得力獨多也。</u>（132 條）

近溪自述其自知學以來，「恕」道對其爲仁，可謂得力最多。而其對恕道的深切體認，大部份是感之於天地間「萬物之有情」。下從蟲魚、禽鳥、牛羊之形影相依，悲鳴相應中可見此情；上從四海之人，雖無親戚骨肉之血親，然亦有生生之仁親。換言之，萬物與吾人雖是不同的個體，甚至無親戚骨肉之親，然與吾人可說是「渾融無少間隔」。要之，吾人與萬物之關係就如「身軀脈理，更無尺寸不聯，念慮亦不忍尺寸不愛且養，間或手足痿痹，痛癢不知，決不慍而棄之，而必緘砭藥餌，汲汲皇皇，務醒覺而開通之也。」（241 條）在此萬物一體之仁下，無我即無私，無私則大公。〔註 10〕大公則人我一體，血脈相連。人即我，我即人。人之病即我之病；人之所需，即我之所求。要之，在一體之仁下，必然念念以利濟天下爲急。如此必然通於不厭不倦之極處。意即至仁天下萬世的極處。（241 條）如此方爲「仁」也。故喻仁必然不離「萬物一體」。以下一段引文甚能表達近溪此意。近溪謂：

> <u>聖賢語仁多矣，最切要者，莫踰體之一言。</u>蓋吾身軀殼，原止血肉，

〔註 10〕近溪萬物一體觀中，「公而去私」之思想，可上溯於陽明。「萬物一體」構成陽明晚年思想極其重要的一個部分。比較集中地反映這一觀點的文字有《親民堂記》、《重修山陰縣堂記》、《答顧東橋書》、《答聶文蔚》以及《大學問》。而陽明提出「萬物一體」此信念之主要論旨在：可以去「有我之私」，消除「物欲之弊」，以恢復心體之同然。參見吳震《陽明後學研究》（上海：上海人民出版社，2004 年），頁 170～173。鍾彩鈞先生亦留意到陽明晚年常根據良知而講「萬物一體」，再教人工夫。參見氏著《王陽明思想之進展》，頁 163～175。

> 能視聽而言動者，仁之生機爲之體也。推之而天地萬物，極廣且繁，
> 亦皆軀殼類也，潛通默運，安知我體之非物，而物體之非我耶？譬
> 則巨釜盛水，眾泡競出，人見其泡之殊，而忘其水之同耳。孺子入
> 井境界，卻是一泡方擊而眾泡咸動，非泡之動也，其釜同水一機，
> 固不能以自已也。（128 條）

近溪認爲，吾身「目、耳、口」等血肉之軀，何以能「善萬物之色、善萬物之音、善萬物之味」呢？實因「物我之同仁也」。而仁有其「生機」性，可「推之而天地萬物，極廣且繁」。就如釜同水一機，「巨釜盛水，眾泡競出」。在此仁之生機之根據下，我體與物體可說是一體呈現的。如「一泡方擊而眾泡咸動」。故「我身以萬物而爲體，萬物以我身而爲用」。（210 條）吾身與萬物，在同仁之基礎上，可說是生命共同體。是以，聖賢語仁，最切要者，無非是「萬物一體」觀。要之，近溪求仁之學必然不離此一體觀。在近溪這裡可以統而名爲其「身」觀。

> 大學之道也。《大學》：明德、親民、止至善，許大的事，也只是立
> 個身。蓋丈夫之所謂身，聯屬天下國家而後成者也。如言孝，則必
> 老吾老以及人之老，天下皆孝而其孝始成，茍一人不孝，即不得謂
> 之孝也。（91 條）
>
> 蓋聖人之所謂己，是聯屬天下以成其己，豈止天下？即萬世亦欲其
> 相通而無間也。（241 條）
>
> 孔子十五而志於學，學是大學也，人人之學，必聯屬家國天下以爲
> 一身，所謂：明明德於天下也。（269 條）
>
> 宇宙之間，總是乾陽統運，吾之此身，無異於天地萬物，而天地萬
> 物亦無異於吾之此身。（233 條）

大學之道，原「明德、親民、止至善」之大事也。近溪在此將此大事轉化爲「立個身」，或「成個身」一事。何以近溪要做如此之轉化呢？有何殊勝性呢？很明顯，此「身」，或謂「大人之身」：「聯屬天下國家」而成其身，是根據「萬物一體」的概念而來。而近溪在此直接以「身」、「己」爲名，或是以「人」爲稱。〔註11〕然以「大人之身、己」或「大人之人」爲稱，除了不離萬物一體之仁說之外，以「身、己、人」爲概念，不僅可以有個體推恩至萬物的一

〔註11〕此「人」乃「大大之人」，或「中國一人」之人。見 194、346 條。

體之愛，避開「兼愛」之質疑；〔註12〕同時亦可關聯著「仁者人也」、「克己
復禮，天下歸仁」等儒家核心義理與本質工夫。故近溪謂「孔氏之學，學仁
也。仁則焉學哉？夫仁者人也，能仁夫人，斯人而仁矣，足故我與物皆人也，
皆人則皆仁也，皆仁則我可以為物，物可以為我，定通天下萬世而為一人者
也，通天下萬世面為一人，是人而仁矣。」（364 條）是以「仁者人也」，就實
踐而言，是「人而仁」之義。而此「人」除了強調「實踐主體」人（全人）
之外，亦指萬物一體下之「大人」。另近溪謂：「克己復禮，只己字未了，便
云：天下歸仁？說：己所不欲，亦己字未了，便云：勿施於人？真是溥天溥
地，渾是一個仁理生生，便渾天渾地，合成一個大大的人，而更無彼此也。」
（194 條）此「克己復禮」之「己」即「聯屬天下以成其己」之「己」，意即
象山「能身復禮」之「身」。故「克己」並非只是「充實之美」（即達內聖）
即足已，必然要達至「大、聖、神」（即完成外王）之全功。故「言孝，則必
老吾老以及人之老，天下皆孝而其孝始成，苟一人不孝，即不得謂之孝也」。
必然要明明德於天下國家方是大人之完成。

　　然此「天下歸仁」之全功，可說是無窮無盡的工夫歷程。孔子發憤忘食
即是此寫照。近溪謂：「惟孔子以天下人盡明其明德，方為自己明明德，此則
竭盡平生心思，費盡平生精力，事必竟是成不得，事竟不成則心竟不了，心
竟不了則發憤忘食，亦竟至老而發憤忘食不了也已。」（269 條）孔子深知明
明德於天下之事功可說是一輩子竟不了之事，故學而不厭，誨人不倦，發憤
忘食。即便是如此，亦竟至老而發憤忘食不了也已。故近溪謂「真正仲尼，
臨終不免歎口氣也！〔註13〕」雖然吾輩終其一生未必了得，然「只因他自不
以為了，所以畢竟可了。若彼自以為了，則所了者，又何足以言了也？」（91
條）是以，吾人可如此說，儒家盡心知天之「盡心」，並非有一個客觀的標準

〔註12〕　「身、己、人」一般是指「個體」而言，然在「萬物一體」的光譜之下，此
　　　　「身、己、人」同時有「萬物一體」的「共體」義。故以「身、己、人」為
　　　　名，可以有此二意，且當中隱含著「一本」至「一體」之過程，即由親而疏
　　　　的推恩次第。在當時，便曾有弟子提出此問題，詳後論。

〔註13〕　參見 292 條。曾鳳儀評此條時說道：「立此大身，行此大道，真無厭倦時，若
　　　　要了此公案，堯舜猶病。」這裡所謂的「真正仲尼，臨終不免歎口氣」並非
　　　　指孔子臨終對自己的內德外功有所否定，而是近溪透過孔子之嘆一口氣以表
　　　　達聖業之廣大無疆，欲完成之是無窮無盡之工夫歷程，即便如孔子天縱之聖
　　　　者之不厭不倦，發憤忘食，猶難竟其聖業。由此可見，吾人更當該立定大志
　　　　向，以完成此綿綿之聖業。

在那裡，達之則能成聖成賢；相同地，明明德於天下之「天下」，亦並非有個客觀的規範要求在那裡。確切的說，此「天下」之「大」並非只是形容客體對象之大，更當是強調「心」之「大」，即心要擴及到天下萬世，將宇宙內事，皆當爲份內事。就此而言，儒家不是後果論者，而是義務論者。〔註14〕

近溪這種「身」觀，可說是承繼明道、象山、陽明、心齋等「萬物一體」觀而做進一步的發展。（244條）即萬物一體不僅是仁者之化境，或是形而上、存有論的概念而已。〔註15〕同時亦可以有工夫實踐下之意義。這個意思明顯上是承繼心齋「安身論」而來。然二者亦有義理上明顯之不同。心齋「萬物一體」觀，實際上偏重在「人我一體」上，而未及「物我一體」。意即是以「人我一體」爲主要意義的「萬物一體」。而保身、保人、保家、保國、保天下，固然表現出親疏之愛的差別性，以及知本的重要性。〔註16〕但是畢竟形而上的意味相對的薄弱許多。〔註17〕從而不免令人質疑其「萬物一體」觀有「功利主義」的色彩。〔註18〕反觀近溪，其萬物一體觀可說是極高明而道中庸。意即不僅強調「萬物一體」之存有義，並且實落在日用倫常中體現之。可以說是在傳統儒學「明明德於天下」義理之基礎上，吸納了宋明諸儒一體之思想後之進一步發展。要之，「身」便不是形色之身，而是「形色天性」一體下之「身」。而且此「身」不僅

〔註14〕 所謂的後果論者，是以行爲之後果來論定道德的特質；而義務論者，不從結果而言，而是根據行爲本身具有的一些重要因素來說明道德的特質。參見李瑞全《儒家生命倫理學》（臺北：鵝湖出版社，1999年），頁10。

〔註15〕 「萬物一體」觀，岑溢成先生認爲陽明在形而上的或存有論的意味較濃；心齋承繼陽明，然義理比較偏重現實的、倫理的、社會的方面。參見氏著〈王心齋安身論今詮〉，頁59～82。雖然說陽明在形而上的或存有論的意味較濃，但不意味陽明沒有現實的、倫理的、社會的方面之意涵。參見林月惠〈一本與一體：儒家一體觀的意涵及其現代意義〉，頁1～31。以及鍾彩鈞《王陽明思想之進展》，頁163～175。

〔註16〕 心齋「安身論」，以「身」爲天下國家之本，以「安身」爲齊家治國之本。意即以道德的行動爲社會行動之本。參見岑溢成〈王心齋安身論今詮〉，頁59～82。

〔註17〕 同上，頁59～82。

〔註18〕 觀心齋安身保身之義，梨洲謂其「開臨難苟免之隙」。關此，唐君毅先生與岑溢成先生大體上是反對梨洲的說法。而是正面肯定心齋「安身論」的意義與價值。參見唐君毅《中國哲學原論——原教篇》，頁385；岑溢成〈王心齋安身論今詮〉，頁59～82。從實踐的層面而言，筆者認爲心齋無梨洲批評之問題。然由於「萬物一體」在形上的肯定稍嫌不足，或如岑先生所謂的：「言語渾淪、理有未徹未瑩之處」，固有此批評。

是「格、致、誠、正所及之身」，同時亦是「家、國、天下之身」。〔註19〕換言之，這種意義下的「身」，已不僅僅只是重視內在修養的實踐者，同時亦表現爲社會，乃至政治的行動者。〔註20〕要之，大人者「宇宙內事，皆吾職分內事」（65條）。準此，近溪所謂的大人之「身」，強調的是所有存在者之間的「親和一體性」，表現的是一種精神生命的價值實現。〔註21〕故近溪有「中即此身，身即此中」、「中即人，人即中，人與中，固無二體」（53條）的說法。要之，「身」蘊涵著即「中」即「道」之價值義也。然此「身」必是「大人之身」方可成之，即孟子「唯聖人可以踐形」之義。而「大人之身」所成就之中道必然是「大中、大和」之道。即近溪所謂的：「中和既大同平天下，則聖人必天地萬物皆中其中，方是立其大中；必天地萬物皆和其和，方是達其大和。」（14條）意即達至天下無一人不中，無一人不和之境地。（245條）

　　近溪的「身」觀主要表達「萬物一體」之概念。然「一體」觀與「兼愛」思想，的確有其相近之處，容易造成混淆。弟子便曾經問到：「渾然同體，與兼愛之學何別？」近溪以身體爲例，說道：「頭目居上，四肢居下，形骸外勞，心腹內運，而身乃成焉，愛豈無差等也哉？」（129條）意即，頭與四肢爲生命共同體，無一者非吾所愛。然畢竟頭居上，四肢居下。可謂同中有異，愛中有差。愛當以頭爲本、爲親，而以四肢爲末、爲疏。雖有親疏之別，然卻是本末一貫。這種「一體」觀，是建立在「一本」之下之「一體」觀，而非

〔註19〕近溪「形色天性」一體觀，以及「大人之身」即有以上幾種「身」意。而以下一體觀亦甚能表意：「頭不間足，心不間身，我不間物，天不間人，滿腔一片精靈。」（430條）

〔註20〕岑溢成先生認爲《大學》的「身」本來有兩重不同的身份。有「格致誠正所及之身」與「家國天下之身」。其認爲朱子、陽明、龍溪、蕺山，雖兩者皆觸及，但是義理之基礎主要放在格物致知之上，以致於談到身，總是偏於格致誠正。故講大學則偏重於形上學的、個人道德、內心修養的意味中，故對於身的另一端所關聯的社會、政治的活動，不知不覺會比較忽略。反之心齋在以「人我一體」爲主要意義的「萬物一體」觀的背景上，心齋所強調的，卻是推及家國天下之身。這種意義之身，不僅是一個個人道德的實踐者，更是一個社會，甚至政治的行動者。參見氏著《大學義理疏解》，頁45～46，以及〈王心齋安身論今詮〉，頁59～82。

〔註21〕所謂的「親和一體性」，是指從他人到自然都與自我具有本體論上一體關係的萬物一體觀，其實是自我與自我之外宇宙一切存在間的「關係哲學」。這種生命意義的結構，有其價值義。參見彭國翔〈「萬物一體」的宗教性人文主義〉，《儒家傳統》（北京：北京大學出版，2007年），頁36～37。另有關其「身」觀之精神生命的價值義，亦可參見吳震《羅汝芳評傳》，頁331。

是「二本」下之「兼愛」。所謂的「一本」，朱子有善解，其謂：「人物之生，必各本於父母而無二，乃自然之理，若天使之然也。故其愛由此立，而推以及人，自有差等。〔註22〕」其實，儒學的一體觀基本上皆是建立在「一本」之基礎上。〔註23〕換言之，儒學的一體觀是建諸在愛有等差之「親親、仁民、愛物」之本末上，即「根乎中，而達乎其外，推愛親之心，以愛乎人」之親疏上。（455 條）而近溪當然不例外。甚至說，由「一本」而「一體」是近溪工夫的一大特色。即近溪以孝弟慈徹始徹終、徹上徹下之工夫。

　　萬物一體之思想，可以說是孔子仁學的另一種表示方式。在存有論上，表現爲「我即萬物，萬物即我」之大身思想；在工夫論上表現爲，克其私，去其蔽，以復其心體之同然。如上文所言，萬物一體下之無我無私，廓然大公，以復心體，其實是恕道之精神。然吾人知道，無我無私，廓然大公，豈是容易之事。故孟子曰：「萬物皆備於我矣。反身而誠，樂莫大焉。強恕而行，求仁莫近焉。」（盡心上）孟子這段話當中便道盡了存有論上之「萬物一體」觀，以及工夫論上「反身」、「強恕」以「求仁」之進路。近溪謂：

> 其有未誠者，事在勉強而已，勉強云者，強求諸其身也，反求諸身者，強識乎萬物之所以皆備焉爾也。果能此道，則雖愚必明，雖柔必強。物我相通之幾，既體之信而無疑，則生化圓融之妙，自達之順而靡滯矣。尚何恕之不可行？又奚仁之不可近也哉？<u>故欲思近仁，惟在強恕，將圖行恕，必務反身，然反身莫強於體物，而體物尤貴於達天，非孔門求仁之至蘊，而軻氏願學之的矩也歟哉</u>？（210 條）

> 仁者，人也；人，天地之心也。故學者既識得萬物與我同體，便須反之於身，以體乎萬物，天則首之，地則足之，我則心其間而清且寧之，以致中和之極，以臻位育之化，其序不可亂，而其功不可已者歟！（130 條）

從孟子原文來看，誠則萬物皆備於我；未誠者，必然無誠者之不思不勉，從容中道，更不要說大中、大和。故如何從「未誠」到「誠」，便是萬物皆備於我之必要過程。要之，這個過程必然不可能是「不思、不勉」的。換言之，

〔註22〕見朱子註解孟子滕文公章句上〈一本〉章之內容。《四書集註》，頁 262。
〔註23〕林月惠〈一本與一體：儒家一體觀的意涵及其現代意義〉，頁 1～31。或吳震《羅汝芳評傳》，頁 467～473。

只能是「勉強」的過程。勉強什麼呢？勉強於「恕」、「反身」。何謂恕呢？近溪謂：「如心爲恕，心體渾然，無思無爲，如之最難。況吾人平素千百般去思，千百般去爲？已是習慣成性矣。非用強力，又安能以如之也耶？」（101 條）意即如其本來無思無爲、不思不勉之心體。然一般人因習慣於有思有爲，故必然有一段勉強的工夫，就是「擇善固執」。這個善就是告訴我們要「反身」、「強恕」。所謂的反身就是「反求諸身」。即「強識乎萬物之所以皆備焉爾也！」換言之，所謂的「反身」，便是「回到大身」，即識得「萬物與我同體」之身（識仁），進而「體乎萬物」（體仁）。所謂的「體乎萬物」，自然是「天則首之，地則足之，我則心其間而清且寧之。如此自然進至無我無私、無思無爲之如心境地，自然就達天近仁了。準此，萬物皆備於我之一體而仁，是經過「強恕」之工夫。即由「未誠」至「誠」要強；從「有思有爲」到「無思無爲」要強；由「私」至「公」亦要強。工夫實踐上，「強恕」即「強於反求諸身」，即「強識萬物與我同體」（識仁），進而「體乎萬物」（體仁）。此即近溪所謂的「反求諸己，即謂之恕，恕得快，即謂之仁，所謂：『己欲立而立人，己欲達而達人者也』。學者其心來公，則於恕必須強耳。」（276 條）最後必然要達至「統天徹地，膠固圓融，由內及外，更無分別，此方是渾然之仁，亦方是孔門宗旨也已。」（103 條）

那麼，如何才能「恕得快」以謂之仁呢？近溪謂：「良知明覺，遍體不遺，必此體在我，然後強恕而行，方能懇切周悉，而感通亦自神速。」（350 條）意即要「恕得快」，必先了解「恕」之所以可能之根據何在。明顯地，要能感通於萬物之唯一根據，除了「良知明覺」有此通天徹地，感通無隔之能力外，別無它求。是以，要「恕得快」，甚至說要「強恕」之前，皆當先悟得良知明覺之體，如此方有體萬物爲一之本領。而此良知當是與物無隔、無對之良知，方能懇切周悉，有效地實踐恕道。此說法在在證明以悟良知爲先的重要性。

二、明明德於天下之不容已

前面提到孔門宗旨，在於求仁。而「仁」者必渾然與物同體，「統天徹地，膠固圓融，由內及外，更無分別」。（103 條）然此理想可說是無窮無盡的工夫歷程，甚至終亦難達至。此孔子不厭不倦，發憤忘食，明知不可爲而爲之之故也。然吾人不免會問，此自強不息之道德動力來自於哪裡？此明明德於天下之要求又是來自於哪裡？近溪如何說呢？

> 孔門之學在於求仁，而《大學》便是孔門求仁全書也。蓋仁者渾然與物同體，故大人聯屬家國天下以成其身。今看明明德而必曰於天下，則通天下皆在吾明德中也。其精神血脈，何等相親！說欲明明德於天下而必曰古之人，則我之明德、親民，考之帝王而不繆也。其本末先後，尚何患其不至善也哉！細玩首尾，只此一意，故此書一明，不惟學者可身遊聖神堂奧，而天下萬世真可使之物物各得其所也，大哉仁乎！斯其至矣。（3 條）

> 大學者，學為大人者也。大人者，與天地合德，與日月合明。大明當空，容光必照，日月者，天地之所以成其大也。良知虛靈，森然萬象，明德者，吾心之日月而萬物一體，與天地同其大者也。明德既是萬物一體，明明德者，亦當一體乎萬物矣。（376 條）

按近溪的說法，《大學》是孔門求仁全書。而之所以為「求仁全書」，關鍵在於《大學》明確指出「明明德於天下」。要之，明明德不僅僅只是個人之修身而已，必然要通到天下。而通天下之要求，非來自於外在之要求（包含先聖之法程在內），而是「明德」的本質要求。即所謂的「宇宙中理，皆吾性分中理，宇宙內事，皆吾職分內事」（65 條）。要之，天下與我本是個「大身」（229 條），原自「精神血脈，何等相親」。意即天下萬世之人，就像我身體四肢之一部分，與頭腦本血脈相連。故這種相親並非是任何外在的要求，乃自自然然之事。亦可說莫之致而至，莫之為而為。故近溪說，聖人必然是將「我天下萬物之人，盡欲納之懷抱之中。所以至今天下萬世之人，個個親之如父，愛之如母，尊敬之如天地，如磁之協鐵，如漆之投膠，析之不離，遠之不去。非夫子有求於吾人，亦非吾人有求於夫子，皆莫知其然，卻真是渾成一團太和、一片天機也。」（382 條）此天下一家，中國一人之大身思想，乃聖聖相傳之心法。近溪謂「才說：各人自己，便關連著天下人身上，總是他見透了，那堯舜善與人同的根源下落。所以才教顏子克己復禮，便曰：一日而天下歸仁；才教仲弓所惡勿施，便曰：在邦在家無怨；教子路以為政者，即是躬行孝弟於上；教冉有以富而教之者，即是老者衣帛食肉，黎民不饑不寒，謹庠序之教，申之以孝弟之義也。」（179 條）惟有明明德於天下以「盡人之性，盡物之性，盡天地之性」，使「物物各得其所」。如此方能謂之「了得性善」、「繼之者善」、「止於至善」。〔註24〕然以上

〔註24〕近溪謂：「人性皆善，這性合天地人物而一之者也。所以孔子明明德於天下，方能盡人之性，盡物之性，盡天地之性，了得性善也。若少有所憾，不得其

之化境，如何可能呢？近溪認為不離孔子「一以貫之」以成其「大人之身」之道。近溪謂：

> 聖門之求仁也，曰：一以貫之，<u>一也者，兼天地萬物，而我其渾</u>
> <u>融合德者也；貫也者，通天地萬物，而我其運用周流者也</u>。非一
> 之為體焉，則天地萬物斯殊矣，奚自而貫之能也？非貫之為用焉，
> 則天地萬物斯閒矣，奚自而一之能也？非生生之仁之為心焉，則
> 天地萬物之體之用斯窮矣，奚自而一之能貫？又奚自而貫之能一
> 也？是聖門求仁之宗也。吾人宗聖人之仁，以仁其身而仁天下於
> 萬世也，固所以貫而運化之，一而渾融之者也。然非作而致其情
> 也，天地萬物也，我也，莫非生也，莫非生則莫非仁也。夫知天
> 地萬物之以生而仁乎我也，則我之生於其生，仁於其仁也，斯不
> 容已矣。夫我生於其生以生，仁於其仁以仁也，既不容已矣，則
> 生我之生，以生天地萬物，仁我之仁，以仁天地萬物也，又惡能
> 以自己也哉？夫我能合天地萬物之生以為生，盡天地萬物之仁以
> 為仁也，斯其生也不息，而其仁也無疆，此大人之所以通天地萬
> 物，以成其身者也。（509 條）

人與天、地合稱三才。人可以贊天地之化育，使天地萬物渾融合德、運用周流。而人之所以可能如此贊天地之化育，使天地萬物周流不息，乃在於人有「生生之仁之為心」。意即「生生」是吾人通向天地萬物之必要特質，否則必然「斯窮矣」！而吾人之「生生」乃奠基於吾人之「仁」也。而何以吾人之「仁」能使吾人「不容已」地通向天地萬物之周流不息呢？蓋「仁之為仁」必然是以仁天地萬物為仁故也。要之，仁我之仁，必然同時是仁天地萬物之仁。若果如是，豈能不「生生」也。而一旦生生不息，又豈不通向天地萬物，而使之運用周流。此即「天地萬物也，我也，莫非生也，莫非生則莫非仁也」之義。要之，「我能合天地萬物之生以為生，盡天地萬物之仁以為仁也，斯其生也不息，而其仁也無疆」。惟有如此，吾人方能「通天地萬物，以成其身者也。」是以，聖門求仁之宗，必然以「兼天地萬物」為體，以「通天地萬物」為用，而吾人生生之仁心則「承體啟用」以成其身也。

雖然《大學》告訴吾人「明德既是萬物一體，明明德者，亦當一體乎萬

平，便非繼之者善，而有諸己也。吾儕須以大人自期，日用平常，俾其為父子兄弟足法，止於至善。」（431 條）

物矣」。然若非「大眼孔、大襟懷、大口氣、大手段」〔註25〕，縱然理會其意，
甚至四處講學傳道，亦難真知真行也。根據復所的記載，近溪門下，有終年
講學而不肯承當者，從而爲自己詰辯者。〔註26〕對此，近溪回應道：

> 蓋吾心之德，原與天地同量，與萬物一體。故欲明明德於天下，而
> 一是皆以修身爲本者，正恐此賊云耳，故曰謂其身不能者，賊其身
> 者也。夫父母全而生，子全而歸，孔子東西南北於封墓之後，孟子
> 反齊止贏於敦匠之餘，固爲天下生民，亦爲父母此身。蓋此身與天
> 下，原是一物，物之大本，只在一個講學招牌。此等去處，<u>須是全
> 付精神，透徹理會，直下承當，方知孔、孟學術</u>，如寒之衣，如饑
> 之食，性命所關，不容自已，否則將以自愛，適以自賊。故大學之
> 道，必先致知，致知在格物也。（143 條）

近溪門下有終年講學而不肯承當「明明德於天下」之大任者。大體而言，皆
是對吾心之德信心不足故爾。其實「吾心之德」與「天地之德」是不差毫分
的。然人之所以自愛其身，謂其身不能，而賊其身者，只在於其未能「全付
精神，透徹理會，直下承當」大人之學。故而只會講學而不敢將講學招牌掛
上，即不敢承擔「此身與天下，原是一物」之事實。故而不敢積極並有效率
地傳達大人之學。殊不知「天下生民，亦爲父母此身」。故當吾人愛天下生民
時，其實就是愛父母給予吾人之身。反之，若吾人不愛天下生民時，其實就
是不愛父母給予吾人之身。若果如是，則當吾人不愛天下生民時，便是犯了
父母全而生之，而吾人未能全而歸之之「不孝」罪名。此「不孝」之罪名落
在此天下萬物之範圍來說，其實就是「不仁」之人。凡此不敢承擔此「講學
招牌」者，即未能全付精神於此職志，未能透徹理會「大人之學」。凡此沒有
「大眼孔、大襟懷、大口氣、大手段」者，皆是未能先「格物」以「致知」。
即未能先「識仁」以「體仁」。故仁者須先識仁，或近溪所謂的「格物」是古
今、古人一大關鍵，即有此意。

　　而對於「講學招牌」，近溪可說是以身作則，不遺餘力地將此「大人之學」
高高掛起，四處宣傳孔門求仁之宗，即以「明明德於天下爲宗旨」，故而學者

〔註25〕大學之所以爲名之爲「大」，除了強調「大人」、「大身」之外，近溪認爲「看
　　　　之者，須要大眼孔：受之者，須要大襟懷：讀之者，亦須大口氣，而爲之者，
　　　　亦須大手段也。」（229 條）
〔註26〕見楊復所《續刻楊復所太史家藏文集》卷五，〈與友人〉。或附之於《羅近溪
　　　　先生語錄彙集》，143 條之案語。

稱爲明德先生。〔註27〕而關於其講學內容，則尤以孝弟慈爲實際，或高皇六諭爲要。按王文嬟〈近溪羅先生鄉約全書序〉，以及程開祜〈鐫盰壇直詮序〉中記載近溪講學之用心，以及講學現況與內容爲：「甫下車，首以聖諭數語諄諄，爲萬姓勸告。隨檄六下邑，各興講學、鄉約之會，又每躬臨會，寓敷宣高皇條令，竟日忘勞，務期家喻戶曉之，曾未幾而窮鄉僻境，罔不若於先生訓者。〔註28〕」「其學獨得宣聖之大，以明明德於天下宗旨，以孝弟慈爲實際，以不學不慮之知能爲運用。歷官守令藩臬，阜成、安攘，悉奏膚功，更惓惓以講學作人爲務。無論潛見罔非此事。周遊商證，通人求友，足跡遍海內，隨處有會，會必累日，至者日加眾。」（頁59）近溪如此四處惓惓講學，其稟持之信念爲：「如予一人能孚十友，十友各孚十友，百人矣，百友各孚十友，千人矣，由千而萬而億，達之四海，運掌也。」（468條）

第三節　孝弟慈乃先王至德要道

一、孝弟慈聯屬中國爲一身，統會萬古爲一息

　　天下一家，中國一人，是儒家之最高理想，是仁之全幅體現，亦是人之所以爲人的意義與價值所在。然聖人不只是關心仁者渾然與物同體之化境，更關心的是吾人「如何」能與萬物一體之「實踐」問題。故聖人立教重在「人物如何同體？今日身心靈明，如何方與天地相通？如何方與人物爲一？」（205條）上一節大體上已提到「如何可能」之義理思想。然此「可能」又如何落實下來呢？近溪曾如此指點弟子。以下是其與弟子之問答：

> 汝講爲政以德的德字、道之以德的德字，說許多以內聖爲外王、以精神心術爲倡率化導，已是詳備可聽。<u>但不曉得個著落，則理會處便不切實，既欠切實，則講貫處便不精神。</u>我且問汝，爲政以德的政字，可就是道之以政的政字否？（178條）

以上是近溪論述論語爲政以德章、道之以政章的內容。其實就是討論如何由內聖通外王之工夫。近溪在此提出一個重要的哲學問題。就是如何落實內聖

〔註27〕戴璉璋〈湯顯祖與羅汝芳〉，《中國文哲研究通訊》第十六卷，第2期（2006.12），頁245～260。
〔註28〕《羅汝芳集》，頁982。

而外王呢？近溪認爲當該有個「著落」處。近溪接著說：

> 政爲民而立，則政之所云，必民間之事。政既是民間之事，則爲政
> 以德之德、道之以德之德，便須曉得，聖人說的，亦就是<u>民間日用</u>
> <u>常行之德也</u>。民間一家只有三樣人，父母、兄弟、妻子；民間一日
> 只有三場事，奉父母、處兄弟，養妻子。家家日日，能盡力幹此三
> 場事，以去安頓此三樣人，得個停當，如做子的，便與父母一般的
> 心，做弟的，便與哥哥一般的心，做妻的，便與丈夫一般的心，恭
> 敬和美，此便是民三件好德行。然此三件德行，卻是民生出世帶來
> 的，孟子謂：孩提便曉得愛親，稍長便曉得敬兄，未學養子而嫁。
> 便曉得心誠求中，眞是良知良能，而民之秉彝，好是懿德也。（178
> 條）

既然外王之事業不離民間之事，那麼爲政以德之德、道之以德之德便必然是
民間日用常行之德。而民間日用常行之德無外乎就是「奉父母、處兄弟，養
妻子」。且此三件德行乃每個人生而本有的能力。即人人本有的良知良能。即
近溪所謂的，此三件德行「從造化中流出，從母胎中帶來，遍天遍地，<u>亙古</u>
<u>亙今</u>。」（123 條）然此三件德行乃人性美德一事，並非靠政令即能使百姓信
受奉行，而是必須要上行方能下效。近溪接著說：

> <u>故聖賢爲政，不徒只開設條款，嚴立法令，叫他去孝弟慈，而自己</u>
> <u>先去孝弟慈。</u>如所謂：老吾老以及人之老，長吾長以及人之長，幼
> 吾幼以及人之幼，久之則其爲父子兄弟足法，而人自法之，便是上
> 老老而民興孝，上長長而民興弟，上恤孤而民不悖。果然有恥且格，
> 若北極一旋，而眾星自環拱之，更不待上之人，去刑罰他，追究他，
> 自然大順而大化也。<u>若泛然只講個德字，而不本之孝弟慈，則恐於</u>
> <u>民身不切，而所以感之、所以從之，亦皆漫言而無當矣。</u>（178 條）

近溪這裡提出爲政者的爲政之道。就爲政者而言，必須以身示道爲百姓之模
範；就政教而言，必須切身於百姓。而最切身於百姓者，如上所言，乃孝弟
慈也。唯有如此，方能令百姓眞正感之、從之。是以，爲政者只要「循著良
知良能，以率民孝親敬長，而須臾不離，便做得好官。」（178 條）積極的說，
必然「上老老而民興孝，上長長而民興弟，上恤孤而民不悖。」消極的說，「不
待上之人，去刑罰他，追究他，自然大順而大化。」故近溪語帶堅篤地說，
此孝弟慈三事，是古今第一件大道、第一件善緣、第一件大功德，「在吾身，

可以報答天地父母生育之恩；在天下，可以救活萬物萬民萬世之命。現現成成，而不勞分毫做作，順順快快，而不費些子勉強，心心念念，言著也只是這個，行著也只是這個，久久守住也只是這個，則上之所好，下必有甚焉者矣。」（178 條）而此三件大道理，非至今方有，亦非是人間定，乃天地原有之理，在古先帝王時，則爲原有之「三件大學術」也。近溪謂：

> 只堯舜禹湯文武，便皆曉得以此三件事修諸己而率乎人。以後卻盡亂做，不曉得以此修己率人，故縱有作爲，亦是小道，縱有治平，亦是小康，卻不知天下原有此三件大道理，而古先帝王原有此三件<u>大學術也。故孔子將帝王修己率人的道理學術，既定爲六經，又將六經中至善的格言，定爲大學，以爲修己率人的規矩，而使後世之學者，格著物之本末、事之終始，知皆擴而充之</u>，老吾老以及人之老，長吾長以及人之長，幼吾幼以及人之幼，使家家戶戶，共相愛敬，共相慈和，而共相安樂，雖百歲老翁，皆嬉嬉都如赤子一般，便叫做：雍熙太和，而爲大順大化，總而名之曰大學也已。（123 條）

近溪在此似乎有自我辯護的味道：即提出此三件大道理，非我個人所杜撰，乃遍天遍地，互古互今之理。在堯舜禹湯文武等古先帝王時已是三件大學術，可說是當時的學術共義。（162、279 條）至孔子時，遂將帝王修己率人的三件大學術客觀化，將之定爲六經。同時爲了讓有志學道者有規矩或有本末、先後之工夫可循，遂將六經中「至善的格言」定爲《大學》。而之所以定爲《大學》，乃是要人學「大」。而「大」以「明明德於天下」爲「大」。然則「大」亦當擴充於「明德」、「良知」之愛親敬長。（506 條）故「知皆擴而充之，老吾老以及人之老，長吾長以及人之長，幼吾幼以及人之幼，使家家戶戶，共相愛敬，共相慈和，而共相安樂」。如此便是《大學》所謂的「明明德於天下也」、「人人親其親，長其長，而天下平也」。（123 條）近溪在此特別強調，此由「愛親敬長」而「達之天下」之始終，是明德、良知不容已的體現，而此明德、良知的體現，乃是以「孝弟慈」徹始徹終，一以貫之。此「一貫之學」方是儒學的「眞正血脈」。也唯有此「眞正命脈」方能通天徹地，通人通物。近溪謂：

> 學大學也，志大學者，欲人明明德於天下也。<u>明德只是個良知，良知只是個愛親敬長，愛親敬長而達之天下，即是興仁興義，而修齊治平之事，畢矣</u>。故此一章，全重在無不知愛、無不知敬。此無不

知三字，一頭管著自己意心身；一頭管著家國天下。只因人生出世來，此條命脈，原是兩頭都管著，所以《大學》纔說：物之本，便連及其末；纔說：事之始，便要及其終。堯、舜纔克明峻德，便親睦九族，平章百姓，協和萬邦；武、周才追王上祀，便達之諸侯，達之大夫，而及士庶人也。達之天下達字要同《中庸》達孝的達字解；達孝達字，要同下文達之諸侯的達字解，如云：親親以盡仁，敬長以盡義，更無他術，只如古先帝王達之天下而已矣。……。只因爲此一條眞正命脈，生來一般，所以他眾人，也無不忻忻然聽著我講，所以我也無不忻忻然要講與他眾人聽。此等忻忻而講，忻忻而聽，人忻忻而傳播鼓舞，便可致一家仁，而一國興仁；一家義，而一國興義，人人愛親，人人敬長，而達之天下。故必須到天下盡達了孝弟之時，方才慊快孔子志學的初心、孟子願學的定見，卻渾然是造化一團生生之機，而天即爲我，我即爲天。（181 條）

前面提到萬物一體如何可能的問題。近溪在此進一步做分解。要能盡人盡物、通天徹地，不能尋枝枝葉葉的方法，必須是「一以貫之」的進路。而之所以能「貫」通天下萬世，必然此「天下萬世」是爲一個「大身」，此個「大身」之每一個「部分」必然是彼此間通貫無隔。是以，「自己意心身」與「家國天下」是本末一貫的；「天即爲我，我即爲天」，天我亦是上下一體、感通無隔的。此即上一節所說的，必然以「兼天地萬物」爲體，以「通天地萬物」爲用。意即，就體而言，無本無末，一體也；就用而言，通天地萬物，當有個「著落」處。此個著落處便是人間三件大事：孝弟慈。堯、舜、文、武、周公、孔、孟皆是從此「孝弟慈」一根而發，「貫天貫地，貫人貫物，貫古貫今」，可謂一以貫之。〔註29〕此即近溪所謂的「明德只是個良知，良知只是個愛親敬長，愛親敬長而達之天下，即是興仁興義，而修齊治平之事，畢矣。」而此綿綿聖業之所以能傳而不息，傳道與聞道者必然是「樂在其中」、「樂惡可已」。即如近溪所謂的「忻忻而講，忻忻而聽，人忻忻而傳播鼓舞」。如此下去，便可致一家仁，而一國興仁；一家義，而一國興義，人人愛親，人人敬長，而達之天下。從這裡吾人可以看到，就外在結果而言，行孝弟慈是達之於天下之先要條件；就內在動力而言，是因吾人「樂惡可已」。故而無不忻忻然要講與他眾人聽。然由於吾人與他

〔註29〕 熊儐曰：「吾師以孝弟慈，盡人物之性，其即孔子一貫之旨也。」見〈近溪先生一貫編序〉，《羅近溪先生語錄彙集》，頁 62。亦可參見第三章之討論。

人有共同之命脈，故而當吾人忻忻而講，所以他眾人，也無不忻忻然聽著我講，進而忻忻而傳播鼓舞。如此天下國家必然興仁興義而天下平矣！反之，王天下則未必能使眾人「樂惡可已」。故近溪接著謂：「王天下，未必能兼君子三樂，而君子三樂，果足以該帝王之王天下也。嗚呼！內而聖，外而王，盛德大業，至矣哉！而不出孩提之愛親敬長焉。」（181 條）關此「孝弟慈之樂而王天下」之論，近溪有進一步的解析。近溪謂：

> 君子之學，莫善於能樂，至言：夫其樂之極也，莫甚於終身欣然樂而忘天下。故孟子論古今聖賢，獨以大舜之事親當之。然自今看來，又惟是大人者不失赤子之心而已。詩曰：天生蒸民，有物有則，民之秉彝，好是懿德。此好字，便是樂字起頭處，何以見，民生而即好樂乎懿德也哉？你試看，人家初生的兒女，曾未幾日，父親母親、哥哥姐姐，以指輕輕孩之，便開顏而笑，兒方孩笑，父母哥姐，其開顏而笑，又加百倍。故曰：有父子，便有慈孝之心，然則有兄弟，亦便有和順之心，此有物而必有則也。父母喜懽兒女，兒女喜懽父母，哥姐喜懽弟妹，弟妹喜懽哥姐，此即民之秉彝，故好是懿德也。這是生來自知，而叫做良知，生來自能，而叫做良能，且無不知之，無不能之。大舜初生，與我眾人一般，我眾人初生，也與大舜一般，父母哥姐，都孩之即笑，而大家懽天喜地也。但眾人年紀長大，不免分了始初懽喜孝弟的心，去懽喜少艾，懽喜功名。舜則愛慕終身，只要父母喜懽，只要兄弟喜懽，所以曰：允若底豫；又曰：象喜亦喜也。看他滿腔滿懷，徹骨徹髓，通只是喜懽孝、喜懽弟的意思，便自然喜懽人孝，喜懽人弟，聞一句懿德好言，也樂然取之，見一件懿德好行，也樂然取之，只逢著孝弟人，便喜懽不勝，叫做：樂取諸人，即叫做：沛然莫禦，蓋恨不得他即同我一樣、我即同他一樣。若合眾水之派而趨下流，合眾派之流而歸滄海，所以天下之善士，多就之者，成邑成都而天下定，天下化，天下大同也。孟子當時道：人性皆善，是見得孩提之良知良能，無不愛敬親長，言必稱堯舜，是見得堯舜之道，只是孝弟而已矣。故必孝弟如大舜，方謂之不失孩提愛敬之心，方謂之父母存而樂，兄弟無故而樂，方謂之仰不愧，俯不怍而樂，方謂之得英才而教育之，以達己之孝而爲天下之孝，達己之弟以爲天下之弟，而樂於成其仁義之化於無疆無盡

　　也。其王天下與否，不止是大舜之心不與，即天下萬世之論大舜者
　　亦不與。你看，大舜王許久天下，當時所行之政，何嘗千百萬件，
　　今時未必皆傳，而所傳者只是孝弟（王天下未傳也），其孝弟又是深
　　山側陋、耕稼陶漁之時的事。果然孩提之愛敬，可以達之天下，果
　　然君子之三樂，而王天下，不與存焉也。此言雖鄙俚無異野人，然
　　亦彷彿孝弟一善，但得滿堂諸友，見之聞之，懽喜奉行，亦沛然若
　　決江河，而莫之或禦，則一世英才可以更無他讓，而親親之仁、敬
　　長之義，達之天下。（182 條）

近溪在此透過孝弟慈之天性自然所為，說明《詩經》有物必有則之概念；透
過天倫之樂說明《詩經》民之秉彝，故好是懿德之義。意即從孝弟慈之「樂」，
以見對懿德之「好」，而從此好是懿德以見天性之自「知」，即見良知良能也。
〔註30〕要之，「樂」、「好」、「知」是一體而現的。即「樂」是「良知之樂」；「好」
是「良知之好」。意即此「好、樂」皆良知良能之所自主、自發、自做決定。
故「聞一句懿德好言，見一件懿德好行」，皆樂然取之。而此「良知之樂」非
自身獨樂而已，必然不容已地欲感通他人，蓋因人我皆「大身」之體，而其
間應是暢通無隔的。是以，必然「樂取諸人」，必然「沛然莫禦，蓋恨不得他
即同我一樣。」如此良知之樂之感通力，必然能感召天下之善士。如此漸漸
合於「小同」，而由小同漸漸擴充為「大同」。即「致天下之善士皆歸，一年
成聚，二年成邑，三年成都，無人無我，而渾然天下，皆定皆化，會歸於大
同也。」（179、468 條）然此小同、大同之所以可能，乃在於良知之樂而不已，
而此良知之樂而不已又以孝弟慈之天倫之樂最為親切、自然。故孟子當時言
必稱堯舜，所稱堯舜者，便是堯舜「孝弟之道」而已。然吾人可問，何以孟
子不稱其善政，而要以「孝弟」如此淺近之言為稱呢？孟子是否有何深意呢？
除了前文重重複複強調孝弟之道親切、自然、簡而易信之外，關鍵在於：「王
天下，未必能兼君子三樂，而君子三樂，果足以該帝王之王天下也。」故雖
然堯舜所行善政，何嘗千百萬件，然今時未必皆傳，而所傳者只是其在深山
側陋、耕稼陶漁時所行之「孝弟」而已。（228 條）由此可見，堯舜之能王天
下，其成功之關鍵在於其能以孝弟慈之樂顯發百姓良知之能，使每一個人皆
能自主、自律、自發、自做決定。〔註31〕如此天下焉能有不王之道理？是以

〔註30〕參照第六章近溪對「知之不如好之，好之不如樂之」之創造性詮釋。
〔註31〕「堯舜善與人同的根源下落（孝弟慈）」是內聖外王之關鍵。見 179 條。

吾人不難理解何以近溪謂「今即孟子七篇看來，那一句話曾離了孝弟？那一場事曾離了孝弟？陳王道，則以孝弟而爲王道，明聖學，則以孝弟而爲聖學。」（163條）而當其達至「樂之極」時，可說是「美、大、聖、神」之化境。此時此刻必然是天下萬世爲一體：「我即聖心，聖即我體。豈不渾渾融融，聯屬中國爲一身，統會萬古爲一息哉！」（209條）意即無我、無人、無物、無天下萬世，皆是一個大身之天機流行而已。此即近溪所謂的「君子之學，莫善於能樂，至言：夫其樂之極也，莫甚於終身欣然樂而忘天下。故孟子論古今聖賢，獨以大舜之事親當之」、「予願吾儕有志之士，將孔門四書，自首至尾，徹底掀翻，果見天地之性，不外孝弟，而孝弟之懿，藹郁人間，涵泳周旋，到得萬民與我、我與萬民，渾然相通，了無二樣，則愛己之心愛人，愛人之心愛己，自將勃然而不容已。」（238條）故近溪謂，有志者，「學便是學這個，仕便是仕這個，此外更無所學，更無所仕，亦更無所謂志也。夫子此志，從十五歲，便曉得要絜此孝弟慈的矩。……。而直至於七十終身，其心心念念，以天下爲一家而不計自己之家，以中國爲一身，而不顧自己之身。」（175條）

　　由上面的討論，吾人可以說，「天下一家，中國一人」是儒家之終極關懷。在此意義下，學與仕、內聖與外王、個人與萬物、家與天下是一貫、一體的。故近溪有如此之話：「只孝弟，便是堯舜，便足以明明德於天下。」（468條）。就一般而言，孝弟是就一家而言。然何以近溪說「只孝弟，便足以明明德於天下」呢？這裡可以有兩個涵義。首先，就工夫而言，愛親敬長是悟得良知、明德之最親切處，捨此孝弟恐難悟得良知、明德之體，又焉能明明德於天下呢？其次，這裡的「孝弟」並非只限於一般鄉黨之孝弟，而是大孝大弟。如此方能爲堯舜，方能如堯舜之明明德於天下。是以，原則性來說，「太和絪縕，凝結此身，其始之生也，以孝弟慈而生，是以其終之成也，必以孝弟慈而成也。人徒見聖人之成處，其知則不思而得，其行則不勉而中，而不知皆從孝弟慈之不慮而知、不學而能中來也。」（162條）、「仁者人也，親親爲大。親親即仁，以孝弟之仁，而合於爲人之人，則孝可以事君，弟可以事長，近可以仁民，遠可以愛物，齊治均平之道，沛然四達於天下國家，而無疆無盡矣。」（190條）但是落實來說，從家庭之孝弟，至對天下萬世之大孝大弟；（91條）或從五倫之樂要達至「樂之極」，或「君子三樂」而忘天下之境地，非容易之事。近溪認爲「孝弟」要達至大舜之大孝大弟，方能謂之「父母存而樂、兄弟無故而樂」、「仰不愧，俯不怍而樂」、「得英才而教育之，以達己之孝而爲

天下之孝，達己之弟以爲天下之弟，而樂於成其仁義之化於無疆無盡也。」
是以，從鄉黨之孝弟，要達至對天下萬世之孝弟，仍不免須「學」也。

二、孝弟尤當貴於「學」

以孝弟慈通內聖外王，在近溪哲學，已是不諍之事實。分解的說，孝弟
慈是悟得良知最親切、最可信處，是工夫實踐最易實落處。蓋孝弟慈是人之
爲人之定則、秉彝。意即孝弟慈是天生內在於每個人之心中，而且是不分男
女老少，或職業之高下，至始至終孝弟慈皆是人類中最易知易行的行爲。(237
條) 若是，則孝弟慈是最容易啓蒙人之良知良能，使人之良知最容易產生震
動、共鳴。是以，孝弟慈是開啓每個人通往內聖之不二法門。苟人人皆能邁
向內聖之路，則離外王之聖業則不遠矣！故天性孝弟者，可說是成聖成賢之
「善才」。然則，若擁有此「善才」而執滯於一節而變或不通，則僅能爲一「善
人」而已。那麼如何才能不枉費此善之質美，而通之於聖呢？以下是弟子與
近溪的一段對話：

> 問：「孝弟爲教是矣。如王祥，王覽，非不志於孝弟，而君子不與之，
> 何也？」羅子曰：「<u>人之所貴者，孝弟，而孝弟所尤貴者，學也。</u>故
> 質美未學者，爲善人。夫善人者，豈孝弟之不能哉？弗學耳。弗學
> 則如瞽目行路，步或可進尺寸，然終是錯違中正，墮落險阻。雖曾
> 子未免大杖不走陷親有過之失，而況於祥、覽兄弟矣乎？故曰：行
> 而不著，習而不察，終身由之，不知其道。夫由之而不知其道，與
> 瞽者行路，何異哉？」諸君相顧而慶，曰：「吾族、吾鄉，質美而能
> 孝弟者，不少也。如今而後，瞽人行路之失，庶其免夫！」羅子又
> 徐爲會眾申告曰：「<u>善人之孝弟，與聖人何以異哉？蓋聖人之學，致
> 其良知者也。</u>夫良知在於人心，變動而不拘，渾全而無缺，時出而
> 恒久弗息者也。<u>今宗族稱孝，鄉黨稱弟，而不善致其良知者，則執
> 滯於一節而變或不通，循習於一家而推或不廣，矯激於異常而恒久
> 可繼之道或違焉。</u>又安能以光天地塞四海，垂之萬世而無朝夕也哉？
> 故君子必學之爲貴也。(135 條)

從弟子之問話，吾人不難理解，近溪當時的確以孝弟爲入聖之教法。然弟子
不解的是，既然孝弟慈是通往聖賢路之不二法門，何以如王祥，王覽之孝子，
卻連個君子都談不上呢？弟子在此不免質疑老師平日將孝弟慈談得如此簡易

而又高遠。近溪在此不從上文原則性的解釋進路，而是從工夫實踐的面相回應弟子。從近溪的《語錄》看來，的確近溪在「原則性」的說明佔的比例較多，筆者認為這無非，如第三章近溪格物論所示，是要弟子或百姓「尊信良知」，相信自己可以如堯舜孔孟一樣，能夠成聖成賢。就如近溪自己所言，此關乃千重鐵壁，若非真正舍死拚生一段精神，決未許草率透過也。故近溪在此關卡，著墨稍多，強調再強調，乃一時一機，智者的表現。然近溪在工夫實踐之落實，亦不敢輕忽。蓋因尊信良知非原則性的說明即可完成。故雖然說「人之所貴者，孝弟」，但是「孝弟所尤貴者，學也」。換言之，天性孝弟之人擁有成聖成賢之優質條件，即所謂的「質美」者。然若質美而未知學，近溪認為終將只是個善人而已。〔註 32〕近溪在此非常強調「學」的重要。近溪曾經說道：「即心而言，其初只是一樣；若即人而論，則世固有知為學與不知為學之分，人之為學又有善用功與不善用功之別。」（208 條）意即，人人皆有良知良能，皆有愛親敬長之心，然若弗學，則如「瞽目行路」，步或可進尺寸，然終是「錯違中正，墮落險阻」。即便如曾子這般質美之人，幼時未學，亦犯了「大杖不走陷親有過之失」。然一般大眾大體上皆是「行而不著，習而不察，終身由之，不知其道」者，與瞽者行路，何異哉？故必須善學。而善人之孝弟之所以不能為聖人，乃在於其不知有「聖人之學」，或不知「聖人之學」就是要「致其良知」。故「執滯於一節而變或不通，循習於一家而推或不廣，矯激於異常而恒久可繼之道或違焉。」故聞者嘆曰：「人不善學，則雖孝弟，而終歸於鄉士之次；人能善學，則即孝弟，而終至於聖神之大」。

　　然則人之何以不善學呢？近溪認為關鍵在於未能「格物、致知」也。〔註33〕未能格物，或識仁，則不能識天下萬物為一體。故人、我，或物、我是二

〔註32〕關此善人質美而未學，可參閱第四章〈尊信德性〉中，論「何以善而不聖」的部分。

〔註33〕有人問曰：「宗族稱孝，鄉黨稱弟，卻又只是個士之次者，何也？」羅子曰：「孝弟一也，不能因心以出者，淺而忘本；不善推所為者，近而遺末。故必誠意正心修身，而其為父子兄弟乃可足法，齊家治國平天下而後，人之父子兄弟自法之也。」於是滿堂聞者，咸翕然相嘆曰：「人不善學，則雖孝弟，而終歸於鄉士之次；人能善學，則即孝弟，而終至於聖神之大，物不可以無格，而知，果不可以不先也。」（115 條）文中提到不善學之關鍵在於未先格物、致知。此語雖是當時「聞者」所感所發之語，然亦當是切合於近溪之意。故近溪將其放入語錄中而未加刪改。若按 135 條之意，明顯是不知「致知」。然「致知」又豈能離「格物」言之呢？

不是一。要之，所思所為皆侷限在自身自家，而不會或不願推己及人，故而不知致其良知、體仁。凡此皆不知學也。故何以近溪說格物是古今、古人一大關鍵。然此學道之本，如今雖言之易簡，然若非先聖或經傳之提撕，恐亦難入手。故近溪謂，即使「近易粗淺，如一個孝弟慈，若非《大學》懇切提撕，誰人曉得從此起手？」（495 條）是以吾人便不難理解，何以近溪會如此說：「孔子將帝王修己率人的道理學術，既定為六經，又將六經中至善的格言，定為《大學》，以為修己率人的規矩，而使後世之學者，格著物之本末、事之終始，知皆擴而充之。」（123 條）

如上所論，吾人可知，大人之「學」就像一張地圖或一盞明燈，直指入道之途徑，明揭造聖之指南。然雖有入聖之指南，若心未嚮往之，亦是枉然。故「學」與「志」又當一同看。近溪說：

> 孔子十五而志於學，亦自其志之始而言之，其後立與不惑，只是此志愈真切，而愈精愈純焉耳。<u>故志與學，原非兩事，亦無間歇時也。今日之急務，未立志者，須先嚴辯；已立志者須更勇猛。</u>若果早夜精進，即便是至誠無息，亦即是孔門求仁，即是集義，有事不忘，即是靜，即是敬，即是致其良知，而聖賢學問，更無不相對同，亦何憂不得手也？（133 條）

近溪這裡藉由孔子「志於學」言工夫實踐。「志」可以說就是志於「識仁」，而「學」可以說就是熟於「體仁」。要之，孔子十五「志於學」，就不僅要志於識仁，同時必志於要體仁而後止。而三十而立、四十不惑亦不過不離此志而言，只是讓此志愈加真切。換言之，便是對於吾人與天地萬物為一體有更深切的體認。然此刻或許還無法完全進入自然體仁之生生不息。即如近溪所謂的，「輪激帆揚，何須致力」的境地，恐怕還在「舟帆之上，必費些力」的階段。準此，則未立志時，即其未嚴辯「仁」者渾然與物同體之時，故必先費力以嚴辯之。此乃近溪所謂的格物工夫；反之，若是志已立，即謂其識得吾人與萬物為一體之意。分解的說，此時便要進一步邁向體仁之實踐過程。故近溪謂「須更勇猛、精進」以達至「至誠無息」之不思不勉，從心所欲而不踰矩之境界。當達至此「美、大、聖、神」之境地，「集義，有事不忘、靜、敬」之工夫自然就在其中，亦就是所謂的「致其良知」。故近溪所謂的「志與學，原非兩事，亦無間歇時也」，便可以說「識仁」與「體仁」，或「格物」與「致知」原非兩事，此概念前文已論甚多。而所謂的「原非兩事，亦無間

歇時」，除了強調「志」與「學」之重要性之外，同時亦強調體仁之無盡無疆，故必須至誠方能無息。孔子十五志於學，到七十從心所欲而不逾矩，皆秉持「志於學」之信念，即念念皆是大人之學。上文所討論的「善而不聖」的問題，若對照此概念而言，便是未「志於學」。若是對照第四章第二節〈尊信德性〉此小節之論述，吾人可知，未能「志於學」之關鍵出於未能「尊信德性」，或根本不相信人人皆可以爲堯舜孔孟等聖人。是以，何以近溪不斷強調「格物」或「尊信德性」是古今一大關鍵，便不難理解。故善而不聖者，或未曾聞此善言善行，或不尊信德性，故而未能志於大人之學。換言之，即未能識仁、體仁。故當然善而不聖也。

　　是以，有孝弟之質美者，若無大人之志，或無大人之學以善導之，則終究只能是一鄉黨之善人罷了！然而從善人轉而要「志於學」以爲聖人，當要嚴辯吾人立足於天地之間，當不只是個鄉黨之孝子而已，同時必須是仁天下萬世之「仁人」。此個「嚴辯」，即上一節所謂的「強識乎萬物之所以皆備焉爾」之「強識」，意即「強恕以求仁」之「強恕」：「強於反求諸身」、「強識萬物與我同體」（識仁）。而如上文所示，孝弟慈是最容易體察、傳通萬物一體之觀念。故以孝弟慈聯屬中國爲一身，是最爲穩當、親切的工夫。而這個工夫進路，在《語錄》中，其實就是最常被近溪提及的，「仁者人也，親親爲大」這句話。近溪謂：「仁者人也，天地萬物爲一體者也。其中親親爲大，人以天地萬物爲一體，則人而大矣。」（383 條）要之，人要成爲一爲仁人、大人，即以天地萬物爲一體，而其實際之作法，就是從「親親」做起。既然「爲大」，便不獨親其親，直至天下國家，親親長長幼幼，而齊治均平方止。此即近溪所謂的《大學》雖有許多功夫，然實落處，只是上老老而民興孝，上長長而民興弟。故上老老、上長長，便是修身，以立天下之本；民興孝、民興弟，便是齊治平而畢，修身之用也。天德，王道一併打合，便是孔子平生所志之學，其從心不踰之矩，即此個絜矩之道是也。統而言之，卻不只是一個致良知耶？」（198 條）

三、小結

　　近溪謂：「譬如行路，千里萬里，只是出門一步趲去，千年萬年，亦只是當下一念積成，甚哉！其機之可畏，而其發之當愼也。」（146 條）近溪爲學之道非常重視「起頭」或「開始」，此亦可以從其非常強調孔孟智、巧爲先的

概念得到呼應。而這個概念必然落到實踐方爲有意義。此「起頭」或「開始」之實踐義，就是近溪常言之「著落」處。而此「著落」處是仁千人萬人、千世萬世之開始。若是起頭便錯，或是不知歸著於何處，則「寧不愈遠而愈迷亂也哉？」而此「著落」處，便是良知。更確切的說是愛親敬長下體會之良知。四書五經中千萬個道理，前聖後聖千萬個工夫，往古來今千萬個作用功業，皆不離開此個「良知」。若離開此個愛親敬長之良知，則理便不易「實落」，工夫更不易下手。故「縱言道理終成邪說，縱做工夫終是跛行，縱經營事業亦終成霸功」。〔註34〕是以，近溪所要強調的是，內聖外王聖業之完成，當有個「實落」處，而此個「實落」處，就是在「日用倫常」中，愛親敬長下良知之自然體現。故近溪謂「聖賢最初用功，便須在日用常行，日用常行只是性情喜怒，我可以通於人，人可以通於物，一家可通於天下，天下可通於萬世。」反之，若「已先無著落處。又如何去通得人，通得物，通得家國，而成大學於天下萬世也哉？」（10 條）是以，近溪謂：「究竟其明明德於天下，原非他物，只是孝弟慈三者，感孚聯屬，渾融乎千萬人爲一人，貫通乎千萬世爲一世已爾。」（227 條）然此整頓萬世乾坤之職責，非一二人之事，乃人人之份內事。爲人君者，帥天下以仁，而民從之。如大舜「以生親之心，生天下人之親，使天下之爲父子者定；以生弟之心，生天下人之弟，使天下之爲兄弟者化，定而且化，即天之維玄維默，生生不已。」（280 條）爲人父兄者，當「以正自持，而不偏其心」，則「財產物業，視人猶己，待疏若親，必不肯侵損鄉族，以獨肥己身。爲子孫者，亦能以正自持，而不邪其思，則必以父母之心爲心，以兄長之心爲心，又肯反道悖德，以薄其所厚，而厚其所薄耶？」（392 條）

是以，修齊治平，以至於天下萬物一體，皆始於「一本」。即由親親、仁民而愛物。而此等差之愛，擴充之愛，健行不息，純亦不已，皆仁心不容已之體現。張載〈西銘〉「民吾同胞，物吾與也」即表現此「一本」而「一體」之觀念。〔註35〕而明道深得〈西銘〉大義，謂：「仁孝之理備於此」。〔註36〕是以，由親親之孝弟，可以擴充至萬物一體之仁。此思想可說是儒學之共義，

〔註34〕整理自 216 條。近溪使用「著落」、「歸著」、「落實」等字詞，不單單指良知而已，而是指愛親敬長下所規定的良知。換言之，與陽明知是知非下所規定的良知是有異的。蓋陽明規定下之良知，其理不易落實。參見 94 條。
〔註35〕林月惠〈一本與一體：儒家一體觀的意涵及其現代意義〉，頁 1～31。
〔註36〕參見〈程氏遺書二上〉，《二程集‧上》（北京：中華書局，2004 年），頁 39。

〔註37〕而近溪尤強調「孝弟慈」為先王至德要道，以治平天下，從「孝弟慈」聯屬中國為一身，統會萬古為一息。這個意思充分表現在近溪「格物之悟」。其自己回憶道：「迄今追想一段光景，誠為平生大幸大幸也。後遂從大學至善，推演到孝弟慈，為天生明德，本自一人之身而末及國家天下。」（237 條）以孝弟慈格物、致知，從內聖開外王，不僅僅只是個學術思想，同時近溪更是知行合一，落實在其生命與為仕之中。〔註38〕也難怪弟子會質疑近溪說：「治平天下，其禮樂法制多端，今何只以孝弟慈為言？」（284 條）「古今學術，種種不同，而先生主張，獨以孝弟慈為化民成俗之要（240 條）。」

〔註37〕參見林月惠〈一本與一體：儒家一體觀的意涵及其現代意義〉，頁 1～31。

〔註38〕近溪謂：「我願子欲整頓世界，請自今日之學術始；欲整頓學術，請自己身之精神始。」（71 條）近溪不管在學術上，或是對民眾百姓，皆建立或宣說以孝弟慈修其治平之思想。而近溪個人更是信受奉行，並以之為其學術嫡旨。

第七章　結論──回顧與反省

第一節　回顧──本論文之研究成果

　　經過以上層層的分析、討論，大體上可以說已掌握了近溪哲學之全貌。近溪哲學大約在三十八歲前後已漸漸形成，至晚年可說是達至圓熟之境界。而其思想之形成，除了家學、師學，以及學術環境之影響外，更重要的是其個人生命實踐下之體認。在學術思辨與生命實踐之交互辯證下，便產生了近溪個人之哲學思想。近溪自謂其學就是孔孟哲學，以求仁爲宗。而以「仁者人也，親親爲大」綜括孔子仁學。若說近溪以孔子「仁者人也，親親爲大」撐開其整個哲學思想，一點也不爲過。何以說呢？孔孟聖學無非在於彰顯人之所以爲人之存在意義與價值。孟子三辨便是最佳的寫照。而人之所以爲人之意義與價值，儒家將其歸結爲「仁」。要之，吾人可說儒學便是「仁」學。近溪謂其回歸孔孟亦只是回歸「仁」學而已。然回歸仁學難道不是儒學之共義嗎？近溪有何別於先儒之高明處呢？

　　研究發現，此不同之處在於近溪不只是看到「仁」之爲人之價值所在而已，其亦看到仁不能離「人」；同時，不只是看到仁不能離人，更看到人之爲人之根源在於「親親」。首先，就仁不能離人而言。近溪謂：「此人字不透，決難語仁」。要之，此「人」義乃大有學問。此「人」有四義。一爲道不離身之「身」，或人能弘道之「人」，強調道不遠人；二爲人禽之辨下之人。強調人之所以異於禽獸而可爲聖人之根據在於人有「善性」；三爲「形色天性」一體而化下之全人。強調人之價值根源雖然在於天命之性，然若無形色之身爲

載體以彰顯之,則「善性」亦不成其為「善性」;四為大人之人。強調人要成其為大人,即人要與萬物為一體方真正成就人之所以為人之價值,亦方名為大人、聖人、仁者。此四義皆表達了不同面相之意義,惟此四義皆明瞭,皆落實之,方謂識得「人」透,亦方可「識仁」、「體仁」。此中吾人可知「仁與人」是互相規定的。離仁非人,離人亦無仁可言。「離仁非人」是從存有義言之,即「仁」是人之存有、價值根據所在;「離人無仁」是從實踐義言之,即「人」是仁之實踐、認識根據所在。而過去先儒往往偏執一端,過於強調人之所以為人之價值義或超越義,而忽略了實踐義。換言之,強調「仁」甚於「人」。不自覺地偏向於「形上的說明」,故而孔孟仁學有流於虛玄之危。或重天性輕形色,或重仁輕人,或重分解而忽實踐。從而造成「仁」學不彰,近溪謂此為「孔子公案」。近溪識得先儒有偏執一端之病,造成「仁與人」,「形色與天性」為二,故而仁不為仁、天性不為天性。要讓仁、天性彰顯出來,惟有在全人、大人之下方能為之。即惟在「實踐主體」人之前提下,方能「識仁」、「體仁」。

　　既然「人」是「識仁」、「體仁」之根源,然又當如何「從人而仁」呢?近溪謂:「看見赤子出胎最初啼叫一聲,想其叫時只是愛戀母親懷抱,卻指著這個愛根而名為仁,推充這個愛根以來做人,合而言之曰:仁者人也,親親為大。」要之,人之根本在於「親親」也。孝弟慈就如樹之根,是人之根源。就實踐主體人而言,孝弟即人也;若結合「仁者人也」之義,則可說「孝弟慈即人即仁」也。從「孝弟慈即人」而言,強調的是「親親為人(為仁)之根」。近溪如此之發現,非僅止於「親親為大」之思想,其自身從小之家學、師學,以及生命的體驗,亦使其更加強調「親親為人(為仁)之根」。這種體驗,非止於近溪而已。其實家家戶戶皆當有此「天倫之樂」。近溪認為,此孝弟慈乃人間家家戶戶每日必為之三件事。此三事乃天性之所為也。反之,若不為此三件事,豈能謂之為人呢?不能為人,又焉能近道呢?故從實踐而言,孝弟慈乃人之根。若根固的好,自然枝葉茂盛,則人之為人之意義與價值即能呈現,即能謂之「大人」。故「親親亦為仁之大」。此即「孝弟慈即仁」之義。準此,「孝弟慈即人即仁」即說明了孝弟慈能成人而成仁,即孝弟能下學而上達、徹始徹終。是以,「仁者人也,親親為大」已然將近溪哲學之綱要展示出來。而從近溪的詮釋看來,相對於先儒言「仁」而言,近溪是更強調「人」的部分。強調人之實踐,強調「形色、天性」一體、辯證下的全人,以及萬

物一體下之大人。而「孝弟慈」是以上可能之根源。然依近溪所言，先儒大都將《大學》孝弟慈視爲淺近之言而忽略之。故而對「人、仁」視不透，如此又焉能成就孔孟仁學呢？故近溪從學術環境、哲學義理，以及個人之生命體悟，提出以「孝弟慈」爲學術嫡旨。

近溪以孝弟慈爲其學術嫡旨，除了有意修正先儒輕忽孝弟慈的看法之外，著實而言，「孝弟慈」乃堯、舜、文、武、孔、孟所以成聖之根據。要之，孝弟慈通貫孔孟聖學，實乃成就內聖外王之根據。何以近溪如此說呢？內聖外王可概括爲《大學》八條目。而近溪將此八條目又歸結爲「格物」、「致知」，或「識仁」、「體仁」。而「格物」、「致知」兩大工夫，其實就是孟子「善、信」、「美、大、聖、神」之體現。故「格物」重在「善、信」之建立；「致知」重在「美、大、聖、神」之開展。就此而言，「美、大、聖、神」之所以可能乃在於「善、信」之奠基。此乃「致知在格物」之義。是以，「格物」便是首要工夫，其目的在於建立吾人之「善、信」：即要使人先尊良知、信良知。此乃象山端緒須先早辨之意。強調「早辨」，乃在於惟有尊、信良知，方能致其良知以至「美、大、聖、神」之擴充；此亦惟有識仁，方能體仁以萬物皆備於我之意。換言之，「尊、信良知」是入聖之關鍵，而「格物」是入聖之工夫。

然則，近溪認爲尊、信良知如千重鐵壁般，是很難穿透的。故有百姓日用而不知者；有知（善）而不信者。能尊、信者，近溪謂：希矣，罕矣！然則，若不能通過此關，則斷不能邁向聖賢路上人。故如何令人「尊、信」良知便成爲首要而關鍵的工夫。近溪謂此爲古今、古人一大關鍵。那麼近溪如何令百姓從日用不知到尊良知；如何讓尊良知者能進一步信良知呢？近溪認爲首先要「覺悟良知」，次而要「堅信良知」，再則要「止於至善」。而覺悟良知，近溪建議要有明眼眞師之指點，或以先聖之嘉言善行爲師，蓋因「道心惟微」。此即近溪所謂的「天下廣闊，其間自有先知、先覺的人，若不遇此等人說破縱敎，聰慧過顏、閔，果然莫可強猜也已。」（80 條）而覺悟良知者，未必堅信良知者。而人之不信乃在於不信「吾人亦能爲堯舜、大人」。另外，不信亦可能出於不知「堯舜之爲堯舜在於其將赤子之心擴充而已矣」！而此「赤子之心」人人皆有，人人須臾不離。如是，從不知到知，不信到信便是工夫所在。爲此，近溪無所不用其極的，善從孩提之童的赤子之心，愛親敬長的不學不慮指點人人皆有良知；由生活的善與不善之種種行爲指點良知須臾不離；據大人不失其赤子之心強調大人之所以爲大人，亦只是從此赤子之

心擴充而成；從聖人不思不勉，與赤子不學不慮渾是一個，強調吾人赤子之心亦是成聖之根據；從堯舜之道，孝弟而已矣，孔子十五「志於學」，至七十「不踰矩」皆只是孝弟而已矣，以及孟子七篇不離孝弟與因孝弟而得亞聖之名等等，皆是為印證，凡實踐孝弟者皆可為聖賢。而孝弟乃人人之天性所自然。換言之，近溪如此的創造性詮釋，旨在強調、呼籲，人人可為聖人，令人人相信：「我真的也可以為聖人」。

雖然人人皆有成為聖人的條件，但是不意味人人皆可以成聖。當中還需要有成聖之方法與程序，近溪謂之為「法程」。簡單的說，就是工夫要有本末、先後之次第。而由本至末，每件事皆有其「至善之至」，或近溪所謂的合於「至善格子」（中節、合於禮、合於理）。雖然說「至善格子」（理）本自具足於吾人之本性，然在吾人之本性未能自覺、自發、自作決定之時，先聖之格則，或先聖所制訂的至善之禮，可以啓發吾人內在性體之「共鳴」。要之，吾人之性體因先聖格則之啓發而能自覺、自發、自作決定。此從「法則」契入「自由」之進路，是比較穩當之作法，而非漫謂良知自足而輕忽先聖格則之啓發。然客觀之格則、禮如何能夠亦成為吾人主體道德法則之自律自發呢？近溪認為必須自己要先興發大人之志，就如若非先敲動音叉，共鳴箱又如何能夠產生共鳴呢？透過「格物」之「正己」，令吾人知道學道之本末、先後，即識得為仁之本末、先後，進而能夠「體仁」。此即近溪所謂的「仁、禮，一體而互用者也。禮非仁弗達，仁非禮弗明，仁以聯物歸身，禮以正己格物，天下一人者也。去華潘子學為天下第一人，莫先乎以仁禮存心。〔註1〕」而當中「知本」即謂「知以覺悟良知為先」，以尊信良知為要；「知末」乃知不以尊信良知為止，而知良知當擴充至與天地萬物為一體時，方為仁者。然要識得吾人與萬物為一體，並非容易之事。故而近溪有「強識乎萬物之所以皆備於我」的「強恕」概念。即有勉強到不勉、有思有為到無思無為、私而大公之過程要求。識得為仁之本末、先後，謂之「識仁」。此乃「格物」之功也。

近溪謂「惟信而後能克，未有克而不始於信者。」通過古今入聖之一大關鍵，即尊信良知，識得為仁之本、末後。接著就是「體仁」，邁向「美、大、聖、神」之致知階段，即「克己復禮」，以達至渾然與物同體之化境。近溪的體仁工夫主要是「復以自知」、「克己復禮」，或「致其良知」。歸結而言，就是一個「復」功。此即近溪所謂的「非易無以見天地之仁、非復無以見天地

之易」之義。意即「復」是見「天地之仁」之必要條件。而所謂的「復」是指「原日已是如此而今始見得如此」。那麼原日又是如何呢？就是「天下歸仁」。何以說呢？此當從「克己復禮」說起。「克己」並非「克去己私」，而是「能己」。而「己」不僅是為仁由己之己，同時亦是萬物一體之「大己」、「大身」。就個人之己而言，「克己復禮」即是使自己視聽言動皆能合禮（合理），此有充實之美；然人之為人非止於充實之美，而必至於「大、聖、神」的大人理想，方能謂「克之全功」。換言之，大人之「克己」（能身）必然是使天地萬物皆能復禮，即天下萬物皆能各得其所，止其所止。此乃天下一家，中國一人之理想。故復必至「充周」而後止，必天下歸仁而後為仁焉！而這種體仁，同時就是制欲。即「太陽一出而魍魎潛消」、「將帥登壇，然後卒伍自肅」。要之，覺與迷就如水與冰的一體關係，而不是明鏡與塵埃的二物關係。就此而言，近溪學有祖師禪即妄而真或圓教不斷斷之義理思想。〔註2〕

以上是分解地說明如何識仁、體仁。然過程中不免有「光景」或「執持不放」之問題產生。近溪的工夫明顯是從「漸」而「頓」，由「工夫合本體」至「本體做工夫」，即從「習熟」到「熟仁」之過程。換言之，近溪工夫從「有思有慮」之「執持」（擇善固執）到「不思不勉」之「自然」（一切放下）之過程。故近溪強調一切放下之「無」，與釋道之「無」有不同內涵的。其謂儒學之「無」，是「有而無，適得乎中正」，釋道之「無」，是「無而無，始墮於偏空」。近溪強調工夫之所以從有而無，乃是說明有個宗旨好下手用工夫，然最終仍須回歸平平常常。此有個宗旨方好下手之義理，就如牟宗三先生所言：「良知心體圓而神，譬如一露水珠，真難把握。然如不悟此良知，還講什麼順適平常，眼前即是？」但問題是此悟良知之結果卻可能產生「光景」之心疾。當良知不能真實地具體地流行於日用之間，或流行於日用之間而無真切工夫以支持之，便會產生光景。從近溪工夫之架構而言，光景可能發生在「尊而不信」良知，以及執持於流行之語境或境界。而近溪提出以「知孝知弟」取代以「知是知非」規定良知，以生物之心為心，以「生」代「心」，以及以孝弟慈之樂生惡可已言「生生」，除了更為親切、簡易、可信、好下手之外，同時解消主客對立，使良知與物境為一。如此，便可如唐君毅先生所言的，免於光景心疾。其實「光景」本來就是如空中之花，本是虛幻的。故無須另有一個可執持之工夫以破之。然而學者往往執持某些「學問脈路」，從而有無

─────────────────

〔註2〕謝居憲，〈羅近溪圓教思想研究〉，頁141～184。

窮後退之光景問題。那麼該如何破光景呢？近溪強調此時此刻已然是「**輪激帆揚，何須致力**」之階段，勿再保留先前「**車輪之發，舟帆之上，必費些力**」之執持工夫。此如牟宗三先生所謂的「無工夫的工夫」。即「一切放下」：「解纜放舡，順風張棹」之「自然」體現。

近溪工夫之進路，分解的說，是從有而無，從分解到非分解。然實踐過程，其間是有辯證關係的。即實踐過程並非思辨所能完全了解的。近溪提出孝弟慈為其學術嫡旨，終究離不開成德之教。換言之，必然與工夫實踐息息相關。孝弟慈乃天性之自然體現，此天倫之「樂」，乃人之所「好」。此樂之極、樂不已，非心外之樂，乃良知之樂。此近溪所謂的「知之者，不如好之者，好之者，不如樂之者」之義。是以，從孝弟慈之天倫樂體悟良知，是最親切、自然且可信之方法。故以孝弟慈來尊信良知是較為穩當的方法，且符合孟子之原意。而孝弟慈直悟良知是有普遍而可傳通性，凡有血氣者，莫不如是。故老吾老以及人之老，長吾長以及人之長，幼吾幼以及人之幼，久之則其為父子兄弟足法，而人自法之，便是上老老而民興孝，上長長而民興弟，上恤孤而民不悖。如此，自一人以及萬人，自一物以及萬物，自一處以及萬方，自一息以及萬載。反之，「若泛然只講個德字，而不本之孝弟慈，則恐於民身不切，而所以感之、所以從之，亦皆漫言而無當矣。」是以，近溪從實踐主體人之立場提出孝弟慈此簡易哲學，自然是有親有功，可久可大，終究達至生生不已而為仁之境。而此自然、著實地落實在百姓日用之倫常之中，是最不易產生光景之心疾。是以吾人可說，近溪孝弟慈哲學極高明而道中庸。工夫上是徹始徹終、徹上徹下，十字打開：縱開內聖之學，橫開外王聖業。

總的來說，近溪哲學立基於實踐主體人之基礎上，以孝弟慈為根源，以愛親敬長契悟之良知為真種，並將此愛親敬長之真種植入日用倫常之中。而此真種有其內在之合目的性，即當明明德於天下而後已。故老吾老以及人之老，長吾長以及人之長，幼吾幼以及人之幼，至天下萬世而後已。雖然說以悟良知、致良知為本質工夫，然「道心惟微」，「道非六經，智將奚措？」故「胥求以巧，而規矩弗先，教之訛也」。是以，在未能尊、信良知之前，先知先覺者之指點，或先聖之嘉言善行之引導便成為重要的過程。要之，明眼真師或先聖經傳可以輔助吾人悟得良知。是以豈可謂近溪只強調「反身當下而即是，用不著對古聖賢古經籍傳統再追求」。然此畢竟非本質工夫，蓋大匠可誨人以規矩，然不能使人巧。此種以尊良知為本，以道問學為輔之思維，即

「良知與聞見，原無二體」之概念。此近於近溪強調「志於學」之概念。「志」與「學」原非兩事，然若未先有「志」，則必不會，也無須「學」；反之，若不知學，則「志」必無法挺立有成。要之，天性質美之孝人，若不知學，則終究只是個善人，與聖人絕緣。是以，近溪學明顯是以尊德性爲主，道問學爲輔。可說是陸王心學的傳統。雖是心學傳統，然亦有所修正與轉向。雖主悟良知爲先，然並非以陽明知是知非悟得良知，而改之以知孝知弟尊信良知。不僅容易識得良知，且工夫亦下手、實落；雖皆謂「致良知」，然反對「格其不正，以歸於正」之進路，而主「直而養之，順而推之」；以生物之心爲心，即以「生」代「心」，解消了「仁」與「人」、「天性」與「形色」、「良知」與「物境」爲二之危。消極地說，可以避免光景之心疾，或工夫之間斷；積極地說，工夫容易實落，且「生生」更直接表現「仁」之創生與終成之義。同時此一體觀亦流衍出「體仁即制欲」，以及圓教「不斷斷」之思想；再則，其格物說明顯是以先聖之格則、法程爲依歸，藉此啓發良知之共鳴，以進而自覺、自發。此乃從「法則」契入「自由」之進路，相較心學傳統以「自由」入，是較爲穩當的作法。就此而言，近溪可說是心學傳統之進一步發展，且其極高明而道中庸之特色──將孔子「仁」上推至「生生之易」爲根源，將孔子之「仁」（人），更實落在日用倫常之「孝弟慈」爲體現──亦可說是承繼孔孟仁學之進一步發展。若果如是，近溪當有其獨立之哲學思想。且「孝弟慈」有親有功，可久可大之特質，使其工夫徹始徹終、徹上徹下。另外，「法則」契入「自由」之進路，使其工夫能在穩當中，以漸而頓。即從「未誠」，到「誠」，到「至誠」；或「不自覺」（不知），到「自覺」，再到「超自覺」；亦或從「良」，到「善」，再到「至善」。準此，近溪豈只是「尊奉心之自然，無視工夫，知解任情，終而導致蔑視道德淆亂綱紀的惡果」。儘管近溪謂孝弟慈徹始徹終、徹上徹下，並非謂單言個「孝弟慈」即「堯舜」矣！若不知學，若不知禮以正己、以達仁，則終究也只是個善人。故不可謂近溪單憑個「孝弟慈」即足已。

　　而近溪「孝弟慈」之提出，雖然說擴張了世俗性價值，或爲一般民間之倫理法則、道德觀念。然不可說「擴張世俗性價值對儒家倫理在倫理學意義上的純粹道德性具有減蝕的作用」，或者說民間之倫理法則、道德觀念只是「對良知所具有的道德意義的一種補充」。其實站在實踐主體人之基礎上，「孝弟慈」是人之根源，而此「根源」同時是「仁」之認識根據。要之「孝弟慈即

人而仁」。是以孝弟慈徹上徹下、徹始徹終，焉謂擴張了世俗性價值，就必然減蝕道德之純粹性；或謂「孝弟慈」只能是「對良知所具有的道德意義的一種補充之道德觀念」而已。近溪面對漫稱良知自足，或慕仁義之虛名，或不知學問頭腦，或疑人性本善，或疑人人可爲堯舜，故而從實踐主體人之立場，提出「孝弟慈」此簡易、可信之哲學思想，以此思想嫡旨爲工夫入路。固然儒學是天人之學，以天道爲價值之根源，然天道之價值體現豈不是靠人道之完成嗎？故謂「人能弘道，非道弘人」、「苟非至德，至道不凝也！」而近溪一再強調「仁者人也，親親爲大」，以「人而仁」之實踐爲進路。是以近溪之思想嫡旨當不會放在「易理」（生理）與「神理」之理境上，而是徹始徹終、徹上徹下之「孝弟慈」。〔註3〕

　　另外，「孝弟慈」之提出，符映其形上、形下一體觀思想。近溪以孝弟慈之樂「生而不已」詮釋易「生生」之義。此即以「生」代「心」，以「知孝知弟」規定「良知」之義。如此落在實踐之層面「論仁、踐仁」，自然較不易犯了「仁」與「人」、「天性」與「形色」、「良知」與「物境」爲二之危。同時，吾人以生物之心爲「心」，以天地萬物之身爲「身」，如此良知「光景」之心疾亦可避免。而近溪這種「一體」觀、「身」觀思想，並非其自創，乃儒學傳統的「聯繫性思維方式」：將個人、世界、宇宙的諸多部分之間，建構緊密的聯繫性關係的一種思維方式。要之，作爲宇宙的「部分」的「我」，與作爲「全體」的「萬物」有其共同的本質。因此就一方面觀之，從「我」（部分）可以掌握「萬物」（全體）的本質；另一方面，則「萬物」的特徵也顯現在「我」之中。然「我」與「萬物」之所以能夠維持這種「發展的連續性」，主要是透過良知之「擴充」。〔註4〕近溪以「知孝知弟」規定良知。換言之，近溪以「孝

〔註3〕「易理」（生理）與「神理」之圓頓化境的確是近溪哲學特色之一，然如牟宗三先生所言，化境是三教共義，不宜爲學術宗旨的（見前論），且近溪明顯將宗旨放在「中庸」處，而非「高明」處。

〔註4〕所謂的「聯繫性思維方式」基本上認爲在宇宙間的部分與部分之間，以及部分與全體之間是一種有機的而不是機械的關係，牽一髮而動全身。參見黃俊傑《東亞儒學史的新視野》，頁314～325。近溪曾謂：「羅子時爲把臂示之，曰：「君能信此渾身，自頭至足，即一毫一髮，無不是此靈體貫徹否？」友曰：「佛家固有芥子納須彌之說，我輩質魯未透，先生既云：一毫一髮，渾是靈體，何不使我當下即透？」羅子時於友背，力抽一髮，此友連聲呼痛，手足戰動。羅子曰：「心果覺痛否？」友曰：「既痛，爲何不覺！」羅子曰：「君之心神微渺，如何毫髮便能通得？手足疏散，如何毫髮便能收得？聲音寂靜，如何毫髮便能發得？細細看來，不止一身，即床榻亦因震撼，蒼頭俱爲驚怖，

弟慈」之擴充維持這種「發展的連續性」，邁向中國爲一人，天下爲一家之大同思想。此時這種「一函萬」，誠如牟宗三先生所言，並非形上證悟中，只是形式、主觀的意義，尚未眞能具體地、客觀地鋪開。這種形式的意義，不免於蕩，又不免於孤狹，而規模自見其小。另外，這種「一函萬」，也不是程朱之只是抽象的、觀解的客觀之未通過心，遂只轉爲道問學之經驗工夫。雖然自性量上說其規模較大，然與內聖踐履卻不相應。

　　這裡的「一函萬」，是主觀通過客觀成其爲眞主觀（亦即主客觀之眞實的統一），如此能免於蕩與孤，而使一再散而歸爲萬。此中之「散」，必須在「超越的證悟」中，理由中出，化習成事以散之。如此方能眞正具體地、客觀地平散開。此時各正性命，物各付物所具有之客觀性乃是具體而踐履的客觀性、眞實的客觀性。要之，不可如龍溪只偏重形上之證悟，且須眞切於「超越的證悟」，納形上證悟於超越證悟中。及至踐履純熟，便使經驗的意純化而從心體流，即純化而爲良知本體所主宰，即超越證悟即與形上證悟融化而爲一，由「工夫即本體」而至「本體便是工夫」。此即爲圓而神之境。〔註 5〕要之，近溪「工夫合本體」而至「本體做工夫」之進路，是合於牟先生「超越證悟」與「形上證悟」融化爲一之理想。如此，便不難理解，何以牟先生認爲龍溪之所以不免於蕩之譏，只在其說「形上之證悟」多了些。而於超越的證悟，則不但在踐履上，即在講說上，亦見少了些。而「超越證悟」與「形上證悟」融化爲一之化境，龍溪不能及，而近溪能及之。〔註6〕

　　近溪這種一體觀、以生言心，不離上述牟先生「主客觀眞實統一」之思想。此時之主體，已超越了主客對立相，即牟先生所謂的「圓照主體」。〔註7〕而此一體觀，若放在「形色天性」之脈絡下言之，則此「心」是否如徐復觀

推之風雲互入，霄壤相聞。即外窺中，可見頭不間足，心不間身，我不間物，天不間人，滿腔一片精靈。」（441 條）

〔註 5〕牟宗三《宋明儒學的問題與發展》，頁 290～291。

〔註 6〕同上，頁 292～293。

〔註 7〕萬物一體之可能，乃建基在超越的道德本心之「遍體天下之物而不遺」而爲一體之所貫，一心之圓照，這是攝物歸心而爲絕對的、立體的、無外的、創生的合，這是「萬物皆備於我」的合。此合非關聯方式中的合，而是由超越形限而來之仁心感通之不隔，是一本之無外。此時之主體，非感性、知性主體。乃是圓照主體。其超越了主客關係之模式而消化了主客相對之主體相與客體相，是朗現無對的心體大主之圓照與遍潤。見牟宗三《智的直覺與中國哲學》，頁 186～187。

先生所謂的「形而中者謂之心」，而不應構成「形而上學」呢？徐復觀先生指出：中國文化脈絡中的「心」，既是生理意義的心，同時又是價值意義的心，而且兩者融貫為一。天道在人（形）之上，器物在人（形）之下，而「心」不在天道那裡，亦不在器物之處，而是在人體之中。是以，中國傳統之心的文化、心的哲學，只能稱為「形而中學」，而不應講成形而上學。〔註8〕對此，黃俊傑先生認為《郭店楚簡》〈六德〉將「仁」字寫成「身心」之說法，似乎為「心」的「身體之基礎」，提供了古文字學的證據。而近十餘年來，中國思想傳統的「心」與「身」不可分，而「身」更是一個「身心互滲」的「身」這項特質，開始受到學界的重視。〔註9〕然值得一提的是，此一體觀之提出，並非是要解消陽明「心學」立場，更不是要把「心」化約到生理、作為機械的身體這個面相，恰恰相反，透過身——體之維既可以更貼切把握陽明身心一如思想本色，對其「心」有更加本源、更加深入的理解。〔註10〕而近溪「形色天性」一體觀下之「全人」即符合徐先生所謂心在身中之「心」義。那麼是否心的文化合於「形而中學」便不應構成「形而上學」呢？意即近溪哲學便不能構成「形而上學」呢？

在釐清此問題之前，吾人當先了解徐先生反對「形而上學」之因由。徐先生所反對的是，吾人將人生價值的根源，規定在形而上的東西，如神、天。其認為價值的根源當在「心」：形而中者謂之心的心。故其認為《中庸》首句說：「天命之謂性」之形上命題，並不重視天的問題，而僅重視「性」之實落在人之身上。〔註11〕乍看之下，吾人會覺得徐先生反對「形上學」。其實不然，徐先生其實是肯定《中庸》「天命之謂性」的「天」。其認為此天非泛泛地指在人頭頂上的天；而係由向內沈潛淘汰所顯現出的一種不為外界所轉移的內在的道德主宰。其不僅是一種存在，而且必然是片刻不停的發生作用的存在。此形上學與科學所走的路不同。〔註12〕那麼何以徐先生會反對心的哲學不應構成「形而上學」呢？筆者發現，問題之關鍵出在於，其認為過渡強調形而上之天道，反

〔註 8〕 徐復觀〈心的文化〉，《中國思想史論集》，頁 242～243。

〔註 9〕 安樂哲、楊儒賓、吳光明先生等人對於中國思想中的「身體」議題，皆有論述。參見黃俊傑〈東亞儒學思想傳統中的四種「身體」〉，《東亞儒學：經典與詮釋的辯證》，頁 189～190。

〔註10〕 陳立勝《王陽明「萬物一體」論——從「身——體」的立場看》（臺北：台灣大學出版中心，2005 年），頁 10～11。

〔註11〕 徐復觀〈心的文化〉，《中國思想史論集》，頁 242～245。

〔註12〕 同上，頁 80～81。

忽略了形而下之人道。或只強調形而上之思辨，反忽略了形而下之實踐性。其認爲形而上的東西，只能觀想而不能實行的。故其謂：「形而上的東西，一套一套的有如走馬燈，在思想史上，從來沒有穩過。〔註13〕」是以，徐先生眞正關心的是實踐是否可以落實的問題。故其反對的不是將「道德主宰」定在形而上之「天」，而是反對將「生命」立足在天命天道處，如此必然不穩當。蓋凡形而上的東西，只能觀想而不能實行的。〔註14〕由此看來，徐先生認爲生命之實踐當立足於「人」身上。若果如是，徐先生此說當與近溪無異，即從實踐主體人來立論天道，此亦孔子「下學上達」之義。故徐先生此文之標題謂爲「向孔子的思想性格回歸」與近溪「回歸孔孟」可說是相互輝映。〔註15〕

　　既然徐先生反對的不是形而上的天道之存在價值，而是反對實踐不立基於人，而只觀想一個形而上之天道。如此從實踐主體人之道德實踐下所肯定的天道，相信徐先生是不會反對的。是以近溪孝弟慈之極高明而道中庸，乃立基於實踐主體人，以親親來盡心、盡性，自然能知天達天。尤其孝弟慈本天性之所自然體現。就實踐因地而言，謂之「形而中學」未嘗不可；就實踐果地而言，謂之「形而上學」亦是穩當的。故近溪「孝弟慈」極高明而道中庸之特色，實能穩當地建立儒家形上學，相信徐先生當不會反對。而此「孝弟慈」直貫形上學之天道的說法，亦爲唐君毅先生所肯認。唐先生認爲「孝」乃「一切生命相通處之開始點」、「對於一切人盡責任之開始點」、「一切人心流行之泉源與根本」，有形上之宗教的意義，可上達於天之意識。〔註16〕而其形上之根據有以下幾點：（1）自動自發，無條件：人之孝父母，非因父母愛我，根本上爲反於我生命所自生之本之意識，超越自己之生命（舜之號泣於旻天：舜之號泣，非怨父母之不愛己，而是其愛父母慕父母之意無所底止，

〔註13〕徐復觀〈向孔子的思想性格回歸〉，收入李維武編《徐復觀文集》第二卷〈儒家思想與人文世界〉，頁101～103。
〔註14〕同上，頁101～107。
〔註15〕另外，徐復觀先生認爲孔子最大貢獻之一便是提出「孝弟」之道，此點亦與近溪提出「孝弟慈」哲學甚爲相近。其謂：「孔子最大貢獻之一，就在於把周初以宗法爲骨幹的封建統治的孝弟觀念，擴大於一般平民，使孝弟以成爲中國人的基本原理，以形成中國社會的基礎，歷史的支柱，是把握中國文化特質的一個基點。」參見氏著《中國人性論史》（臺北：商務印書館，1999年），頁2。
〔註16〕唐君毅〈中國先哲之人生道德理想論（上）：家庭之尊重——孝友之意義〉《中國文化之精神價值》，頁135～138。

透過父母之心不遇承受其愛者，即一直上升，而寄於悠悠蒼天。）（2）孝即人之仁心最初呈現處發芽處：故孩提之童無不知愛其親，乃自然之理。（3）孝的絕對義：羅近溪謂啞啼一聲，孝之根苗——先驗的，而非經驗或習慣之養成。（4）孝之無我義：敬孝之際，可無我、忘我，進而實現那超越的無我之我。此種愛敬可一直通過父母而及於無窮之父母，及於使我有此生之整個宇宙。此即禮記「報本反始」，張橫渠「對天地乾坤之孝」之義。然盡孝之忘我之我，非破執觀空所能得，乃在盡中忘。〔註17〕

　　除此之外，唐先生還特別提醒到，孝不特是「反本」，而是「成末」。其謂：「不是要歸於遏絕自然生命之流行，而是要順展自然生命之流行。然順展之，同時是以道德理性規範之，條理之。故不孝父母是罪過，孝父母而不自愛其身，父母死而哀毀過情，傷父母之遺體，亦成罪過。保此遺體而不能踐形盡性成賢成聖，亦是罪過。此中條理萬端，皆所以一方實現超越的我成就孝思，一方成就自然生命之流行。中國先聖極高明、道中庸之教義，異於一往出世思想者，亦可由此悟進。〔註18〕」是以，孝之「反本成末」，不僅成內聖，亦開外王。除「孝」有形上學之根據外，唐先生亦謂「弟」（友）有形上學之根據。其形上之根據乃在於「兄弟之友愛即父母之愛情中之堅貞道德之客觀化」、「友愛者使之念同爲一父母所生而合源也」。〔註19〕那麼「慈」是否亦有形上根據呢？關此，唐先生便未如「孝」、「弟」（友）單獨一小節討論之。蓋「夫婦者不必有子女，則慈之責較難得而盡」。〔註20〕另外，唐先生認爲「慈」之形上根據是建立在「子女之孝思或精神」上。如此父母之慈愛方能漸化爲一種超本能之慈愛。〔註21〕唐先生少言「慈」，這一點剛好與近溪甚爲相契。然近溪少言「慈」之原因，並不在「夫婦者不必有子女，則慈之責較難得而盡」，或是「慈」之形上根據是建立在「子女之孝思或精神」上。筆者認爲近溪少言「慈」，只因孔孟少言之。〔註22〕蓋近溪回歸孔孟，以孔孟之論述來證

〔註17〕參見唐君毅〈家庭意識與道德意識〉，《文化意識與道德理性（一）》，頁35～61。

〔註18〕同上，頁51。

〔註19〕同上，頁54～61。

〔註20〕同上，頁76。

〔註21〕唐先生認爲慈愛之根爲本能之愛，孝思之根爲超本能之愛。參見氏著〈家庭意識與道德意識〉，《文化意識與道德理性（一）》，頁53。關此，筆者有不同的看法。詳後述。

〔註22〕孔孟少言「慈」，或如徐儒宗所言：孔子談孝多於談慈，乃在於在現實社會中，

成自己之看法。然「孝弟慈」三者在儒家思想中，其實皆是天性之自然表現，皆可極高明而道中庸。楊師祖漢先生便認為，雖然近溪論慈少於孝弟，然論慈亦是很有精義的。楊師認為父母的心，雖是至不肖之子，亦不忍放棄教之。這種不忍之心，乃出於父母自身，非就子孫處說，亦是出於父母不學而能之天性。此即大學「未有學養子而後嫁者也」之義。〔註23〕是以，言「孝弟」，或「孝弟慈」，就近溪所要表達的思想義理而言，可說是無別的。

第二節　反省——本論文之限制與未來之展望

本論文主要是要建立近溪哲學之體系。故論文之建構以近溪個人之文獻為主。相對地，當時與近溪有交涉的學者，若未在《語錄》，或《文集》當中者，便無太多的研究或論述。蓋筆者認為過去學者就是因為在未完整、清楚地建立近溪哲學思想之前，有太多的比較哲學於其中，反而干擾、模糊了對近溪哲學本身的純粹性。當然，若是近溪之文獻本身不能充分提供研究之需，則必然地要在近溪文獻之外，尋求支援。或是近溪哲學若已建構成功，則第二序之文獻亦有佐證之功。另外，本論文對於近溪哲學本身的反省較少。換言之，以第一序的研究為主，第二序之研究為輔。再則，本論文並非以「議題」之方式展開論述，故對於一些論題，未能有既廣大又精微之論述，例如近溪哲學與程朱、陸王之比較，或近溪後學之哲學發展。而未以「議題」之方式建構本論文，乃擔心顧此失彼，反而未能「整全地」呈現近溪哲學之全貌，有失本文之旨。故回歸到近溪文獻之本身，從中分析、綜合出可能之研究步驟、進路，以建立近溪哲學為依歸。而在此原則之下，將一些議題隨文討論。故而無法既廣大又精微。

以上大致陳述了本論文寫作上之限制。然則如今若近溪哲學能夠建立成功，則未來當可在此基礎上，與其他哲學做比觀，望能相輔相成。或是以議題或第二序的研究方式，將近溪哲學做更深入的反省或開展。

父母容易盡慈，而子女不易盡孝。再則孔子對年輕的學生設教，自然應該多談孝道。參見氏著《人和論——儒家人倫思想研究》（北京：人民出版社，2006年），頁8。

〔註23〕「孝弟慈」三者在近溪哲學中，可說是「天性」之代名詞。然近溪在「慈」的部分，相對於孝弟，是少的許多。雖是較少，然近溪亦從《大學》的「未有學養子而後嫁」論述之。楊師祖漢在近溪論「慈」的部分，有精闢的見解。參見氏著〈羅近溪思想的當代詮釋〉，頁145～175。

參考文獻

一、原典

1. 王陽明：《王陽明全集》（上海：上海古籍，2006 年）。
2. 王龍溪：《王龍谿先生全集》（臺北：廣文書局，2000 年）。
3. 王　艮：《王心齋全集》（臺北：廣文書局，1987 年）。
4. 朱　熹：《朱子文集》（台灣：德富文教基金會，2000 年）。
5. ───：《四書章句集註》（臺北：鵝湖出版社，1984 年）。
6. ───：黎靖德編：《朱子語類》（北京：中華書局，2004 年）。
7. 周海門：〈聖學宗傳〉，收錄於《續修四庫全書》史部 513 冊，（上海：上海古籍，1995 年）。
8. 周海門：《東越證學錄》（臺北：明人文集叢刊，2001 年）。
9. 陸九淵：《象山全集》（台灣：中華書局，1979 年）。
10. 程顥、程頤：《二程集》（北京：中華書局，2004 年）。
11. 程樹德：《論語集釋》（北京：中華書局出版，1997 年四版）
12. 黃宗羲：《黃宗羲全集》（杭州：浙江古籍，2005 年）。
13. 楊復所：《太史楊復所先生證學編》，《續修四庫全書》1129 冊，（上海：上海古籍，1995 年）。
14. ───：《續刻楊復所太史家藏文集》八卷，收於《四庫禁燬書叢刊》集部 63 冊，（北京：北京大學圖書館藏，1997 年）。
15. 鄧潛谷：《潛學編》（四庫全書存目叢書，第 130 冊，2001 年）。
16. 顏山農：黃宣民標點整理《顏鈞集》（北京市：中國社會科學，1996 年）。
17. 羅近溪：李慶龍彙集：《羅近溪先生語錄彙集》（首爾：新星出版，2006 年）。

18. 羅近溪：方祖猷等所編校整理《羅汝芳集》（南京：鳳凰出版社，2007年）。

19. 羅近溪：《盱江羅近溪先生全集》，含語錄十卷，語要，孝仁訓，約鄉。（臺北：國家圖書館）。

20. 劉宗周：吳光主編《劉宗周全集》（杭州：浙江古籍出版社，2007年）。

二、專書（依姓氏筆畫排列）

1. 王邦雄等：《論語義理疏解》（臺北：鵝湖出版社，1989年）。

2. ───等：《孟子義理疏解》（臺北：鵝湖出版社，1989年）。

3. ───等：《中國哲學史》（臺北：國立空中大學，1998年）。

4. 王國良：《明清時期儒家核心價值的轉換》（合肥：安徽大學出版社，2005年）。

5. 王汎森：《晚明清初思想》（上海：復旦大學出版，2004年）。

6. 古清美：《明代理學論文集》，臺北：大安出版社，1990年）。

7. ───：《慧菴論學集》（臺北：大安，2004年）。

8. 加達默爾著，洪漢鼎譯：《眞理與方法》（上海：上海譯文出版社，1986年）。

9. 牟宗三：《中國哲學十九講》（臺北：臺灣學生書局，1983年）。

10. ───：《中國哲學的特質》（臺北：臺灣學生書局，1984年）。

11. ───：《圓善論》（臺北：臺灣學生書局，1985年）。

12. ───：《生命的學問》（臺北：三民書局，1987年）。

13. ───：《宋明儒學的問題與發展》（臺北：聯經出版社，2003年）。

14. ───：《佛性與般若》上、下冊（臺北：臺灣學生書局，2004年）。

15. ───：《現象與物自身》（臺北：臺灣學生書局，1990年）。

16. ───：《心體與性體（一）》（臺北：正中書局，1990年）。

17. ───：《心體與性體（二）》（臺北：正中書局，2002年）。

18. ───：《心體與性體（三）》（臺北：正中書局，2001年）。

19. ───：《從陸象山到劉蕺山》（臺北：臺灣學生書局，2000年）。

20. ───：《五十自述》（臺北：鵝湖出版社，1993年）。

21. 朱建民：《張載思想研究》（臺北：文津出版社，1989年）。

22. 李瑞全：《儒家生命倫理學》（臺北：鵝湖出版社，1999年）。

23. 李明輝：《儒家經典詮釋方法》（臺北：喜瑪拉雅研究發展基金會，2003年）。

24. 李秋零主編：康德著作全集六，《純粹理性界限內的宗教、道德形而上學》（北京：中國人民大學出版，2007 年）。

25. 李維武編：《徐復觀文集》（武漢：湖北人民出版社，2002 年）。

26. 李清良：《中國闡釋學》（長沙：湖南師範大學出版，2001 年）。

27. 杜維明：《人性與自我修養》（臺灣：聯經出版，2001 年）。

28. 呂妙芬：《陽明學士人社群──歷史、思想與實踐》（臺北：中研院近史所，2003 年）

29. 余英時：《猶記風吹水上鱗》（臺北：三民書局，1991 年）。

30. 汪學群：《錢穆學術思想評傳》（北京：北京圖書館出版社，1998 年）。

31. 肖群忠：《中國孝文化研究》（臺北：五南圖書出版，2002 年）。

32. 岑溢成：《大學義理疏解》（臺北：鵝湖出版社，1991 年）。

33. 杜保瑞主編：《北宋儒學》（臺北：台灣商務，2005 年）。

34. 林安弘：《儒家孝道思想研究》（臺北：文津出版社，1992 年）。

35. 林月惠：《良知學的轉折──聶雙江與羅念菴思想之研究》（臺北：台灣大學出版中心，2005 年）。

36. ───：《詮釋與工夫》（臺北：中央研究院中國文哲研究所，2009 年）。

37. 林繼平：《明學探微》（臺北：臺灣商務印書館，1984 年）。

38. 屈萬里：《書傭論學集》（臺北：開明書店，1980 年）。

39. 岡田武彥著，吳光等譯：《王陽明與明末儒學》（上海：上海古籍，2000 年）。

40. 吳　震：《羅汝芳評傳》（南京：南京大學出版社，2005 年）。

41. ───：《陽明後學研究》（上海：上海人民出版社，2004 年）。

42. ───：《明代知識界講學活動繫年 1522～1602》（上海：學林出版社，2003 年）。

43. 吳汝鈞：《中國佛學的現代詮釋》（臺北：文津出版社，1995 年）。

44. 尚智叢：《明末清初（1582～1687）的格物窮理之學》（成都：四川教育出版，2003 年）。

45. 荒木見悟著，廖肇亨譯：《明末清初的思想與佛教》（臺北市：聯經出版社，2006 年）。

46. 荒木見悟著，廖肇亨譯注：《佛教與儒教》（臺北市：聯經出版社，2008 年）。

47. 姜濤主編：《明太祖朱元璋》（臺北：華嚴出版社，1995 年）。

48. 秦家懿：《王陽明》（臺北：東大圖書公司，1986 年）。

49. 祝平次：《朱子學與明初理學的發展》（臺北：學生書局，1994 年）。

50. 唐君毅：《中國哲學原論──原性篇》（臺北：臺灣學生書局，1991 年全集校訂版）。

51. ──：《中國哲學原論──原教篇》（臺北：臺灣學生書局，2004 年全集校訂版）。

52. ──：《中國哲學原論──導論篇》（臺北：臺灣學生書局印行，1984 年）。

53. ──：《文化意識與道德理性》（廣西師範大學出版，2005 年）。

54. ──：《中國文化之精神價值》（江蘇教育出版，2006 年）。

55. ──：《唐君毅全集》卷二十六（台灣學生書局，1981 年）。

56. ──：《中西哲學思想之比較論文集》（臺北：學生書局，1988 年）。

57. ──：《生命存在與心靈境界》（臺北：學生書局，2006 年）。

58. ──：《哲學論集》（臺北：學生書局，1990 年）。

59. ──：《說中華民族之花果飄零》（臺北：三民書局，2002 年）。

60. ──：《中國哲學原論──原道篇》，卷 1～3，（臺北：臺灣學生書局印行，1984 年）。

61. 侯外廬等編：《宋明理學史》上卷。（北京：人民出版社，1984 年）。

62. ──：《宋明理學史》下卷一、二。北京：人民出版社，1987 年）。

63. 徐復觀：《中國人性論史》（臺北：商務印書館，1999 年）。

64. ──：《中國思想史論集》（臺北：學生書局，1981 年）。

65. ──：《中國思想史論集續篇》（臺北：時報出版公司，1982 年）。

66. 徐儒宗：《人和論──儒家人倫思想研究》（北京：人民出版社，2006 年）。

67. 徐芹庭：《細說易經六十四卦》（臺北：聖環圖書股份有限公司，2000 年）。

68. 袁保新：《孟子三辨之學的歷史省察與現代詮釋》（臺北：文津出版社，1992 年）。

69. 湯用彤：《漢魏兩晉南北朝佛教史》下冊（台灣商務印書館，1998 年）。

70. 張立文：《宋明理學研究》（北京：人民大學出版社，1985 年）。

71. 張學智：《明代哲學史》（北京：北京大學出版社，2003 年）。

72. 康學偉：《先秦孝道研究》（文津出版社，1992 年）。

73. 張振國：《悟眞篇導讀》（北京：宗教文化出版社，2002 年）。

74. 馮友蘭：《三松堂全集第四卷》（河南人民出版社，2001 年）。

75. ──：《三松堂全集第十卷》（河南人民出版社，2001 年）。

76. 郭齊勇主編：《儒家倫理爭鳴集──以「親親互隱」爲中心》（武漢：湖北教育出版社，2004 年）。

77. 蒙培元：《理學的演變》（臺北：文津出版社，1990 年）。

78. ———：《中國心性論》（臺北：學生書局，1990 年）。

79. 陳　來：《中國近世思想史研究》（北京：北京商務印書館，2004 年）。

80. ———：《宋明理學》（上海：華東師範大學，2005 年）。

81. ———：《有無之境》（北京：人民出版社，1997 年）。

82. 陳榮捷：《王陽明傳習錄詳註集評》（臺北：台灣學生書局，1998 年）

83. 陳立勝：《王陽明「萬物一體」論——從「身——體」的立場看》（臺北：國立台灣大學出版中心，2005 年）。

84. 永　革：《陽明學派與晚明佛學》（北京：中國人民大學出版社，2009 年）。

85. 曾昭旭：《道德與道德實踐》（臺北：漢光出版社，1983 年）。

86. ———：《孔子和他的追隨者》（臺北：漢光文化事業，1993 年）。

87. 程玉瑛：《晚明被遺忘的思想家——羅汝芳（近溪）詩文事蹟編年》（臺北：廣文書局，1995 年）。

88. 黃俊傑編：《東亞視域中的茶山學與朝鮮儒學》（臺北：台灣大學出版社，2006 年）。

89. 黃俊傑：《東亞儒學史的新視野》（臺北：台灣大學出版社，2004 年）。

90. ———：《東亞儒學：經典與詮釋的辯證》（臺北：台灣大學出版社，2007 年）。

91. 黃文樹：《泰州學派教育思想之研究》（高雄：高雄師範大學教育系博士論文，1997 年）。

92. ———：《陽明後學與明中晚期教育》（臺北：師大師苑，2003 年）。

93. 葛兆光：《中國思想史》（上海：復旦大學出版，2004 年）。

94. 勞思光：《新編中國哲學史》（台灣：三民書局，2000 年）。

95. 蔡仁厚：《新儒學與新世紀》（台灣學生書局，2005 年）。

96. ———：《儒家心性之學論要》（臺北：文津出版社，1990 年）。

97. ———：《宋明理學·北宋篇》（臺北：學生書局，2002 年）。

98. ———：《宋明理學·南宋篇》（臺北：學生書局，1999 年）。

99. ———：《王陽明哲學》（臺北，三民書局，民國 1983 年）。

100. 楊祖漢：《儒家的心學傳統》（臺北：文津出版社，1992 年）。

101. ———：《當代儒學思辨錄》（臺北：鵝湖出版社，1998 年）。

102. ———：《儒學與康德的道德哲學》（臺北：文津出版社，1987 年）。

103. ———：《中庸義理疏解》（臺北：鵝湖出版社，1997 年）。

104. ———：《從當代儒學觀點看韓國儒學的重要論爭》（臺北：臺大出版中心，2005 年）。

105. 楊儒賓與祝平次編：《儒學的氣論與工夫論》（臺北：臺大出版中心，2005年）。

106. 楊儒賓：《儒學身體觀》（中央研究院文哲所，2004年）。

107. 楊國榮：《王學通論：從王陽明到熊十力》（臺北：五南圖書出版社，1997年）。

108. 劉述先：《朱子哲學思想的發展與完成》（臺北：學生書局，1995年）。

109. ———：《儒家思想意涵之現代闡釋論集》（臺北：中央研究院中國文哲研究所，2000年）。

110. ———：《中國文化思潮與外來文化》（臺北：中央研究院中國文哲研就所，2002年）。

111. 劉　聰：《陽明學與佛道關係研究》（成都：四川出版集團巴蜀書社，2009年）。

112. 彭國翔：《良知學的展開——王龍溪與中晚明的陽明學》（北京：三聯書局，2005年）。

113. ———：《儒家傳統》（北京大學出版，2007年）。

114. 鄧志峰：《王學與晚明的師道復興運動》（北京：社會科學文獻出版社，2004年）。

115. 島田虔次著，甘萬萍譯：《中國近代思維的挫折》（南京：江蘇人民出版社，2005年）。

116. 鮑世斌：《明代王學研究》（成都：四川出版集團巴蜀書社，2004年）。

117. 錢　明：《陽明學的形成與發展》（南京：江蘇古籍出版社，2002年）。

118. 錢　穆：《宋明理學概述》（臺北：學生書局，1984年）。

119. ———：《中國學術思想史論叢卷七》（合肥：安徽教育出版社，2005年）。

120. ———：《中國學術思想史論叢卷五》（合肥：安徽教育出版社，2005年）。

121. ———：《中國學術通義》（臺北：學生書局，1984年）。

122. 鄭家棟：《當代新儒學論衡》（臺北：桂冠圖書公司，1995年）。

123. 鄭宗義：《明清儒學轉型探析》（香港：中文大學出版，2000年）。

124. 鍾彩鈞：《王陽明思想之進展》（臺北：文史哲出版社，1983年）。

125. 韓康伯著：《周易二種》（臺北：大安出版社，1999年）。

126. 龔鵬程：《晚明思潮》（宜蘭：佛光人文社會學院，2001年）。

三、學位論文（依姓氏筆畫排列）

1. 米文科：《羅近溪「赤子之心」思想探析》（西安：陝西師範大學碩士論文，2007年）。

2. 李得財：《羅近溪哲學之研究》（台中：東海大學哲學所博士論文，1997年）。

3. 李慶龍：《羅汝芳思想研究》（臺北：台灣大學歷史所博士論文，1999年）。

4. 李沛思：《從工夫論看羅近溪思想之特色》（中壢：國立中央大學中文所碩士論文，2006年）。

5. 黃漢昌：《羅近溪學述》（臺北：政治大學中文所碩士論文，1982年）。

6. 黃淑齡：《明代心學中「光景論」的發展研究》（臺北：台灣大學中國文學所碩士論文，1994年）。

7. 蔡世昌：《羅近溪思想研究》（北京：北京大學哲學所博士論文，2000年）。

8. 賴芳暉：《毛奇齡《四書改錯》研究》（中壢：中央大學中文所碩士論文，2005年）。

9. 蕭敏材：《羅近溪思想研究》（中壢：中央大學中文所碩士論文，2001年）。

10. 藍蕙瑜：《百姓日用與聖人之道——羅近溪哲學思想》（中壢：中央大學中文所碩士論文，2000年）。

11. 魏月萍：《羅近溪「破光景」義蘊》（臺北：政治大學中文所碩士論文，2000年）。

四、期刊論文

1. 牟宗三：〈康德道德哲學（1～9）〉，《鵝湖月刊》31：2～32：1（2005.8～2006.7）。

2. ———〈康德第三批判演講錄（1～16）〉，《鵝湖月刊》303～318（2000.9～2001.12）。

3. 岑溢成：〈王心齋安身論今詮〉，《鵝湖學誌》，第十四期，（東方人文學術研究基金會，1995.6），頁59～82。

4. 呂妙芬：〈晚明士人論《孝經》與政治教化〉（臺大文史哲學報）第61期，（2004.11），頁223～259。

5. ———〈晚明《孝經》論述的宗教性意涵：虞淳熙的孝論及其文化脈絡〉，（中央研究院近代史研究所集刊）第48期，（2005.6），頁1～46。

6. ———〈陽明學派的建構與發展〉（清華學報）第29卷2期，（1999.6），頁167～203。

7. ———：〈《西銘》與《孝經》：兼論晚明「孝」的形上本體思想〉（「全球化下明史研究之新視野」學術研討會會議論文）。

8. 李明輝：〈牟宗三先生的哲學詮釋中之方法論問題〉，收入李明輝編、蔡仁厚等著《牟宗三先生與中國哲學之重建》（臺北：文津出版社，1996年），頁21～37。

9. 吳有能：〈朱陸鵝湖之會唱和三詩新釋〉，《鵝湖月刊》第 147 期（1987.9），頁 30～43。

10. 吳　震：〈羅近溪的經典詮釋及其思想史意義──就「克己復禮」的詮釋而談〉，《復旦學報》第 5 期（2006），頁 72～79。

11. 彭國翔：〈20 世紀宋明理學研究的回顧與前瞻（上）（下）〉，《哲學動態》（2003 年第 4、5 期），頁 41～44、38～40。

12. ───：〈陽明後學工夫論的演變與形態〉（浙江學刊）第一期（2005.1），頁 28～35。

13. 張崑將：〈荒木見悟《陽明學の位相》之提要譯著註〉，《北台通識學報》第 2 期（2006.3），頁 216～236。

14. ───：〈當代日本學者陽明學研究的回顧與展望〉（台灣東亞文明研究學刊）第 2 期第 2 卷（2005.12），頁 251～297。

15. 曾昭旭：〈論忠恕與仁的本質關連──從本體論到工夫論〉，《鵝湖月刊》第 356 期（2005.2），頁 21～25。

16. 曾春海：〈宋元明理學家的家訓〉，《輔仁學誌：人文藝術之部》28 期（2001.7），頁 51～78。

17. 黃俊傑：〈孟子運用經典的脈絡及其解經方法〉，收入李明輝編《儒家經典詮釋方法》，頁 165～182。

18. 黃甲淵：〈陸象山「心即理」哲學與其「易簡工夫」論〉，《鵝湖學誌》第 20 期（1998.6），頁 179～213。

19. 溫愛玲：〈從雙溪經典觀看李卓吾之「童心說」──析論「童心說」對於王學之繼承與發展〉，（東方人文學誌）第 2 卷 4 期（2003.12），頁 161～181。

20. 蔡家和：〈從羅近溪分別「制欲」與「體仁」之工夫進路見心學與理學之不同〉，（華梵人文學報）第 1 期（2003.7），頁 69～105。

21. 楊祖漢：〈從王學的流弊看康德道德哲學作為居間型態的意義〉，《鵝湖學誌》第 33 期（2004.12），頁 149～206。

22. ───：〈羅近溪思想的當代詮釋〉，《鵝湖學誌》，第 37 期，（東方人文學術研究基金會，2006.12），頁 145～175。

23. ───：〈心學經典詮釋〉，《興大中文學報》（2007.9），頁 59～81。

24. ───：〈從良知學之發展看朱子思想的型態〉，《東亞朱子學的發展與詮釋》（臺北：台灣大學出版中心，2009 年）。

25. ───：〈羅近溪的道德形上學及對孟子思想的詮釋〉，《理解、詮釋與儒家傳統：中國觀點》（臺北：中央研究院文哲所，2010 年），頁 65～98。

26. 楊儒賓：〈王學學者的「異人」經驗與智慧老人原型〉（清華中文學報）（2007.9），頁 171～210。

27. ───：〈宋儒的靜坐說〉，《台灣哲學研究》第 4 期（2004.3），頁 39～86。

28. ───：〈變化氣質、養氣與觀聖賢氣象〉，《漢學研究》第 19 卷第 1 期（2001.6），頁 103～135。

29. ───：〈理學家與悟──從冥契主義的觀點探討〉，收入劉述先《中國文化思潮與外來文化》（中央研究院中國文哲研就所，2002 年），頁 167～222。

30. ───：〈論儒家工夫論的轉向──從王陽明到王船山〉，《鵝湖月刊》第 197 期（1991.11），頁 1～7。

31. 趙偉：〈羅汝芳與祖師禪〉，（普門學報）21 期（2004.5），頁 199～223。

32. 鄭宗義：〈知識、思辨與感觸──試從中國哲學研究論牟宗三先生的方法論觀點〉，《鵝湖學誌》，第 18 期，（1997.6），頁 23～52。

33. ───：〈論牟宗三先生的經典詮釋：以先秦道家為例〉，收入李明輝編《儒家經典詮釋方法》，頁 337～372。

34. 劉述先：〈哲學分析與詮釋：方法的反省〉，收入李明輝編《儒家經典詮釋方法》，頁 3～32。

35. 劉滌凡：〈明代陽明暨泰州學派加速儒學世俗化的考查〉，（高雄餐旅學報）第 5 期，（2002.12），頁 193～210。

36. 劉笑敢：〈經典詮釋與體系建構：中國哲學詮釋傳統的成熟與特點芻議〉，收入李明輝編《儒家經典詮釋方法》（臺北：喜瑪拉雅基金會出版，2003 年），頁 33～58。

37. 鍾彩鈞：〈羅近溪的性情論〉，發表於「中研院明清文學與思想討論會」，中央研究院中國文哲所，（2007，11／21～11／23）。

38. 戴璉璋：〈湯顯祖與羅汝芳〉，《中國文哲研究通訊》第 16 卷，第 2 期（2006.12），頁 245～260。

39. 謝居憲：〈羅近溪圓教思想研究〉，《中央大學人文學報》第 43 期（2010.07），頁 141～184。

40. 謝居憲：〈牟宗三先生對羅近溪哲學的詮釋〉，《當代儒學研究》第八期（2010.06），頁 211～244。